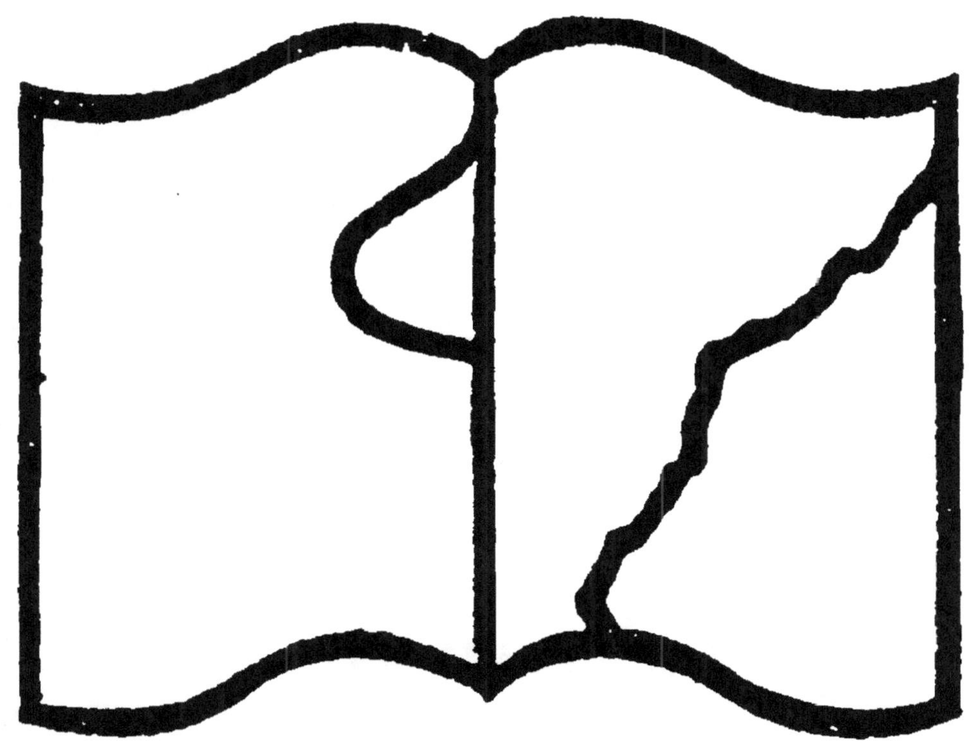

Texte détérioré — reliure défectueuse

NF Z 43-120-11

LA JEUNE FRANÇAISE

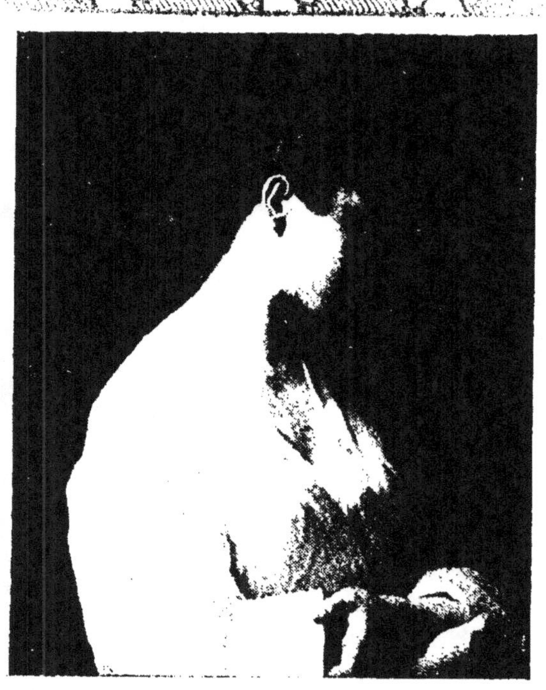

LA JEUNE FRANÇAISE

DEUXIÈME ÉDITION

LA JEUNE FRANÇAI

Lectures alternées pour les Jeunes Filles

FAMILLE. ÉDUCATION DE LA FEMME. RÔLE DE LA FEMME DANS LA SOCIÉTÉ. PATRIOTISME CHEZ LA FEMME. DÉVOUEMENT FÉMININ. HISTOIRE. GÉOGRAPHIE. SCIENCES. ENSEIGNEMENT MÉNAGER. HYGIÈNE.

PAR

Alcide LEMOINE
Inspecteur primaire
de la Seine.

Juliette MARIE
Directrice de l'École normale
de Moulins.

170 GRAVURES

PARIS — LIBRAIRIE LAROUSSE
RUE MONTPARNASSE, 13-17. — SUCCURSALE : RUE DES ÉCOLES, 58 (SORBONNE)

L'ÉTUDE.   Tableau de Tony Robert-Fleury.

INTRODUCTION

Voici un livre de lecture spécialement destiné aux jeunes filles. En le composant, les auteurs ont eu le désir de contribuer à l'éducation intellectuelle, morale et sociale de la femme moderne, dont le rôle dans la famille et dans la société va s'élargissant de jour en jour. A l'antique conception qui faisait de la femme un être inférieur que l'on devait traiter en « éternelle mineure », a succédé une conception nouvelle : la femme, considérée comme l'égale de l'homme, est de plus en plus traitée par lui comme une personne. Ce titre lui donne droit à une culture intellectuelle et morale qui lui permet d'atteindre tout le développement que comporte sa nature. D'autre part, on se préoccupe plus qu'autrefois de donner aux femmes une éducation en harmonie avec leurs fonctions dans la famille et dans la société : fonctions qui, selon le mot de Fénelon, « ne sont guère moins importantes que celles des hommes, puisqu'elles ont une maison à régler, un mari à rendre heureux et des enfants à bien élever ».

Sous l'influence de ces principes nouveaux, qui ont inspiré les programmes actuels de l'enseignement féminin à tous les degrés, la femme moderne tend à devenir de plus en plus consciente de ses droits et de ses devoirs. Si parfois elle se trouve sur le chemin de l'homme dans la lutte qu'elle soutient pour la vie, le plus souvent elle est pour lui, grâce aux qualités de cœur et d'esprit que l'éducation a développées en elle, une compagne des bons et des mauvais jours, une collaboratrice avisée, une amie intelligente et secourable. Tel est tout au moins l'idéal de la *Femme française*, telle que la conçoivent les auteurs de ce livre. Robuste, saine de corps et d'esprit, elle a conservé le bon sens de ses sœurs aînées, tout en l'affinant et en l'aiguisant par une culture plus large et plus approfondie. Elle joint aux dons de l'esprit un sens moral droit et sûr qu'elle doit à la réflexion, à l'étude et à l'expérience. Aussi bien que les femmes de jadis, elle sait pratiquer le courage et l'oubli de soi, et même, ayant acquis un sens social qui manquait souvent à ses devancières, elle agrandit de plus en plus le cercle de ceux qui peuvent compter sur son dévouement. Enfin, elle s'applique à remplir avec conscience et bonne grâce les humbles devoirs de la vie quotidienne. Ses qualités pratiques, son savoir-faire intelligent en font une maîtresse de maison accomplie, une mère à l'esprit clairvoyant, également soucieuse d'assurer le bonheur présent et le bonheur à venir de ses enfants.

L'éducation qui tend vers cet idéal comporte nécessairement de vastes programmes, même dans l'enseignement primaire élémentaire. Et ces programmes, tels qu'ils ont été établis, ne laissent pas de causer un certain effroi, quand on songe à   somme d'efforts qu'ils exigent de nos jeunes élèves. C'es: vec le dessein de les *simplifier* que les auteurs de ce livre ont conçu le plan de leur ouvrage. « Simplifier, n'est-ce pas mettre de l'unité dans la complexité extrême des matières enseignées, n'est-ce pas marquer une étude qui devienne le centre et le régulateur de tout l'enseignement... Et à quelle partie conférerait-on pareil privilège, sinon à l'étude de la langue maternelle et, dans cette étude, à la lecture de bonnes, belles, substantielles pages, expliquées et commentées quant au sens, à la grammaire, à l'histoire, à la morale ?... »

Il nous a paru que ces lignes de M. Pécaut recevraient une application dans l'enseignement primaire des jeunes filles, si l'on prenait la peine de composer un livre de lecture spécialement destiné à leur usage et traitant des principaux sujets qui intéressent une éducation féminine à la fois générale et pratique. Grâce à ce livre de lecture, auquel se reporteraient chaque jour maîtresses et élèves, il serait vraiment possible, comme le demande M. Pécaut, de « mettre de l'unité dans la complexité extrême des matières enseignées, et de reposer l'esprit de la dispersion incessante où il risque de s'épuiser sans rien approfondir ».

Pour atteindre ce résultat, nous avons choisi 200 lectures alternées qui sont réparties entre les dix mois de l'année scolaire et qui se rapportent au *Foyer*, à l'*Éducation de la Femme*, au *Rôle de la Femme dans la société*, au *Patriotisme chez la Femme*, au *Dévouement féminin*, à l'*Histoire*, à la *Géographie*, aux *Sciences*, à l'*Enseignement ménager* et à l'*Hygiène*.

Les lectures qui traitent de questions intéressant plus particulièrement la femme sont tantôt empruntées à nos meilleurs écrivains, tantôt tirées de documents (tels les discours sur les Prix de vertu) qui relatent des traits de vertu féminine dont nous devons continuer la tradition. Les lectures sur l'Histoire, la Géographie, les Sciences, l'Enseignement ménager et l'Hygiène suivent le développement des programmes officiels et sont destinées à rappeler ou à compléter les leçons et les entretiens sur ces matières.

Chaque lecture est suivie :

1° D'explications sobres, mais nettes et précises, qui feront comprendre le texte ;

2° De questions et d'analyses d'idées qui aideront les élèves à s'assimiler la pensée de l'auteur et à en suivre les divers développements ;

3° D'un exercice de rédaction se rapportant au texte même des morceaux lus.

Il nous paraît que ce livre de lecture peut être mis entre les mains des élèves, à partir du cours moyen. Mais, par la nature des sujets traités, il conviendrait encore aux jeunes filles qui fréquentent le cours supérieur et le cours complémentaire des écoles primaires. Peut-être même ne serait-il pas déplacé entre les mains des élèves des écoles primaires supérieures, qui sont à la veille d'entrer dans la vie active et qu'on ne saurait instruire sur leurs devoirs avec trop d'insistance et de précision ? Nous pensons encore qu'il pourrait rendre des services aux institutrices rurales pour l'éducation post-scolaire des jeunes filles qui, après avoir quitté l'école à l'âge de treize ans, éprouvent le besoin de revenir demander à leurs anciennes maîtresses un complément de culture féminine.

Alcide LEMOINE, Juliette MARIE.

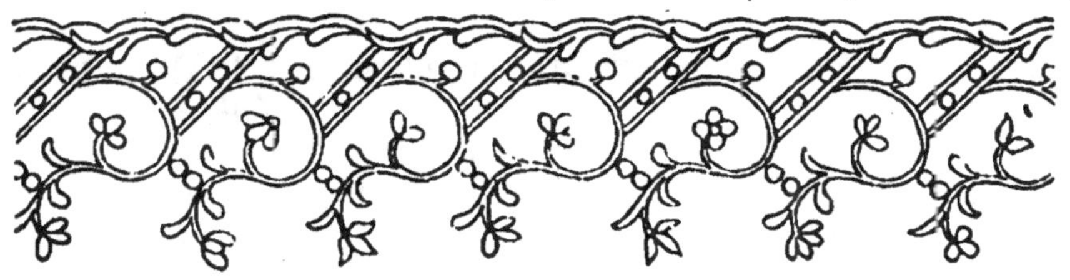

LA JEUNE FRANÇAISE

1. — Les petites sœurs.

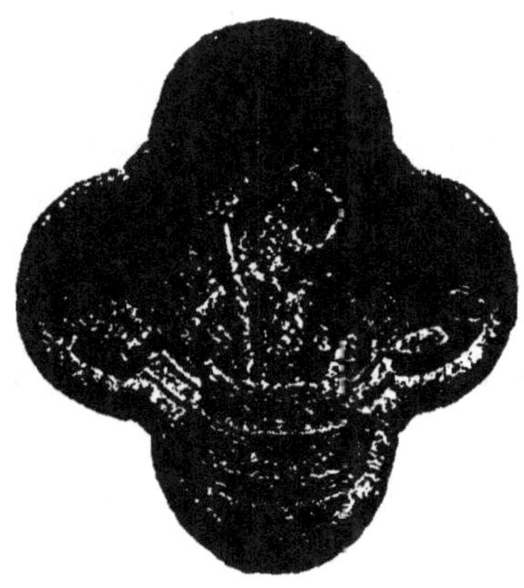

Octobre.

Le Foulage des raisins.

Ce médaillon et les suivants figurent en
hauts reliefs à la cathédrale d'Amiens
(XIIIe au XVe siècle).

Je veux tresser ici une couronne*
aux petites sœurs consolatrices, à
celles qui savent partager nos
peines par de douces paroles,
mettre du baume* sur les blessures, et, dans un baiser, faire oublier tous les chagrins.

Ces petites sœurs-là n'aiment
pas qu'on pleure : elles essuient
les larmes. Elles n'aiment pas qu'on
se dispute : elles réconcilient les
combattants. Quand on tombe, elles
vous ramassent; quand on se salit,
elles vous nettoient; quand on se
déchire, elles vous raccommodent;
quand on se blesse, elles vous
pansent. Elles sont indulgentes
aussi, les mignonnes petites sœurs, et elles ont des trésors de
bonté, même pour ceux que la sévérité paternelle a justement
frappés. Elles visitent les prisonniers du coin noir et ne crai-

---

Les mots marqués d'un astérisque (*) sont expliqués à la fin du morceau.

gnent pas de se compromettre, en allant embrasser de petits brigands de frères, condamnés pour leurs méfaits à des exils momentanés.

C'était au beau temps, si lointain, où j'avais encore mon père, mort jeune; la famille était au complet. J'avais surtout une petite sœur, une compagne inséparable. Toujours nous marchions ensemble, la main dans la main. Lorsque nos sentiers aboutissaient à une de ces planches étroites qui sont les ponts des minuscules rivières, nous nous tenions mieux serrés, de peur que l'un ou l'autre ne tombât dans l'eau. Et souvent, grâce à cette précaution, nous y tombions tous les deux ensemble.

Un jour que j'étais sorti de la maison tout seul, je commis un acte grave. Présente, ma petite sœur l'eût certainement empêché. Un feu que j'allumai trop près des maisons gagna la haie d'un jardin, lui-même contigu à une grange. L'émotion fut extrême et la punition exemplaire*.

Le soir de ce jour néfaste, j'étais dans mon lit, la conscience bourrelée de remords*, l'estomac tiraillé par la faim. On m'avait envoyé dormir sans dîner et j'aurais eu tort de me plaindre. Quand ma petite sœur vint se coucher, elle s'approcha de mon lit, comme tous les soirs, essaya de me consoler, puis m'embrassant, elle me glissa dans la main, sans mot dire, une pomme de terre toute chaude.

Il y a des années maintenant qu'elle est morte, la bonne petite sœur, mais je n'ai pas oublié cela. Dussé-je vivre aussi longtemps qu'un patriarche*, jusqu'à mon dernier soupir je me souviendrai de cette pomme de terre.

C. WAGNER, Auprès du foyer. (Librairie Armand Colin.)

MOTS EXPLIQUÉS. — *Tresser une couronne*, expression figurée, signifie : célébrer les mérites. — *Mettre du baume*, adoucir. — *Punition exemplaire*, digne de servir d'exemple par sa sévérité. — *Bourrelée de remords*, tourmentée, sans un instant de repos. — *Patriarche*, a ici le sens de vieillard très âgé.

LES IDÉES. — 1. Quel est dans la famille le rôle des « petites sœurs consolatrices »? — 2. Quel acte grave l'auteur de ce récit commit-il dans son enfance? — 3. Comment la petite sœur lui témoigna-t-elle son affection? — 4. Expliquez la phrase : « Le soir de ce jour néfaste, j'étais dans mon lit, la conscience bourrelée de remords. »

RÉDACTION. — Quelles réflexions et quelles résolutions vous suggère cette page sur les « petites sœurs » ?

Massalia, colonie grecque. — Peinture décorative de Puvis de Chavannes,
à la Bibliothèque de Marseille.

2. — Fondation de Marseille.

Après les Phéniciens*, ces hardis navigateurs de l'antiquité,
les Phocéens* parurent aussi aux bouches du Rhône. Vers
l'an 600, l'un d'entre eux, un marchand nommé Euxène, aborda
dans un golfe du territoire des Ségobriges*. Nann, le roi de ce
peuple, accueillit favorablement l'étranger avec ses compagnons
et les emmena dans sa maison où un grand repas était préparé,
car, ce jour-là, il mariait sa fille. Des prétendants Galls* et Ligures* s'y trouvaient réunis. Les Grecs prirent place au milieu
d'eux et firent honneur au festin qui se composait, selon l'usage,
de venaison* et d'herbes cuites.

La fille de Nann ne parut point pendant le repas : la coutume
voulait qu'elle ne se montrât qu'à la fin, portant une coupe
pleine à la main. Celui à qui elle présentait cette coupe devait
être réputé l'époux de son choix.

Le festin s'achève, la jeune fille s'avance : tous les cœurs sont
émus, toutes les espérances s'éveillent.

Elle s'arrête devant l'étranger et lui tend la coupe. Superstitieux* comme tous les barbares, Nann croit reconnaître dans ce choix imprévu un ordre des dieux. Le Phocéen devient son gendre et reçoit, comme dot, le golfe où il avait débarqué. Il renvoie aussitôt à Phocée son vaisseau avec quelques-uns de ses compagnons, qu'il charge de recruter des colons dans la mère patrie. Puis il cherche le long de cette côte qui lui est déjà si hospitalière un lieu propre à recevoir une cité naissante. Une péninsule creusée en forme de port s'étendait vers le sud. L'abord par mer en est facile, la défense par terre, aisée : c'est là qu'il s'arrête et *Massalia* (Marseille) aussitôt s'y élève.

Cependant, exaltés par les récits des messagers d'Euxène, les jeunes gens de Phocée s'enrôlent en foule : ils partent, emportant des vivres, des outils, des armes, des graines et le feu ravi aux autels de la métropole* pour allumer celui qui brûlera perpétuellement au foyer sacré de Massalia.

La jeune cité phocéenne s'épanouit vite sous le chaud soleil de Provence. Les coteaux qui l'entouraient, rapidement défrichés, lui formèrent une ceinture de vignes et d'oliviers ; et la mer lui apporta les richesses des Étrusques* et des Carthaginois*.

Telle est la gracieuse histoire qui plane sur le berceau de la ville d'où la civilisation grecque a rayonné sur la Gaule.

D'après l'*Histoire populaire*. (Lahure, éditeur.)

MOTS EXPLIQUÉS. — *Phéniciens*, habitants de la Phénicie, contrée d'Asie Mineure ; la situation de leur pays fit, des Phéniciens, les navigateurs et les marchands de l'antiquité. — *Phocéens*, habitants de Phocée, colonie grecque d'Asie Mineure. — *Ségobriges*, peuplade gauloise habitant le littoral du golfe de Marseille. — *Galls*, une des peuplades primitives de la Gaule qui a donné son nom à ce pays. — *Ligures*, habitants de la Ligurie, province du nord de l'Italie ancienne. — *Étrusques*, habitants de l'Étrurie, région de l'Italie ancienne, aujourd'hui Toscane. — *Carthaginois*, habitants de Carthage, ville fondée par les Phéniciens dans le nord de l'Afrique. L'emplacement de Carthage est aujourd'hui occupé par Tunis. — *Venaison*, viande de gibier. — *Superstitieux*, signifie ici qui croit aux présages. — *Métropole*, d'après l'étymologie, signifie *ville mère* ; se dit d'un État en parlant de ses colonies.

LES IDÉES. — 1. En quoi l'emplacement de Marseille vous paraît-il particulièrement bien choisi ? — 2. « Les jeunes gens de Phocée ravissent le feu aux autels de la métropole pour allumer celui qui brûlera perpétuellement au foyer sacré de Massalia. » Pour les Phocéens, comme pour les Romains, la flamme était un dieu et le foyer un autel. Chaque ville ancienne avait son foyer établi dans une enceinte sacrée, et l'établissement de ce foyer était le premier acte de la fondation d'une cité nouvelle.

RÉDACTION. — Racontez la fondation de Marseille.

Les Premiers Pas. — Fac-similé d'un dessin de Millet.

3. — Le bonheur ! il est là.

Je passais. — J'entendis de la route poudreuse*
Que, derrière le mur, on riait aux éclats,
Et je poussai la porte. — A travers les lilas,
Voici ce que je vis dans la maison heureuse :
Un tout petit enfant essayait au jardin,
Au doux enchantement de sa mère ravie,
Dans le parterre en fleur et sur le gazon fin,
Ses pas, les premiers pas qu'il eût faits de sa vie.
Cher amour ! il allait tout tremblant, il allait
Avançant au hasard son pied mignon et frêle,
Hésitant et penché, si faible, qu'il semblait
Que le papillon dût le renverser de l'aile.
Impatient pourtant, égratignant le sol
De son pas inquiet, avec l'ardeur étrange
Et les trémoussements* d'oiseau qui prend son vol...
Dans les petits enfants, il reste encore de l'ange*,
Et lui, se pâmant d'aise à ce monde inconnu,
Suivait l'oiseau qui vole ou parlait à la rose,

Et tout en gazouillant quelque charmante chose,
Ouvrait toujours plus grand son grand œil ingénu*;
Et l'on voyait alors les splendeurs de l'espace,
Et les candeurs* du ciel et les gaietés de l'air,
Et luire ce qui luit et passer ce qui passe
Dans le tout petit ciel de cet œil pur et clair.
Parfois il s'arrêtait, tournait un peu la tête
Vers sa mère orgueilleuse et toute à l'admirer,
Et repartait avec de grands rires de fête,
Ces rires si joyeux qu'ils vous en font pleurer.
Oh! la mère, elle était à ne pouvoir décrire
Avec son geste avide, anxieux, étonné,
Et de tout son amour couvant son nouveau-né,
Et marchant de son pas et riant de son rire.
Elle suivait ainsi, courbée et pas à pas,
Regardant par instant, dans un muet délire*,
Un homme assis plus loin et qui feignait de lire
Et souriait — croyant qu'on ne le voyait pas.
Dans cet homme, chacun eût reconnu le père,
Qui tâchait de porter l'ivresse* dignement,
Et dont les doux regards allaient furtivement
De la mère à l'enfant, de l'enfant à la mère.
Et par ce beau soleil flottait sur tout cela
Je ne sais quoi d'ému que le printemps apporte;
J'entendis le bonheur murmurer : « Je suis là... »
Et je sortis rêveur, en fermant bien la porte.

Édouard PAILLERON, *Amours et Haines.* (Calmann-Lévy, éditeur.)

MOTS EXPLIQUÉS. — *Route poudreuse* : le langage poétique employait autrefois le mot « poudre » au lieu de poussière, route poussiéreuse. — *Trémoussements* : trémousser se dit des oiseaux qui s'agitent. — *Ange*, créature imaginaire que l'on représente ordinairement avec un corps d'enfant et des ailes d'oiseau. —

Œil ingénu, œil où se lit la franchise, la naïveté. — *Candeur,* vertu d'une âme innocente. — *Muet délire* : délire est mis ici pour grande joie; elle est muette parce qu'elle ne s'exprime pas par des paroles, elle se devine dans le regard. — *Ivresse,* employé, au sens figuré, pour « grande joie. »

LES IDÉES. — 1. Où sont réunis les personnages de ce récit? — 2. Décrivez les essais de l'enfant qui fait ses premiers pas. — 3. Quelle est l'attitude de la mère et du père? — Leur joie s'exprime-t-elle de la même manière?

RÉDACTION. — En vous inspirant de cette poésie, inventez un récit auquel vous pourrez donner pour titre : « Le premier mot de l'enfant. »

4. — Nos quatre grands fleuves.

La Seine, doucement épanchée des coteaux de la Bourgogne,
est, en tous sens, le premier de nos fleuves, le plus civilisable*,
le plus perfectible. Elle n'a ni la capricieuse et perfide mollesse
de la Loire, ni la brusquerie de la Garonne, ni la terrible impétuosité du Rhône, qui tombe, comme un taureau échappé des
Alpes, perce un lac de dix-huit lieues et vole à la mer en mordant

La Seine à Marly. — Tableau de M. A. Sisley.

ses rivages. La Seine reçoit de bonne heure l'empreinte de la
civilisation. Dès Troyes, elle se laisse couper, diviser à plaisir,
allant chercher les manufactures et leur prêtant ses eaux. Lors
même que la Champagne lui a versé la Marne, et la Picardie
l'Oise, elle n'a pas besoin de fortes digues*, elle se laisse serrer
dans nos quais sans s'en irriter davantage. Entre les manufactures de Troyes et celles de Rouen, elle abreuve Paris. De Paris
au Havre ce n'est plus qu'une ville.

La Loire n'est pas le fleuve de la civilisation : entre Angers et
Nantes, les villages s'éloignent du rivage mobile, les bateaux
attendent le vent de mer pour remonter, et plus on monte, plus
on est ensablé aux basses eaux; entre Angers et Saumur, le
fleuve est solitaire. Partout vous rencontrez la richesse du sol et
du luxe, mais non celle de l'industrie. Ce ne sont pas des fermes,

mais des maisons de plaisance. Rien n'indique le peuple*. La Loire ne pourra jamais prévaloir sur la Seine. Chambord fut bâti pour les plaisirs de la conversation. Blois, perché sur son pic, rappelle de tout autres souvenirs. L'abîme s'ouvre des terrasses du haut jusqu'au bas. On songe à la prodigieuse chute que dut faire le corps de Guise. Plus bas, la salle tragique où, par les ordres du roi, fut brûlé le cadavre. Plus bas encore, la belle et nonchalante Loire, qui reçut indifféremment les cendres, comme plus tard les noyades de Carrier. Cela gâte le plaisir qu'on prendrait à s'oublier dans ce beau pays.

La Garonne, fille joyeuse de la plus sombre des mères, la noire Maladetta, sur sa route reçoit tout. Les rivières sinueuses et tremblotantes du Limousin et de l'Auvergne y coulent, au nord, par Périgueux et Bergerac; de l'est et des Cévennes, le Lot, l'Aveyron et le Tarn s'y rendent avec quelques coudes plus ou moins brusques, par Rodez et Albi. Le nord donne les rivières, le midi les torrents. Des Pyrénées descend l'Ariège; et la Garonne, déjà grosse du Gers et de la Baïse, décrit au nord une courbe élégante qu'au midi répète l'Adour dans ses petites proportions... Et cette richesse du sol est reproduite à l'infini! Un paysage de trente ou quarante lieues s'ouvre devant vous, vaste océan d'agriculture*, masse animée, confuse, qui se perd au loin dans l'obscur; mais, par-dessus, s'élève la forme fantastique des Pyrénées aux têtes d'argent.

Le Rhône est le symbole de la contrée, son fétiche*, comme le Nil est celui de l'Égypte. Le peuple n'a pu se persuader que ce fleuve ne fût qu'un fleuve, mais une chose fantastique; il a bien vu que la violence du Rhône était de la colère et reconnu les convulsions d'un monstre dans ses gouffres tourbillonnants. Le monstre, c'est le Drac, la Tarasque, espèce de tortue-dragon que l'on promenait naguère à grand bruit, le jour de la Sainte-Marthe.

DODU, *Géographie de la France et des colonies.* (Nathan, éditeur.)

MOTS EXPLIQUÉS. — *Le plus civilisable,* le plus capable de s'adapter aux besoins de la civilisation. — *Digues,* constructions pour contenir les eaux, pour les empêcher de déborder. — *Rien n'indique le peuple,* on ne voit ni ouvriers, ni agriculteurs. — *Océan d'agriculture :* les moissons courbées par le vent font penser aux vagues de l'Océan. — *Fétiche,* au sens figuré : objet qui est censé porter bonheur.

LES IDÉES. — 1. Caractériser chacun des fleuves français. — 2. Rappeler les souvenirs historiques évoqués au cours de ce morceau.

RÉDACTION. — Décrire le voyage que l'on peut faire en descendant la Seine depuis Troyes jusqu'à son embouchure.

Les Trois Muses. — Bas-relief découvert à Mantinée (Grèce).

5. — La femme grecque.

Les Athéniens avaient créé tant de fonctions qu'une partie des
citoyens était occupée à les remplir. Le citoyen d'Athènes*,
comme le fonctionnaire* ou le soldat de nos jours, était absorbé
par les affaires publiques. Faire la guerre et gouverner, telle
était sa vie. Il passait ses journées à l'assemblée, au tribunal,
à l'armée, au gymnase*, sur le marché. Presque toujours, il
avait une femme et des enfants, car la religion le lui ordonnait ;
mais il ne vivait pas en famille.

La jeune fille, élevée auprès de sa mère, n'apprenait rien ; on
pensait qu'il lui suffisait de savoir obéir.

A l'âge de quinze ans, on la mariait. Les parents avaient choisi
le mari : c'était tantôt un jeune homme d'une famille voisine,
tantôt un homme mûr, ami du père, toujours un citoyen*
d'Athènes. Rarement la jeune fille le connaissait, jamais elle
n'était consultée. Hérodote*, parlant d'un Grec, ajoute : « Ce
Callias mérite qu'on parle de lui par la conduite qu'il tint envers
ses filles ; car, lorsqu'elles furent en âge d'être mariées, il leur
donna une riche dot, et, leur ayant permis de se choisir des

époux dans tout le peuple, il les maria à ceux qu'elles avaient choisis. » .

Il y avait au fond de la maison athénienne un appartement retiré, réservé aux femmes, le *gynécée.* Là n'entraient que le mari et les parents. La maîtresse de maison s'y tenait tout le jour avec ses servantes esclaves*; elle les surveillait, leur faisait faire le ménage, leur distribuait la laine à filer; elle-même s'occupait à tisser les vêtements.

Elle sortait peu, sa ` pour les fêtes religieuses. Jamais elle ne paraissait dans la société des hommes. « Personne assurément, disait un orateur grec, n'oserait dîner chez une femme mariée; les femmes mariées ne sortent pas pour aller dîner avec les hommes, elles ne se permettent pas de manger avec des étrangers. »

Une Athénienne, qui aurait fréquenté le monde, n'eût pas été regardée comme une honnête femme. La femme, ainsi enfermée et ignorante, n'était pas d'une société agréable. L'homme l'avait prise, non pour être la compagne de sa vie, mais pour lui tenir sa maison, pour lui donner des enfants, et parce que l'usage et la religion exigeaient que le Grec prît femme. Platon* dit que, si l'on se marie, ce n'est point par goût, mais « parce que la loi y contraint ».

Aussi les femmes à Athènes, comme dans la plupart des cités grecques, ont-elles toujours tenu très peu de place dans la société.

Ch. SEIGNOBOS, *Histoire de la civilisation.* (Masson, éditeur.)

MOTS EXPLIQUÉS. — **Athènes,** capitale de la Grèce moderne, la plus célèbre des villes de la Grèce ancienne. — **Fonctionnaire,** celui qui exerce une charge publique. — **Gymnase,** établissement où l'on se forme aux exercices du corps. — **Citoyen,** membre de la cité. La cité est la forme que prenaient couramment les sociétés politiques dans l'antiquité. Aujourd'hui encore, on donne à un homme le titre de citoyen quand on le considère comme faisant partie d'une société politique, d'un État. — **Hérodote,** historien grec, vivait environ 400 ans avant Jésus-Christ. — **Servantes esclaves :** les anciens admettaient l'esclavage qui plaçait un grand nombre d'hommes et de femmes sous la dépendance absolue des hommes libres. Le maître avait droit de vie et de mort sur ses esclaves et pouvait en disposer comme d'une chose. — **Platon,** philosophe grec, mort 350 ans avant Jésus-Christ.

LES IDÉES. — 1. D'après ce passage, quelle était la condition de la femme grecque dans l'antiquité? — 2. En quoi vous paraît-elle inférieure à celle de la femme moderne?

RÉDACTION. — Faites le portrait de la femme grecque.

6. — La pression atmosphérique. Le baromètre.

L'atmosphère est la couche d'air qui entoure la terre. Comme vous le savez sans doute, elle est formée pour la plus grande partie par un mélange d'oxygène et d'azote. On y trouve également de la vapeur d'eau, du gaz carbonique et un autre gaz appelé « argon ». Ces éléments*, étant gazeux, sont éminemment ténus, légers, mobiles et élastiques.

En perpétuel mouvement, les particules* gazeuses se heurtent et se choquent, et ces chocs répétés, se transmettant de proche en proche dans toute l'étendue de l'atmosphère, constituent la pression atmosphérique.

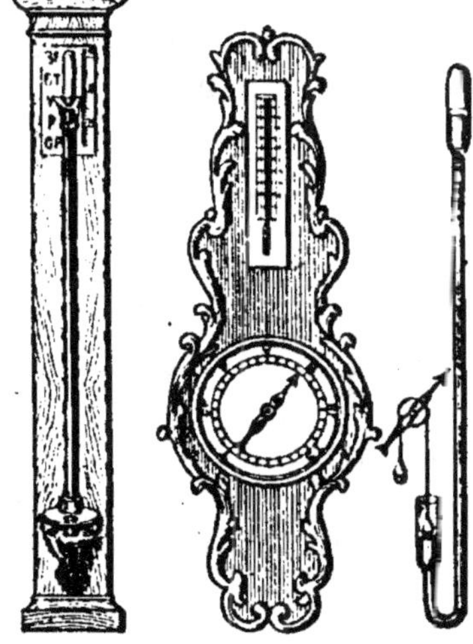

Baromètre ordinaire.   Baromètre à cadran.

Si la couche d'air qui enveloppe la terre avait partout la même épaisseur et si la surface de notre globe était unie, la pression serait la même en tous les points de cette surface; mais il n'en est pas ainsi.

Les montagnes, qui font relief, ont leurs sommets plus rapprochés des limites supérieures de l'atmosphère que les lieux pris dans les parties basses ou au niveau des mers.

Les tranches d'air qui surmontent les cimes élevées transmettent donc sur ces cimes des pressions plus faibles que ne le sont celles qui s'exercent à la surface des eaux, par exemple.

C'est pour cette raison que la pression atmosphérique est plus grande au pied de la montagne qu'au sommet, au fond d'un puits qu'à l'orifice*.

D'autre part, l'atmosphère est particulièrement mobile; l'océan aérien a, comme l'océan marin, ses courants et ses marées*, son flux* et son reflux*, ses calmes et ses tempêtes; il s'y forme des vagues énormes qui se meuvent avec une extraordinaire vitesse.

Aussi la pression diminue pour l'endroit qu'elles quittent et augmente pour celui où elles courent.

Cette pression est donc sujette à de continuelles variations; c'est elle qui fait monter la colonne de mercure dans le tube barométrique, quand elle devient plus forte, et c'est à cause d'elle que cette colonne descend si la pression vient elle-même à faiblir.

Or, il existe une relation entre les mouvements de la colonne mercurielle et l'état de l'atmosphère, et c'est pourquoi les baromètres peuvent servir à la

Baromètre anéroïde. — Cet appareil indique les variations de la pression atmosphérique par les dépressions plus ou moins grandes qu'elles font subir à une boîte métallique à parois très élastiques, qui est vide d'air et parfaitement close. (On a enlevé le cadran pour faire voir le mécanisme.)

prévision du temps. C'est le beau temps si le baromètre monte; c'est le mauvais s'il descend. L'observation montre que ces prévisions sont d'autant plus certaines que les mouvements du mercure sont plus brusques. Seuls restent incertains les mouvements lents; mais les changements de temps qui y correspondent sont le plus souvent peu sensibles.

Baromètre enregistreur. — Cet instrument, basé sur le même principe que le baromètre anéroïde, sert à enregistrer les variations de la pression atmosphérique pendant un laps de temps déterminé.

MOTS EXPLIQUÉS. — *Éléments,* corps simples formés d'une seule substance qu'on considère comme indécomposables. — *Particules,* petites parties. — *Orifice,* ouverture, substantif masculin. — *Marée,* mouvement de va-et-vient de la mer qui monte durant six heures et redescend ensuite pendant six heures. — *Flux* et *reflux :* le *flux* est le mouvement des eaux lorsqu'elles s'approchent du rivage ; le *reflux* est le mouvement contraire.

LES IDÉES. — 1. Que voyez-vous dans le deuxième paragraphe de la lecture? — 2. Expliquez pourquoi la pression atmosphérique est plus grande dans la vallée que sur la montagne. — 3. Comprenez-vous cette comparaison entre l'océan aérien et l'océan marin? — 4. Avez-vous constaté la présence de ces courants dont parle l'auteur? — 5. Est-il nécessaire d'avoir chez soi un baromètre? — 6. Pourquoi?

RÉDACTION. — Montrez la nécessité d'observer la pression atmosphérique, notamment dans les travaux agricoles.

7. — L'instinct de la patrie.

Le plus beau, le plus moral des instincts*, c'est l'amour de la
patrie. Plus le sol d'un pays est ingrat, plus le climat en est
rude, plus il a de charmes pour nous. Un sauvage tient plus à

Chateaubriand (1768-1848). — Fac-similé d'une lithographie de Devéria.

sa hutte qu'un prince à son palais, et le montagnard trouve
plus de charme à sa montagne que l'habitant de la plaine à
son sillon*.

Demandez à un berger écossais s'il voudrait changer son sort
contre le premier potentat* de la terre. Loin de sa tribu chérie, il en garde partout le souvenir; partout il redemande ses
troupeaux, ses torrents, ses nuages. Il n'aspire qu'à manger
du pain d'orge, à boire le lait de la chèvre, à chanter dans la
vallée ces ballades* que chantaient aussi ses aïeux. Il dépérit
s'il ne retourne au lieu natal. C'est une plante de la montagne,

il faut que sa racine soit dans le rocher; elle ne peut prospérer si elle n'est battue des vents et des pluies : la terre, les abris et le soleil de la plaine la font mourir.

Qu'y a-t-il de plus heureux que l'Esquimau* dans son épouvantable patrie? Que lui font les fleurs de nos climats auprès des neiges du Labrador, nos palais auprès de son trou enfumé?

On raconte qu'un mousse anglais avait conçu un tel attachement pour un vaisseau à bord duquel il était né, qu'il ne pouvait souffrir d'en être séparé un moment. Quand on voulait le punir, on le menaçait de l'envoyer à terre; il courait alors se cacher à fond de cale* en poussant des cris.

C'est lorsque nous sommes éloignés de notre pays que nous sentons surtout l'instinct qui nous y attache. A défaut de réalité on cherche à se repaître de songes. Tantôt c'est une cabane qu'on aura disposée comme le toit paternel; tantôt c'est un bois, un vallon, un coteau, à qui l'on fera porter quelques-unes de ces douces appellations de la patrie.

Une autre ruse de l'instinct de la patrie, c'est de mettre un grand prix à un objet en lui-même de peu de valeur, mais qui vient de notre pays et que nous avons emporté dans l'exil. L'âme semble se répandre jusque sur les choses inanimées qui ont partagé nos destins*. Pour peindre cette langueur d'âme qu'on éprouve hors de sa patrie, le peuple dit : *cet homme a le mal du pays.* C'est véritablement un mal, et qui ne peut se guérir que par le retour.

CHATEAUBRIAND.

MOTS EXPLIQUÉS. — *Instinct,* disposition naturelle. — *Sillon :* le mot désigne ici le champ dans lequel l'habitant de la plaine trace des sillons. — *Potentat,* puissant monarque. — *Ballades :* s'emploie ici pour désigner des chants que l'on exécute en dansant. — *Esquimau,* habitant du Groenland et du Labrador, régions glacées de l'Amérique septentrionale. — *Cale,* fond d'un navire. —

L'âme semble se répandre jusque sur les choses inanimées qui ont partagé nos destins : cette phrase signifie que nous attachons du prix aux choses inanimées que nous avons rapportées de notre patrie, par exemple à un meuble, à un vase, à un ustensile de ménage. Ils nous rappellent le pays natal et nous les associons à nos regrets comme s'ils étaient capables de les comprendre.

LES IDÉES. — 1. Comment l'amour de la patrie se traduit-il chez le berger écossais, chez l'Esquimau dont nous parle Chateaubriand? — 2. Avez-vous déjà éprouvé le plaisir de revoir le pays natal? — 3. Quelles ont été vos impressions? — 4. On donne le nom de « nostalgie », à ce mal du pays dont parle Chateaubriand.

RÉDACTION. — Avez-vous quelquefois éprouvé le « mal du pays »? — Dans quelles circonstances?

8. — La cuisine de Jeanne.

Le désir d'augmenter son bien-être et de posséder chez soi tout ce qui peut y contribuer, au point de vue de l'hygiène, fait qu'aujourd'hui on accorde à la cuisine, qui fut si longtemps le « coin délaissé » de la maison, la place qui lui est due, c'est-à-dire une des premières.

La cuisine est le domaine de la ménagère ; c'est là qu'elle

Intérieur de cuisine.

passe la plus grande partie de sa journée ; il faut qu'elle y trouve gaieté et confort* pour s'y plaire : c'est à elle de savoir choisir son domaine et de savoir l'aménager.

La cuisine de Jeanne est un modèle du genre. Il faut dire avant tout que Jeanne est une ménagère sérieuse et entendue* La propreté la plus minutieuse règne dans la pièce : aucune souillure de graisse ou de charbon sur le carrelage de céramique*, sur les murs peints à l'huile, sur les meubles, sur la pierre à évier. Jeanne ne laisse séjourner dans sa cuisine ni aliments, ni ordures ménagères. Les provisions et les restes sont exposés à l'air et préservés de la poussière dans le garde-manger annexé* à la fenêtre. Rien ne refroidit dans les casseroles de cuivre, qui sont vénéneuses* si elles ne sont parfaitement entretenues, ni dans les marmites de fonte, qui donnent aux aliments un goût désagréable. Jeanne a grand soin de toutes les pièces qui composent sa batterie de cuisine. Quelques ustensiles en cuivre et en nickel reluisent comme des miroirs et ornent les murs, mais elle en possède peu, car leur prix est élevé; plus nombreuses sont les casseroles, bassines et bouilloires en fer-blanc, solides à l'usage et faciles à entretenir. Peu d'ustensiles émaillés, bien que leur prix soit modique et leur aspect d'une propreté incontestable; ils nécessitent trop de précautions pour que leur emploi soit constant. Jeanne évite, par exemple, d'y faire fondre du beurre; elle sait que l'émail se fendille sous l'action d'un feu trop vif et que les parcelles mélangées aux aliments ne se digèrent pas et causent des désordres dans l'estomac et dans l'intestin.

Nous avons dit que Jeanne est une ménagère entendue*; nous pourrions ajouter qu'elle est instruite et qu'elle applique toutes les notions de sciences qu'elle a apprises à l'école. Jamais elle ne se sert d'une cuillère d'étain pour remuer ses sauces : elle fait usage d'une simple cuillère de bois; elle retourne ses viandes grillées avec une fourchette de fer.

Tous les objets dont elle a besoin sont à sa portée. Elle ne cherche aucun ustensile, car elle sait mettre en pratique le proverbe bien connu : *une place pour chaque chose, chaque chose à sa place.* Voyez comme les casseroles sont bien alignées, comme la vaisselle est soigneusement rangée dans le buffet, comme chaque torchon a sa destination : celui-ci sert à essuyer les cristaux, celui-là est consacré à la vaisselle, cet autre aux marmites et aux casseroles. Aucun linge sale ne souille la cuisine par son aspect ou par son odeur.

Nous comprenons que Jeanne se plaise dans sa cuisine et nous mangerions avec plaisir les mets qu'elle confectionne si proprement.

MOTS EXPLIQUÉS. — *Confort,* mot anglais francisé, signifie *toutes les aises, toutes les commodités.* — *Carrelage de céramique,* fait de carreaux de grès ou de faïence. — *Annexé,* joint à. — *Vénéneuse,* qui contient du poison ; sous l'action de l'air, en se refroidissant, les aliments forment avec le cuivre un composé vénéneux vulgairement appelé « vert-de-gris ». — *Ménagère entendue,* qui a l'intelligence du ménage et qui a de l'expérience.

LES IDÉES. — 1. Décrivez la cuisine de Jeanne? — 2. De quelles casseroles doit-on se servir pour faire cuire les divers aliments? — 3. Pourquoi importe-t-il de ne pas se servir d'une cuiller d'étain pour remuer les sauces?

RÉDACTION. — Quels sont les principaux ustensiles de cuisine? — Indiquez leur usage.

9. — Courage et sang-froid d'une institutrice.

Il était une heure. La cloche de l'école venait de sonner la rentrée, quand un cri retentit ! « Les Arabes se révoltent ! » Aussitôt l'institutrice ordonna à ses élèves de regagner leurs places et, s'asseyant elle-même à son bureau, comme d'habitude, elle leur dit : « Soyez tranquilles. Avec moi, vous n'avez

École de jeunes filles musulmanes, à Bougie (Algérie).

rien à craindre. » Il y avait là soixante enfants, dont trente jeunes filles de dix à quatorze ans, exposées aux pires dangers.

On entendait à quelques pas les vociférations* des forcenés* qui, en quelques minutes, avaient déjà commis plusieurs assassinats et qui alors saccageaient et pillaient. Les détonations des armes, le tumulte de la rue, le fracas des portes, des volets, des meubles brisés dans les habitations assaillies, achevaient de produire l'épouvante et l'effroi.

Dans la classe, pas un mouvement, aucune parole ; tous les regards étaient dirigés vers la maîtresse qui demeurait calme, s'efforçant d'inspirer aux autres une confiance qu'elle n'avait pas.

Le logement de l'institutrice a subi deux attaques. Les portes gardent l'empreinte d'une balle, les marques des pesées* exercées au moyen d'une barre à mine. Les Arabes, tout d'abord, s'emparèrent du cheval de M. Goublet, le mari de l'institutrice, et forcèrent celui-ci à les suivre.

Vers deux heures, un des révoltés, qui tenait une auberge indigène à Margueritte*, pénétra dans la classe, brandissant au-dessus de sa tête la hache qui lui avait servi à forcer la porte. A cette vue, les femmes et les enfants poussèrent un cri, un seul, formidable et terrible. Mme Goublet leur imposa silence : « Que veux-tu? dit-elle au chenapan*.— Le fusil de ton mari.— Tu l'auras. » Et le prenant par le bras, elle l'entraîna dans ses appartements. L'Arabe, muni de l'arme, traversa de nouveau la salle et, devant tous, l'institutrice lui fit promettre de respecter l'école.

Une heure plus tard, il y eut encore dans la classe un moment de véritable terreur. Des rebelles à cheval, armés jusqu'aux dents, se plantèrent devant l'école et, du haut de leurs selles, par les fenêtres, essayèrent de voir dans l'intérieur. Qu'allaient-ils faire? Il fallait mettre fin à ce supplice. Mme Goublet sort, va droit aux cavaliers : « Que voulez-vous? — De l'argent. — Vous savez bien que je suis pauvre. Tiens, toi, Moktar, voilà un sou, va prendre une tasse au café maure*. » Les brigands déconcertés s'éloignèrent en riant. Ce ne fut que vers cinq heures que les malheureux que l'école abritait, entendant la fusillade et voyant les révoltés fuir au triple galop de leurs montures, comprirent que les troupes étaient arrivées et qu'ils étaient enfin sauvés.

Les parents vinrent à la hâte chercher leurs enfants et pleurèrent de joie en les retrouvant sains et saufs.

Extrait du *Journal officiel.* (Discours de M. Morixaud, député.)

MOTS EXPLIQUÉS. — *Vociférations,* paroles accompagnées de cris et proférées dans un moment de fureur. — *Forcenés,* se dit de personnes en fureur. — *Pesée,* effort que l'on fait avec un levier pour soulever un corps. La barre à mine remplit ici l'office de levier. — *Margueritte,* ville d'Algérie, rappelle le nom du général Margueritte, tué à Sedan. — *Chenapan,* terme de mépris, vaurien, mauvais garnement. — *Café maure,* café fréquenté par les Maures; le nord de l'Afrique portait autrefois le nom de Mauritanie et ses habitants s'appelaient les Maures.

LES IDÉES. — 1. Quels dangers la révolte des Arabes faisait-elle courir à l'école et aux élèves qu'elle abritait? — 2. Quelles recommandations l'institutrice adressa-t-elle à ses élèves? — 3. Comment l'institutrice réussit-elle à éloigner les deux bandits qui pénétrèrent dans la classe?

RÉDACTION. — Vous supposerez que vous avez assisté à la scène qui vient d'être racontée. Écrivez à une de vos amies pour lui en faire le récit et lui faire part de vos impressions.

Maison ouvrière.

10. — Hygiène de l'habitation.

Le choix de l'habitation est très important au point de vue de la santé et du bien-être de la famille. La maison n'est pas seulement le lieu où l'on mange et où l'on dort ; c'est aussi le lieu où tous les membres de la famille se retrouvent avec plaisir, où ils éprouvent les mêmes joies et les mêmes peines.

A la campagne, où chaque famille occupe une maison, on la choisira construite sur une hauteur plutôt que dans une vallée. En tout cas, on s'éloignera des marais, des mares, des eaux stagnantes*, des constructions dont le voisinage présente des dangers pour la santé. Les villages les plus sains sont ceux où les maisons ne sont pas accolées* les unes aux autres, mais espacées par des jardins ; les habitants n'ont pas à souffrir ainsi de la mauvaise hygiène de leurs voisins.

Dans les villes où la famille n'occupe le plus souvent qu'un appartement, c'est-à-dire un étage ou une partie de l'étage, il convient de s'éloigner autant que possible des usines. Ce qu'il faut rechercher avant tout, c'est l'air et la lumière ; aussi faut-il préférer aux rez-de-chaussée, souvent humides et sombres, les étages supérieurs, plus accessibles au soleil.

L'exposition, c'est-à-dire la direction de la façade principale du logement, est également chose importante. L'exposition au nord doit être écartée, car une habitation est malsaine si elle ne reçoit pas le soleil. Les meilleures expositions sont l'est, le nord-est et le sud-est.

Le nombre des pièces du logement varie évidemment selon les besoins et les ressources de la famille. Il doit être de quatre au minimum : une cuisine, une salle à manger servant de lieu de réunion et de réception et deux chambres, l'une pour les parents et l'autre pour les enfants.

Plus les pièces seront vastes et élevées de plafond, mieux cela vaudra ; mais ces deux conditions sont rarement réunies dans des logements d'un prix modeste ; il faut alors choisir pour les chambres les pièces où l'air peut être facilement renouvelé.

Une annexe* du logement est souvent négligée. Nous voulons parler des water-closets*. Mal entretenus, ils répandent des odeurs désagréables ; mal construits et situés dans le voisinage d'un puits, ils peuvent être l'origine de maladies épidémiques* comme la fièvre typhoïde, la dysenterie, le typhus, le choléra.

Une ménagère intelligente meublera son habitation avec goût et en tenant compte des préceptes de l'hygiène : peu ou pas de tapis, qui sont des nids à poussières et à microbes ; pour la même raison, pas de tentures, de rideaux épais, si difficiles à déplacer et à brosser. Elle se contentera de mettre aux fenêtres des rideaux blancs, transparents, qui tamiseront* la lumière, et elle s'appliquera à tenir son logis dans une propreté et un ordre parfaits. Elle fera plus. Quelques gravures bien choisies, des fleurs fraîches et quelques-uns de ces jolis riens qui naissent de ses doigts agiles, réjouiront la vue et feront de l'habitation la plus modeste un lieu plaisant à voir et à habiter.

MOTS EXPLIQUÉS. — *Eaux stagnantes,* eaux qui n'ont pas d'écoulement. — *Accolées,* placées l'une contre l'autre, comme si elles étaient collées ensemble. — *Water-closets,* mot anglais francisé, couramment employé pour désigner les *cabinets d'aisances.* — *Maladies épidémiques,* qui attaquent beaucoup de personnes à la fois. Ex. : le choléra, la fièvre typhoïde, etc. — *Tamiseront,* laisseront passer la lumière, en lui enlevant son éclat.

LES IDÉES. — 1. Qu'est-ce que la maison ? — 2. Quelles sont les habitations les plus saines ? — 3. Quelles conditions doit remplir un logement sain : 1º à la campagne ; 2º à la ville ? — 4. Quels soins doit-on donner aux water-closets ? — 5. Comment une ménagère intelligente doit-elle meubler sa maison ?

RÉDACTION. — Quels sentiments éprouvez-vous à l'égard de votre maison ?

11. — L'amitié fraternelle.

L'amitié fraternelle est bien la plus pure et la plus forte des amitiés. Sa forme la plus délicate nous apparaît dans l'affection entre le frère et la sœur. L'amour de la sœur pour le frère est une sorte de vague respect pour la supériorité de la force et de la raison; mais un respect uni au sentiment de l'égalité, un respect mêlé d'une affection vive, pleine, entière, où le cœur se donne sans aucune inquiétude; c'est une affection familière et aisée, aussi pure que vive.

De la part du frère, le sentiment fraternel est un instinct de protection, mais sans pouvoir, sans autorité, sans responsabilité; de là un sentiment heureux, joyeux, tendre, sans mélange de ces craintes et de ces scrupules qui se mêlent au sentiment paternel.

A leur insu, le frère et la sœur ont l'un sur l'autre une puissante influence éducatrice.

Auprès d'un frère qui est son ami, la jeune fille enrichit sa vie d'une foule d'éléments qu'elle n'aurait pas rencontrés sans lui: elle y gagne en indépendance, elle apprend à connaître un cœur de jeune homme et d'homme. Un frère qui a pour amie sa sœur trouve en elle une confidente*, une société infiniment douce, un juge sûr et apprécié de son goût et de ses manières, une conscience qu'il ne faut pas blesser et qui l'aide à marcher droit et à conserver ce respect de la femme sans lequel un homme est privé d'une qualité essentielle*. L'éducation du frère et de la sœur l'un par l'autre se complète par des conseils aimables, libres, affectueux et enjoués.

Le frère et la sœur sont encore intermédiaires* l'un pour l'autre auprès de leurs parents. S'élève-t-il quelque légère querelle entre la fille et les parents? le frère intervient pour les rapprocher, pour obtenir des parents quelque condescendance*, et pour ramener la fille à l'obéissance ou à la docilité. Le fils a-t-il excité le mécontentement paternel, a-t-il causé l'affliction maternelle? la sœur intervient à son tour pour adoucir cette affliction, apaiser ce mécontentement, ramener la paix, en obtenant du fils le repentir et du père le pardon.

D'après JANET, *La Famille*. (Calmann-Lévy, éditeur.)

LES IDÉES. — 1. Analysez l'affection du frère pour la sœur et réciproquement. — 2. Quelle influence éducatrice le frère et la sœur exercent-ils l'un sur l'autre? — 3. Quel rôle jouent-ils comme intermédiaires auprès de leurs parents?

RÉDACTION. — Quels services une sœur peut-elle rendre à ses frères, dans la famille?

12. — État des classes laborieuses jusqu'à l'époque féodale.

Dans la Gaule barbare il y avait peu d'esclaves*. Chaque famille cultivait son champ. Pendant la guerre c'était la femme qui était chargée des travaux agricoles. L'industrie était assez

Poteries gauloises découvertes dans le département de la Marne.

développée; les Gaulois étaient d'habiles métallurgistes*, de bons potiers, de remarquables tisserands. Ils jouissaient déjà d'un bien-être assez grand pour être en état d'en apprécier un plus complet; aussi adoptèrent-ils facilement la vie romaine. De belles voies dallées sillonnèrent le pays en tous sens; les industries nationales du tissage, de la poterie, de la verrerie, perfectionnèrent leurs produits; de nouveaux arbres fruitiers importés d'Asie, le pêcher, le noyer, le châtaignier, le prunier, le cerisier s'ajoutèrent à la variété des aliments.

Les villes se multiplièrent; l'art grec s'y implanta et la *Vénus* de Fréjus, le *Jupiter* d'Aix, retrouvés dans leurs ruines, peuvent rivaliser avec les belles statues de l'antiquité. Des arcs de triomphe, des temples, des cirques, des théâtres, des aqueducs, s'élevèrent non pas toujours par les mains d'artistes étrangers. Les écoles de Bordeaux, d'Autun, de Lyon, de Vienne, étaient presque aussi florissantes que celles de la Grèce.

Les affaires de chaque cité* étaient gérées* par une *curie* ou assemblée de propriétaires possédant au moins 25 arpents* et par des officiers municipaux, élus le plus souvent par la curie. Le gouverneur de la province intervenait rarement dans la gestion intérieure de la cité; il se bornait à veiller au payement des impôts.

En 365, l'empereur Valentinien institua un défenseur de la cité, sorte de tribun* du peuple chargé de défendre ses intérêts contre les officiers impériaux. Cette fonction, confiée presque partout aux évêques, contribua à fortifier leur influence en Gaule.

L'industrie continua à se développer. Les ouvriers dans les villes devinrent plus nombreux et furent plus heureux.

La Vénus drapée de Fréjus. — Musée du Louvre.

Ils constituèrent des associations. La situation des paysans s'était peu améliorée. Les procédés de culture avaient été perfectionnés; mais ils ne jouissaient pas des libertés des habitants des villes; ils n'avaient pas comme ces derniers un défenseur contre les exactions du gouvernement impérial. Écrasés sous le poids de leurs dettes, accablés d'impôts, ils s'armèrent sous le nom de « Bagaudes » et pillèrent les villas des riches.

L'invasion barbare renversa l'administration impériale, mais non l'organisation intérieure des cités. Le comte franc remplaça le gouverneur pour percevoir l'impôt et rendre la justice. Les vaincus gardèrent leurs curies, l'usage de la loi romaine, et ces institutions ont, dans un grand nombre de villes, traversé tout le moyen âge. Mais, les riches Gallo-romains ayant quitté les villes pour s'installer sur leurs terres, un grand changement s'accomplit. La prépondérance* qui appartenait aux villes passa aux campagnes; le règne des châteaux commença, et ce règne va tenir, pendant des siècles, le paysan courbé sur son sillon, l'artisan sur son métier, dans l'ignorance, la servitude et la misère.

MOTS EXPLIQUÉS. — *Cité*, a ici le sens de *ville*. — *Esclaves*: dans l'antiquité, on appelait ainsi des hommes qui étaient sous la dépendance absolue d'un maître, qui lui appartenaient à l'égal d'une chose. — *Métallurgistes*, ouvriers qui travaillent les métaux. — *Gérées*, administrées. — *Arpent*, ancienne mesure agraire dont la valeur variait d'un pays à l'autre. L'arpent de Paris valait un peu plus de 34 ares. — *Tribun*, magistrat romain chargé de la défense des intérêts du peuple. — *Prépondérance*, supériorité d'autorité, de puissance.

LES IDÉES. — 1. Existe-t-il, dans la région que vous habitez, des ruines de l'époque gallo-romaine? — 2. Comment étaient administrées les cités à l'époque gallo-romaine? Comparez cette administration avec celle de nos communes actuelles. — 3. Quand commence et quand finit la période des invasions? Quels sont les barbares qui envahirent la Gaule; quels sont ceux qui s'y fixèrent?

RÉDACTION. — En quoi les paysans d'aujourd'hui vous paraissent-ils plus heureux que ceux qui vivaient à l'époque féodale?

13. — L'obéissance aux parents.

Lorsque vos parents vous disent : « Faites ceci, ne faites pas cela », leur but est de former votre caractère, vos habitudes, de développer en vous les qualités qui vous rendront bonnes et utiles à vous-mêmes, de vous corriger de vos défauts.

Votre conscience et votre raison ne sont pas encore assez sûres, votre volonté n'est pas assez ferme pour que vous puissiez vous diriger par vous-mêmes. Votre père et votre mère remplacent cette conscience encore obscure, cette volonté vacillante*. Ils sont eux-mêmes pour vous une conscience qui vous parle avec autorité et avec douceur, et que vous écoutez d'autant mieux que vous ne pouvez pas ne pas l'aimer.

Ils soignent votre âme, comme ils soignent votre corps; à tous deux ils donnent les aliments propres à assurer leur développement; de l'un et de l'autre, ils écartent les dangers avec une vigilance* que rien ne lasse.

Mais l'habitude de l'obéissance qu'ils vous font contracter est par elle-même une éducation et la meilleure préparation aux devoirs de la vie. Partout, en effet, vous aurez à obéir. A quelles dures épreuves ne seriez-vous pas exposées plus tard, si vos parents ne vous avaient pas accoutumées d'avance à cette règle qui ne souffre d'exception pour personne ! C'est par l'habitude de l'obéissance seule que votre volonté peut s'affermir et vous rendre capables de vous commander un jour à vous-mêmes.

Il en est peut-être parmi vous qui croient qu'il faut plus de force pour désobéir que pour obéir. Elles se trompent étrangement : désobéir, c'est suivre son caprice*, c'est se laisser entraîner par sa passion* et en être l'esclave, c'est manquer de courage. Ne sentez-vous pas vous-mêmes que vos désobéissances sont toujours des faiblesses, des manques de courage ?

Obéir, c'est, au contraire, triompher de ce caprice, de ce désir, c'est le dominer par l'effort de votre volonté. Quand vous vous serez accoutumées à soumettre ainsi vos désirs à la volonté de vos parents, vous serez capables de les soumettre à votre volonté propre et à votre raison.

Les petits sacrifices que l'obéissance à vos parents vous aura rendus familiers vous faciliteront les grands sacrifices que commande le devoir.

Ainsi, la jeune fille obéissante ne remplit pas seulement le premier et le plus sacré de ses devoirs envers ses parents, mais elle obéit à la conscience qui lui parle par la bouche de son père et de sa mère, elle prend l'habitude de faire toujours passer le devoir avant le plaisir et l'intérêt.

La fille obéissante seule deviendra une femme vertueuse et utile.

GIRARD, *Maximes morales.* (Gédalge, éditeur.)

MOTS EXPLIQUÉS. — *Vacillante,* au sens propre, s'emploie en parlant d'une lumière qui tremblote; une « volonté vacillante » est une volonté hésitante, irrésolue. — *Vigilance :* vos parents veillent constamment sur vous — *Caprice,* fantaisie; le caprice est irrégulier, il est sujet au changement. — *Passion,* est pris ici dans le sens de sentiment.

LES IDÉES. — 1. Que manque-t-il aux enfants pour se diriger par eux-mêmes ? — 2. Montrez à l'aide d'exemples que les parents sont eux aussi tenus à l'obéissance, qu'ils s'imposent des règles pour subvenir à leurs charges de famille et bien élever leurs enfants.

RÉDACTION. — Faites un récit vrai ou imaginaire pour montrer que la désobéissance est une marque de faiblesse, un manque de courage.

Le Mont-Saint-Michel, à marée haute.

14. — La baie et le Mont-Saint-Michel.

On peut admirer la baie du Mont-Saint-Michel, on peut la maudire, mais non pas prétendre avoir rien vu de semblable. Les œuvres des hommes, aussi bien que celles de la nature, ont ici un caractère de sauvage grandeur qui défie tous les souvenirs et toutes les comparaisons. Aux équinoxes*, l'amplitude des marées* atteint, indépendamment du refoulement des eaux de l'Océan sous la pression de tempête du nord-ouest, une hauteur verticale de 15 mètres. La mer. se retire alors à 12 kilomètres du mont, puis elle revient, l'enveloppe de ses eaux et inonde à 12 autres kilomètres en arrière les baies de la Sée et de la Sélune. A mer basse, cet immense espace encadré dans des coteaux verdoyants a l'aspect d'un lit de cendres blanchâtres. Au milieu se dresse le noir rocher du Mont-Saint-Michel, abrupt* et vertical au nord et à l'ouest, garni jusqu'à mi-hauteur, du côté du midi, de cabanes plaquées, comme des nids d'hirondelles, à ses flancs, et couronné d'une des plus étonnantes constructions qui soient sorties de la main de l'homme.

Le Mont-Saint-Michel n'est abordable que par le sud ; l'accès

en est défendu par une muraille fondée par saint Louis, recons-
truite par Louis XI, réparée par Louis XIV, et qui, lorsque le
mont avait un rôle actif dans les guerres entre la France, l'Angleterre, la Bretagne et la Normandie, en constituait la principale défense. Une étroite place d'armes précède le village et est
décorée de deux énormes bouches à feu nommées « les Miche-
lettes », que les Anglais abandonnèrent après leur attaque infruc-
tueuse de 1423.

Le village peut compter 300 habitants. Cette population descend de celle qui alimentait autrefois les chantiers, les besoins
et les fantaisies des moines du mont ; elle cultive dans les creux
du rocher quelques lambeaux de jardin, ramasse et débite des
coques, petit coquillage particulier à la baie, tend sur les
grèves*, entre deux marées, des filets où le jusant* laisse des
soles, des mulets et des saumons.

On monte à l'abbaye par des ruelles obscures ou par un ma-
jestueux escalier qui sert de bordure au précipice. Faut-il chercher à décrire la sombre solennité de l'entrée de l'Abbaye, la
longue muraille appelée « Merveille », qui brave depuis près
de neuf siècles l'abîme au-dessus duquel elle se dresse, les
terrasses d'où la vue erre des grèves aux côtes de Bretagne et
à la pleine mer, le cloître avec ses péristyles à colonnettes, la
célèbre salle des chevaliers, la savante disposition de l'église
souterraine, ou les grandioses proportions de l'église gothique*
qui s'élance de la cime de ce pic de granit vers le ciel ?... Non,
le dessin peut seul donner une idée de la hardiesse et de l'imposante bizarrerie de ces constructions, où la puissance de la foi
de nos pères se manifeste encore plus vivement que celle de l'art.

J.-J. BAUDE, Revue des Deux Mondes, 1851.

MOTS EXPLIQUÉS. — *Équinoxes,* époques de l'année où les jours sont égaux aux nuits. Il y a deux équinoxes : au printemps, le 21 mars ; à l'automne, le 22 septembre. — *Amplitude des marées,* c'est-à-dire l'étendue des mouvements de flux et de reflux auxquels sont soumises les eaux de l'Océan. — *Abrupt,* dont la pente est presque perpendiculaire. — *Grèves,* espaces plats couverts de sable ou de cailloux sur le bord de la mer. — *Jusant,* reflux de la marée. — *Église gothique,* qui a été bâtie du XIIIe au XVIe siècle et qui est caractérisée par la forme ogivale des voûtes.

LES IDÉES. — 1. A quoi tient le caractère de « sauvage grandeur » que l'on peut attribuer au Mont-Saint-Michel ? — 2. Quel aspect présente le rocher du Mont-Saint-Michel ? — 3. Quel a été le rôle joué par le Mont-Saint-Michel dans les guerres entre la France et l'Angleterre ?

RÉDACTION. — Décrivez le village du Mont-Saint-Michel.

Maison romaine : l'atrium.

15. — La femme romaine.

Chez les Romains, tous les membres d'une famille rendent un culte aux mêmes ancêtres et se réunissent autour du même foyer. Ils ont donc les mêmes dieux, et ils sont les seuls à les avoir. Le sanctuaire où se tiennent les lares* est caché dans la maison ; aucun étranger n'en approche. La famille romaine est comme une petite église ; elle a sa religion et son culte, auquel nul autre que ses membres n'est admis.

La première règle de cette religion, c'est que, pour avoir le droit d'adorer les ancêtres de la famille, il faut être issu d'eux par un mariage régulier. Le mariage romain a donc commencé par être une cérémonie religieuse. Le père livre la fiancée hors de sa maison ; un cortège la conduit à la maison du mari en chantant un vieux refrain sacré : « Hymen, ô hyménée* ! » On l'amène devant le foyer du mari, on lui présente l'eau et le feu, et là, en présence des dieux de la famille, les deux époux se partagent un gâteau de fleur de farine. Le mariage, à cette époque, s'appelait « la communion par le gâteau ». — Plus tard on a inventé une autre forme de mariage. Un parent de la fiancée, en présence de témoins, la vend au mari; le mari déclare qu'il l'achète pour être sa femme. C'est le mariage par achat.

La femme romaine n'est jamais libre; jeune fille, elle appartient à son père, qui choisit pour elle un époux; mariée, elle tombe dans la puissance de son mari; les jurisconsultes* disent qu'elle est dans sa main, qu'elle est comme sa fille. Elle a toujours un maître qui a sur elle le droit de vie et de mort. Cependant jamais on ne la traite comme une esclave. Elle est l'égale en dignité de son mari, on l'appelle mère de famille ou matrone, comme on appelle l'homme père de famille ou patron; elle est maîtresse dans la maison comme il y est maître. Elle commande à des femmes esclaves, qu'elle charge de tout le gros ouvrage, de moudre le grain, de faire le pain et la cuisine. Elle-même est assise dans la salle d'honneur, l'*atrium*, file et tisse, distribue la tâche aux esclaves, surveille les enfants, dirige la maison. Elle n'est pas enfermée loin des hommes comme la femme grecque, elle mange à table avec son mari, reçoit les visiteurs, va dîner en ville, paraît en public dans les cérémonies, au théâtre, même devant le tribunal. Pourtant elle reste d'ordinaire ignorante. Les Romains ne se soucient pas d'instruire leurs filles; la qualité qu'ils estiment le plus chez une femme, c'est l'austérité; et sur son tombeau, ils écrivent en guise d'éloge* : « Elle a gardé la maison et filé la laine. »

Ch. SEIGNOBOS, *Histoire de la civilisation.* (Masson, éditeur.)

MOTS EXPLIQUÉS. — *Lares,* dieux de la maison chez les Romains : on les représentait par de petites statues que l'on plaçait au coin du foyer. — *Hymen,* hyménée, divinité païenne qui présidait aux mariages. — *Jurisconsultes,* hommes versés dans la connaissance de la loi, qui font profession de l'expliquer ou de l'enseigner. — *En guise d'éloge,* en manière d'éloge.

LES IDÉES. — 1. Faites ressortir le caractère religieux du mariage chez les Romains. — 2. Quelle est la condition de la femme romaine; en quoi vous paraît-elle supérieure à celle de la femme grecque? (Voir la lecture sur ce sujet p. 17.) — 3. Quelles sont les fonctions de la femme romaine dans la famille?

RÉDACTION. — Faites le portrait de la femme romaine.

16. — La navigation aérienne.

Les hommes ne sont pas isolés à la surface de la terre sur laquelle ils vivent.

Depuis longtemps déjà, ils ont conquis les continents et les mers.

Grâce à la vapeur et à l'électricité, ces forces merveilleuses,

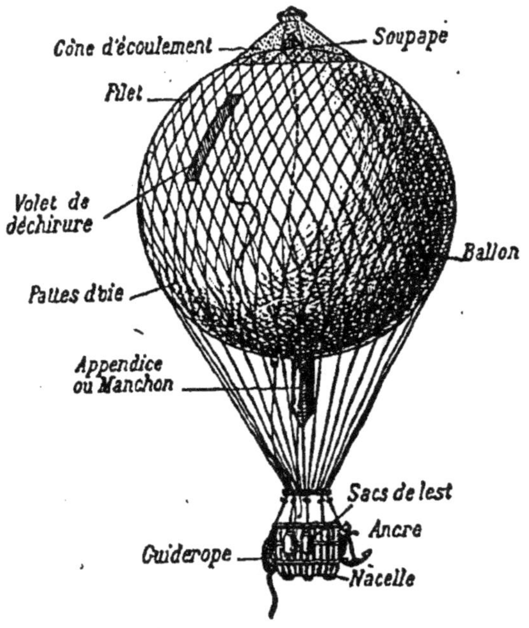

Ballon sphérique avec nacelle.

ils ont établi, au cours du dernier siècle, des communications constantes et rapides entre les points les plus éloignés du globe.

Toutefois, jusqu'en ces derniers temps, une vaste étendue fut fermée à l'investigation* humaine. L'atmosphère était toujours considérée comme le domaine des êtres privilégiés que la nature a pourvus d'ailes.

Mais l'homme éprouvait de plus en plus le vif désir de franchir les bornes de ce domaine et de s'élever, lui aussi, dans les immenses plaines de l'air. « Des ailes, des ailes », disait le poète, mais ce désir était vain.

En inventant les ballons, à la fin du XVIII° siècle, les frères

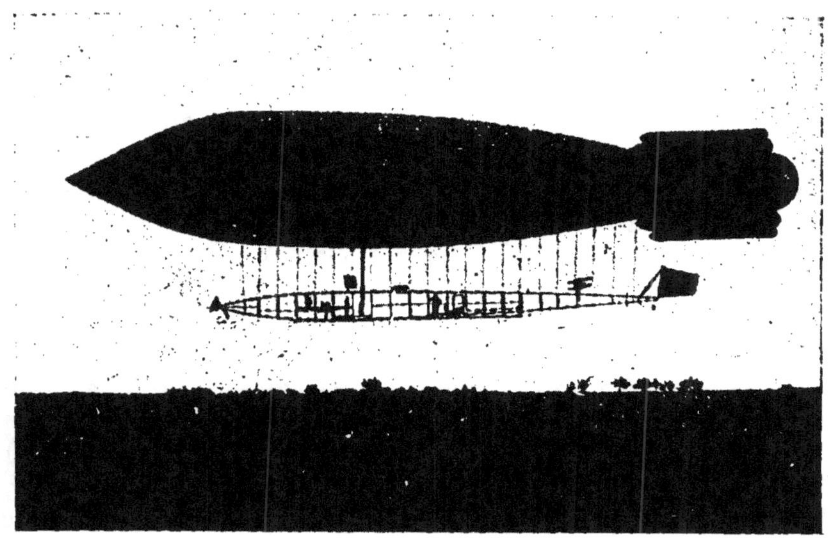

Le dirigeable *Ville de Paris*.

Aéroplane biplan en plein vol.

Montgolfier donnèrent à ce rêve un commencement de réalité, et l'homme pénétra peu à peu dans cet empire mystérieux.

Comme vous le savez, les premiers aérostats avaient la forme sphérique. Faits de fuseaux de papier* ou de taffetas vernis, que l'on assemblait et tendait sur de légers cerceaux, ils constituaient des globes creux, ouverts par le bas.

Près de l'ouverture, on disposait un réchaud allumé. Bientôt, sous la poussée de l'air chaud, l'enveloppe se tendait, s'arrondissait et, devenu plus léger que l'air froid déplacé, le ballon quittait le sol pour s'élever dans l'atmosphère.

A cette même époque, le physicien Charles apprit à gonfler les aérostats à l'aide d'un gaz très léger, l'hydrogène ; et, dès lors, on donna aux ballons une forme et une disposition qui ont peu varié depuis.

Plus tard, on les gonfla au gaz d'éclairage. Toutefois, le problème de la navigation aérienne était loin d'être résolu : l'homme s'élevait bien dans les airs, il est vrai ; mais le ballon qui l'emportait était le jouet des vents : il ne savait le diriger.

Il était donné à notre époque de résoudre ce problème difficile et d'imprimer aux machines volantes une direction réglée. Le ballon dirigeable, avec son moteur*, son hélice* et son gouvernail, est la solution cherchée.

Un nouveau prodige devait marquer l'aurore du XXe siècle. Les aérostats, en effet, s'élèvent dans l'air grâce à la légèreté des gaz qui gonflent leurs enveloppes: ce sont des *plus légers que l'air*. Les *aéroplanes* que l'on expérimente partout aujourd'hui sont des *plus lourds que l'air*. Ils s'élèvent, se maintiennent et évoluent dans l'atmosphère, grâce à la puissance prodigieuse et à la légèreté de leurs moteurs.

Le 25 juillet 1909, un aviateur, M. Blériot, franchissait la Manche sur son aéroplane. D'autres, tels que MM. Farman, Latham, Wright, Paulhan, etc., ont accompli des vols également remarquables au double point de vue de la vitesse et de l'altitude.

Le rêve de l'homme s'est réalisé : l'homme volant n'est plus un mythe. Ce sera la gloire scientifique de ce siècle, et cette gloire revient tout particulièrement à la France.

MOTS EXPLIQUÉS. — *Investigation*, action de rechercher attentivement. — *Fuseaux de papier*, morceaux de papier ayant la forme de parties de surface de la sphère comprise entre deux grands cercles. — *Moteur*, appareil mécanique produisant le mouvement. — *Hélice*, appareil placé à l'arrière du bateau à vapeur ou du ballon, pour le faire marcher. — *Aviateur*, nom de l'homme qui imite le vol de l'oiseau.

LES IDÉES. — 1. Quelles sont les communications dont parle l'auteur ? — 2. En vertu de quel principe les ballons s'élèvent-ils dans l'air ? — 3. A quel jouet de l'enfant ressemble l'aéroplane ? Les aéroplanes utilisent la résistance de l'air sur un ou plusieurs plans inclinés.

RÉDACTION. — Exposez les progrès accomplis dans la navigation aérienne.

17. — Le retour dans la patrie.

Qu'il va lentement le navire
A qui j'ai confié mon sort !
Au rivage* où mon cœur aspire
Qu'il est lent à trouver un port*!
    France adorée !
    Douce contrée !
Mes yeux cent fois ont cru te découvrir.
    Qu'un vent rapide
    Soudain nous guide
Aux bords sacrés où je reviens mourir*.
Mais enfin le matelot crie:
« Terre, terre, là-bas, voyez ! »
Ah ! tous nos maux sont oubliés !
    Salut à ma patrie !

Au bruit des transports d'allégresse*,
Enfin le navire entre au port.
Dans cette barque où l'on se presse*,
Hâtons-nous d'atteindre le bord.
    France adorée !
    Douce contrée !
Puissent tes fils te revoir ainsi tous !
    Enfin j'arrive,
    Et sur la rive
Je rends au ciel, je rends grâce à genoux.
Je t'embrasse, ô terre chérie !
Dieu ! qu'un exilé* doit souffrir !
Moi, désormais, je puis mourir :
    J'ai revu ma patrie !

BÉRANGER, Chansons.

MOTS EXPLIQUÉS. — *Au rivage où mon cœur aspire,* au rivage que je désire vivement revoir. — *Port,* lieu dans lequel les navires peuvent trouver un abri. — *Aux bords sacrés où je reviens mourir:* le voyageur pense à la patrie avec ferveur; elle lui inspire un respect pour ainsi dire religieux: c'est pourquoi il parle de ses bords sacrés. — *Au bruit des transports d'allégresse:* la joie des voyageurs est si vive, si forte, qu'elle s'exprime avec violence. — *Dans cette barque où l'on se presse:* il s'agit de la barque qui transporte les voyageurs du navire jusqu'au rivage. — *Exilé,* celui que l'on a obligé à vivre loin de sa patrie.

LES IDÉES. — Quels sont les sentiments exprimés par le voyageur : dans la première strophe ? dans la deuxième strophe ?

RÉDACTION. — En consultant vos souvenirs, rappelez les sentiments que vous avez éprouvés en revoyant la maison familiale ou le pays natal après une absence.

18. — L'allaitement maternel.

Si l'on veut bien examiner ce qui se passe autour de nous, même chez les animaux, on ne peut pas ne pas être frappé par ce fait général, à savoir que toutes les mères ont été pourvues par

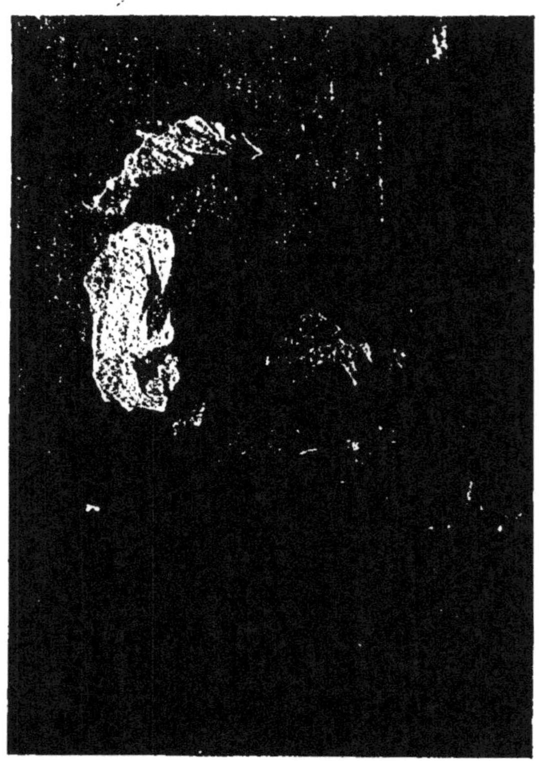

Mère et enfant. — Peinture par Van Muyden.

la nature d'un liquide nourricier, le lait, précisément destiné à leur progéniture*, tout à fait approprié à la constitution physique du nouveau-né.

Voyez ce petit chien qui vient de naître : il est à peine en ce monde qu'il trouve dans les mamelles de sa mère le lait qui doit le faire vivre, le faire grandir, le fortifier, et le conduire sans incidents jusqu'à l'âge où il pourra prendre une autre nourriture, sans inconvénient pour sa santé.

Privez, au contraire, ce petit chien du lait de sa mère, donnez-lui un lait quelconque, nourrissez-le prématurément* avec des aliments solides, avec de la viande, avec du pain : au lieu de voir sa santé prospérer, vous le verrez tomber malade et souvent mourir.

D'ailleurs, cet allaitement maternel est si naturel qu'il ne viendra jamais à la chienne l'idée de donner à son petit une autre nourriture que son lait ; elle sera même jalouse de sa prérogative*, et l'animal le plus doux devient alors féroce si on tente d'arracher de ses mamelles le petit qui y est suspendu.

Eh bien ! chez la femme, les choses doivent se passer de la même façon. C'est dans les seins de sa mère que le petit enfant doit puiser sa nourriture ; là seulement est l'aliment qui lui convient réellement.

On peut dire d'une façon générale qu'il est tout à fait exceptionnel qu'une mère ne puisse nourrir son enfant ; je parle, bien entendu, pour les premières semaines, et en dehors des tristes conditions sociales qui obligent les mères de se rendre au travail pour gagner leur pain et, ne pouvant rester auprès de leur enfant, doivent, par suite, lui faire donner un autre lait que le leur.

C'est un devoir absolu, impérieux, pour toute mère de s'efforcer de nourrir son enfant.* Ce n'est pas en vain que la nature a donné du lait à la femme ; se soustraire à ce devoir sans raison tout à fait valable c'est commettre une mauvaise action. La mauvaise action est commise tout d'abord vis-à-vis de l'enfant, lorsqu'on le soumet, sans une nécessité absolue, à l'allaitement artificiel, c'est-à-dire lorsqu'on le nourrit avec du lait d'un animal, la vache par exemple, ou bien lorsqu'on lui donne une alimentation solide prématurée ; on lui fait ainsi courir les plus grands dangers, et il est bien certain que les enfants nourris avec le biberon sont plus exposés que d'autres à contracter des maladies de l'intestin. On commet aussi une mauvaise action, si l'on prend une nourrice mercenaire* ; car cette femme qui se loue pour soigner l'enfant d'une autre abandonne le sien, qui sera alors soumis à tous les dangers du biberon et des panades précoces. Il est donc absolument immoral de ne pas allaiter son enfant lorsqu'on le peut.

Dr E. AUSSET, *Hygiène infantile.* (Delagrave, éditeur.)

LES IDÉES. — 1. Montrez à l'aide d'un exemple que l'allaitement maternel est imposé par la nature. — 2. Dans quel cas les mères sont-elles excusables de ne pas nourrir leurs enfants? — 3. Pourquoi est-il immoral de recourir à une nourrice mercenaire pour allaiter ses enfants?

RÉDACTION. — Pourquoi les mères doivent-elles nourrir elles-mêmes leurs enfants?

19. — Mlle Bonnefois, l'institutrice foraine.

Mlle Bonnefois nous offre un exemple de vertu que j'appellerai volontiers originale. Fille d'un ancien instituteur devenu saltim-

École foraine, à Paris.

banque*, elle a plus d'une fois, au cours de son enfance, récité le boniment* ou fait la parade*. Elle abandonne la baraque pater-nelle pendant la guerre de 1870, pour faire partie d'une asso-ciation de nobles femmes qui portaient secours aux blessés et aux malades sur les champs de bataille. Son courage et son abnégation frappèrent d'admiration les chirurgiens et les officiers de l'armée. Après la guerre, elle redevient foraine pour gagner sa vie et celle de son père devenu infirme. En 1880, à la mort de ce dernier, se trouvant seule au monde, elle songe à se refaire une famille. Et cette famille, c'est la *tribu des errants*, qu'elle veut réunir dans une communauté de sentiments et de pensées en instruisant leurs enfants de tout ce qu'elle sait elle-même.

C'est à Paris que s'ouvrit, dans le courant de l'année 1892, la première école foraine. Les débuts de l'œuvre furent bien modestes. Sans autres ressources qu'un don de cinquante francs et qu'un livre d'images, Mlle Bonnefois ouvrit son école dans sa roulotte* de foraine. Elle y recueillit tout d'abord douze petits saltimbanques des deux sexes venant, étonnés puis intéressés, apprendre à lire entre deux tours de trapèze*. D'année en année, le nombre des petits élèves grandit si bien qu'ils étaient plus de deux cents en 1897 et que l'école de Mlle Bonnefois dut avoir une succursale*. Et les baraques-écoles se montent et se démontent à volonté, de façon à suivre avec tout le mobilier des classes les familles des forains dans leurs migrations* à travers Paris, les boulevards extérieurs et la banlieue. La vaillante femme suit ses élèves de station en station, leur apprenant à lire et à penser au bruit des orgues et des cymbales. Et pendant que les pauvres saltimbanques songent aux tours d'adresse qui pourront augmenter la recette du jour et grossir le morceau de pain quotidien, Eugénie Bonnefois pense, pour ces petits, à ce pain de l'esprit qu'elle pétrit en quelque sorte de ses mains, en y ajoutant, quand il le faut, la nourriture matérielle, quitte, après la leçon donnée, à se coucher elle-même sans souper.

D'après Jules CLARETIE, *Discours sur les Prix de vertu* (1897).

MOTS EXPLIQUÉS. — *Saltimbanque,* faiseur de tours. — *Boniment,* discours des saltimbanques faisant valoir leur adresse. — *Parade,* représentation donnée à la porte d'un théâtre pour attirer le public. — *Roulotte,* voiture dans laquelle logent et voyagent les forains. — *Trapèze,* barre de bois suspendue entre deux cordes pour les exercices de gymnastique. — *Succursale,* établissement qui dépend d'un autre du même genre. — *Migrations,* a ici le sens d'installations successives.

LES IDÉES. — 1. Combien de périodes peut-on distinguer dans la vie de Mlle Bonnefois? — 2. Quel généreux projet forma-t-elle lorsqu'elle se trouva sans famille? — 3. Comment le réalisa-t-elle?

RÉDACTION. — Raconter l'histoire de Mlle Bonnefois, l'institutrice foraine.

20. — Hygiène de la peau.

Tout notre corps est recouvert extérieurement par une membrane* qu'on appelle la peau. Elle se compose de deux parties: l'épiderme et le derme. La première est celle qui est en contact avec l'air et qui a une couleur blanche, jaune, rouge ou noire ; la seconde, placée en dessous, est rosée et très sensible : c'est la partie vivante de la peau. Elle renferme : 1° les glandes sudoripares qui produisent la sueur et s'ouvrent à l'extérieur par les pores ; — 2° les glandes sébacées qui produisent une matière grasse assouplissant l'épiderme ; — 3° des vaisseaux capillaires* ; — 4° la terminaison des filets nerveux qui forment un réseau si serré que partout nous sentons la piqûre de l'aiguille la plus fine. Par les pores il s'écoule normalement un litre de sueur par jour. Cette exhalation* est nécessaire ; elle facilite le rejet des déchets* de l'organisme et elle donne à la peau la moiteur et la souplesse qu'elle possède lorsque nous sommes en bonne santé.

La peau remplit encore une fonction : elle respire, c'est-à-dire qu'à sa surface se font des échanges gazeux ; absorption* d'oxygène, expulsion d'acide carbonique. Cette respiration par la peau qu'on appelle respiration cutanée représente le septième de la respiration totale. Elle est indispensable à la vie. Pour le prouver on enferme un oiseau, sauf la tête, dans une boîte contenant un gaz irrespirable. Bien que l'oiseau puisse respirer par les poumons, il meurt au bout de quelques heures. Vous comprendrez maintenant combien le bon entretien de la peau influe sur notre santé. L'absorption et l'exhalation ne s'exécutent bien que si la peau est saine et propre. Ces deux conditions résultent du soin qu'on prend pour l'entretenir.

Les vêtements doivent être soigneusement tenus et changés aussi souvent que la propreté l'exige. Chaque jour il faut se laver à l'eau froide non seulement les parties visibles, les mains, la figure, le cou, mais le corps tout entier. Cette ablution rapide avec une grosse éponge, suivie d'énergiques frictions, active les fonctions de la peau, tout en produisant une sensation de bien-être.

L'usage des bains chauds en hiver, froids en été, est un complément indispensable des soins de toilette.

MOTS EXPLIQUÉS. — *Membrane,* tissu très mince qui enveloppe un organe. — *Vaisseaux capillaires,* dernières ramifications des vaisseaux sanguins, ainsi appelés parce qu'ils ont la finesse d'un cheveu. — *Exhalation,* a, ici, le sens d'expulsion. — *Déchets,* résidus de la nutrition. — *Absorption,* action de faire entrer l'air dans les poumons.

LES IDÉES. — 1. Qu'est-ce que la peau ? — 2. Que renferme-t-elle ? — 3. Quelles fonctions remplit-elle ? — 4. Pourquoi est-il nécessaire de l'entretenir dans un parfait état de propreté ?

RÉDACTION. — Quels sont les soins de propreté que nécessite la peau ?

21. — Le château féodal; la vie au château.

Le mot « château » éveille à lui seul tous les souvenirs et toute la poésie de la féodalité. Il s'en fallait pourtant de beaucoup que les châteaux d'alors fussent des retraites agréables. C'étaient des forteresses qui ressemblaient fort à des prisons. Il existe encore en France un certain nombre de ces vieilles demeures seigneuriales, et les prisonniers d'aujourd'hui, s'ils pouvaient les voir, frémiraient rien qu'à l'idée qu'ils pourraient être condamnés à les habiter.

Novembre.
Les Semailles.

Ce fut à la suite des invasions normandes que la France se hérissa* de châteaux. Au Xe siècle, ils ne présentaient encore que des défenses bien imparfaites; au XIIIe siècle, ils étaient devenus presque imprenables. A cette époque, le château féodal était généralement bâti sur une hauteur. Il était tout d'abord protégé par une barbacane, fortification qui servait de tête de pont, et par un profond fossé, le plus souvent rempli d'eau. Derrière ce fossé on voyait une première muraille garnie de créneaux*, de mâchicoulis*, de tours et percée d'étroites meurtrières*.

Voulait-on entrer, il fallait sonner du cor et décliner son nom; car, dans ces temps de violences, la porte du château était toujours fermée. Si on reconnaissait en vous un ami, le pont-levis qui fermait la porte s'abaissait; la herse* de fer qui défendait l'entrée du couloir se levait et vous entriez dans une première cour. Puis venaient un second fossé, un second pont-levis, une seconde herse, une seconde muraille, une seconde cour. Quelquefois, vous deviez franchir une troisième enceinte, et alors vous vous trouviez dans la cour où s'élevait le donjon. C'était une tour massive qui était aussi protégée par un fossé avec pont-levis. Comme elle était appelée à servir de dernier refuge à la garnison, si les premières enceintes étaient forcées, on y avait accumulé tous les moyens de défense. Les souterrains, creusés sous le donjon, servaient de caves, de prisons et d'asiles en cas que le château fût pris. Ils avaient souvent des issues secrètes par lesquelles la garnison pouvait s'échapper.

Le seigneur résidait dans le donjon avec sa famille. Certes, ce n'était pas un lieu de plaisance. Sur le pavé de la grande salle, on avait, au lieu de tapis, jeté de la paille et des feuilles. Les meubles étaient massifs et grossièrement sculptés. Dans la cheminée de pierre, véritable monument, brûlaient des arbres entiers, et malgré tout on avait froid dans cette salle voûtée et humide. Les meurtrières qui tenaient lieu de fenêtres laissaient à peine arriver le jour; c'est qu'il ne s'agissait pas de recevoir un carreau d'arbalète* sur la tête tandis qu'on se livrait au repos. Si tristes que fussent ces séjours, on ne laissait pas de s'y divertir. En temps de paix, les pages, les piqueurs, les écuyers dressaient des chevaux, des faucons et s'exerçaient à la lutte, aux barres, aux quilles, au palet et à plusieurs autres jeux. Souvent, à la veillée, on accueillait des jongleurs, des sauteurs, des joueurs de vielle, des pèlerins, des trouvères ou des troubadours dont les récits, les concerts ou les tours d'adresse égayaient les habitants du château.

D'après G. CARRÉ, *Lectures historiques sur le moyen âge.* (Librairie Belin.)

MOTS EXPLIQUÉS. — *Se hérissa :* employé au sens figuré, signifie : se garnit, se couvrit. — *Créneau,* échancrure pratiquée au sommet d'un mur pour tirer sur l'ennemi. — *Mâchicoulis,* galerie au sommet d'une tour avec des ouvertures d'où l'on pouvait jeter des projectiles sur les assaillants. — *Meurtrières,* ouvertures pratiquées dans un mur et par lesquelles on lançait des flèches. — *Herse,* grille de fer hérissée de pointes, qui défendait l'entrée du château. — *Arbalète,* arme dont on se servait pour lancer des flèches qu'on appelait « carreaux ».

LES IDÉES. — 1. A quelle époque s'élevèrent les châteaux féodaux ? — 2. Quelles étaient les différentes parties du château féodal ? — 3. Comment le seigneur vivait-il dans son château ?

RÉDACTION. — Existe-t-il encore un château féodal dans votre région ? — Faites-en la description ?

Château de Pierrefonds, restauré par Viollet-le-Duc.

La grand'salle d'un château féodal. — Restitution de Hoffbauër.

22. — Berceuse*.

Dors dans ton berceau, petite Mireille*,
Comme l'oiselet s'endort dans son nid
    Plein d'aube vermeille.
Dors, ta mère est là ! Dors, ton père veille !
Dors bien doucement ; l'amour te bénit !
Dors dans ton berceau, petite Mireille,
Comme l'oiselet s'endort dans son nid.

Nous t'avons donné, charmante mignonne,
Un nom fait avec des syllabes d'or*
    Où le ciel rayonne.
Et ce nom est comme un grelot qui sonne
Dans les grands blés mûrs, quand vient Messidor*.
Nous t'avons donné, charmante mignonne,
Un nom fait avec des syllabes d'or !

Nous t'avons donné, pour que tu sois belle,
Des bras tout dodus et des pieds tout ronds,
    Plus légers qu'une aile.
L'aube en se levant baise ta prunelle,
Et ton front est doux entre tous les fronts !
Nous t'avons donné, pour que tu sois belle,
Des bras tout dodus et des pieds tout ronds.

Ton sommeil ressemble au sommeil des roses.
Quels jolis plis gras autour de ton cou,
    Lorsque tu reposes !
Le souffle gazouille* à tes lèvres closes :
Laisse-toi bercer, mon petit bijou !
Ton sommeil ressemble au sommeil des roses,
Quels jolis plis gras autour de ton cou !

Au creux des coussins blottis bien ta tête !
Ceux qui sont petits demain seront grands,
    Petite fillette !
Puis, en t'éveillant, tu feras risette
A ta grande sœur, bébé de quatre ans.
Au creux des coussins blottis bien ta tête !
Ceux qui sont petits demain seront grands.

Clovis HUGUES, *Les Émaux*. (Fasquelle, éditeur.)

MOTS EXPLIQUÉS. — *Berceuse,* chant pour endormir les enfants. — *Mireille,* nom de l'héroïne d'un poème provençal de Mistral. — *Un nom fait avec des syllabes d'or :* ce nom de « Mireille » est la traduction française d'un nom provençal dont toutes les syllabes sont char- mantes, sonnent joyeusement comme de l'or. — *Messidor,* dixième mois du calendrier de l'année républicaine : correspond à notre mois de juillet ; — Messidor veut dire « mois des moissons ». — *Le souffle gazouille,* fait un bruit très doux, comparable au chant des oiseaux.

LES IDÉES. — Expliquez le vers : « Un nom fait avec des syllabes d'or. » — Pourquoi le poète dit-il que les pieds de l'enfant « sont plus légers qu'une aile » ? — Citez les vers qui expriment plus particulièrement la tendresse et l'admiration du poète pour sa petite fille.

RÉDACTION. — Faites le portrait d'un petit enfant que vous connaissez.

23. — Bonne âme, belle âme, grande âme.

Voilà trois mots qui sont parents, voilà trois qualités qui semblent sœurs, mais ces trois sœurs-là logent rarement ensemble chez le même individu.

Beaucoup de bonnes âmes ne sont ni belles, ni grandes.

Beaucoup de belles âmes ne vont pas jusqu'à la grandeur.

Mais pas de grandes âmes, ni de belles âmes, sinon les bonnes âmes, ou tout au moins les « âmes bonnes » comme nous le verrons tout à l'heure.

... Le mot « bonne âme » éveille non seulement l'idée de bonté, mais l'idée de bonhomie. « Bonne âme » et « âme bonne » ne sont pas synonymes. La première a ce que n'a pas l'autre : la naïveté, la confiance, la crédulité ; non seulement elle ne fait pas le mal, elle n'y croit pas ; non seulement elle fait le bien, mais elle le fait sans le savoir, elle est quelquefois dupe ; elle est toujours jeune, quel que soit son âge ! Si je voulais lui donner un corps et un visage, je me la figurerais volontiers sous les traits d'une femme déjà mûre, avec de beaux yeux limpides et transparents, une bouche ouverte et souriante ; ayant traversé la vie comme cette fontaine de l'antiquité qui passe à travers le fleuve aux flots amers sans rien garder de leur amertume, la bonne âme a toujours quinze ans, même quand elle en a quarante.

Une âme bonne a toutes les qualités de la bonne âme, mais sans cette simplicité d'esprit* qui est un charme sans doute, mais qui touche à l'étroitesse d'esprit.

Une belle âme nous transporte dans une sphère plus élevée ; l'âme bonne marche*, la belle âme plane* : les sentiments supérieurs sont son domaine. Elle se plaît dans les idées générales; elle ne s'occupe pas seulement des individus, elle pense à l'humanité tout entière. Il y a quelque chose de plus pratique dans une âme bonne; il y a quelque chose de plus poétique dans une belle âme. Elle a aussi des illusions; s'il régnait une aristocratie dans les beautés morales, je dirais que la belle âme est une fille de haute race*.

La grande âme nous fait monter encore d'un degré; elle ne va ni sans la bonté, ni sans la beauté, mais elle va plus haut. Avec elle, nous passons des sentiments aux faits. Il n'y a de grande âme que celle qui le témoigne par des actions. Il faut, pour mériter ce titre, qu'on immole ou ses intérêts, ou son bien-être, ou sa vanité, ou ses passions, ou sa vie. Le mot sacrifice est inséparable du mot de grande âme. Les héroïnes de Corneille nous le prouvent; une belle âme peut, à la rigueur, rester à l'état platonique*; une grande âme est une belle âme en action.

E. Legouvé. (Librairie Hetzel.)

MOTS EXPLIQUÉS. — *Simplicité d'esprit,* disposition qui caractérise ordinairement les enfants, les gens qui ont peu d'expérience; ne permet pas de saisir la complexité des choses; c'est pourquoi on peut dire qu'elle touche à l'étroitesse d'esprit. — *L'âme bonne marche, la belle âme plane »,* expression figurée expliquée par ce qui suit. — *Fille de haute race,* fille de race noble. La noblesse des sentiments est en effet un des caractères de la beauté morale. — *État platonique,* état d'une âme dont les aspirations ne se réalisent point; qui ne conforme pas, par exemple, sa vie à ses idées.

LES IDÉES. — 1. En quoi une « bonne âme » se distingue-t-elle d'une « âme bonne »? — 2. Qu'est-ce qu'une belle âme, une grande âme?

RÉDACTION. — Parmi les personnages que vous connaissez, quels sont ceux auxquels vous pouvez appliquer l'épithète de bonne âme, de belle âme, ou de grande âme?

24. — Le beau pays de France.

France! ô belle contrée, ô terre généreuse,
Que les dieux complaisants firent pour être heureuse,
Tu ne sens point du Nord les glaçantes horreurs,
Le Midi de ses feux t'épargne les fureurs.
Tes arbres innocents n'ont point d'ombres mortelles,
Ni des poisons épars dans tes herbes nouvelles
Ne trompent une main crédule, ni tes bois
Des tigres frémissants ne redoutent la voix,

Ni les vastes serpents ne traînent sur tes plantes
En longs cercles hideux leurs écailles sonnantes.
Les chênes, les sapins et les ormes épais,
En utiles rameaux ombragent tes sommets ;
Et de Beaune et d'AŸ* les rives fortunées,
Et la riche Aquitaine et les hautes Pyrénées,
Sous leurs brillants pressoirs font couler en ruisseaux
Des vins délicieux mûris sur leurs coteaux.
La Provence odorante et des zéphyrs aimée
Respire sur les mers une haleine embaumée,
Au bord des flots couvrant, délicieux trésor,
L'orange et le citron de leur tunique d'or.
Et plus loin, au penchant des collines pierreuses,
Forme la grasse olive aux liqueurs savonneuses,
Et ces réseaux légers, diaphanes habits,
Où la fraîche grenade enferme ses rubis.
Sur les rochers touffus la chèvre se hérisse.
Tes prés enflent de lait la féconde génisse,
Et tu vois tes brebis, sur le jeune gazon,
Épaissir le tissu de leur blanche toison.
Dans les fertiles champs voisins de la Touraine,
Dans ceux où l'Océan boit l'urne de la Seine,
S'élèvent pour le frein des coursiers belliqueux.
Ajoutez cet amas de fleuves tortueux :
L'indomptable Garonne aux vagues insensées ;
Le Rhône impétueux, fils des Alpes glacées ;
La Seine au flot royal, la Loire dans son sein
Incertaine, et la Saône, et mille autres enfin
Qui nourrissent partout, sur tes nobles rivages,
Fleurs, moissons et vergers et bois et pâturages,
Rampent aux pieds des murs d'opulentes.cités,
Sous des arches de pierre, à grand bruit emportés.
Dirai-je ces travaux, source de l'abondance,
Ces ports, où des deux mers l'active bienfaisance
Amène les tributs du rivage lointain
Que visite Phœbus* le soir ou le matin*?
Dirai-je ces canaux, ces montagnes percées,
De bassins en bassins ces ondes amassées,
Pour joindre aux pieds des monts l'une et l'autre Thétis*?
Et ces vastes chemins en tous lieux départis,

Où l'étranger, à l'aise achevant son voyage,
Pense au nom des Trudaine* et bénit leur ouvrage.
Ton peuple industrieux est né pour les combats ;
Le glaive, le mousquet n'accablent point ses bras ;
Il s'élance aux assauts et son fer intrépide
A bravé l'étranger, usurpateur avide.
Le ciel fit les Français hospitaliers et bons,
Amis des doux plaisirs, des festins, des chansons.

André CHÉNIER.

MOTS EXPLIQUÉS. — **AI,** coteaux de la Champagne, où la vigne donne un vin très estimé. — **Phœbus,** dieu du Soleil, chez les Grecs. — *Le soir ou le matin* : l'Océan met la France en communication avec l'Occident, et la Méditerranée avec l'Orient. — *Thétis,* déesse des eaux ; « l'une et l'autre Thétis » : il s'agit du canal du Midi, qui met en communication la Méditerranée et l'Océan. — *Trudaine,* ingénieur du XVIIIe siècle qui fit exécuter un grand nombre de ponts et de routes.

LES IDÉES. — 1. Quelles sont les principales richesses agricoles françaises énumérées dans ce morceau ? — 2. Quelles sont les principales voies de communication : à l'intérieur, — avec l'extérieur ? — 3. Quelles sont les qualités de la race française ?

RÉDACTION. — Développer le premier vers de la poésie :
« France, ô belle contrée, ô terre généreuse ! »

25. — Les femmes au temps de la chevalerie.

Le plus beau titre de la civilisation du moyen âge, c'est d'avoir amélioré la condition morale et sociale des femmes et de leur avoir assigné une place plus haute, plus digne, plus essentielle dans la vie générale que ne l'avait fait l'antiquité. Le christianisme primitif n'avait relevé la femme qu'en l'arrachant violemment au monde ; l'idéal de la femme chrétienne des premiers temps était en dehors de la famille : c'était l'ascétisme* et la virginité ; puis vint le déluge de la barbarie*, qui bouleversa le monde sans emporter dans ses flots le christianisme ni les instincts supérieurs qui s'étaient développés chez la femme ; mais, quand la société se reforma, le progrès ne reprit pas une voie contraire à la nature et aux véritables destinées de la femme ; il entra dans le sein de la famille ; il se manifesta d'abord dans la race noble, mais n'y resta point circonscrit*. La vie de château, l'isolement des propriétaires féodaux, si contraire au développement des lumières et aux vertus politiques, resserra beaucoup par compensation les liens domestiques et offrit aux femmes les moyens d'acquérir une grande influence inté-

rieure et de fréquentes occasions de justifier cette influence. Le
rôle d'une dame châtelaine tournait souvent à l'héroïsme, et,
lorsque son sire partait pour quelque chevauchée*, c'était à elle

La remise du prix au vainqueur du tournoi.

qu'il confiait le soin de veiller sur le manoir, toujours menacé
de surprise ou d'attaque à force ouverte.

Le groupement de la jeunesse des deux sexes dans les grands
châteaux, autour des suzerains et des dames de haut parage*,
adoucit peu à peu la rudesse des manières et donna plus de
grâce et de délicatesse aux relations sociales; car les jeunes
demoiselles étaient élevées au service des grandes dames,
comme les garçons au service des seigneurs. Un mot caracté-
ristique, celui de courtoisie, désigna l'ensemble des qualités qui
naissent de ce commerce fréquent des deux sexes et qui constituaient le type du parfait chevalier; c'était en effet dans les
cours d'honneur des châteaux, théâtre des jeux guerriers auxquels on exerçait les varlets et les damoiseaux sous les yeux des
dames, que se développaient cette bonne grâce, cette politesse,
cette galanterie, cette générosité qui faisaient le chevalier cour-

tois. La présence des femmes, l'émulation qu'elle excitait, imprimèrent une physionomie tout à fait nouvelle et inconnue aux fêtes militaires, aux joutes, aux tournois* qui remplissent une place si considérable dans l'histoire du moyen âge. Les applaudissements et les sourires des belles spectatrices étaient la plus précieuse récompense du mieux-faisant; on combattait pour faire triompher leurs couleurs, pour gagner leur amour autant que pour la gloire; et n'étaient-elles pas d'ailleurs les arbitres de la gloire? Le vainqueur recevait solennellement de la main d'une dame le prix du tournoi.

Henri MARTIN, *Histoire de France*. (Boivin et Cie, éditeurs.)

MOTS EXPLIQUÉS. — **Ascétisme**, état dans lequel la vie terrestre est sacrifiée à la vie future. Pour gagner le ciel, la femme du moyen âge se réfugiait dans les couvents et dans les cloîtres, elle mortifiait son corps et renonçait à toutes les joies de la vie. — **Le déluge de la barbarie** : comparaison très expressive : sur leur passage, les barbares détruisent tout ce qu'a édifié la civilisation; leur action est comparable à celle du déluge. — **Circonscrit**, enfermé. — **Chevauchée**, course à cheval. — **Dames de haut parage**, d'origine noble. — **Joutes et tournois**, divertissements du moyen âge au cours desquels les chevaliers armés de lances luttaient à cheval et simulaient des combats.

LES IDÉES. — 1. Quel était l'idéal de la femme chrétienne? — 2. Comment la vie féodale offrit-elle aux femmes le moyen d'accroître leur influence? — 3. Quelles qualités désigna-t-on sous le nom de « courtoisie »?

RÉDACTION. — Racontez la vie d'une châtelaine au moyen âge.

26. — Les vases communicants.

Imaginons un système* de vases communiquant entre eux par la base et versons de l'eau dans l'un d'eux; l'expérience nous montre que le liquide se répand dans tous les vases et qu'un fil tendu, suivant le niveau de l'eau dans le premier vase, passe aussi par tous les niveaux libres dans les autres.

Que les vases soient grands ou petits, éloignés ou rapprochés, que leurs formes soient régulières ou quelconques, il en sera toujours de même.

Ce principe élémentaire de la physique, dit principe des *vases communicants*, est riche en applications* de toutes sortes.

Vous savez sans doute qu'une partie de l'eau qui tombe des nuages s'infiltre dans les terres poreuses et gagne des points plus profonds jusqu'à ce qu'elle rencontre une couche imperméable comme l'argile, qui l'arrête.

Dès lors, l'eau se répand à la surface de ces dernières et, suivant les pentes, elle forme des nappes souterraines qui s'étendent souvent fort loin.

Supposons que l'on creuse le sol en un point où la nappe est très enfoncée, jusqu'à ce que le trou de forage* atteigne cette nappe. L'eau emprisonnée monte alors dans le conduit qu'on vient de tracer, car elle tend à reprendre le niveau primitif d'où elle provient, c'est-à-dire la ligne horizontale passant par le point où la nappe est le plus élevée.

L'entonnoir communique avec un tube en verre par un tuyau en caoutchouc. L'eau s'établit au même niveau dans l'entonnoir et dans le tube en verre.

Le plus souvent, les réserves d'eau qui alimentent les grandes villes sont situées sur les hauteurs dominant ces villes et dans leur voisinage immédiat. Des canalisations souterraines partent de ces réserves pour se répandre dans les différents quartiers. Des tuyaux de distribution se greffent sur les canalisations principales et viennent alimenter les bornes-fontaines, les bouches d'eau d'arrosage, les bassins des jardins et les réservoirs placés aux divers étages des maisons.

Eh bien ! l'ensemble de toutes ces canalisations n'est autre chose qu'un vaste système de vases communicants. Les jets d'eau qui sont d'un si joli effet au milieu d'un jardin, d'un parc, d'une propriété d'agrément fonctionnent d'après le même principe.

L'eau provient toujours d'un réservoir élevé, source captée* ou bassin artificiel; elle se rend par un tube distributeur à un point situé plus bas, d'où elle s'élance pour regagner la ligne passant par le niveau supérieur. Elle n'y parvient pas toutefois, car le frottement dans les tuyaux lui fait perdre une partie de son énergie première, et, d'autre part, les gouttelettes qui retombent nuisent à l'ascension du jet qui monte.

MOTS EXPLIQUÉS. — *Système*, réunion de parties similaires. — *Riche en applications*, qui présente un grand nombre d'occasions de mettre le principe en pratique, en usage. — *Forage*, action de faire un trou à l'aide d'appareils ou d'engins mus par un mécanisme. — *Source captée*, source qu'on a prise. Paris a capté les sources de l'Avre.

LES IDÉES. — Comment expliquez-vous le fonctionnement du jet d'eau? — Pouvez-vous indiquer chez vous une application du principe des vases communicants? — Un puits contient presque toujours de l'eau, savez-vous pourquoi?

RÉDACTION. — Racontez comment l'eau est distribuée dans les fontaines et dans les divers étages des maisons.

27. — Qu'est-ce que la patrie?

La patrie, c'est la commune mère, l'unité dans laquelle se pénètrent et se confondent les individus isolés; c'est le nom sacré* qui exprime la fusion volontaire de tous les intérêts en un seul intérêt, de toutes les vies en une seule vie perpétuellement durable.

Et cette fusion, source féconde d'inépuisables biens, principe d'un progrès continu, impossible sans elle; cette fusion*, dont l'effet est d'accroître indéfiniment la force de conservation et la puissance de développement, l'énergie productive, la sécurité, la prospérité, comment s'opère-t-elle? Par le dévouement de chacun à tous, le sacrifice de soi, par l'amour enfin, qui, étouffant l'abject égoïsme*, accomplit la parfaite union des membres du corps social.

Et la patrie, au sein de laquelle se fondent les familles diverses, doit être, dans votre amour, au-dessus de chacune d'elles; sans quoi vous rompez le lien qui les unit toutes; vous détruisez autant qu'il est en vous la société, en la ramenant sous l'influence de l'égoïsme, qui en ébranle la base.

A la patrie, tout ce que vous êtes et tout ce que vous avez : votre cœur, vos bras, vos veilles, et vos biens et votre vie. Qui hésite à mourir pour elle, celui-là est un infâme à jamais* !

LAMENNAIS.

*
* *

Tu n'as peut-être jamais pensé à ce qu'est la patrie?

C'est tout ce qui t'entoure, tout ce qui t'a élevé et nourri, tout ce que tu as aimé. Cette campagne que tu vois, ces maisons, ces arbres, ces jeunes filles qui passent là en riant, c'est la patrie. Les lois qui te protègent, le pain qui paye ton travail, les paroles que tu échanges, la joie et la tristesse qui te viennent des hommes et des choses, parmi lesquels tu vis, c'est la patrie ! La petite chambre où tu as vu autrefois ta mère, les souvenirs qu'elle l'a laissés, la terre où elle repose, c'est la patrie ! Tu la vois, tu la respires partout ! Figure-toi, mon fils, tes droits et tes devoirs, tes affections et tes besoins, tes souvenirs et la reconnaissance ; réunis tout cela sous un seul nom, et ce nom sera la patrie.

D'après Émile SOUVESTRE.

MOTS EXPLIQUÉS. — *Nom sacré*, qui inspire un respect presque religieux. — *Fusion*, signifie ici mélange. — *Abject* égoïsme, l'égoïsme est au fond de tous les sentiments vils et méprisables. — *Infâme à jamais*, flétri pour toujours.

LES IDÉES. — L'unité de la patrie française est-elle seulement territoriale ? N'est-elle pas aussi morale ? — L'amour de la patrie peut-il se concilier avec l'amour de la famille ?

RÉDACTION. — Citez des circonstances dans lesquelles une femme doit mettre l'amour de la patrie au-dessus de l'amour de la famille.

28. — L'alimentation rationnelle.

Pourquoi mangeons-nous ? C'est la question que tout enfant un peu curieux ne manque pas de poser à sa maman. — Pour grandir, répond invariablement celle-ci.

Oui, c'est pour grandir lorsque nous sommes enfants, pour nous fortifier lorsque nous sommes à l'âge adulte*, que nous prenons de la nourriture.

De même qu'un ouvrier répare un outil usé par le travail, nous devons entretenir nos organes détruits constamment par le fait même de la vie.

Chaque jour, en effet, nous perdons par la respiration, par les reins, les intestins, la peau, une quantité considérable de matières organiques* qu'il nous faut absolument remplacer par l'ingestion d'aliments.

D'autre part, il faut que la chaleur de notre corps soit maintenue à la température normale de 37 degrés.

Eh bien ! l'alimentation doit répondre à ce double besoin ; elle t nous fournir des substances analogues à celles qui constituent nos organes, c'est-à-dire l'oxygène, l'hydrogène, l'azote et le carbone.

Il importe donc que la ménagère fasse entrer dans la composition des repas les principes nécessaires à une alimentation complète, à une alimentation rationnelle.

A l'exception du lait, qui constitue pour l'enfant un aliment complet pendant les premiers mois de sa vie, et qui rend tant de services aux malades et aux vieillards, aucun aliment ne correspond aux exigences de la nourriture humaine. Ainsi le pain est un aliment trop peu azoté ; la viande, riche en azote, contient peu de carbone. Un régime* composé exclusivement de pain et de viande ne tarderait pas à occasionner des troubles dans l'organisme ; il convient d'y ajouter d'autres aliments, tels que le poisson, les légumes, les œufs, le sucre et les corps gras (huiles, graisses, beurre) : c'est-à-dire qu'aux aliments qui fournissent l'azote et qui réparent les tissus, il faut adjoindre ceux qui renferment l'hydrogène et le carbone et qui entretiennent en nous la chaleur et la force vitale.

L'homme a donc besoin d'une alimentation mixte formée de pain, d'un peu de viande ou de poisson, de légumes, d'eau potable, de vin, de bière ou de cidre à dose modérée.

La proportion de ces substances varie avec l'âge, le métier, le climat, les saisons. L'adulte a besoin d'une nourriture plus abondante que le vieillard ; l'homme qui travaille manuellement doit manger plus que celui qui exerce une profession sédentaire. L'alimentation d'hiver doit être plus riche en graisse que l'alimentation d'été. Toute maîtresse de maison, soucieuse d'assurer la bonne santé des membres de la famille, saura tenir compte de ces différentes considérations pour la composition de ses menus*.

DEUX MENUS

DÉJEUNER D'ÉTÉ	DÎNER D'HIVER
Hors-d'œuvre	Pot-au-feu
Poisson	Bouilli et légumes
Noix de veau à l'oseille	Gâteau de riz
Fromage	Fruits

MOTS EXPLIQUÉS. — *Age adulte*, compris entre l'adolescence et la vieillesse, de 20 à 60 ans. — *Matières organiques*, nécessaires à l'entretien de nos tissus, de nos organes. — *Régime*, manière de vivre à laquelle on se conforme au point de vue de l'alimentation et de l'hygiène. — *Menu*, liste des mets qui composent un repas.

LES IDÉES. — 1. Pourquoi mangeons-nous ? — 2. Pourquoi le lait constitue-t-il un aliment complet ? — 3. Pourquoi est-il nécessaire d'introduire de la variété dans le régime alimentaire des adultes ?

RÉDACTION. — Dans une lettre que vous adressez à une amie vous montrez comment votre mère comprend l'alimentation de la famille.

Extrait de DUTILLEUL et RAUX, *Les Sciences physiques et naturelles* (Librairie Larousse).

La Grande Sœur. — Tableau de Delachaud. Musée du Luxembourg.

29. — Dévouement d'une sœur aînée.

Il y a encore — quoi qu'on en dise — des cœurs vertueux dans le peuple, et les nobles traditions de dévouement et de sacrifice n'y sont point encore effacées. Georgette Bernard (je cache sous ce nom celui d'une femme modeste qui m'en voudrait de dire ce qu'elle a fait), Georgette Bernard était l'aînée de sept enfants. Le père et la mère, atteints tous deux de la fièvre typhoïde, moururent à huit jours d'intervalle. Et Georgette, enfant encore (elle avait dix-sept ans), devint la mère de ses frères et sœurs.

Les grands commençaient déjà à travailler ; les plus jeunes allaient entrer à l'école. Le matin, il fallait se lever de bonne heure. Quatre bouches affamées attendaient la soupe, et les deux petits, le verre de bon lait chaud. Il fallait tout préparer. Cela demandait du temps. Les grands s'habillaient, se lavaient seuls, mais les moyens avaient besoin d'aide ; il fallait démêler les chevelures des filles, veiller à tout et calmer les cris des bébés au berceau. Et pour vivre, pour donner à tout ce monde du pain et quelque chose avec, il fallait travailler sans perdre un instant, gagner le plus possible pour payer ce qu'on achèterait, et faire honneur au nom des Bernard, que tout le monde avait toujours respecté. Georgette, à la mort de ses parents, avait terminé son apprentissage de couturière. Elle prit de l'ouvrage à la maison. Au dehors, cela lui était impossible. La clientèle* fut bien longue à venir. Oh ! les jours affreux où, avec quelques sous, il fallait vivre tous, où la part de chacun était minutieusement comptée, mesurée. La « petite mère » recommandait sans cesse à ses enfants la propreté, le soin, l'ordre. Si on salissait son tablier, « petite mère » grondait fort; si les chaussures, pourtant grossières, étaient trop vite usées, les reproches étaient durs; pour un accroc à la robe ou au pantalon, c'était une punition sévère. Dame ! il fallait économiser; cela coûte cher, des habits !

Dès l'aube*, pendant que tout son petit peuple dormait encore, elle se levait sans bruit pour n'éveiller personne, et, près de la fenêtre, elle commençait son travail opiniâtre, et l'aiguille marchait, courait... jusqu'au premier cri venu du berceau. Elle réveillait alors toute la nichée. Et lorsqu'on avait mangé la soupe — pas toujours très grasse — et que les bébés avaient bu leur lait, les grands embrassaient « petite mère » et partaient pour l'école. Si les petits pouvaient ensuite se rendormir, elle continuait à coudre, lavait le linge, repassait, se consacrant tout entière aux nécessités de la dure mission que le malheur lui avait léguée.

Le soir, bien tard, elle travaillait: à une heure avancée de la nuit, la petite lampe était encore allumée sur la table de la couturière. Elle veillait, hiver, été, pendant le repos des autres. Elle ne sortait jamais, si ce n'est une heure, le dimanche, dans l'après-midi, pour aller au cimetière, près du père et de la mère, et puiser devant leur tombe muette un nouvel orgueil et un redoublement d'énergie.

Adolphe VINCENT, Pour lire le soir. (Nathan, éditeur.)

MOTS EXPLIQUÉS. — **Traditions,** habitudes, souvenirs que l'on se transmet d'âge en âge. — **Clientèle,** se dit de l'ensemble des clients, c'est-à-dire ici de toutes les personnes qui avaient l'habitude de faire travailler Georgette. — **Aube,** moment où paraît à l'horizon la première lueur blanche, qui annonce le jour.

LES IDÉES. — 1. A quel âge Georgette Bernard devint-elle orpheline ? Quelle tâche la mort de ses parents lui imposa-t-elle ? — 2. Racontez une des journées de Georgette Bernard.

RÉDACTION. — Quels sont les devoirs de la sœur aînée dans la famille ?

30. — L'asphyxie lente.

Ce matin, en quittant la classe, nous avons oublié d'ouvrir les fenêtres pour qu'elle s'aérât pendant la récréation. Nous nous en sommes bien aperçues en y rentrant tout à l'heure : l'air y avait une mauvaise odeur qui nous a frappées dès l'entrée.

C'est pourquoi nous avons laissé les fenêtres ouvertes pendant quelques instants.

Pouvez-vous me dire pourquoi cet air sentait mauvais ?

— Oui, c'est parce qu'il avait servi. Pendant notre séjour dans la salle, nous avons absorbé l'oxygène de l'air et nous l'avons remplacé par l'acide carbonique exhalé à chacune de nos expirations*.

— C'est bien, je vois que vous avez compris notre entretien sur la respiration.

Comme vous l'avez dit, l'air de la classe était vicié.

L'acide carbonique qu'il renferme est un gaz irrespirable ; il tue ceux qui le respirent, et ceux qui succombent ainsi sont victimes d'une *asphyxie* lente.

En voici un exemple :

Dans une de ces mansardes étroites et surbaissées*, comme il y en a tant dans les grandes villes, vit une pauvre couturière : elle y travaille tout le jour, elle y dort la nuit. La respiration de l'ouvrière appauvrit et vicie sans cesse les quelques centaines de litres d'air que renferme la pauvre cellule*. C'est l'hiver, la neige couvre les toits : impossible de laisser ouverte l'unique fenêtre. Un petit poêle réchauffe la chambrette, mais il contribue aussi à vicier l'atmosphère, à dépenser le précieux oxygène, et parfois à répandre un autre gaz, véritable poison, l'oxyde de carbone. Cependant, comme l'air se renouvelle tant bien que mal par les joints de la porte et de la fenêtre, les deux gaz, produits de la respiration de l'ouvrière et de la combustion du poêle, ne restent pas totalement dans la mansarde : une partie est entraînée au dehors et disparaît. Ce qu'il en reste n'est point suffisant pour asphyxier tout d'un coup, pour tuer brusquement la pauvre femme. Il n'y en a même pas assez pour l'incommoder, pour lui donner ces vertiges*, ces maux de tête qui l'avertiraient du danger, en sorte que rien ne lui fait soupçonner la présence de l'invisible poison, et qu'elle continue, jour par jour, à respirer sans défiance.

Qu'arrive-t-il? La flamme de sa vie alimentée par cet air impur ne s'éteint pas, mais peu à peu elle pâlit, elle languit. La pauvre femme s'affaiblit, ses joues sont blanches, ses membres maigres et débiles; bientôt une petite toux sèche se fait entendre, et enfin une maladie éclate et a vite fait d'éteindre ce foyer déjà mourant.

Voilà l'asphyxie lente. Elle est la plus terrible de toutes, parce qu'elle est insensible, muette, ne se révèle que lorsque déjà la santé est détruite. Et elle est malheureusement très fréquente, parce qu'elle se produit chaque fois que l'air respiré n'est pas absolument pur. Elle menace les ouvriers qui travaillent dans un atelier trop étroit ou mal aéré, les pauvres gens qui n'ont parfois qu'une chambre pour trois ou quatre personnes, enfin tous ceux qui ne peuvent pas ou ne savent pas donner à leur vie un aliment abondant et sain. Et de ceux-là, hélas! il y en a des milliers et des milliers.

D'après E. PÉCAUT, *Cours élémentaire d'hygiène*. (Librairie Hachette.)

MOTS EXPLIQUÉS. — **Expiration,** mouvement des poumons et du thorax par lequel on rend l'air aspiré. — **Asphyxie,** mort due à l'interruption des phénomènes de la respiration. — **Surbaissé,** qui s'abaisse vers son milieu. — **Cellule,** chambre étroite et nue. — **Vertige,** malaise durant lequel tout semble tourner autour de soi.

LES IDÉES. — 1. Pourquoi l'air respiré, dans une classe dont on a négligé d'ouvrir les fenêtres, sent-il mauvais? — 2. Comment se produit généralement la mort par asphyxie lente?

RÉDACTION. — Quelles précautions convient-il de prendre à l'égard de l'aération et du chauffage des appartements, pour empêcher l'air de se vicier?

31. — La jeune fille doit aider sa mère.

Notre père était trop pauvre pour donner une servante à ma mère, et j'étais trop petite pour faire toute seule le ménage. Les voisines venaient bien de bon cœur, quand je les priais, tirer pour nous le seau du puits, mettre la grosse bûche au feu et pendre la marmite à la crémaillère*, mais ma mère et moi nous faisions tout le reste.

Aussitôt que j'avais pu marcher seule dans la chambre, j'avais été la servante-née de la maison, les pieds de ma mère*, qui n'en avait plus d'autres que les miens. Ayant sans cesse besoin de quelque chose, qu'elle ne pouvait aller chercher, au jardin, dans la cour, dans la chambre, au feu, sur l'évier*, sur la table,

sur un meuble, elle s'était accoutumée à se servir de moi avant
l'âge, comme elle se serait servie d'une troisième main ; et moi
j'étais fière, toute petite que j'étais, de me sentir nécessaire,
utile, serviable comme une grande personne à la maison.

Cela m'avait rendue attentive, mûre, sérieuse, raisonnable,
avant l'âge de huit ans. Elle me disait : « Geneviève, il me faut
cela, il me faut ceci, apporte-moi ta petite sœur Josette sur mon
lit ; remporte-la dans son berceau et berce-la du bout de ton pied
jusqu'à ce qu'elle dorme ; va me chercher mon bas, ramasse
mon peloton, va couper une salade au jardin ; va au poulailler*
tâter s'il y a des œufs chauds dans le nid des poules. »

Et puis, quand j'avais fini, qu'on avait dîné et que tout allait
bien, elle me disait : « Apporte-moi ta robe, que je te pare, et
tes beaux cheveux, que je les peigne. » Elle m'habillait, elle me
parait, elle me peignait, elle m'embrassait, elle me disait : « Va
t'amuser maintenant sur la porte avec les enfants des voisines,
qu'ils voient que tu es aussi propre, aussi bien mise et aussi
bien peignée qu'eux. »

LAMARTINE, *Geneviève, Histoire d'une servante*. (Librairie Hachette.)

MOTS EXPLIQUÉS. — *Crémaillère*, tige de fer, munie de crans, qui sert à suspendre les marmites et les chaudrons au-dessus du feu. — *Les pieds de ma mère :* la mère de la petite Geneviève est paralysée et ne peut marcher. — *Évier*, pierre ou plaque de tôle en forme de bassin sur laquelle on jette les eaux ménagères pour les conduire hors de la cuisine. — *Poulailler*, abri pour les poules.

LES IDÉES. — 1. Dans quelles conditions se trouvait placée la fillette dont il est question dans ce récit ? — 2. Quels services rendait-elle à sa mère ? — 3. Pourquoi la mère aimait-elle à parer son enfant ?

RÉDACTION. — Quels sont les services qu'une jeune fille de votre âge et de votre condition peut rendre à sa mère, dans le ménage ?

32. — L'affranchissement des communes.

Au douzième siècle, les populations urbaines* et rurales,
opprimées* par les seigneurs, commencèrent à s'associer sous
la direction de l'Église en confréries ou communautés, pour le
maintien de la paix. Dans le Midi, à Toulouse, à Nîmes, on vit
revivre les anciennes municipalités romaines, les Curiales*.

Dans le Centre, où la vie était simple et facile, les seigneurs
accordèrent à quelques villes (Paris, Orléans) certaines franchises.

Phot. Neurdein.

Le beffroi d'Amiens (Somme).

Dans le Nord et le Nord-Ouest, les communes s'établirent par révolution. Ce fut par l'insurrection qu'Amiens, Laon et Vézelay obtinrent leurs franchises, c'est-à-dire le droit de s'administrer d'après une charte*, d'après un contrat conclu entre les seigneurs et les habitants de la ville.

Ces chartes indiquaient la somme exacte que la ville devait payer chaque année au seigneur. Le payement effectué, le bourgeois (ce mot vient de bourg) pouvait s'occuper de son industrie et de son commerce.

Les bourgeois constituèrent une administration. Ils choisirent parmi eux un maire et des conseillers qu'ils installèrent dans une maison commune, dans un hôtel de ville dominé par un beffroi.

La justice était rendue non plus par le seigneur, mais par le maire ou son délégué.

La défense de la ville était confiée à des soldats pris parmi les bourgeois. C'était la milice communale.

Ainsi constituée, la commune — c'est le nom que l'on donnait à cette association — était une sorte de république vassale du seigneur. Elle avait son administration, son budget, sa justice et son armée.

Le roi Louis VI encouragea l'affranchissement des communes, mais il se garda bien d'accorder, sur son propre domaine, les privilèges qu'il ratifiait sur les terres des seigneurs. Ses successeurs l'imitèrent. Ils ne favorisèrent les révoltes des bourgeois que lorsqu'ils y eurent intérêt.

Les communes disparurent en grande partie, au XVe siècle, absorbées par la royauté.

« Elles rendirent un grand service, dit Alfred Rambaud. A l'abri de leurs remparts, à l'école de la liberté municipale, grandit un peuple de bourgeois fiers, courageux, habitués à la discussion. Elles furent le rude berceau du Tiers État. »

MOTS EXPLIQUÉS. — *Populations urbaines,* populations des villes. — *Opprimées,* souffrant de la violence ou des abus de l'autorité. — *Curiales,* terme emprunté aux Romains pour désigner la municipalité communale. — *Charte,* accord conclu entre les seigneurs et les habitants de la ville, pour établir leurs divers droits.

LES IDÉES. — 1. Comment les populations urbaines et rurales s'affranchirent-elles du joug des seigneurs : 1° dans le midi; 2° dans le centre; 3° dans le nord, et 4° dans le nord-ouest de la France ? — 2. Comment s'organisèrent les communes? En quoi les communes du moyen âge diffèrent-elles des communes actuelles ? — 3. Pourquoi les rois n'encouragèrent-ils pas l'affranchissement des communes sur leur propre domaine ? — 4. Pourquoi peut-on dire que les communes furent le rude berceau du Tiers État?

RÉDACTION. — Existe-t-il dans votre ville ou dans votre région des monuments qui datent de l'époque des communes ? Faites la description d'un beffroi communal.

33. — La droiture.

Je suis montée à votre classe, mes chères enfants, pour vous voir toutes et vous parler sur un mot que m'écrit une de vos compagnes qui est sortie et se plaint de ce qu'elle ne trouve pas dans le monde la droiture* qu'on lui a apprise à Saint-Cyr. J'ai fait plusieurs réflexions là-dessus, et j'ai pensé à vous aussitôt et à vous dire que vous ne devez pas vous attendre à trouver partout la même droiture qu'on vous inspire ici. Peu de personnes en sont capables : premièrement parce qu'il y en a peu qui en aient naturellement ; il y en a d'autres qui en auraient, mais qui ne savent pas en quoi elle consiste, ni comment la placer ; il y en a enfin qui le savent bien, mais il leur en coûterait trop ; l'intérêt les retient, car il en coûte pour être droite.

... On n'entend guère ce langage dans le monde, et si vous disiez dans la plupart de vos familles ce que je vous dis à présent et tout ce qu'on vous apprend à Saint-Cyr là-dessus, il y a bien des gens qui n'y comprendraient rien et qui croiraient, pour ainsi dire, que vous parlez grec*. Communément, chacun agit par intérêt, et l'intérêt étouffe la droiture ; mais si vous êtes assez heureuses pour avoir cette droiture, il ne faut point avoir de peine à souffrir ceux qui en manquent, ni pour cela ne vouloir pas vivre avec eux ; il faut, au contraire, qu'elle vous les fasse supporter patiemment, dans la vue de la leur inspirer. Pour vous, tâchez, dans les occasions, de donner des marques de la vôtre et de la faire aimer ; puis demeurez-en là, sans être continuellement à critiquer tous ceux que vous verrez manquer de droiture, et à dire : « On ne fait point comme cela à Saint-Cyr, » car ce serait le sûr moyen de vous faire haïr partout où vous iriez.

Vous seriez bien malheureuses si ce que vous apprenez ne servait qu'à vous rendre plus difficiles à vivre ; il faut, au contraire, qu'il serve à vous rendre accommodantes et à vous faire supporter les travers que vous pourrez trouver, sans les partager. Il y a mille gens qui manquent d'éducation ; on voit peu de filles instruites avec les soins dont vous l'êtes ici ; on vous précautionne sur tout* ; faudra-t-il pour cela ne pouvoir vivre avec personne ? Non assurément, il faudra prendre patience et vous servir de tout ce qu'on vous a appris pour agir avec le plus de droiture que vous pourrez, mais avec douceur, sans vouloir vous mêler de redresser les autres.

Les vertus ne sont point opposées l'une à l'autre, et ainsi, en voulant être droites, il ne faut pas manquer à être charitables; un bien ne doit pas produire un mal, autrement ce ne serait plus un bien...

Mme DE MAINTENON.

MOTS EXPLIQUÉS. — *Droiture,* qualité d'une personne droite, qui agit toujours selon la justice et la sincérité. — *Parler grec,* c'est-à-dire de manière incompréhensible. — *On vous précautionne surtout,* expression un peu vieillie : on vous prémunit, on vous met en garde contre le mal.

LES IDÉES. — 1. Expliquez à l'aide d'un ou de plusieurs exemples la phrase : « Communément chacun agit par intérêt, et l'intérêt étouffe la droiture. » — 2. Dégager et expliquer l'idée générale du morceau, contenue dans la dernière phrase.

RÉDACTION. — Faites le portrait réel ou imaginaire d'une jeune fille pleine de qualités, mais que son manque d'indulgence pour autrui et sa manière de critiquer tous ceux qui ne lui ressemblent pas rendent insupportable.

34. — Chanson des Pyrénées.

Ah! que vous êtes belles,
Cimes du Canigou*!
L'or de vos fleurs nouvelles
Brille comme un bijou.
Roses de la montagne,
Que votre souffle est doux!
Ah! quel ennui me gagne,
Quand je suis loin de vous!

Seul, ramenant ses chèvres
Dans le brouillard léger,
Passe, la flûte aux lèvres,
L'homme qui fait songer.
Pâtres de la montagne,
Que vos pipeaux* sont doux!
Ah! quel ennui me gagne,
Quand je suis loin de vous!

Lorsque nos jeunes couples,
Par les beaux soirs de mai,
Dansent, nerveux et souples,
Qui n'en serait charmé?

> Filles de la montagne,
> Que vos grands yeux sont doux !
> Ah ! quel ennui me gagne,
> Quand je suis loin de vous !

Maurice Bouchor, *Chants populaires pour les écoles.* (Librie Hachette.)

> O montagnes d'azur ! ô pays adoré,
> Bois de la Frazona, cirque du Marboré*,
> Cascades qui tombez des neiges entraînées ;
> Sources, gaves*, ruisseaux, torrents des Pyrénées ;
>
> Monts gelés et fleuris, trône des deux saisons,
> Dont le front est de glace et les pieds de gazon !
> C'est là qu'il faut s'asseoir, c'est là qu'il faut entendre
> Les airs lointains d'un cor mélancolique et tendre.

A. de Vigny, *Roland à Roncevaux.*

MOTS EXPLIQUÉS. — *Canigou,* un des plus hauts sommets des Pyrénées (2.780 m.). — *Pipeaux,* flûtes champêtres, généralement faites avec un roseau. — *Cirque du Marboré,* espace circulaire que dominent les cimes du Marboré ; cette disposition des montagnes est fréquente dans les Pyrénées. — *Gave,* nom donné aux cours d'eau qui descendent des Pyrénées.

LES IDÉES. — 1. Dans la chanson, le poète ne décrit pas les Pyrénées, mais il essaye de rendre le charme particulier qui s'en dégage. Il évoque les hauts sommets, les fleurs aux vives couleurs, le pâtre qui garde les troupeaux de chèvres, les couples de montagnards nerveux et souples. Et nous comprenons que ceux-ci ne puissent vivre loin de leur pays. — 2. Le fragment d'Alfred de Vigny précise davantage quelques-uns des traits caractéristiques des Pyrénées : cimes neigeuses, montagnes disposées en cirque, cascades, gaves...

RÉDACTION. — Que savez-vous sur les Pyrénées ?

35. — Éducation des femmes au XVIIe siècle.

... Y a-t-il rien de plus bizarre que de voir comment on agit pour l'ordinaire en l'éducation des femmes? On ne veut pas qu'elles soient coquettes, ni galantes, et on leur permet pourtant d'apprendre ce qui est propre à la galanterie*, sans leur permettre de savoir rien qui puisse fortifier leur vertu, ni occuper leur esprit.

Ce qu'il y a de rare, c'est qu'une femme, qui ne peut danser avec bienséance que cinq ou six ans de sa vie*, en emploie dix ou douze à apprendre continuellement ce qu'elle ne doit faire

que cinq ou six; et à cette même personne, qui est obligée
d'avoir du jugement jusqu'à la mort et de parler jusqu'à son
dernier soupir, on ne lui apprend rien du tout qui puisse ni la
faire parler plus agréablement, ni la faire agir avec plus de conduite; et, vu la manière dont il y a des dames qui passent leur

Mlle de Scudéry (1607-1701). — Estampe de la Bibliothèque nationale.

vie, on dirait qu'on leur a défendu d'avoir de la raison et du
bon sens, et qu'elles ne sont au monde que pour dormir, pour
être belles, pour ne rien faire et pour ne dire que des sottises.

En mon particulier, j'en sais une qui dort plus de douze
heures tous les jours et qui en emploie trois ou quatre à
s'habiller, ou pour mieux dire à ne s'habiller point; car plus de
la moitié de ce temps-là passe à ne rien faire ou à défaire ce qui
avait déjà été fait. Ensuite, elle en emploie encore deux ou trois
à faire divers repas, et tout le reste à recevoir des gens à qui elle
ne sait que dire, ou à aller chez d'autres qui ne savent de quoi
l'entretenir : jugez après cela si la vie de cette personne n'est pas
bien employée !

La raison de ce peu de temps qu'ont toutes les femmes
est sans doute que rien n'occupe davantage qu'une longue

oisiveté, qu'elles se font presque toujours de grandes affaires de fort petites choses et qu'une boucle de leurs cheveux mal tournée leur emporte plus de temps à la mieux tourner que ne ferait une chose fort utile et fort agréable tout ensemble. Il ne faut pas pourtant qu'on s'imagine que je veuille qu'une femme ne soit point propre* et qu'elle ne sache ni danser ni chanter; car au contraire je veux qu'elle sache toutes les choses divertissantes; mais à dire la vérité, je voudrais qu'on eût autant de soin d'orner son esprit que son corps.

Mlle DE SCUDÉRY.

MOTS EXPLIQUÉS. — *Galanterie,* politesse des manières inspirée par le désir de plaire. — *Une femme ne peut danser avec bienséance que cinq à six ans de sa vie:* la danse est un art qui demande beaucoup de grâce et de souplesse dans les mouvements; c'est pourquoi elle ne convient guère qu'aux jeunes femmes. Plus tard, d'ailleurs, la vie leur impose de graves devoirs qui ne leur permettent plus de se livrer à ce plaisir. — *Propre,* au XVIIe siècle, a le sens de bien mise, d'élégante.

LES IDÉES. — Ce que dit Mlle de Scudéry ne s'applique qu'à l'éducation des femmes de la haute société, destinées à vivre dans le monde. — Les femmes du peuple ne comptent pas au XVIIe siècle.

1° Mlle de Scudéry s'élève contre la « frivolité » de l'éducation des femmes au XVIIe siècle, et regrette qu'on néglige de former leur jugement; — 2° A l'aide d'un exemple, elle fait ressortir le vide de l'existence d'une femme du monde de son temps; — 3° Sans proscrire de l'éducation des femmes toutes les choses divertissantes, elle voudrait qu'on prît soin d'orner leur esprit aussi bien que leur corps.

RÉDACTION. — Décrire la journée d'une grande dame oisive au XVIIe siècle.

36. — La dilatation.

Tous les corps sont formés par la réunion de particules très petites, identiques et indivisibles, que l'on nomme des *atomes.* Les atomes s'unissent pour former des groupements plus complexes appelés *molécules.*

Ces particules, unies entre elles par une force naturelle qui les maintient rapprochées, ont une forme et un volume invariables; mais il n'en est pas de même des espaces vides qui les séparent et qui ont reçu le nom de *pores.* Ceux-ci grandissent quand la température du corps vient à s'élever; ils diminuent dans le cas contraire. Le volume entier du corps fait de même et l'ensemble de ces variations constitue la dilatation ou la contraction.

Tous les corps, qu'ils soient solides, liquides ou gazeux, éprouvent ces variations, mais à des degrés différents. Pour un faible accroissement de température, la dilatation d'un corps solide est peu apparente; elle l'est davantage si le corps est liquide.

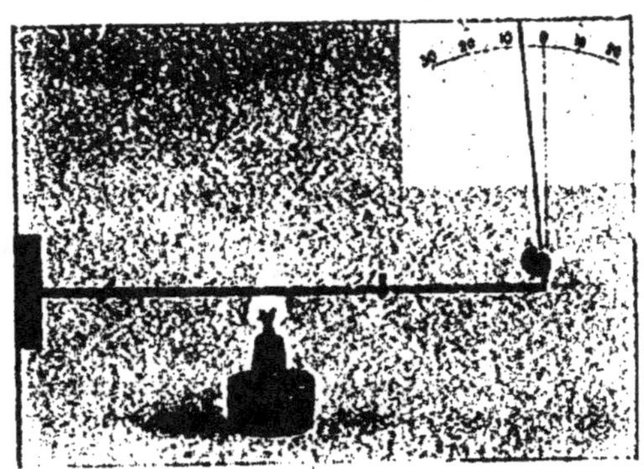

Expérience montrant que la chaleur fait dilater le fer.

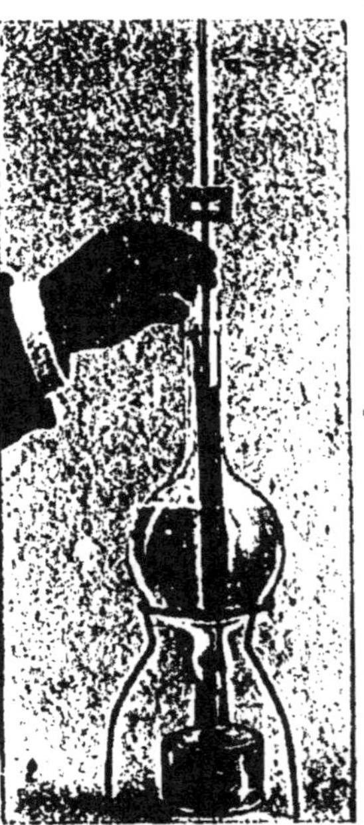

La chaleur fait dilater les liquides : 1. Liquide à la température ordinaire ; 2. Le même liquide plongé dans l'eau chaude et dilaté.

Enfin les gaz sont de tous les corps ceux chez lesquels les mouvements de contraction ou de dilatation sont les plus considérables et, par conséquent, les plus faciles à apprécier.

Les applications de la dilatation sont aussi nombreuses que variées.

Le forgeron qui veut cercler une roue façonne un cercle de fer de diamètre un peu plus petit que celui de cette roue; en chauffant le cercle, il l'agrandit assez pour pouvoir le passer, puis il l'asperge d'eau froide. La bande de fer se resserre et se fixe solidement sur le pourtour de la roue.

Certaines toitures sont faites de feuilles métalliques que l'on attache d'un seul côté. Les dilatations ou contractions qu'elles éprouvent peuvent se produire alors sans provoquer de déchirures.

On fixe de même les fils télégraphiques et téléphoniques, les ronces artificielles formant clôtures, de manière que les contractions dues au refroidissement puissent avoir lieu sans amener des ruptures.

Les plaques de tôle avec lesquelles on fait les bacs*, les chaudières des machines à vapeur, les coques* des navires sont réunies et assemblées à l'aide de rivets que l'on passe à chaud. En se refroidissant, ils se contractent et amènent un serrage énergique des plaques.

Les grilles des fourneaux, les rails des chemins de fer, les barreaux de fer que l'on place à certaines fenêtres sont toujours libres par une extrémité, de manière à permettre à la dilatation de s'exercer facilement.

Certains tuyaux, comme ceux des calorifères, sont réunis par des coudes à soufflets, lesquels présentent des plis en accordéon* qui se rapprochent ou s'éloignent suivant que la chaleur augmente ou diminue.

Ces quelques applications, que nous venons de citer, sont prises parmi une foule d'autres, car il n'est guère d'appareils, du plus simple au plus complexe, où la dilatation ne joue un rôle qu'il faut connaître et prévoir.

MOTS EXPLIQUÉS. — *Bac,* grande caisse métallique ayant la forme d'un cylindre ou d'un parallélipipède. — *Coque,* carcasse d'un navire. — *Accordéon,* instrument de musique à soufflet et à touches qu'on tient et manœuvre avec les mains.

LES IDÉES. — 1. Indiquez comment se produit la dilatation ou la contraction. — 2. Citez deux cas d'application de la dilatation : 1° d'un liquide; 2° d'un solide. — 3. Quand on allume une lampe, pourquoi donne-t-on tout d'abord peu de flamme? Avez-vous examiné les rails du chemin de fer? Qu'avez-vous vu?

RÉDACTION. — Montrez par quelques exemples que les corps se dilatent par la chaleur et se contractent par le froid.

37. — Jeanne d'Arc.

O Jeanne, il est venu le temps où tous parlent de toi comme en parlaient les pauvres gens !

Le roi t'oubliait ! les nobles te raillaient ! les prêtres t'accusaient ! Les pauvres gens te plaignaient et t'admiraient. Aujourd'hui l'humanité te plaint et t'admire.

Où sont-ils les grands, les illustres de ce monde, qui ne seraient pas fiers de baiser à deux genoux les plis de cette grossière robe rouge de paysanne que tu portais le jour où tu te présentas devant le sire de Baudricourt, folle et sublime de patriotisme ?

Il n'a rien manqué à ta gloire, pas même l'apothéose* par ceux qui furent tes bourreaux. Ces Anglais qui t'avaient brûlée devaient un jour reconnaître que le vaincu se déshonore quand il déshonore qui l'a su vaincre, et un de leurs poètes, Southey, devait te consacrer des chants où son génie célèbre ta vertu.

Gloire à jamais à toi, ô la plus belle fleur de notre belle France !

Comment as-tu pu, héroïne de dix-sept ans, opérer en quatre mois tant de merveilles ?

Tu as pu, parce que tu as cru ; et tu as cru parce que tu as aimé*.

Puisse ton souvenir nous enflammer, nous, enfants de la France !

La France est éprise de toi ; car ta vertu lui a fait toucher un sommet non atteint ni avant ni depuis. Et elle peut dire fièrement aux autres peuples : « Où est votre Jeanne d'Arc ? »

Mais ce n'est pas assez de te chérir, il faut t'imiter.

Oh ! souffle-nous cette grande pitié pour la patrie*, cette haine profonde pour l'envahisseur, dont tu étais animée ! Souffle-nous cette foi qui soulève les montagnes !

Et alors, aux jours où la force devra repousser la force, nos jeunes filles armeront elles-mêmes nos jeunes gens ; nos vieillards encourageront de leurs bénédictions les soldats de la patrie ; nous sentirons grandir nos âmes ; nous combattrons en héros ; et, s'il le faut, les pierres se lèveront pour chasser l'étranger.

Joseph FABRE, *Jeanne d'Arc.* (Librairie Hachette.)

MOTS EXPLIQUÉS. — *Apothéose*, honneurs extraordinaires rendus à un vivant ou à un mort. Ces honneurs ont été rendus à Jeanne d'Arc sous diverses formes, en Angleterre aussi bien qu'en France. — *Tu as pu parce que tu as cru, et tu as cru parce que tu as aimé :* non seulement Jeanne d'Arc avait une foi religieuse profonde et croyait avoir reçu de Dieu la mission de sauver la France, mais elle croyait en son pays, elle l'aimait passionnément et ne pouvait admettre qu'il pût subir le joug de l'étranger. — *Souffle-nous cette grande pitié pour la patrie*, allusion aux sentiments de Jeanne d'Arc, qui parlait souvent de la « grande pitié que lui inspirait le royaume de France ».

Entrée de Jeanne d'Arc, à Orléans. — Tableau de Scherrer. Musée d'Orléans.

LES IDÉES. — On peut considérer ce passage comme une invocation, une sorte d'hymne à Jeanne d'Arc, à laquelle Joseph Fabre, après Michelet, a voué un véritable culte. Jeanne d'Arc lui apparaît, avec raison, comme la plus pure et la plus belle de nos gloires nationales; il exalte son souvenir pour enflammer notre patriotisme.

RÉDACTION. — Racontez la mort de Jeanne d'Arc.

38. — L'allaitement artificiel.

Lorsque des raisons sérieuses empêchent la mère de nourrir son enfant, il faut alors recourir à l'allaitement artificiel, c'est-à-dire au lait d'un mammifère* se rapprochant sensiblement du lait maternel. C'est le lait d'ânesse qui est le meilleur, mais il

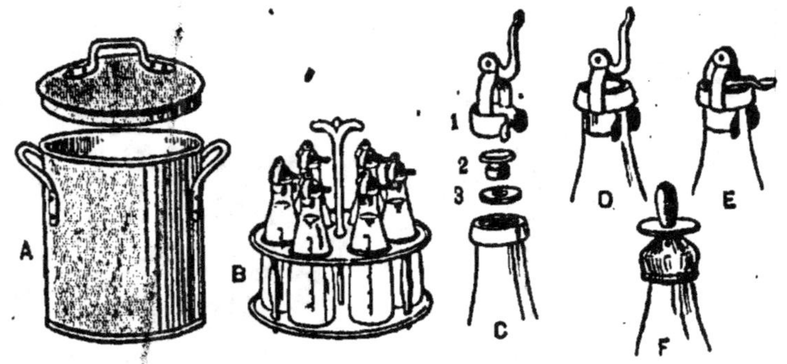

Appareil à stériliser : A, Marmite bain-marie en métal étamé; B, Porte-bouteilles; C, D, E, Système de fermeture; F, Bouteille garnie de la tétorelle pour bébés.

coûte cher. Le lait le plus employé est le lait de vache. Comment faut-il l'employer ?

Ce lait provient de mamelles généralement sales; il a été ma-nipulé par des mains d'une pro-preté souvent douteuse et trans-porté dans des vases lavés avec une eau qui peut être infectée de microbes*. D'autre part, la vache qui a fourni le lait peut être at-teinte de la tuberculose; elle trans-mettra sa maladie par le lait. Afin de supprimer tout danger, afin de rendre inoffensif ce lait qui peut être contaminé*, il ne faut le don-ner à l'enfant qu'après une ébulli-

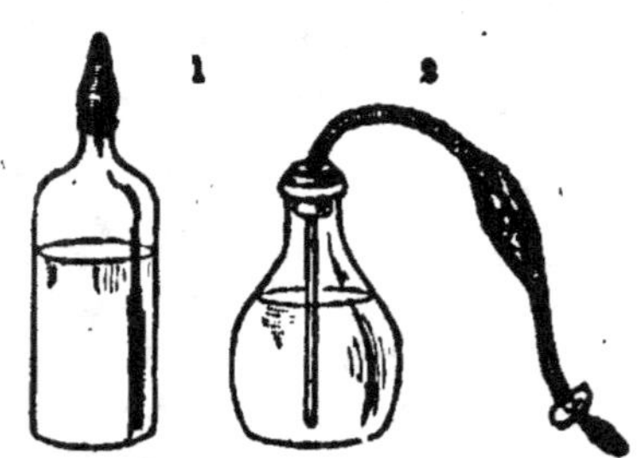

1. Bouteille-biberon coiffée d'une tétine en caoutchouc (bon); — 2. Bibe-ron à tube innettoyable, montrant le tube souillé (mauvais).

tion prolongée pendant au moins un quart d'heure, et, ce qui est encore préférable, après l'avoir *stérilisé* ou *pasteurisé**. Les procédés de stérilisation et de pasteurisation du lait sont aujour-d'hui très perfectionnés, et des institutions, telles que la « Goutte de lait », fondées pour la protection des bébés, livrent chaque jour aux mamans du lait bien pur, exempt de germes.

N'oublions pas que le lait de vache est toujours moins sucré que celui de la femme; il faut donc le sucrer dans la proportion de 20 grammes pour un litre de lait.

Le lait sera pris par l'enfant, non à l'aide d'une cuiller ou d'un verre, mais dans un biberon constitué par un flacon, une fiole de verre de forme ronde ou plate et une tétine en caoutchouc qui coiffe le goulot et qui sert de mamelon artificiel.

Il faut se garder d'employer le biberon à long tube de caoutchouc qui ne peut être nettoyé suffisamment et qui est si funeste au bébé. Biberons et tubes doivent toujours être l'objet des soins de propreté les plus minutieux, dit Mme Moll-Weiss, et la petite mère eût-elle dix domestiques à son service, c'est elle, c'est elle seule qui doit s'occuper d'examiner le lait destiné à son enfant, de surveiller le nettoyage des biberons.

Chaque biberon ne doit servir que pour une seule tétée; chaque fois que la tétée est terminée, on doit le nettoyer ainsi que la tétine, puis

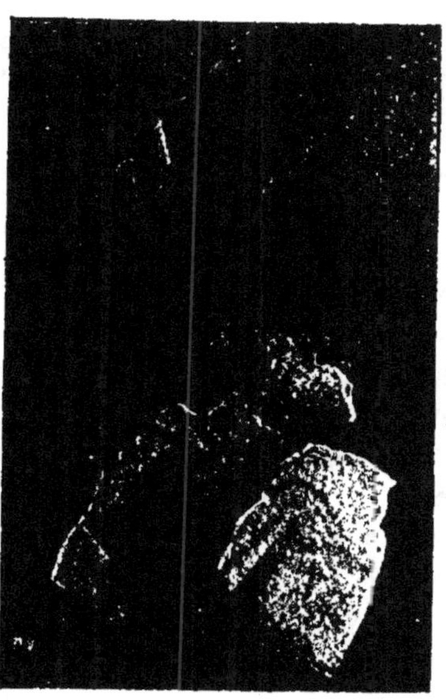

Position de l'enfant prenant le biberon.

les plonger l'un et l'autre dans un bain d'eau renfermant du carbonate de soude, jusqu'au moment où l'on s'en servira de nouveau.

S'il reste du lait dans le biberon, il faut le jeter. Ensemencé par l'air ambiant dès l'instant où le flacon a été ouvert, ensemencé par la salive de l'enfant, il sera devenu un lait tout à fait défectueux, impropre à l'alimentation.

MOTS EXPLIQUÉS. — *Mammifères,* se dit de tous les animaux dont les femelles nourrissent leurs petits avec le lait sécrété par leurs mamelles. — *Microbes,* petits organismes animaux ou végétaux qui jouent le rôle de ferments ou qui sont des agents de maladies contagieuses. — *Contaminé,* souillé. — *Lait stérilisé ou pasteurisé,* dont on a détruit les microbes selon des procédés inventés par Pasteur.

LES IDÉES. — 1. Quelles précautions doit-on prendre pour rendre inoffensif le lait de vache destiné à l'allaitement artificiel? — 2. Quels sont les soins de propreté que réclame le biberon d'un enfant? — 3. Pourquoi le même biberon ne doit-il servir que pour une seule tétée?

RÉDACTION. — Description d'un biberon. Comment vous y prendriez-vous pour préparer le biberon d'un bébé?

39. — Une vaillante.

Pierre Dumont, en bon Français qu'il était, avait décidé de se rendre à Belfort, pour combattre les Allemands sous le commandement de son beau-frère, le capitaine Bonafigue. Il avait dissimulé son projet aux siens; mais sa femme lisait dans son cœur* comme dans un livre ouvert. La veille, elle avait remarqué la façon dont il avait embrassé ses enfants et elle comprit que le départ était proche.

«Mon cher Pierre, dit-elle, j'espère que tu n'as pas la prétention de me cacher tes pas et démarches? Ce serait la première fois. Je sais où tu vas. Tu es transparent, pour moi, comme un homme de verre. Tu vas rejoindre mon frère au fort des Barres, sous Belfort. Est-ce vrai? Mon cher mari, je ne suis qu'une femme, mais je suis une Française. J'ai appris à aimer la patrie en t'aimant; ton pauvre grand-père m'a fait comprendre qu'elle devait m'être aussi chère, et, s'il se peut, plus chère encore que toi. Tu n'as jamais oublié ces leçons d'un vrai citoyen, ni moi non plus. Pierre, on ne pardonne pas à l'homme qui fait son devoir*, on ne le félicite même pas; on lui dit: « Tu as pris le bon chemin, marche! » Si j'essayais de te persuader, au moment d'une telle séparation, que je suis contente ou tranquille, tu ne me croirais pas, et tu aurais raison. J'ai peur, comme tu auras peur la première fois que les obus allemands éclateront autour de toi, mais je fais ce que tu feras alors, mon bien-aimé: je tiens bon. Notre cause est juste, elle est sainte, elle est de celles pour lesquelles il serait également beau de vaincre ou de mourir. Sers-la donc de tout ton courage. Si tu reviens, comme j'en ai le ferme espoir, je t'aimerai plus qu'autrefois, ce qui sera un joli tour de force. Si tu ne reviens pas, je ferai quelque chose de plus fort et de plus méritoire: je vivrai pour élever nos enfants dans l'admiration de leur père, dans l'amour du pays et le culte de la liberté. Sommes-nous d'accord ? Oui. Alors, va-t'en; épargnons-nous l'un à l'autre les attendrissements qui cassent bras et jambes. Tu as besoin de toutes tes forces, mon grand soldat*, et moi aussi. Je jure de ne pas verser une larme avant midi cinq. »

Elle assista sans sourciller à la toilette de son mari, vint avec lui embrasser leurs filles dans leur chambre, tira les oreilles des garçons qui cueillaient des champignons sous les chênes du parc, et le conduisit au chemin de fer en lui donnant de vive voix quelques petites commissions pour son frère. A la dernière minute, elle fut bien tentée de le suivre plus loin et de pousser jusqu'à Courcy. Mais elle ne se sentit pas assez sûre d'elle, ou peut-être de lui, et, après lui avoir appliqué sur les joues deux bons gros baisers de nourrice, elle s'enfuit et disparut.

D'après E. ABOUT, *Roman d'un brave homme.* (Librairie Hachette.)

MOTS EXPLIQUÉS. — *Sa femme lisait dans son cœur...* Pierre Dumont et sa femme forment un ménage parfait, parce qu'ils ont pris l'habitude de penser et de sentir en commun, parce que la femme a eu le constant souci d'être pour son mari une compagne, de chercher à deviner ses préoccupations pour les soulager en les partageant. — *On ne pardonne pas à l'homme qui fait son devoir.* Moins vaillante et de sentiments moins élevés, Barbe Bonafigue aurait pu penser que son mari devait lui demander pardon de la quitter pour aller défendre son pays. — *Mon grand soldat,* expression familière pleine de tendresse dans sa simplicité.

LES IDÉES. — Indiquez les passages dans lesquels se révèlent plus particulièrement la tendresse et la vaillance de la jeune femme.

RÉDACTION. — En vous inspirant de ce qui précède, vous faites un récit dans lequel vous imaginez le retour de la jeune femme au logis familial.

40. — Le soleil et le sang.

Avez-vous remarqué ce que deviennent les fleurs qu'on conserve dans des pots, à l'intérieur des appartements ?

Le jour de leur arrivée de la campagne, leurs tiges se tenaient bien droites et leurs feuilles étaient d'un beau vert ; un mois s'est écoulé et voici qu'elles penchent tristement vers le sol leurs feuilles pâles et amincies. Les mineurs qui travaillent sous terre, les grandes personnes et surtout les enfants qui, pour une raison quelconque, n'ont pu sortir pendant quelques semaines, présentent aussi cette pâleur, cette apparence de faiblesse. A eux, comme aux fleurs, il a manqué l'air, la lumière, le soleil.

L'insuffisance d'air est évidemment la cause principale de cet état, mais l'absence de la lumière du soleil a largement contribué à l'amener. Certains concierges* de maisons de Paris passent leur journée entière dans des pièces où l'air peut se renouveler, mais où les rayons du soleil ne pénètrent jamais ; aussi sont-ils atteints des pâles couleurs.

Le soleil nous ragaillardit*, donne un coup de fouet à tout notre être. Regardez le convalescent qu'on assied au dehors, comme il reprend vie en sentant en lui sa chaleur bienfaisante.

Quelques semaines seulement après sa naissance, le bébé exprime par des mouvements joyeux le bien-être qu'il éprouve à se trouver au grand air, au soleil.

Vous savez que le sang est formé d'une partie liquide dans laquelle nagent des milliers de globules rouges * qui lui donnent sa couleur. Ces globules sont chargés d'absorber dans les poumons l'oxygène, c'est-à-dire la partie utile de l'air, et de le transporter dans toutes les parties de notre être.

Goutte de sang vue au microscope.

Le corps contient six litres de sang, dont deux sont toujours en train de passer dans les poumons, à raison d'un litre par poumon.

Eh bien ! si ces trois éléments : air, lumière, soleil, n'ont pu produire qu'imparfaitement leur action, le nombre des globules diminue ; il peut tomber à la moitié et même à un chiffre encore inférieur.

On devient anémique *, chloro-anémique, c'est-à-dire pâle et faible par suite de l'altération subie par le sang, qui est moins rouge et peut à peine suffire à entretenir la vie.

Laissons donc le paysan entourer d'un lien ses salades, ou même les recouvrir d'une tuile, pour que leurs feuilles, placées ainsi dans l'obscurité, blanchissent et restent tendres en ne se développant pas. Cherchons, nous, à vivre le plus possible à l'air, à la lumière et au soleil. Donnons-lui largement accès dans notre habitation et surtout dans nos chambres. Rien ne peut mieux les assainir. Comme le feu, le soleil *purifie* tout.

Dr GALTIER-BOISSIÈRE, *Hygiène pratique.* (Libr. Armand Colin.)

MOTS EXPLIQUÉS. — *Concierge,* gardien ou portier d'une maison. — *Ragaillardit,* rend plus fort, plus vaillant. *Gaillard,* se dit en parlant d'un homme robuste, hardi. — *Globules rouges du sang :* sont faits en partie d'hémoglobine, substance riche en fer, et qui se combine facilement avec l'oxygène. — *Anémie,* état maladif qui tient à la faiblesse du sang.

LES IDÉES. — 1. Quelle remarque peut-on faire à propos des plantes que l'on tient enfermées dans un appartement ? — 2. Quelle influence le soleil exerce-t-il sur la santé générale ? — 3. Quelle est la composition du sang ?

RÉDACTION. — Quels sont les meilleurs moyens de prévenir l'anémie et d'y remédier ?

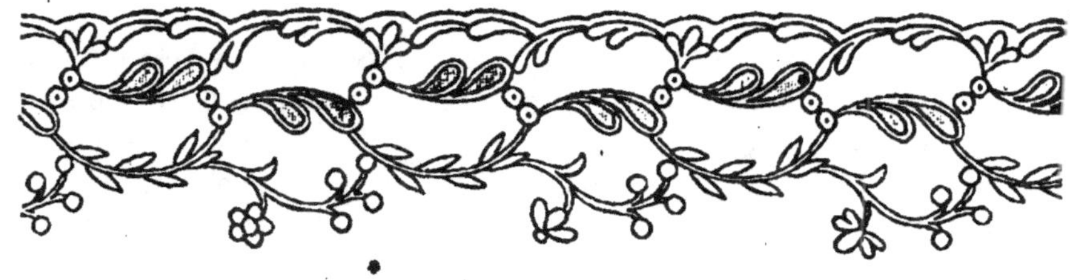

41. — Têtes blondes et têtes blanches.

Les grands-parents gâtent, dit-on, leurs petits-enfants. Non, ils essayent de rendre la vie plus agréable à ces chers petits, qu'ils adorent, peut-être avec l'arrière-pensée* si légitime de leur laisser d'eux un bon souvenir.

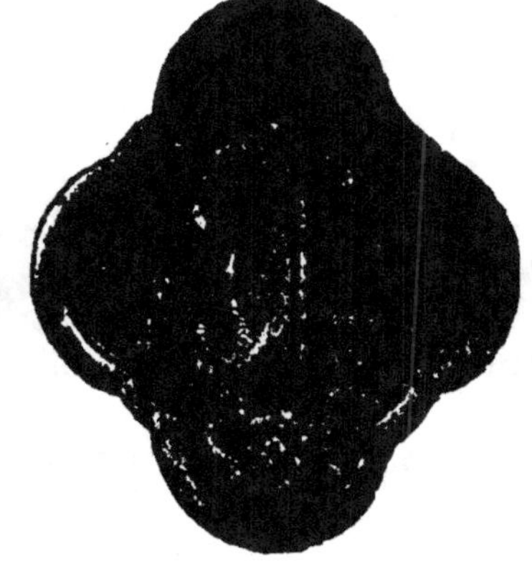

Décembre.
La Salaison des viandes.

On ne songe pas assez à tout ce qu'éprouve un cœur d'homme, sur le tard, quand la terre lui échappe et qu'il y laisse des êtres aimés parmi lesquels il voudrait garder sa place.

Je n'avais que cinq ans et un appétit héroïque*. Les tartines* que me coupait ma mère étaient de dimensions judicieuses. Plus mesurées encore celles que m'offraient mes tantes, avec accompagnement de maximes comme celle-ci : « Il faut savoir se modérer. » Rien à dire, c'est absolument parfait, pour l'ordinaire. Mais lorsque, par extraordinaire, ma grand'mère prenait la bonne grosse miche* de famille, elle m'en détachait un morceau magistral*. On se récriait alors : « C'est trop ! c'est trop ! — Vous verrez qu'il n'en restera rien, disait-elle avec un sourire ; laissez-moi le plaisir de voir cet enfant manger à sa faim. » Je ne comprenais pas alors toute la portée de ces paroles et mesurais seulement la bonté de grand'mère à la taille de ses tartines. Mais aujourd'hui ce souvenir d'enfant bon vivant s'est transformé. Il a déménagé de l'estomac pour prendre place dans le cœur et je suis devenu sensible à ce qui se passe dans le cœur des vieilles gens.

Grâce à l'impression qui persiste, je revois grand'mère avec son joli bonnet lorrain et je me dis : « Si tu as voulu que je pense à toi longtemps, très longtemps, tu ne t'es pas trompée ! L'homme te bénit pour ce que tu as fait pour l'enfant et, si jamais il devient grand-père, à son tour il suivra ton exemple. »

WAGNER, *Auprès du foyer.* (Libr. Armand Colin.)

MOTS EXPLIQUÉS. — *Arrière-pensée*, pensée que l'on dissimule, que l'on cache avec soin. — *Appétit héroïque*, appétit digne d'un homme qui a fait de grandes choses et qui, par suite, a une très grande faim, difficile à satisfaire. — *Tartine*, tranche de pain sur laquelle on étend du beurre, des confitures. — *Miche*, gros pain rond. — *Morceau magistral*, veut dire ici un gros morceau.

LES IDÉES. — 1. Pourquoi les grands-parents gâtent-ils leurs petits-enfants ? — 2. Que veut dire cette expression : « quand la terre lui échappe? » — 3. A quoi l'enfant dont il est parlé dans ce récit mesurait-il la bonté de sa grand'mère ? — 4. Pourquoi en a-t-il conservé un souvenir ému ?

RÉDACTION. — Faites le portrait de votre grand'mère.

42. — Les superstitions* du moyen âge.

L'ignorance rend superstitieux. On était superstitieux au moyen âge* parce qu'on était ignorant.

Voici, d'après Alfred Rambaud, quelques-unes des croyances absurdes qui avaient cours à cette époque et dont certaines sont encore accréditées dans les campagnes.

1° *Usages et superstitions relatifs à la mort.* — Le vol d'un oiseau de proie planant au-dessus de la maison, le croassement d'une pie annonçaient quelque mort prochaine. — Le fait d'être treize à table devait amener, dans l'année, la mort d'un des convives. — Qui mettait une chemise blanche le vendredi devait mourir dedans.

2° *Superstitions relatives à l'agriculture.* — Avant de commencer de labourer, on devait faire trois fois le tour de la charrue, en tenant à la main du pain, de l'avoine et un cierge allumé. — Jeter du pain dans un puits l'empêchait de tarir. — La vigne était plus féconde si on la taillait avec une serpe enduite de graisse d'ours et si le vigneron mettait autour de son chapeau une couronne de lierre.

3° *Les êtres surnaturels.* — Les fées armées de leurs baguettes magiques, secourables ou malfaisantes, habitaient les grottes, les forêts profondes, les landes désertes. — Les ogres guettaient les petits enfants pour les dévorer. — Les vampires se levaient la nuit de leurs tombes pour sucer le sang des vivants. — Les feux follets étaient les âmes des petits enfants morts sans baptême.

4° Sorcellerie. — La superstition la plus répandue était la croyance à la sorcellerie. Les sorciers et les sorcières jetaient des sorts sur les hommes, sur les nouveau-nés, sur les animaux; ils faisaient tomber la pluie et la grêle, amenaient la sécheresse, envoyaient des chenilles dans les légumes. Rien qu'en trempant un balai dans la fontaine du village, ils faisaient éclater un orage. On s'adressait à eux pour se défaire d'un ennemi dont on était éloigné : le sorcier piquait au cœur, avec une aiguille neuve, l'image de la personne abhorrée*. On appelait cela « envoulter »*.

Ces superstitions nous paraissent absolument ridicules et, cependant, certaines gens croient encore aujourd'hui à ces absurdités.

MOTS EXPLIQUÉS. — *Superstitions,* croyances irraisonnées dans lesquelles s'entêtent les personnes ignorantes ou crédules. — *Moyen âge,* période de l'histoire qui s'étend de 395 à 1153. — *Abhorrée,* que l'on haïssait jusqu'à l'avoir en horreur. — *Envoulter,* attirer le malheur sur une personne.

LES IDÉES. — 1. Parmi ces superstitions, en est-il qui soient encore accréditées dans la région que vous habitez? Lesquelles? — 2. En connaissez-vous qui aient inspiré certains dictons ou certaines coutumes populaires?

RÉDACTION. — Que répondriez-vous à une personne qui refuserait d'assister à un repas de famille parce qu'il compte treize convives?

43. — La peur du ridicule.

Il est une forme de la peur contre laquelle personne ne peut être assez prémuni: c'est la peur du ridicule. Un proverbe essentiellement français déclare que « le ridicule tue ». Le catéchisme* d'un grand nombre de nos compatriotes ne va pas plus loin. Il faut se défaire de cette superstition nationale comme d'une faiblesse honteuse.

Le ridicule ne tue que ceux qui y croient. Il ne suffit pas d'être déclaré ridicule pour s'empresser de battre en retraite. Quelle est l'idée, l'invention, l'institution, l'homme, l'acte, qui n'ait été déclaré ridicule? « Vous êtes ridicule », c'est le dernier argument de ceux qui n'en ont plus, c'est l'équivalent, sous une autre nuance, du coup de poing ou d'épée, de l'injure, de tout ce qui ne prouve rien et n'a jamais rien prouvé. On s'est moqué de ce que nous avons de meilleur et de plus sacré, des plus pures gloires, des mérites les plus incontestables. Le ridicule tue si peu que les choses que l'on a le plus ridiculisées sont précisément celles qu'on est le moins parvenu à tuer. Les gens d'esprit et les cœurs honnêtes ont beau rire de la sottise, des tares*, des habitudes grotesques*, la sottise refleurit, le vice prospère, le grotesque s'étale. Et les sceptiques*, les cyniques*, les imposteurs* ont beau railler les croyants, la vertu, la vérité: la foi ne périt point, la vertu demeure, et la vérité est immortelle.

Il faut donc se faire une raison, même contre le ridicule, et se dire qu'on est toujours ridicule pour quelqu'un. Au fond, si quelque chose est ridicule, c'est cette peur folle du ridicule. Car celui qui aspire à n'être ridicule nulle part, ni pour personne, ressemble aux gens qui, pour marcher, ne voudraient partir ni du pied droit, ni du pied gauche, ni sauter des deux à la fois. Impossible d'éviter le ridicule; il faut s'arranger de façon à pouvoir le braver avec une conscience tranquille. C'est alors qu'apparaît la vanité de ce mannequin* qui nous épouvantait. Il ne peut rien contre qui s'en soucie comme d'une guigne*. Hélas! on s'en soucie trop. La jeunesse sacrifie à cette divinité terrible. Si elle ne lui sacrifiait que ses travers, je ne me plaindrais pas. Mais lui sacrifier ses bonnes intentions, ses trésors de confiance, d'enthousiasme, de piété! c'est manquer absolument de caractère.

WAGNER, *Vaillance*. (Fischbacher, éditeur.)

MOTS EXPLIQUÉS. — *Catéchisme:* le mot est pris ici au sens figuré pour désigner la raison, l'explication qui l'emporte sur toutes les autres, pour diriger notre conduite, dans certaines circonstances. — *Tare,* au sens figuré : défaut physique ou moral. — *Habitude grotesque,* qui prête à rire par sa bizarrerie. — *Les sceptiques,* ceux qui doutent de tout. — *Les cyniques,* ceux qui affectent de braver les convenances. — *Les imposteurs,* ceux qui cherchent à tromper, à en imposer par leurs mensonges. — *Mannequin,* au sens propre, forme de bois ou d'osier imitant le corps humain; le ridicule est ici comparé à un mannequin, forme humaine sans réalité dont on se sert parfois pour épouvanter les moineaux. — *S'en soucier comme d'une guigne,* expression familière qui signifie n'en avoir aucun souci.

LES IDÉES. — 1. En quoi consiste la peur du ridicule? — 2. La phrase : « Il faut se faire une raison, même contre le ridicule, et se dire qu'on est toujours ridicule pour quelqu'un, » signifie que nous devons nous mettre au-dessus du jugement d'autrui lorsque nous agissons selon nos goûts ou selon nos idées; quoi que nous fassions, nous pouvons toujours nous attendre à être critiqués par les sots et par les sceptiques. C'est faire preuve de raison et de caractère que de s'élever au-dessus du *qu'en dira-t-on*.

RÉDACTION. — Vous paraît-il que les femmes soient particulièrement sensibles au ridicule? — Pourriez-vous citer des cas dans lesquels vous vous êtes abstenue d'agir par crainte du ridicule ?

Vue générale du Puy de Dôme (Massif central).

44. — Le Massif central.

Le Massif central a été et est encore souvent appelé, avec une grande impropriété d'expression, le Plateau central. Il n'a rien en effet de ce qui constitue un plateau, c'est-à-dire une succession de plaines à peu près uniformes, s'étendant sur de vastes espaces et sensiblement élevées au-dessus des pays environnants. Son aspect d'ensemble est au contraire celui d'une région fortement acciden-tée et nullement d'une plaine implantée sur un sol élevé. Il nous faudra donc renoncer à cette dénomination que rien ne justifie, si ce n'est une routine invétérée*, et ne plus parler que du Massif central.

Le Massif central a la forme générale d'un quadrilatère*, dont le centre serait au Puy de Sancy, point culminant de la France centrale (1 886 m.), et les angles déterminés par les monts du Morvan au nord et la ville de Confolens à l'ouest, du Vigan au sud et de Privas au sud-est. L'altitude moyenne des vallées qui parcourent le massif est de 500 mètres. Il mesure environ 100 000 kilomètres carrés, à peu près le cinquième de la France, et s'étend sur tout ou partie de vingt-deux de nos départements.

Le Massif central est le vrai foyer de la résistance nationale. L'histoire est ici d'accord avec la science pour démontrer que ce massif fut de tout temps le dernier refuge des défenseurs du pays. Quand les Cimbres et les Teutons envahirent la Gaule, le flot de l'invasion battit, mais ne submergea* point ce dernier rempart* de l'indépendance gauloise. On sait la résistance qu'opposèrent aux Romains les Arvernes, et ce fut au pied d'une montagne arverne, à Gergovie, que la fortune de César se trouva sérieusement compromise. Au temps des invasions franques, ce furent encore les descendants de Vercingétorix qui furent les derniers à défendre leur autonomie*. Lorsque les Anglais s'étendirent sur la France presque entière, les provinces centrales ne se laissèrent pas entamer. En 1814, au lendemain de nos désastres, le maréchal Soult ne disait-il pas à ses officiers d'état-major, en leur parlant de l'Auvergne : « Cette région est l'antre du lion. Un ennemi peut y pénétrer, mais non en sortir. C'est là qu'après Toulouse, si la paix ne fût venue, je voulais attirer Wellington ! »

Il semble donc que Clermont, la ville la plus centrale du massif, aurait dû être choisie pour devenir la capitale militaire du pays. C'est à Clermont ou aux alentours qu'il aurait fallu amonceler les fabriques et les magasins d'équipement ou d'approvisionnement, les arsenaux, les haras, etc. C'est de Clermont qu'auraient dû rayonner toutes les voies ferrées, toutes les routes stratégiques*, et c'est autour de cette ville qu'il aurait fallu créer un immense camp retranché, couvert au loin par des forts détachés, jusque sur les cimes de la chaîne des Dômes et du Forez. Concentration des troupes, défense du territoire envahi, tout eût été facilité par la création de cette gigantesque citadelle*, qui eût ressemblé au donjon de nos châteaux féodaux. Mais les nécessités politiques en ont décidé autrement.

Il n'en est pas moins vrai que le Massif central, en cas de nouveaux malheurs, constituerait la suprême ressource de la France.

GAFFAREL (Revue de Géographie).

MOTS EXPLIQUÉS. — *Routine invétérée,* habitude fortifiée par une longue durée. — *Quadrilatère,* figure géométrique à quatre côtés. — *Submergea,* engloutit. — *Rempart,* au figuré, signifie dernier refuge. — *Autonomie,* indépendance. — *Routes stratégiques,* routes qui conviennent aux opérations militaires. — *Citadelle,* forteresse élevée pour protéger une ville et la campagne voisine.

LES IDÉES. — 1. Pourquoi la dénomination de plateau ne peut-elle convenir au Massif central ? — 2. Prouvez à l'aide de faits que le Massif central est le foyer de la résistance nationale. — 3. Quels avantages présente la situation de Clermont au point de vue militaire ?

RÉDACTION. — Racontez la résistance de Vercingétorix à Gergovie.

45. — Une représentation à Saint-Cyr.

Je fis ma cour l'autre jour à Saint-Cyr*, plus agréablement que je n'eusse jamais pensé. Nous y allâmes samedi, Mme de Coulanges, Mme de Bagnols, l'abbé Têtu et moi. Nous trouvâmes nos places gardées. Un officier dit à Mme de Coulanges que Mme de Maintenon lui faisait garder un siège auprès d'elle; vous voyez quel

Mme de Sévigné (1626-1696). — Peinture. Musée de Versailles.

honneur!* « Pour vous, Madame, me dit-il, vous pouvez choisir. » Je me mis avec Mme de Bagnols au second rang, parmi les duchesses. Le maréchal de Bellefonds vint se mettre, par choix, à mon côté droit, et devant, c'étaient Mmes d'Auvergne, de Coislin et de Sully. Nous écoutâmes, le maréchal et moi, cette tragédie avec une attention qui fut remarquée, et de certaines louanges sourdes et bien placées, qui n'étaient peut-être pas sous les fontanges* de toutes les dames.

Je ne puis vous dire l'excès de l'agrément de cette pièce : c'est une chose qui n'est pas aisée à représenter, et qui ne sera jamais imitée; c'est un rapport de la musique, des vers, des chants, des personnes, si parfait et si complet, qu'on n'y souhaite rien; les filles qui font des rois et des personnages sont faites exprès.

On est attentif et on n'a point d'autre peine que celle de voir finir une si aimable pièce; tout y est simple, tout y est innocent, tout y est sublime et touchant; cette fidélité de l'histoire sainte donne du respect; tous les chants convenables aux paroles, qui sont tirées des *Psaumes** et de la *Sagesse**, et mis dans le sujet, sont d'une beauté qu'on ne soutient pas sans larmes; la mesure de l'approbation qu'on donne à cette pièce, c'est celle du goût et de l'attention.

J'en fus charmée et le maréchal aussi, qui sortit de sa place pour aller dire au roi combien il était content, et qu'il était auprès d'une dame qui était bien digne d'avoir vu *Esther*. Le roi vint vers nos places, et après avoir tourné, il s'adressa à moi et me dit : « Madame, je suis assuré que vous avez été contente. » Moi, sans m'étonner, je répondis : « Sire, je suis charmée, ce que je sens est au-dessus des paroles. » Le roi me dit : « Racine a bien de l'esprit. » Je lui dis : « Sire, il en a beaucoup, mais ces jeunes filles en ont beaucoup aussi; elles entrent dans le sujet* comme si elles n'avaient jamais fait autre chose. » Il me dit : « Ah! pour cela, il est vrai. » Et puis Sa Majesté s'en alla, et me laissa le sujet de l'envie; comme il n'y avait quasi que moi de nouvelle venue, il eut quelque plaisir de voir mes sincères admirations sans bruit et sans éclat.

M. le Prince et Mme la Princesse me vinrent dire un mot; Mme de Maintenon, un éclair: elle s'en allait avec le roi; je répondis à tout, car j'étais en fortune.

Nous revînmes le soir aux flambeaux; je soupai chez Mme de Coulanges, à qui le roi avait parlé aussi avec un air d'être chez lui, qui lui donnait une douceur trop aimable.

Mme DE SÉVIGNÉ.

MOTS EXPLIQUÉS. — *Saint-Cyr,* village situé près de Versailles, où Mme de Maintenon avait fait construire une maison d'éducation pour les jeunes filles pauvres et nobles. — *Vous voyez quel honneur!* Mme de Maintenon avait été secrètement épousée par Louis XIV: elle avait beaucoup d'influence sur le roi; aussi jouissait-elle d'une grande considération. — *Les « fontanges »,* nœud de ruban que les femmes portaient alors sur leurs coiffures, et qui avait été mis à la mode par Mlle de Fontanges. — *Psaumes et Sagesse,* livres de la Bible dont Racine s'est inspiré dans les chœurs d'Esther. — *Elles entrent dans le sujet,* elles comprennent et jouent bien leurs rôles.

LES IDÉES. — 1. En quelle compagnie Mme de Sévigné était-elle allée à Saint-Cyr? — 2. Quel jugement porte-t-elle : 1° sur la pièce de Racine; 2° sur les élèves qui la représentent? — 3. Expliquez le sens de la phrase : « Sa Majesté s'en alla et me laissa le sujet de l'envie... »

RÉDACTION. — Racontez une représentation d'*Esther* à Saint-Cyr.

46. — Le thermomètre.

Nous savons, pour l'avoir éprouvé bien des fois, combien est variable et changeant cet état particulier de l'atmosphère que l'on désigne sous le nom de température.

Nous disons, suivant les circonstances, qu'il fait chaud ou qu'il fait froid, que la température s'élève ou s'abaisse, d'après

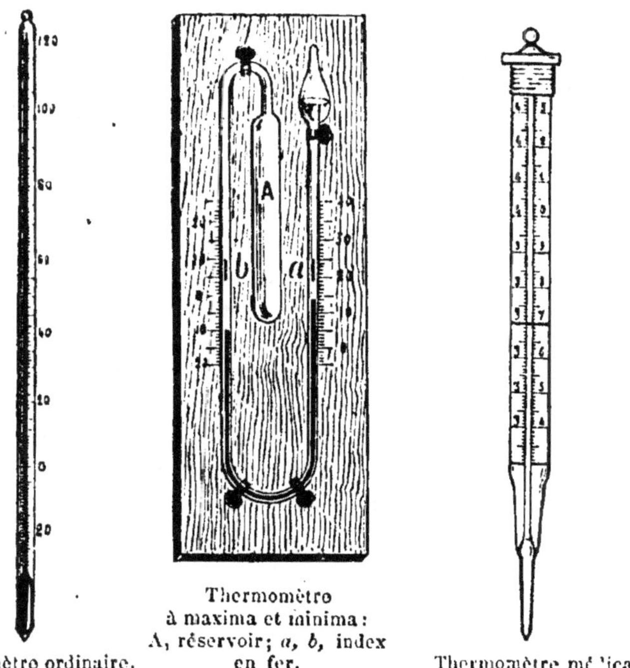

Thermomètre ordinaire.   Thermomètre à maxima et minima : A, réservoir ; *a*, *b*, index en fer.   Thermomètre médical.

une impression qui nous vient de nos sens et qui, d'ailleurs, nous est particulière.

Or, cette impression manque souvent de précision. Elle est différente suivant les personnes : tel qui vient d'agir, de travailler, trouve la température accablante, alors que celui qui est resté inactif la trouve à peine supportable. L'homme en bonne santé se trouve à l'aise dans un appartement où un malade grelotte.

Pourtant, un moyen plus précis s'offre à nous ; il suffit pour cela de nous rappeler que la chaleur produit sur les corps des mouvements de dilatation ou de contraction réguliers, suivant qu'elle se fait ou plus forte ou plus faible.

Les changements de volume qu'un corps éprouve sous l'influence de la chaleur peuvent servir à mesurer la température, et les instruments que l'on emploie pour cet objet se nomment thermomètres. Le thermomètre* est formé d'un réservoir de verre surmonté d'un tube étroit, long comme un porte-plume. Il contient un liquide, mercure ou alcool coloré en rouge. Avant de fermer la tige qui surmonte l'appareil, on a chassé l'air qui y était contenu.

Vous avez remarqué sans doute que, le long de la tige ou sur la planchette de bois qui supporte l'instrument, sont tracées de nombreuses divisions, également espacées, que l'on nomme degrés. Voici comment on procède pour obtenir ces divisions dans le thermomètre à mercure :

On plonge le thermomètre dans la glace fondante : le liquide descend dans le tube, mais il finit par s'arrêter. Quand le niveau reste fixe, on marque un trait correspondant et on inscrit en regard le chiffre 0. On plonge ensuite le thermomètre dans de la vapeur d'eau bouillante. Le liquide monte rapidement, puis s'arrête. On trace un nouveau trait en regard du niveau atteint et on inscrit le nombre 100°. Pour achever la graduation*, on divise l'espace compris entre les deux points fixes en cent parties égales. On continue les divisions au-dessous de 0° et au-dessus de 100°, autant que la longueur de la tige le permet.

Comme vous le voyez, la construction et la graduation de cet instrument si utile sont très simples. L'ensemble des cent divisions entre les points fixes se nomme échelle; chaque division, degré, et, comme il y en a cent, l'échelle est dite centigrade.

Les usages du thermomètre sont nombreux et de tous les instants. Le thermomètre donne la température de l'atmosphère, de l'air des appartements, des serres*, de l'eau pour les bains et les couches. L'industriel, le chimiste, le pharmacien, le distillateur font leurs préparations à des températures que le thermomètre permet de contrôler. Le médecin se sert également de cet instrument pour suivre les progrès de la maladie. C'est ainsi qu'il y a fièvre quand la température s'élève au-dessus de 38° et danger très sérieux quand elle atteint 41°. Il est intéressant de connaître aussi la température la plus élevée et la plus basse de la journée; on obtient ce résultat au moyen du thermomètre à maxima et minima.

MOTS EXPLIQUÉS. — *Thermomètre,* appareil pour *mesurer* la chaleur. — *Graduation,* marque les degrés de division. — *Gradation,* passage successif d'un état à un autre. — *Serres,* local vitré en totalité ou en partie, destiné à abriter du froid certains végétaux et à leur fournir une température artificielle. On cultive en serre certaines fleurs, certains fruits, comme le raisin, la pomme, etc., que l'on veut obtenir de bonne heure.

LES IDÉES. — 1. Que désigne-t-on sous le nom de température ? — 2. Indiquez comment on gradue un thermomètre ? — 3. Pourquoi y a-t-il un thermomètre dans la classe ?

RÉDACTION. — Le thermomètre : description; — graduation; — usages.

47. — L'amour de la patrie.

L'amour de la patrie est aux peuples ce que l'amour de la vie est aux hommes isolés, car la patrie est la vie des nations. Aussi cet amour de la patrie a-t-il enfanté dans tous les temps et dans tous les pays des miracles d'inspiration, de dévouement et d'héroïsme.

Comment en serait-il autrement? Les actes sont proportionnés à la force du mobile* qui les produit. La passion du citoyen pour sa patrie se compose de toutes les passions personnelles ou désintéressées dont le cœur humain est pétri.

Amour de soi-même et défense du droit sacré que tout homme a d'occuper sa place au soleil sur la terre.

Amour de la famille qui n'est que la patrie rétrécie et resserrée autour de ses fils.

Amour du père, de la mère, des aïeux, de tous ceux de qui on a reçu le sang, la tendresse, la langue, les soins, l'héritage matériel ou immatériel*, en venant occuper la place qu'ils nous ont préparée autour d'eux ou après eux sous le toit ou dans le champ paternel.

Amour de la femme que notre bras doit protéger dans sa faiblesse.

Amour des enfants en qui nous revivons par la perpétuité du sang, et à qui nous devons laisser, même au prix de notre vie, le sol, le nom, la sûreté, l'indépendance, l'honneur national qui font la dignité de notre race.

Amour de la propriété, instinct conservateur de l'espèce, qui incorpore* à chaque homme un morceau de cette terre dont il est formé.

A. de Lamartine (1790-1869). — Tableau de Gérard. Musée de Versailles.

Amour du ciel, de l'air, de la mer, des montagnes, des horizons, des climats, âpres ou doux, mais dans lesquels nous sommes nés et qui sont devenus, par l'habitude, des parties de nous-mêmes, des besoins délicieux* de notre âme, de nos yeux, de nos sens.

Amour des mœurs, des langues, des lois, des gouvernements, qui nous ont, pour ainsi dire, emmaillotés dès le berceau, que nous pouvons vouloir modifier librement, par notre propre lumière et par notre volonté nationale, mais dont nous ne devons pas permettre qu'on nous exproprie par la violence de l'épée étrangère, car la civilisation même imposée par la force est une servitude, et la première condition pour qu'un progrès social soit accepté par un peuple, c'est que ce peuple soit libre de le refuser.

LAMARTINE.

MOTS EXPLIQUÉS. — Mobile, sentiment qui nous fait agir. — ***Héritage matériel ou immatériel :*** l'héritage matériel se compose du sol que nous ont légué nos aïeux, après l'avoir fertilisé et défendu ; — l'héritage immatériel comprend les idées, les sentiments, les souvenirs, les traditions qui sont communs à tous les membres d'une même patrie. — ***Incorpore,*** qui mêle, unit étroitement l'homme à la terre qu'il habite, de manière à ce qu'ils ne forment plus qu'un seul corps. — ***Besoins délicieux,*** que l'on satisfait avec joie.

LES IDÉES. — 1. Comment Lamartine explique-t-il la puissance du sentiment patriotique ? — 2. Rappelez des circonstances dans lesquelles les Français ont modifié librement le gouvernement de leur pays ?

RÉDACTION. — Citez des actes de dévouement et d'héroïsme patriotique accomplis par des femmes.

48. — Essuyez, n'époussetez pas.

Toutes, mes enfants, vous savez qu'il y a toujours des poussières en suspension dans l'air que nous respirons.

Qui, d'entre vous, n'a vu un rayon de soleil pénétrant par la jointure d'un volet ou d'une persienne dans une chambre mal éclairée ? Il vous est arrivé certainement de suivre de l'œil les mouvements capricieux de ces mille petits corps, si légers que l'air peut les porter comme il porte la fumée.

Eh bien ! mes enfants, ces poussières renferment nos plus grands ennemis. En effet, qu'y trouvons-nous ? Des débris de toutes sortes, renfermant de nombreux microbes qui peuvent produire des maladies contagieuses, telles que la rougeole, la scarlatine*, la variole, la tuberculose et la diphtérie*.

Si, à ces ennemis, vous en ajoutez d'autres en balayant à sec, en soulevant des nuages de poussière, vous contribuez à la propagation de ces maladies *microbiennes*.

Une bonne ménagère, soucieuse de la santé des siens, ne saurait prendre trop de précautions pour que l'air respiré à la maison soit aussi pur que possible.

Le carrelage de la cuisine sera lavé, tous les jours, avec un balai enveloppé dans une toile grossière, dite toile d'emballage.

Elle arrosera le parquet et le couvrira d'une couche de sciure de bois qui enrobera* les poussières, ou bien elle entourera son balai d'un linge légèrement humide.

Pour nettoyer les pièces cirées, il suffira de les balayer avec un morceau de laine hors d'usage.

Elle se gardera bien d'épousseter, opération qui consiste à enlever la poussière avec un plumeau, mais qui, en réalité, ne fait que la changer de place, que l'enlever d'un meuble pour la rejeter sur l'autre.

Elle essuiera les meubles, les boiseries et les murs avec un linge un peu humecté qu'elle secouera ensuite au dehors.

Quant aux vêtements et aux tapis, ils seront battus et brossés à la fenêtre ou dans la cour. Pendant le nettoyage, on déterminera un large courant d'air qui entraînera les poussières à l'extérieur.

D'ailleurs, l'aération des pièces, notamment celle des chambres à coucher, aura lieu, dès le matin, aussitôt après le lever, et on ne les fermera, sauf en cas de mauvais temps, que le soir.

Le soleil, grand destructeur de microbes, pénétrera largement dans toutes les parties du logement et il y exercera son action salutaire, bienfaisante : il assainira, il purifiera.

MOTS EXPLIQUÉS. —*Scarlatine*, maladie contagieuse, caractérisée par des plaques rouges sur la peau, et sévissant le plus ordinairement sur les enfants au-dessous de dix ans; demande toujours l'intervention du médecin. — *Diphtérie*, maladie caractérisée par la formation de fausses membranes dans la gorge (angine) et le larynx (croup); frappe surtout les enfants. Elle doit être immédiatement traitée par le médecin. — *Enrobera*, enveloppera, comme dans une robe.

LES IDÉES. — 1. Comment peut-on s'assurer de la présence des poussières dans l'air que nous respirons? — 2. Quel danger présentent-elles? — 3. Quelles précautions une bonne ménagère doit-elle prendre à l'égard de ces poussières?

RÉDACTION. — Comment doit-on faire le balayage des diverses pièces de la maison?

49. — L'adoption.

La porte tout à coup s'ouvrit, bruyante et claire,
Et fit dans la cabane entrer un rayon blanc.
Et le pêcheur, traînant son filet ruisselant,
Joyeux, parut au seuil, et dit : « Me voici, femme! »
Il montrait sur son front, qu'éclairait l'âtre en flamme,
Son cœur bon et content, que Jeannie éclairait.
« Je suis volé, dit-il, la mer, c'est la forêt.

— Quel temps a-t-il fait? — Dur. — Et la pêche? — Mauvaise.
Mais, vois-tu, je t'embrasse, et me voilà bien aise.
Je n'ai rien pris du tout. J'ai troué mon filet.
Le diable était caché dans le vent qui soufflait.

Phot. Carjat.

Victor Hugo (1802-1885).

Quelle nuit! Un moment, dans tout ce tintamarre*,
J'ai cru que le bateau se couchait, et l'amarre*
A cassé. Qu'as-tu fait, toi, pendant ce temps-là? »
Jeannie eut un frisson dans l'ombre et se troubla :

« Moi, dit-elle. Ah! mon Dieu! rien; comme à l'ordinaire,
J'ai cousu, j'écoutais la mer, comme un tonnerre,
J'avais peur. Oui, l'hiver est dur, mais c'est égal. »
Alors, tremblante ainsi que ceux qui font le mal,
Elle dit: « A propos, notre voisine est morte.
C'est hier qu'elle a dû mourir, enfin, n'importe,
Dans la soirée, après que vous fûtes partis.
Elle laisse ses deux enfants, qui sont petits;
L'un s'appelle Guillaume, et l'autre Madeleine;
L'un qui ne marche pas, l'autre qui parle à peine.
La pauvre bonne femme était dans le besoin. »
L'homme prit un air grave, et, jetant dans un coin
Son bonnet de forçat*, mouillé par la tempête !
« Diable ! diable ! dit-il en se grattant la tête,
Nous avions cinq enfants, cela va faire sept.
Déjà, dans la saison mauvaise, on se passait
De souper quelquefois. Comment allons-nous faire !

. . . .

Si petits! on ne peut leur dire: Travaillez.
Femme, va les chercher. S'ils se sont réveillés,
Ils doivent avoir peur, tout seuls avec la morte;
C'est la mère, vois-tu, qui frappe à notre porte.
Ouvrons aux deux enfants. Nous les mêlerons tous.
Cela* nous grimpera le soir sur les genoux.
Ils vivront, ils seront frère et sœur des cinq autres.

. . . .

Moi je boirai de l'eau, je ferai double tâche.
C'est dit. Va les chercher. Mais qu'as-tu? ça te fâche?
D'ordinaire, tu cours plus vite que cela.
— Tiens, dit-elle, en ouvrant les rideaux, les voilà ! »

Victor Hugo, *La Légende des siècles.* (Librairie Hetzel.)

MOTS EXPLIQUÉS. — *Tintamarre,* grand bruit accompagné de désordre. — *Amarre,* cordage ou chaîne qui retient le bateau à la terre ferme. — *Son bonnet de forçat:* le bonnet du pêcheur ressemble à ceux que portent les malfaiteurs condamnés au bagne; sa vie est rude et aussi dure que celle des forçats. — *Cela,* expression familière qui désigne les enfants.

LES IDÉES. — 1. Racontez le retour du pêcheur au logis. — 2. Comment est-il accueilli par Jeannie? quel récit lui fait-elle? — 3. Quels sentiments le pêcheur éprouve-t-il à l'égard des orphelins dont lui parle Jeannie? — 4. Es-

sayez de faire ressortir la générosité de l'acte accompli par ce couple de
pauvres pêcheurs.

RÉDACTION. — Faites un récit dans lequel vous imaginez le réveil des deux
enfants endormis sur le lit de Jeannie.

50. — Valeur alimentaire et comparative des viandes.

Les viandes n'ont pas toutes la même valeur nutritive ni la
même valeur digestive. En général, les viandes rouges sont plus
nourrissantes que les viandes blanches, mais elles se digèrent
moins facilement.

La viande de bœuf, riche en matière azotée, est très nutritive;
celle de la vache l'est également, quoique étant de qualité un
peu inférieure.

La chair du veau est digestive, mais moins nourrissante que
celle du bœuf; elle est gélatineuse* quand l'animal est trop
jeune; aussi ne doit-elle être consommée que lorsque le veau
a au moins six semaines.

Le mouton dit de « pré
salé », élevé au bord de la
mer, et celui qui broute dans
les montagnes des plantes
aromatiques* donnent une
chair très délicate.

La viande d'agneau, de
digestion facile, convient
aux convalescents*.

Celle du porc, très com-
pacte* et riche en graisse,
se digère difficilement.

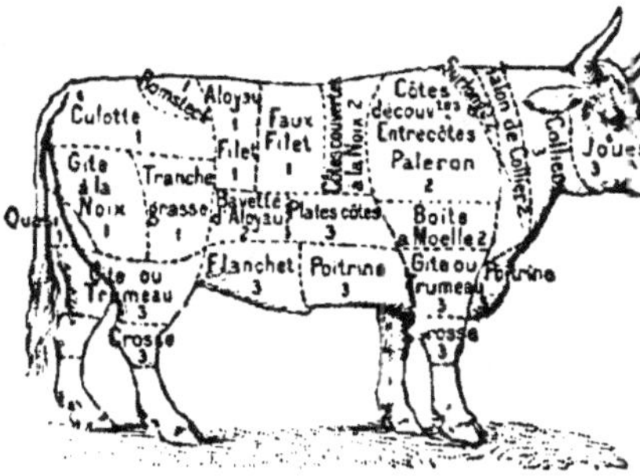

Le cheval fournit une
viande peu tendre, mais saine, nutritive et à bon marché.

Bœuf de boucherie. (Les numéros indiquent
les qualités de viande.)

Les viandes de première qualité proviennent des animaux gras;
celles de qualité inférieure proviennent des animaux maigres.

On a divisé les viandes de boucherie en trois catégories. Les
morceaux de première catégorie : nutritifs, tendres, succulents*,
sont placés dans la partie postérieure de l'animal; ceux de
deuxième catégorie, dans l'épaule et la région costale; enfin les
muscles du cou, de la tête, de l'abdomen, de la partie inférieure

des membres, sont rangés dans la troisième catégorie. Les organes de l'animal : cœur, foie, cervelle, rognons, connus sous le nom d'abats ou d'issues, sont délicats et très appréciés*; le gras-double préparé avec l'estomac du bœuf, la tête de veau, les pieds de mouton et de porc constituent des aliments nutritifs et permettent à la ménagère de varier ses menus.

Les viandes blanches du poulet, de la dinde et du lapin sont riches en matières azotées, mais pauvres en matières grasses; au contraire, la chair des oies et des canards contient beaucoup de graisse.

Le gibier, savoureux lorsqu'il est légèrement faisandé*, est en général de digestion difficile. (*Enseignement ménager.* — Paulin, éd.)

MOTS EXPLIQUÉS. — *Gélatineuse*, qui a la consistance d'une gelée. — *Plantes aromatiques*, qui dégagent une odeur forte et agréable, comme le thym, la sauge, etc. — *Convalescents*, qui relèvent de maladie. — *Compacte*, dont la chair est très serrée. — *Succulents*, très nourrissants parce qu'ils contiennent beaucoup de suc. — *Faisandé*, gibier que l'on garde quelque temps après l'avoir tué, pour lui faire prendre le goût du faisan mortifié par un commencement de décomposition.

LES IDÉES. — 1. Quelle distinction peut-on établir entre la valeur nutritive et la valeur digestive des aliments? — 2. Quelles sont les viandes les plus nourrissantes; quelles sont les plus délicates? — 3. Combien de catégories peut-on distinguer dans les viandes de boucherie?

RÉDACTION. — Quelles sont dans le bœuf, dans le veau et dans le mouton, les morceaux qui conviennent le mieux pour rôtir? — Comment doit-on faire cuire ces différentes viandes?

51. — Souvenirs.

Quand nous habitions tous ensemble
Sur nos collines d'autrefois,
Où l'eau court, où le buisson tremble,
Dans la maison qui touche au bois,

Elle avait dix ans, et moi trente;
J'étais pour elle l'univers*.
Oh ! comme l'herbe est odorante
Sous les arbres profonds et verts !

Elle avait l'air d'une princesse
Quand je la tenais par la main ;
Elle cherchait des fleurs sans cesse,
Et des pauvres dans le chemin.

Elle donnait comme on dérobe,
En se cachant aux yeux de tous.
Oh ! la belle petite robe
Qu'elle avait, vous rappelez-vous ?

Le soir, auprès de ma bougie,
Elle jasait à petit bruit*,
Tandis qu'à la vitre rougie
Heurtaient les papillons de nuit.

Les anges se miraient en elle*.
Que son bonjour était charmant !
Le ciel mettait dans sa prunelle
Ce regard qui jamais ne ment.

Oh ! je l'avais, si jeune encore,
Vue apparaître en mon destin !
C'était l'enfant de mon aurore,
Et mon étoile du matin !

Quand la lune claire et sereine
Brillait aux cieux dans ces beaux mois,
Comme nous allions dans la plaine !
Comme nous courions dans les bois !

Puis, vers la lumière isolée
Étoilant le logis obscur*,
Nous revenions par la vallée
En tournant le coin du vieux mur ;

Nous revenions, cœurs pleins de flamme,
En parlant des splendeurs du ciel ;
Je composais cette jeune âme*
Comme l'abeille fait son miel.

Doux ange aux candides pensées,
Elle était gaie en arrivant... —
Toutes ces choses sont passées
Comme l'ombre et comme le vent !

Victor Hugo, Les Contemplations. (Librairie Hetzel.)

MOTS EXPLIQUÉS. — *J'étais pour elle l'univers :* pour la petite fille, son père était tout-puissant et possédait tout le savoir humain. — *Elle jasait à petit bruit,* elle babillait doucement. — *Les anges se miraient en elle,* elle semblait faite à l'image des anges. — *Étoilant le logis obscur :* la nuit, dans le lointain, les lumières qui éclairent les maisons ressemblent à des étoiles. — *Je composais cette jeune âme,* je formais cette jeune âme.

LES IDÉES. — Le poète évoque le souvenir d'une fille qu'il a perdue. Il se plaît à revivre les jours charmants de son enfance, à noter les détails qui faisaient ressortir la bonté de son cœur, son innocence et sa grâce. Comme le poète goûtait alors la joie de vivre, pendant les soirées qu'ils passaient ensemble, pendant les promenades qu'ils faisaient en commun! Et quelle tristesse maintenant de se dire que ces choses sont passées, comme l'ombre et comme le vent.

RÉDACTION. — Racontez une des promenades du poète avec sa fille.

52. — État de l'industrie au XVᵉ siècle.

Quand, au milieu du XVᵉ siècle, par l'expulsion des étrangers, la royauté capétienne redevient l'arbitre* des destinées du pays, un changement considérable se manifeste. Ce qu'il faut signaler, ce n'est pas seulement la renaissance de l'industrie, mais les corps de métiers rétablis, les relations nouées avec les peuples du dehors, les substances et les fabrications nouvelles apportées de l'étranger, assurant aux produits une forme chaque jour plus perfectionnée.

Ce fut à cette époque qu'on vit établir les foires de Beaucaire, de Troyes, de Reims, de Falaise. Celle du Lendit, qui se tenait sur la terre de l'abbaye de Saint-Denis, remontait à l'époque franque, mais elle avait disparu pendant la guerre de Cent ans et ne fut rétablie qu'en 1444 par Charles VII.

Chaque ville de France y avait sa place désignée et chaque métier y dressait ses boutiques. Elle durait quinze jours. Une foule immense, dit Rambaud, s'y pressait non seulement pour acheter, mais pour banqueter, regarder les baladins*, écouter les ménestrels*. Le recteur* de Paris s'y rendait en procession, suivi de tous les professeurs, de tous les écoliers, de tous les serviteurs de l'Université, et les marchands de parchemin* ne pouvaient vendre au public que lorsque l'Université avait fait ses provisions.

Mais les corporations commençaient à devenir gênantes dans la société industrielle. Certaines formèrent dans presque toutes les villes de France une aristocratie marchande qui accapara les charges municipales. À Paris, la corporation des six corps s'organisa. Elle comprenait les drapiers, les épiciers, les merciers, les bonnetiers, les pelletiers, les orfèvres. Déjà Charles V avait essayé d'établir la liberté dans l'industrie. « Tous ceux qui peuvent faire œuvre bonne peuvent œuvrer*, » dit une ordonnance de septembre 1358. Les corporations furent plus fortes que

Une foire au XVe siècle. — Les foires, à cette époque, étaient une institution nécessaire ; merveilleusement appropriées aux besoins, c'étaient les expositions universelles du temps. — Pendant qu'elles se tenaient, la population de la ville et des environs se portait vers l'immense bazar où se trouvaient orfèvres, parfumeurs, marchands de tapis, de bestiaux, etc. Des théâtres en plein vent, des mascarades donnaient à ces agglomérations une vie et une gaieté débordantes. (Restitution de Hoffbauer.)

l'autorité royale, et cette ordonnance ne tarda pas à être inobservée.

Au XV⁰ siècle, la royauté intervient énergiquement dans les règlements des corporations pour y introduire une bonne police, pour remédier à leurs abus, pour mettre un terme aux luttes de métiers les uns contre les autres. Tantôt les ordonnances royales attaquent le monopole*, par des créations d'offices ou des lettres de maîtrise vendues d'ailleurs à beaux deniers comptants. Tantôt c'est aux confréries qu'elles s'en prennent pour en ruiner la turbulente indépendance. Le mouvement, une fois inauguré, ne s'arrêtera plus, et de Louis XI à François I⁰ʳ, de Henri IV à Louis XIV, la royauté, dominant l'industrie de son autorité sans cesse agrandie, cherchera, tout en la développant par toutes sortes de moyens, à la réglementer, à l'assujettir, à diminuer ses abus, à ruiner les monopoles collectifs, par la création d'un certain nombre de monopoles individuels.

MOTS EXPLIQUÉS. — **Arbitre,** maître absolu. — **Baladin,** danseur de théâtre forain. — **Ménestrel,** poète et musicien ambulant. — **Le recteur de Paris,** le chef de l'Université de Paris. — **Parchemin,** peau de mouton préparée sur laquelle on peut écrire; s'employait autrefois au lieu de papier. — **Œuvrer,** travailler. — **Monopole,** droit de vendre seul une marchandise, d'exercer seul une industrie.

LES IDÉES. — 1. Quelles sont les principales foires qui s'établirent en France au XV⁰ siècle? Décrire la foire du Lendit. — 2. Qu'appelait-on corporations? En quoi les corporations mirent-elles des entraves à la liberté de l'industrie? — 3. Comment la royauté essaya-t-elle de remédier aux abus des corporations?

RÉDACTION. — Dites ce qu'étaient les foires d'autrefois; parlez de leur importance. Pourquoi ces foires ont-elles disparu?

53. — Un rêve de bonheur.

Sur le penchant de quelque agréable colline bien ombragée, j'aurais une petite maison rustique*, une maison blanche avec des contrevents verts. J'aurais pour cour une basse-cour, et pour écurie une étable avec des vaches, afin d'avoir du laitage que j'aime beaucoup. J'aurais un potager* pour jardin, et pour parc un joli verger.

Là tous les airs de la ville seraient oubliés et, devenus villageois au village, nous nous trouverions livrés à des foules d'amusements divers, qui ne nous donneraient chaque soir que l'embarras du choix pour le lendemain. L'exercice et la vie active nous feraient un nouvel estomac et de nouveaux goûts. Tous nos repas seraient des festins, où l'abondance plairait plus que la

délicatesse. Le service n'aurait pas plus d'ordre que d'élégance :
la salle à manger serait partout, dans le jardin, dans un bateau,
sous un arbre; quelquefois, au loin, près d'une source vive, sur
l'herbe verdoyante et fraîche, sous des touffes d'aunes et de
coudriers. Une longue procession de convives porterait en chantant l'apprêt du festin; on aurait le gazon pour table et pour
chaises, les bords de la fontaine serviraient de buffet, et le des-
sert pendrait aux arbres. Les mets seraient servis sans ordre et
l'appétit dispenserait des façons. Le temps passerait sans le
compter; le repas serait le repos, et durerait autant que l'ardeur
du jour. S'il passait près de nous quelque paysan retournant au
travail, ses outils sur l'épaule, je lui réjouirais le cœur par quelques bons propos et par quelques coups de bon vin qui lui
feraient porter plus gaiement sa misère.

Si quelque fête champêtre rassemblait les habitants du lieu,
j'y serais des premiers avec ma troupe; si quelques mariages,
plus bénis du ciel que ceux des villes, se faisaient à mon voisinage, on saurait que j'aime la joie et j'y serais invité. Je porte-
rais à ces bonnes gens quelques dons simples comme eux, qui
contribueraient à la fête, et j'y trouverais, en échange, des biens
d'un prix inestimable, des biens si peu connus de mes égaux : la
franchise et le vrai plaisir. Je souperais gaiement au bout de
leur longue table, j'y ferais chorus au refrain* d'une vieille chanson rustique, et je danserais dans leur grange de meilleur cœur
qu'au bal de l'Opéra.

J.-J. Rousseau.

MOTS EXPLIQUÉS. — Maison rusti-
que, maison très simple, sans ornement.
— Potager, jardin où l'on cultive des
légumes. *— J'y ferais chorus au refrain* :
je mêlerais ma voix à celle des villageois
qui chanteraient en chœur au refrain.

LES IDÉES. — 1. Comment Jean-Jacques Rousseau imagine-t-il une instal-
lation à la campagne? — 2. Quelles seraient ses distractions préférées? —
3. Imaginez-vous qu'on puisse goûter d'autres plaisirs à la campagne que ceux
dont nous parle Jean-Jacques Rousseau?

RÉDACTION. — Si vous étiez libre de choisir, aimeriez-vous mieux vivre à
la ville ou à la campagne? Donnez vos raisons.

54. — La région des Landes.

Le pays d'Arcachon est parsemé de bois de pins qui ont
d'abord servi à fixer les dunes* et à arrêter leur marche envahissante, ainsi que le démontra victorieusement au siècle der-

nier l'ingénieur Brémontier, dont le nom est répété ici comme celui d'un bienfaiteur.

Ces bois de pins maritimes sont ceux dont les émanations* résineuses soulagent si aisément les malades qu'on envoie l'hiver à Arcachon; mais, comme ils n'avaient pas été plantés primitivement pour eux, l'industrie s'est aussi emparée de ces bois. Par des incisions* habilement faites, on recueille, dans des petits pots attachés à l'arbre, la résine qui suinte de la blessure; puis on distille cette résine pour en obtenir l'essence de térébenthine et le goudron d'une part, la colophane*, le noir de fumée de l'autre. Lors de la guerre de Sécession américaine, quand l'essence de térébenthine n'arrivait plus des États-Unis, tous les résiniers d'Arcachon ont fait fortune.

Rien, du reste, ne se perd. Le bois de pin lui-même, quand il est épuisé par les saignées, est abattu. On en fait des traverses très estimées pour les chemins de fer, des poteaux télégraphiques, des échalas pour les vignes, des planches, et avec les brindilles, des branchages, des fascines* pour les fours de boulangers. On en retire aussi un excellent charbon de bois. Le bois de pin doit à la résine qu'il renferme de pouvoir résister longtemps aux intempéries et de se conserver très bien. C'est un excellent bois de charpente; injecté d'un sel de cuivre ou de fer, ou de créosote, ou bien encore carbonisé, flambé à la surface, il peut même durer éternellement.

C'est par ses racines, qu'il étend de tous côtés dans les sables, que le pin fixe les dunes. Comment celles-ci se forment-elles? Le phénomène est le même partout. Le vent dominant de ces régions souffle de la mer, de l'ouest; il soulève le sable du rivage.

Chaque grain monte ainsi séparément, doucement, le long du cordon littoral, du petit monticule sableux déjà formé. Porté par le vent, il s'élève le long de ce petit plan incliné et tombe de l'autre côté qui est presque à pic. Cela dure de toute éternité et explique à la fois la formation des dunes et leur marche progressive. Elles s'avancent peu à peu et elles ont englouti insensiblement des villages tout entiers. Brémontier, en conseillant des plantations de pins, a mis un terme à leur invasion toujours plus menaçante.

Quand le vent souffle avec violence, le sable tourbillonne, est projeté au loin; de là ces plaines sablonneuses, ces landes, qui s'étendent derrière les dunes et dont l'horizon ne fixe même pas les limites. C'est là, sur les sables mouvants coupés de fla-

Les Landes de Gascogne en 1850.

Semis de pins de 25 ans dans les Landes de Gascogne, à l'époque actuelle.

ques d'eau, que se promène toute l'année le berger monté sur
ses échasses*, avec lesquelles il marche, il court, mieux et plus

vite qu'avec ses jambes. Appuyé sur son long bâton, qui lui sert aussi de balancier, il ne se repose jamais. Pour se distraire, il tricote même en marchant. Jamais il ne perd de vue son maigre troupeau. De loin en loin une cahute, un bois de pins, plus rien; le désert, toujours le désert.

L. SIMONIN (*Revue des Deux Mondes*).

MOTS EXPLIQUÉS. — **Dunes,** collines de sable amassées par le vent, au bord de la mer. — **Émanations,** senteurs aromatiques que dégagent les pins. — **Incisions,** coupures pratiquées dans le tronc des pins. — **Colophane,** sorte de résine dont on frotte les crins d'un archet. — **Fascine,** fagot de branchages. — **Échasses,** bâtons munis d'un étrier, qui permettent de marcher à une certaine hauteur.

LES IDÉES. — 1. Où s'étend la région des Landes? — 2. Comment le pin fixe-t-il les dunes? — 3. Racontez la vie des bergers landais.

RÉDACTION. — Pourquoi le pin peut-il être considéré comme l'un des arbres les plus bienfaisants?

55. — Mme de Maintenon.

Mme de Maintenon était née institutrice. Elle s'attachait aux enfants et les enfants la recherchaient... Elle avait beaucoup recueilli, beaucoup réfléchi, et avait ainsi amassé tout un trésor de maximes prises sur le vif*...

Ce qu'elle recherche dans l'enfant, c'est avant tout la nature* et la simplicité. Elle aime ces bonnes filles qui se découvrent et se donnent. Rien ne vaut, à ses yeux, l'esprit de droiture et de franchise. Ce qu'elle redoute, ce qu'elle poursuit impitoyablement, ce sont les dissimulations, les cachotteries, les mystères, les esprits retors* et difficultueux qui se retranchent, se dérobent et mettent tout le monde mal à l'aise.

Pour fortifier ces dispositions chez les unes, les corriger chez les autres, il n'est pas de soin qui lui paraisse superflu. Elle connaît l'influence de la santé sur le caractère, l'action de la croissance, l'effet du régime. Elle n'admet aucune mollesse, aucune douceur inutile; mais elle interdit toute privation. La vie de Saint-Cyr était simple et saine. Des lits durs, de l'eau froide en toute saison pour la toilette, les petites exceptées; peu ou point de feu, « que dans les grands besoins »; des pièces aux jupons de dessous; aucun mets recherché; — mais de bonnes couvertures, des vêtements chauds, une nourriture abondante, aussi large pour les grandes qu'elles le demandaient, même avec une portion de faveur pour les grosses mangeuses; pas de

M⁰ᵉ de Maintenon et sa nièce (1635-1719). — Tableau de F. Elle. Musée de Versailles.

poires coupées en quatre ni de viandes réchauffées trois fois ;
par-dessus tout, comme assaisonnement, l'exercice, le mouvement par le travail physique, qui achève de donner au corps le
bien-être nécessaire. De même pour le bien-être moral : une
règle générale absolue et qui s'impose ; mais, dans l'application
de cette règle, beaucoup de souplesse et d'aisance...

Saint-Cyr était une famille, un ménage. Les grandes demoiselles habillaient, peignaient, nettoyaient les petites. Chacune avait sa tâche marquée à l'infirmerie, à l'apothicairerie*, à la lingerie, au dortoir, au réfectoire ; on faisait les lits, on frottait, on époussetait ; les plus jeunes étaient employées à éplucher les fleurs pour les sirops, à ramasser les fruits, à préparer les légu-

Maison royale de Saint-Cyr. — D'après une gravure de l'époque.

mes. Pendant les premières heures de la matinée surtout, la maison était une véritable ruche. Agir et travailler, travailler des bras énergiquement était l'obligation commune. Et il eût fait beau voir que l'on se refusât à aucune besogne, qu'on se plaignît du froid, de la fumée, du vent, de la poussière, des puanteurs, qu'on fît la grimace pour une fenêtre ou une porte mal close, qu'on demandât d'apporter ce qu'on pouvait prendre soi-même ; Mme de Maintenon était là peut-être dans la chambre voisine, toute prête à noter les négligences et à gourmander les lâchetés. Cette activité domestique devait être considérée comme un honneur, bien loin de paraître une peine : elle en triomphait ; elle aurait voulu qu'on vît tout Saint-Cyr le balai à la main.

D'après O. GRÉARD.

MOTS EXPLIQUÉS. — *Maximes prises sur le vif,* inspirées par l'expérience. — *La nature,* est mis ici pour le naturel et s'oppose à l'affectation. — *Esprits retors,* rusés, difficiles à pénétrer. — **Apothicaire,** s'employait anciennement pour pharmacien, et apothicairerie pour pharmacie.

LES IDÉES. — Non seulement Mme de Maintenon était « née institutrice », mais elle aimait les enfants et savait ce qui leur convenait ; car elle possédait un grand bon sens, un jugement solide. Aussi voulait-elle que les « demoiselles de Saint-Cyr » devinssent avant tout des femmes raisonnables et des ménagères accomplies. Elle avait le souci de les préparer à leurs fonctions d'épouses, de mères et de maîtresses de maison et leur donnait à Saint-Cyr l'habitude et le goût de la vie active et simple.

Il y aurait souvent profit, encore aujourd'hui, à s'inspirer de son système d'éducation.

RÉDACTION. — D'après ce qui précède, essayez de tracer un portrait de la jeune fille modèle, telle que l'eût aimée Mme de Maintenon.

56. — La lumière.

La lumière est l'agent* physique qui, faisant impression sur nos yeux, nous permet de distinguer les corps dont nous sommes entourés, et de juger de leurs formes, de leurs couleurs, des positions respectives* qu'ils occupent.

Voir un corps n'est pas, suivant l'expression consacrée, diriger son regard vers ce corps, mais bien recevoir la lumière qu'il nous envoie, soit qu'il la produise lui-même s'il est lumineux, soit qu'il nous la renvoie, après l'avoir reçue d'un autre, s'il est simplement éclairé.

La lumière part donc du corps considéré pour venir à nos yeux ; elle se propage en ligne droite avec une prodigieuse vitesse : 7 000 lieues à la seconde !

En franchissant l'espace, elle peut rencontrer de nombreux obstacles. Certains l'arrêtent net au passage : ce sont les corps opaques comme les métaux, les pierres ; contrariée dans son mouvement, la lumière rebondit : on dit qu'elle se réfléchit.

D'autres, comme l'eau, le verre, l'air, qui sont dits transparents, la laissent passer à peu près entièrement, mais ils la font dévier de sa direction première, ce que l'on exprime en disant que la lumière se réfracte.

Enfin, il est des corps comme le papier huilé, la porcelaine claire, la corne, qui éteignent une partie de la lumière qui les traverse ; on les nomme corps « translucides ».

La lumière du soleil est blanche et, longtemps, on crut qu'elle était simple. Le célèbre physicien anglais Newton montra le premier qu'elle est au contraire composée et formée par la réunion de sept lumières colorées qu'il parvint à séparer. Ces dernières, projetées sur un écran, y forment une figure que l'on nomme spectre solaire, et les diverses lumières s'y succèdent dans un ordre invariable : violet, indigo, bleu, vert, jaune, orangé, rouge.

Ce sont ces couleurs, placées dans cet ordre, que l'on observe quand on examine un arc-en-ciel* se dessinant dans l'atmosphère.

Les couleurs n'existent pas plus que l'obscurité; un corps paraît blanc quand il renvoie à nos yeux toute la lumière qui tombe à sa surface; il paraît noir quand son pouvoir réfléchissant est nul.

Les feuilles des arbres, les herbes des prés nous paraissent vertes parce qu'elles réfléchissent la lumière verte.

La lumière est le grand peintre de la nature. Les riches couleurs des fleurs, des oiseaux, des papillons, l'azur du ciel, le bleu des mers, les verts des frondaisons* des bois, les lueurs d'incendie du soleil couchant, le scintillement des pierres précieuses ne sont que des jeux de la lumière !

MOTS EXPLIQUÉS. — *Agent,* tout ce qui agit, tout ce qui opère. — *Positions respectives,* positions de chaque corps en particulier.—*Arc-en-ciel,* météore produit par la réfraction des rayons solaires dans les gouttes d'eau des nuages. Les païens en avaient fait l'écharpe d'Iris, messagère des dieux. — *Frondaisons,* feuillages.

LES IDÉES. — 1. Qu'appelle-t-on corps opaques? transparents? translucides ? — 2. Qu'est-ce qu'un corps blanc?

RÉDACTION. — Faites le résumé de cette lecture.

57. — Retour au village.

Oui, je reviens à toi, berceau de mon enfance,
Embrasser pour jamais* tes foyers protecteurs.
Loin de moi les cités et leur vaine opulence*!
    Je suis né parmi les pasteurs*.

Enfant, j'aimais comme eux à suivre dans la plaine
Les agneaux pas à pas, égarés jusqu'au soir;
A revenir comme eux baigner leur blanche laine
    Dans l'eau courante du lavoir.

J'aimais les voix du soir* dans les airs répandues,
Le bruit lointain des chars gémissant sous leur poids,
Et le sourd tintement des cloches suspendues
    Au cou des chevreaux dans les bois.

Et depuis, exilé de ces douces retraites,
Comme un vase imprégné d'une première odeur,
Toujours loin des cités, des voluptés secrètes*
    Entraînaient mes yeux et mon cœur.

Beaux lieux, recevez-moi sous vos sacrés ombrages*!
Vous qui couvrez le seuil de rameaux éplorés,
Saules contemporains, courbez vos longs feuillages
    Sur le frère que vous pleurez.

Reconnaissez mes pas, doux gazons que je foule,
Arbres que dans mes jeux j'insultais autrefois*,
Et toi qui loin de moi te cachais à la foule,
    Triste écho, réponds à ma voix.

Je ne viens pas traîner dans vos riants asiles
Les regrets du passé, les songes du futur :
J'y viens vivre et, couché sous vos berceaux fertiles*,
    Abriter mon repos obscur.

LAMARTINE, *Harmonies poétiques.* (Librairie Hachette.)

MOTS EXPLIQUÉS. — *Embrasser pour jamais :* le mot *embrasser* n'est pas ici le terme propre ; il est mis pour *retrouver.* — *Leur vaine opulence :* la richesse des cités est sans valeur, elle ne procure ni la paix, ni le bonheur. — *Pasteurs,* synonyme de bergers. — *Voix du soir,* le son des cloches à l'heure de l'angélus. — *Voluptés secrètes :* le poète garde jalousement au fond de lui-même le souvenir des joies de son enfance. — *Sacrés ombrages :* le poète éprouve pour les arbres un sentiment de vénération ; il leur attribue un caractère divin. — *Arbres, que dans mes jeux j'insultais autrefois :* comme tous les enfants, Lamartine ne craignait pas sans doute de mutiler les arbres en arrachant leurs feuilles ou leurs branches ; il n'en avait pas alors senti la majestueuse beauté. — *Berceaux fertiles :* berceaux a ici le sens de voûtes de feuillage.

LES IDÉES. — Cette poésie est inspirée par l'amour de la nature dont Lamartine a profondément senti le charme et la beauté. De retour au village, après plusieurs années passées à la ville, il prend plaisir à évoquer les souvenirs de son enfance passée aux champs ; il invoque les lieux et les ombrages qu'il est heureux de retrouver et leur demande de l'accueillir et de l'abriter jusqu'à la fin de sa vie.

RÉDACTION. — Aimez-vous les arbres ? Pourquoi devons-nous nous interdire de mutiler les arbres sans nécessité ?

58. — Le sevrage.

Tout est bien réglé dans l'alimentation de notre bébé ; il boit un bon lait stérilisé ou maternel à des heures régulièrement espacées et fixées d'avance ; tout ce qui touche à son alimentation est bien propre. Que lui manque-t-il encore? Il lui manque la préparation à un autre régime, à celui de tout le monde.

Si, brusquement, d'un jour à l'autre, vous vous proposez de le sevrer*, ce sera une entreprise longue et difficile; vous aurez à passer par les tristes journées et surtout les terribles nuits de sevrage, que mères, pères et grand'-mères redoutent également. Aussi, est-ce le sixième mois que doit commencer lentement, graduellement la préparation du nourrisson à un nouveau régime. Dès l'âge de trois mois, un biberon pourra, de temps à autre, venir remplacer les tétées qui, pour une raison quelconque, manqueront; à partir de huit mois, une petite soupe à la farine, simple ou composée, farine de blé, d'avoine ou phosphatine*, viendra compléter l'ensemble du menu; puis, les biberons deviendront de plus en plus nombreux, les soupes se multiplieront et épaissiront, les pâtes alimentaires* feront leur apparition, et l'enfant sera sevré sans qu'une larme ait

Position de l'enfant prenant le lait à la cuiller.

coulé, sans qu'on s'en soit pour ainsi dire aperçu.

Lorsque le sevrage d'un enfant a été progressif, la nourrice a vu, progressivement aussi, la quantité de son lait diminuer; le jour où elle n'allaite plus, il s'arrête tout simplement sans recourir à aucun des remèdes que les bonnes femmes préconisent* avec trop de facilité.

On ne devra jamais sevrer complètement l'enfant s'il est en pleine évolution dentaire, ou si la température est estivale*. Dans le premier cas, l'enfant peut être éprouvé par la dentition, présenter un peu d'irritation de la muqueuse digestive et, par conséquent, quelques débâcles intestinales.

Dans le second, le lait acheté manque souvent de fraîcheur. Aigre, il amène des perturbations* dans les fonctions digestives. Il est donc sage de garder le lait maternel comme ressource suprême.

Mme MOLL-WEISS, *Nos tout petits*. (Vuibert et Nony, éditeurs.)

MOTS EXPLIQUÉS. — *Sevrer,* cesser d'allaiter son enfant. — *Phosphatine,* aliment contenant du phosphate de chaux et convenant aux jeunes enfants. — *Pâtes alimentaires,* pâtes fabriquées avec une farine de très bonne qualité, dont on fait des potages et des ragoûts. — *Préconisent,* recommandent. — *Température estivale,* température d'été. — *Perturbations,* troubles.

LES IDÉES. — 1. Comment peut-on effectuer progressivement le sevrage d'un bébé ? — 2. Pourquoi ne doit-on pas, autant que possible, sevrer un enfant pendant les grandes chaleurs ?

RÉDACTION. — Comment doit-on sevrer un enfant ?

59. — Le courage chez les femmes.

La peur est aussi honteuse pour elles que pour nous ; le courage est un devoir pour elles comme pour nous, et cela pour deux raisons décisives :

La première, c'est qu'elles en ont encore plus besoin que nous.

En effet, à part les périls de la guerre, qui ne sont qu'une exception, quel est le fléau, quelle est la souffrance, quel est le péril, qui ne les menace pas comme nous? Elles ont toutes nos maladies, et en outre elles ont les leurs. Il n'y a pas jusqu'à leur plus grande joie en ce monde, la maternité, qui ne leur soit une fatigue, une douleur et parfois une cause de mort.

D'où vient donc qu'il leur est permis, en face d'un péril, de pleurer, de crier, de nous affoler en s'affolant? Est-ce que, si un incendie éclate dans notre maison, si une peste décime* notre ville, si une invasion dévaste notre pays, si une inondation ravage notre province, nos femmes, nos filles, nos sœurs, n'en sont pas victimes comme nous? Est-ce qu'elles n'ont pas chaque jour quelqu'un à défendre, à protéger? Est-ce qu'enfin la vie ne leur crie pas à chaque instant, comme à nous : supporte et soutiens!...

La seconde raison, tout aussi péremptoire*, c'est qu'en réalité les femmes sont tout aussi courageuses que nous.

Sans parler des mille circonstances particulières où, comme mères, comme filles, comme épouses, comme veuves, comme femmes même, elles donnent aux hommes des leçons de courage passif, de courage privé, n'y a-t-il pas des cas où elles font acte de courage public? Ne mettent-elles pas une rare fermeté d'âme au service de l'État? Qu'est-ce que ces religieuses, ces infirmières, installées au chevet des mourants ou des malades, sinon les soldats héroïques de la charité, du dévouement, du sacrifice? Ne s'y exposent-elles pas à la mort, pour combattre la mort? Enfin, parfois même, les femmes ne paraissent-elles pas en héroïnes sur le champ de bataille? Pendant la guerre de Crimée, une jeune lady, miss Nightingale, partit d'Angleterre, quitta sa famille, sa vie de luxe pour aller au milieu des bombes, des obus, recueillir les blessés sur les plateaux de l'Alma et d'Inkermann. En 1870, pendant le siége de Paris, nous avons vu plus d'une jeune fille, plus d'une femme du monde, renouveler dans nos rues bombardées l'exemple de miss Nightingale. Depuis cette terrible guerre, la convention de Genève* a montré que les femmes pouvaient avoir aussi un drapeau, la croix rouge des ambulances, et nous pouvons dire hardiment que si elles n'ont pas le courage militaire qui tue, elles en ont un autre qui le vaut bien, c'est le courage militaire qui sauve.

E. LEGOUVÉ, *Une élève de seize ans.* (Librairie Hetzel.)

MOTS EXPLIQUÉS. — *Décime,* vient du verbe décimer, qui signifie prélever la dixième partie. Quand la peste sévit, elle *décime* la ville, c'est-à-dire qu'elle atteint au moins le dixième de la population. — *Péremptoire :* une raison péremptoire est une raison décisive, à laquelle on ne réplique pas. — *La convention de Genève,* conclue en 1864 et renouvelée en 1878, a établi des règles auxquelles sont tenues de se soumettre les nations en temps de guerre, et qui ont pour effet de réduire les maux de la guerre. Une de ces règles est relative à la protection des ambulances dans lesquelles les infirmières sont admises à soigner les blessés sur le champ de bataille.

LES IDÉES. — 1. Pour quelles raisons le courage est-il un devoir pour les femmes aussi bien que pour les hommes? — 2. Pourquoi le courage est-il généralement considéré comme une vertu masculine?

RÉDACTION. — Donnez un exemple de courage féminin.

60. — La mutualité et l'habitation à bon marché.

Le but essentiel des sociétés de secours mutuels est de sauvegarder la santé de leurs membres ; or, il ressort des études scientifiques qui ont été faites ces dernières années et des statistiques qui ont été relevées dans plusieurs de nos grandes villes, que le logement joue un rôle considérable dans la mortalité.

C'est ainsi qu'on a constaté que dans une maison à plusieurs étages et à nombreux logements, privés d'air et de lumière, dans une rue étroite et sale, la mortalité moyenne, qui est en France de 22 pour 1 000, avait été de 75 pour 1 000 et par an, tandis que dans une petite maison séparée, habitée par une seule famille, et entourée d'un petit jardin, la mortalité, pendant une période de vingt ans, n'avait été que de 15 pour 1 000 et par an.

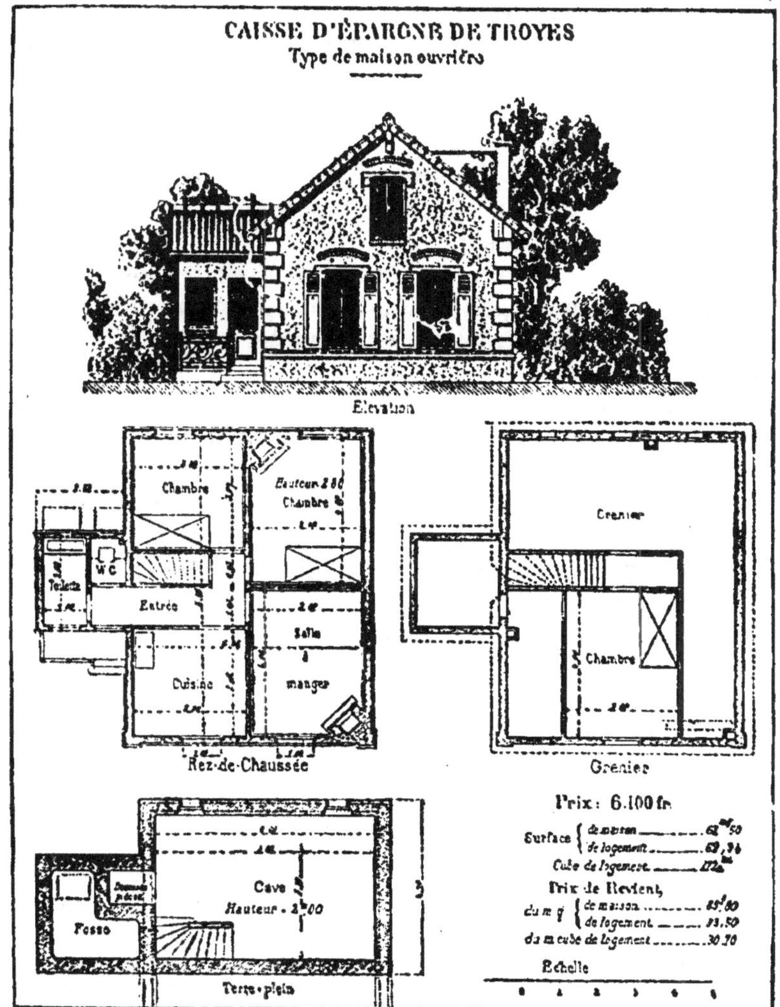

Type de maison construite par la Caisse d'épargne de Troyes. (Album Hartmann.)

La différence est grande et, comme pour un mort on calcule qu'il y a en moyenne dix malades, on peut se rendre compte des frais désastreux produits par le mauvais logement dans le budget du ménage, sans compter les souffrances physiques et morales produites par la maladie et la mort. L'expérience montre donc, à tout être intelligent et instruit, que les sacrifices faits pour le logement donnent des résultats certains.

Mais ici se pose la question des voies et moyens. Jusqu'ici on a fondé des sociétés spéciales d'habitations à bon marché, anonymes* ou coopératives*, qui ont construit des maisons individuelles et les ont louées à un taux raisonnable, en donnant la faculté d'en devenir propriétaire moyennant le payement d'une annuité* qui en amortirait le prix. C'est ainsi que pour devenir propriétaire d'une maisonnette, en vingt ans, il suffit de payer l'intérêt à raison de 4 pour 100, l'amortissement représentant 3 fr. 36 pour 100, les frais généraux 0,64.

Mais on s'est demandé si la mutualité, avec ses ressources si considérables et son organisation si complète, ne pourrait pas, elle aussi, s'efforcer de réaliser un progrès, qui ne fait plus de doute pour personne.

Elle le pourrait d'abord par l'emploi de ses fonds libres, soit en construction de maisons à bon marché, soit en avances à ses membres, sur hypothèque*. Il y a là un *placement de tout repos*, d'autant plus que le débiteur est membre de la société et connu de ses collègues.

Elle le pourrait encore en obtenant que ses fonds de retraites, qui sont versés actuellement à la Caisse nationale de retraites pour la vieillesse, puissent être placés, en partie du moins, de la même manière.

Elle le pourra, enfin, maintenant que la nouvelle loi sur les retraites ouvrières est votée, et qu'elle a la faculté d'assurer des retraites garanties, en obtenant qu'une fraction des versements faits dans ce but puisse être appliquée, soit directement, soit indirectement, à cette question primordiale du logement salubre.

Jules SIEGFRIED.

MOTS EXPLIQUÉS. — *Société anonyme,* dont les associés ne sont pas nommés. — *Société coopérative,* qui groupe plusieurs personnes ayant un même intérêt. — *Annuité,* somme versée chaque année pour éteindre peu à peu une dette. — *Hypothèque,* garantie donnée à un créancier sur le bien appartenant au débiteur. — *Placement de tout repos,* placement (argent) dont le revenu normal est assuré.

LES IDÉES. — 1. Quelle différence les maisons isolées et les maisons à plusieurs logements présentent-elles au point de vue de la salubrité? — 2. Comment les sociétés d'habitations à bon marché ont-elles résolu le problème des maisons individuelles?

RÉDACTION. — Quels sont les divers moyens dont disposent les travailleurs pour s'assurer la propriété d'une maison d'habitation?

61. — La Renaissance.

Il y avait toujours, depuis le XIIe siècle, en France, en Allemagne et surtout en Italie, des architectes, des sculpteurs, des peintres et des poètes. Mais leurs œuvres, même les plus remarquables, si on les compare aux œuvres des Grecs, paraissent gauches, bizarres, imparfaites. Les figures sont souvent très vivantes; mais les corps sont presque toujours grêles et mal proportionnés, les jambes et les bras sont trop minces et trop longs. Dans les tableaux, la perspective* est fausse: les objets que le peintre a voulu représenter dans le fond paraissent aussi rapprochés que ceux qu'il a voulu mettre au premier plan. En poésie, les vers sont traînants, monotones et plats. Ni les artistes ni les écrivains ne savent assez leur métier pour faire des œuvres irréprochables, et ne connaissent assez bien les œuvres des anciens pour s'en inspirer.

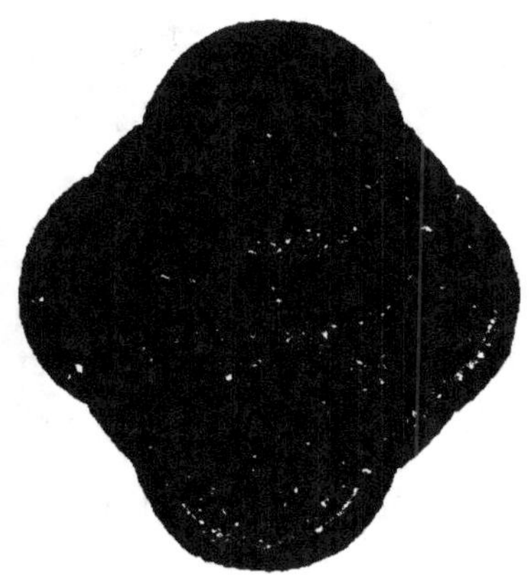

Janvier.
Janus entre les deux années.

Peu à peu cependant, les sculpteurs et les peintres deviennent plus habiles et font connaissance avec les chefs-d'œuvre de l'antiquité. Enfin, à partir du XVIe siècle, paraissent en grand nombre des écrivains, des sculpteurs et surtout des peintres d'un génie extraordinaire et dont les œuvres n'ont pas été surpassées. C'est cette floraison* de grands artistes qu'on est convenu d'appeler la Renaissance. Ces grands hommes si brillants, Léonard de Vinci, Raphaël, Michel-Ange, firent oublier leurs devanciers moins illustres. Les historiens des siècles suivants crurent que l'art, mort « pendant la nuit du moyen âge » (comme on disait), s'était mis brusquement à renaître au XVIe siècle. Depuis qu'on connaît l'histoire de l'art, on sait que la Renais-

Galerie François Ier, au palais de Fontainebleau. (Époque de la Renaissance.)

sance n'a fait que continuer un mouvement artistique commencé depuis plusieurs siècles ; ce qu'on appelle Renaissance, c'est seulement le moment où l'art du moyen âge, renouvelé par l'étude des anciens, est parvenu à sa perfection.

Ce moment n'est pas le même dans tous les pays : les Italiens entrent les premiers dans la Renaissance, les Hollandais y arrivent les derniers, un siècle et demi plus tard. La Renaissance en Italie commence à Florence dès la fin du XVe siècle et se termine à Venise à la fin du XVIe ; elle se produit en France et dans l'Allemagne du Sud dans la première moitié du XVIe siècle, en Espagne et en Angleterre au commencement du XVIIe, en Hollande au milieu du XVIIe siècle. L'Allemagne du Nord et les pays scandinaves* n'ont pas eu de Renaissance.

Ch. Seignobos, *Histoire de la civilisation.* (Masson, éditeur.)

MOTS EXPLIQUÉS. — *Perspective,* art de représenter les objets selon les différents aspects que produit l'éloignement. — *Floraison,* au sens figuré : abondance de grands artistes. — *Pays scandinaves,* pays de l'Europe septentrionale comprenant le Danemark, la Suède et la Norvège.

LES IDÉES. — 1. Quels sont les caractères des œuvres des artistes du moyen âge ? — 2. Qu'appelle-t-on Renaissance ? — 3. A quelles époques la Renaissance s'est-elle produite dans les différents pays de l'Europe ?

RÉDACTION. — A quelle époque la Renaissance s'est-elle produite en France ? — Connaissez-vous des œuvres de la Renaissance française ?

62. — Appel aux mères.

Il est des fleurs pâles et frêles
Qui croissent entre les pavés,
Des oisillons qui n'ont pas d'ailes
Pour s'enfuir vers les bois rêver,

Des enfants qui n'ont pas d'enfance,
Qui n'ont jamais cueilli des fleurs,
Et qui vivent dans l'ignorance
Des plus simples de nos bonheurs.

Petits enfants des grandes villes,
Dans la rue et sur le trottoir,
Ils vont, traînant leurs pas débiles*
Depuis le matin jusqu'au soir.

Ils n'ont jamais marché dans l'herbe,
Sur la mousse au bord des forêts,
Ou, joyeux, rapporté la gerbe
D'épis glanés dans les guérets*.

L'air pur, la joie et la lumière,
Il en faut pour nous épanouir,
Aux plantes qui montent de terre,
Aux enfants pour ne pas mourir.

Mères, vous qui faites la vie
Si belle à vos joyeux enfants,
Vous dont la tendresse infinie
Les veut si gais et si contents,

Enfants pour qui l'été ramène
Tous les bonheurs accoutumés*,
Qui retrouverez dans la plaine
Les blés d'or, les prés embaumés;

Oh ! pensez à ceux qui languissent*
Tout l'été dans nos murs brûlants;
Et que des mères vous bénissent
Pour avoir sauvé leurs enfants.

Mme E. de Pressensé, *Poésies*. (Fischbacher, éditeur.)

MOTS EXPLIQUÉS. — *Leurs pas débiles,* qui manquent de vigueur. — *Guérets,* au sens propre : terres labourées non ensemencées ; est ici employé pour sillons. — *Les bonheurs accoutumés,* bonheur de vivre à la campagne, d'y respirer un air pur, d'y courir en liberté. — *Ceux qui languissent,* qui dépérissent ou s'affaiblissent.

LES IDÉES. — L'auteur de cette poésie a fondé une des premières sociétés qui ont assumé la tâche d'envoyer chaque année à la campagne, à la montagne ou à la mer, les enfants pauvres des grandes villes. Elle fait appel aux mères des classes aisées, qui ont pu constater l'influence bienfaisante de la vie au grand air sur leurs propres enfants et leur demande de s'associer à son œuvre des « colonies de vacances », en lui procurant les ressources dont elle a besoin.

RÉDACTION. — Qu'appelle-t-on colonies de vacances ? — Racontez le séjour d'une colonie de vacances à la campagne, ou sur le bord de la mer.

63. — De la coquetterie*.

Ne craignez rien tant que la vanité dans les filles. Elles naissent avec un désir violent de plaire. Les chemins qui conduisent les hommes à l'autorité et à la gloire leur étant fermés*, elles tâchent de se dédommager par les agréments de l'esprit et du corps ; de là vient leur conversation douce et insinuante ; de là vient qu'elles aspirent tant à la beauté et à toutes les grâces extérieures et qu'elles sont si passionnées pour les ajustements : une coiffe, un bout de ruban, une boucle de cheveux, plus haut ou plus bas, le choix d'une couleur, ce sont pour elles autant d'affaires importantes...

Je voudrais faire voir aux jeunes filles la noble simplicité qui paraît dans les statues et dans les autres figures qui nous restent des femmes grecques et romaines ; elles y verraient combien des cheveux noués négligemment par derrière, et des draperies pleines et flottant à longs plis sont agréables et majestueuses. Il serait bon même qu'elles entendissent parler les peintres et les autres gens qui ont ce goût exquis de l'antiquité.

Si peu que leur esprit s'élevât au-dessus de la préoccupation des modes, elles auraient bientôt un grand mépris pour leurs frisures, si éloignées du naturel, et pour les habits d'une figure trop façonnée*. Je sais bien qu'il ne faut pas souhaiter qu'elles prennent l'extérieur antique ; il y aurait de l'extravagance* à le vouloir ; mais elles pourraient, sans aucune singularité*, prendre le goût de cette simplicité d'habits si noble, si gracieuse et d'ailleurs si convenable aux mœurs chrétiennes.

Ainsi, se conformant dans l'extérieur à l'usage présent, elles sauraient au moins ce qu'il faut penser de cet usage : elles sa-

lisferaient à la mode comme à une servitude fâcheuse, et elles
ne lui donneraient que ce qu'elles ne pourraient lui refuser.
Faites leur remarquer souvent, et de bonne heure, la vanité et

Fénelon (1651-1715). — Tableau de Vivien. Musée de Munich.

la légèreté d'esprit qui fait l'inconstance des modes. C'est une
chose bien mal entendue, par exemple, de se grossir la tête de
je ne sais combien de coiffes entassées. Les véritables grâces
suivent la nature et ne la gênent jamais.   FÉNELON.

MOTS EXPLIQUÉS. — *Coquetterie,*
désir de plaire, de paraître belle. — *Les
chemins qui conduisent les hommes à
l'autorité et à la gloire leur étant fermés,*
les fonctions administratives, la politique,
l'armée, le barreau, la médecine. De nos
jours, les femmes ont obtenu l'accès de
quelques carrières libérales : barreau,
médecine. — *Figure trop façonnée :* le
mot figure est ici employé pour forme.
— *Extravagance :* il serait contraire au
bon sens de le vouloir. — *Sans aucune
singularité,* sans craindre de se faire
remarquer.

LES IDÉES. — 1. Comment les femmes cherchent-elles à plaire ? — 2. Quels
sont les modèles dont devraient s'inspirer les jeunes filles pour leur ajustement ?
Quelles leçons en recevraient-elles ? — 3. Comment une femme raisonnable
doit-elle satisfaire aux exigences de la mode ?

RÉDACTION. — Quelles sont les exigences auxquelles doit satisfaire la toilette
d'une jeune fille de condition moyenne ?

64. — Le paysan des Hautes-Alpes et le torrent.

Voici une maison singulièrement située; quelques mètres à peine la séparent de la berge* croulante du torrent de Riou-Cros. Plusieurs grosses lézardes* apparaissent sur ses murs.

« Pourquoi, brave homme, votre maison a-t-elle été bâtie si près du ravin?

— Monsieur, répond le vieillard, quand cette maison a été bâtie, ce ravin* n'existait pas. Ce n'était qu'un ruisseau qui coulait presque au ras du sol, et qui était bordé d'ormes et d'osiers. Enfant, je le franchissais d'un saut. Mais peu à peu le ruisseau est devenu mauvais. Il s'est creusé d'abord un peu, puis beaucoup. Et à mesure qu'il se creusait, les talus s'éboulaient de chaque côté; enfin il est devenu ce que vous voyez. C'est un mauvais, mauvais torrent. Voyez-vous, quand il donne*, c'est effrayant. Regardez là-bas ce gros rocher, plus gros que la maison : ce sont les eaux qui l'ont amené là. Et j'en ai vu passer bien d'autres encore plus gros. Ils roulaient au milieu de la boue du torrent comme des tonneaux.

Il faut que je vous raconte qu'un jour j'avais porté ma baratte* dans l'eau du ravin pour en resserrer les cercles. Comme une averse épouvantable commençait à tomber, je descendis pour la retirer. Je n'étais pas à moitié de la pente que je vis ma baratte se mettre en mouvement et descendre le ravin en roulant sur les blocs. Et pourtant le courant était presque encore à sec. C'était le courant d'air qui précédait la crue. Je remontai précipitamment, comme vous pouvez le croire. J'étais à peine arrivé ici que tout le ravin se remplissait, à une hauteur de près de 10 mètres, de boue et de blocs. Tout cela descendait pêle-mêle, sans aller très vite, mais avec un bruit effrayant. En moins d'un quart d'heure tout était passé.

— Mais ne craignez-vous pas pour votre maison?

— Quand l'orage commence à gronder, nous déménageons vite nos pauvres hardes*, nous faisons sortir les bêtes de l'étable, et nous nous réfugions chez le voisin, à cette maison que vous voyez là-bas. Lui encore est un peu tranquille. Il se croit même à l'abri de tout, parce qu'il est à 100 mètres du ravin. Il est jeune, et les jeunes rient de la parole des vieux. Je lui dis que quand ma maison aura disparu, la sienne y passera à son tour, et qu'il ferait bien de ne pas mettre tant de bêtes à laine sur la

Un torrent.

montagne ; car ce sont les moutons qui ont ruiné la montagne ;
et c'est depuis que la montagne est ruinée que les torrents sont
devenus des ravins.

Quand je dis cela, il se met à hausser les épaules. Il n'a pas
vu comme moi le ravin se rapprocher peu à peu. Au commencement, moi, je n'y prenais pas garde, mais à la fin je mesurais

avec terreur de combien la berge se rapprochait à chaque crue. J'ai bien là-bas, au pied du talus, rangé quelques blocs et planté quelques arbres pour le protéger ; mais à la première crue cela peut être emporté. Enfin j'espère toujours que ma pauvre bicoque* durera autant que ma femme et moi. »

E. CARDOT (*Annuaire du Club alpin français*, 1882).

MOTS EXPLIQUÉS. — **Berge,** bord escarpé d'un cours d'eau. — **Lézardes,** fentes qui se produisent dans les murs. — **Ravin,** creux produit par les eaux. — **Donne,** quand il grossit, quand il roule beaucoup d'eau. — **Baratte,** instrument dont on se sert pour fabriquer le beurre. — **Hardes,** tout ce qui sert à l'habillement. — **Bicoque,** pauvre maison, peu solide.

LES IDÉES. — 1. Comment s'est formé le ravin au pied duquel est bâtie la maison du paysan ? — 2. Pourquoi le paysan peut-il dire avec quelque raison que « ce sont les moutons qui ont ruiné la montagne » ?

RÉDACTION. — Racontez l'histoire d'un torrent dans la montagne.

65. — Nos grand'mères.

Nos grand'mères n'étaient pas si bien vêtues que nos femmes, mais elles apercevaient d'un coup d'œil tout ce qui pouvait intéresser le bien-être de la famille ; elles n'étaient pas aussi répandues ; on ne les voyait pas incessamment* hors de leurs maisons. Contentes d'une royauté domestique*, elles regardaient comme très importantes toutes les parties de cette administration. Telle était la source de leurs plaisirs et le fondement de leur gloire. Elles entretenaient le bon ordre et l'harmonie dans leur empire, fixaient le bonheur dans leurs foyers, tandis que leurs filles abusées* vont le chercher vainement dans le tumulte du monde. Les détails de la table, du logement, de l'entretien exerçaient leurs facultés ; l'économie soutenait les maisons les plus opulentes, qui s'écroulent aujourd'hui. La femme paraissait s'acquitter d'une tâche égale aux travaux du mari, en embrassant cette infinité de soins qui regardent l'intérieur. Leurs filles, formées de bonne heure, concouraient à faire régner dans les maisons les charmes doux et paisibles de la vie privée, et l'homme à marier ne craignait plus de choisir celle qui, née pour imiter sa mère, devait perpétuer la race des femmes soigneuses et attentives.

Que nous sommes loin de ces devoirs si simples, si attachants ! Une conduite réglée et uniforme ferait le tourment de nos femmes; il leur faut une dissipation perpétuelle, des liaisons à l'infini, tous les dehors de la représentation et de la vanité. Elles ne sont jamais bien dans toutes ces courses, parce qu'elles veulent être absolument où la nature ne veut pas qu'elles soient; et tant qu'elles auront perdu le gouvernement de la famille, elles ne jouiront jamais d'un autre empire.

Autre observation : les domestiques faisaient alors partie de la famille; on les traitait moins poliment, mais avec plus d'affection; ils le voyaient et devenaient sensibles et reconnaissants. Les maîtres étaient mieux servis et pouvaient compter sur une fidélité bien rare aujourd'hui. On les empêchait à la fois d'être infortunés et vicieux; et pour l'obéissance on leur accordait en échange bienveillance et protection. Aujourd'hui, les domestiques passent de maison en maison, indifférents à quels maîtres ils appartiennent, rencontrant celui qu'ils ont quitté sans la moindre émotion. Ils ne se rassemblent que pour révéler les secrets qu'ils ont pu découvrir; ils sont espions, et, comme on les paye bien, qu'on les habille bien, qu'on les nourrit bien, mais qu'on les méprise, ils le sentent et sont devenus nos plus grands ennemis. Autrefois leur vie était laborieuse, dure et frugale*; mais on les comptait pour quelque chose, et le domestique mourait de vieillesse à côté de son maître.

MERCIER, Tableau de Paris (1740-1814).

MOTS EXPLIQUÉS. — Incessamment, sans cesse. — *Royauté domestique :* la femme a le gouvernement de la maison, elle en est la reine.— *Leurs filles abusées :* leurs filles se trompent en cherchant le bonheur dans la vie mondaine. — *Frugale,* simple; se dit surtout en parlant de la nourriture.

LES IDÉES. — On peut distinguer trois parties dans ce morceau : 1. Ce qu'était la vie des femmes d'autrefois; — 2. Ce qu'est la vie des femmes d'aujourd'hui; — 3. Comparaison entre les domestiques d'autrefois et ceux d'aujourd'hui.

RÉDACTION. — Quels sont les devoirs et quels doivent être les sentiments réciproques des maîtres et des domestiques?

66. — Le phonographe.

Le son est cette chose fugitive et subtile* qui fait impression sur l'organe de l'ouïe.

La physique nous apprend qu'il est dû aux déplacements, plus ou moins rapides, qu'exécutent les molécules qui forment les corps. Ces déplacements, que l'on nomme vibrations, sont d'ailleurs de peu d'étendue. Ils se transmettent aux corps voisins, et par l'intermédiaire d'un milieu conducteur, qui est l'air le plus souvent, ils arrivent à l'oreille qui les perçoit.

Mais à peine le son est-il émis, prolongé ou parfois répété par l'écho*, qu'il disparaît sans laisser de traces !

Tout naturellement, il en est de même de la voix, qui n'est en somme qu'une combinaison de sons.

Or la science, qui ne doute de rien vraiment, a pensé qu'elle pourrait fixer cette chose insaisissable qui est le son ! Et pourquoi pas ? Elle a bien, par la photographie, fixé la lumière, tout aussi capricieuse et fuyante. Elle a su de même emprisonner la voix, la conserver et la reproduire, et le prestigieux instrument qui réalise cette merveille est le phonographe, que nous devons au célèbre américain Edison. Il se compose essentiellement d'un cylindre ou d'un disque* pouvant tourner et dont la surface est couverte d'une matière à la fois molle et résistante. En regard se trouve placée une petite embouchure dont le fond est formé par une membrane mince et vibrante portant au-dessous un style* court dont la pointe appuie contre la matière plastique qui revêt le cylindre ou le disque.

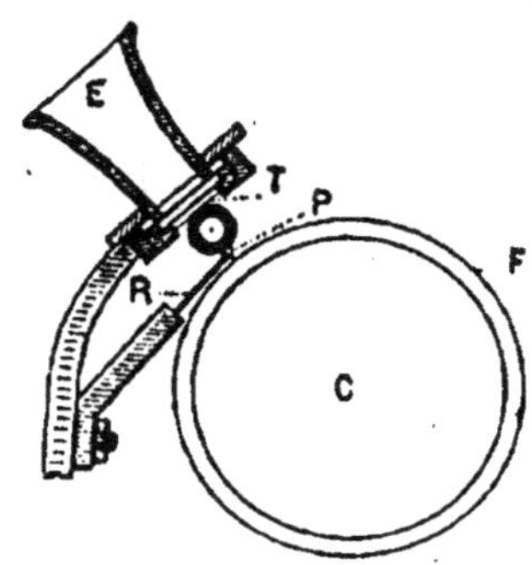

Coupe du phonographe (schéma). C, cylindre enregistreur; F, manchon de cire; E, embouchure; T, Membrane vibrante; R, ressort maintenant l'aiguille ou stylo P.

Un système d'horlogerie ou un petit moteur électrique imprime un mouvement très régulier à la partie tournante du phonographe. Si à ce moment on parle ou on chante dans l'embouchure, les vibrations communiquées à la membrane agitent le style, qui imprime dans la pâte plastique une série nombreuse de petits trous plus ou moins profonds.

C'est donc un genre d'écriture, dont les trous sont les caractères. Pour reproduire la phrase chantée ou parlée, on ramène le style à son point de départ, et on remet la partie tournante en mouvement.

La pointe du style suit donc à nouveau le tracé, s'enfonce dans les dépressions, se relève aux aspérités. La membrane vibre à nouveau comme la première fois et le son est reproduit avec une netteté surprenante,

Pour lui donner plus de force, on adapte à l'embouchure une espèce de grand cornet acoustique ou pavillon.

MOTS EXPLIQUÉS. — *Subtil*, délié, fin, menu. — *Écho*, répétition d'un son lorsqu'il frappe un obstacle qui le ramène à notre oreille. — *Edison*, célèbre ingénieur américain contemporain. Il a perfectionné le téléphone, inventé le phonographe, etc. — *Disque*, corps rond et plat. — *Style*, poinçon avec lequel les anciens écrivaient sur des tablettes enduites de cire ; désigne ici une petite tige pointue.

LES IDÉES. — 1. Qu'est-ce que le phonographe ? — 2. Décrivez le mécanisme du phonographe ? — 3. À quoi sert le pavillon adapté à l'embouchure ?

RÉDACTION. — Dans une lettre adressée à une amie, vous lui dites que vous avez assisté à une séance de phonographe et vous lui expliquez le mécanisme de cet appareil.

67. — Les femmes héroïques.

Plusieurs Françaises ont, en vrais soldats, combattu et légué* leurs noms à l'histoire. Avec Jeanne d'Arc qui ne versa jamais le sang et dont la pure figure plane au-dessus de toutes les gloires, il y a Jeanne Hachette dont Beauvais célèbre encore chaque année le courage en un cortège* où les femmes ont le pas sur les hommes ; il y a Philis de la Tour du Pin, défendant sous Louis XIV, à la tête des habitants du pays, les passages des Alpes envahis par les troupes de Savoie, et préservant ainsi le Dauphiné d'une invasion ; il y a les deux sœurs Fernig, combattant à Valmy et à Jemmapes aux côtés de Dumouriez. Mais ce rôle est tout d'exception, créé par des circonstances que les guerres actuelles ont peu de chances de reproduire. Ce n'est pas là, à proprement parler, le devoir de la femme pendant la guerre.

D'autres, plus nombreuses, ont montré, dans les mêmes cas d'invasion, ce que rendent de services le sang-froid, l'énergie, la volonté. Une de ces héroïnes obscures, Mlle Toussaint, vient de mourir. En 1870, à travers l'armée assiégeant Paris, elle porta maintes fois des messages importants. Arrêtée, fouillée, en dépit du droit des gens* qui interdit de tuer le vieillard, la femme et l'enfant, son calme impassible la sauva. Il en fut de même de Mlle Dodu, une directrice des télégraphes. Celle-là, toute jeune, — vingt ans, — dans la maison qu'elle occupait avec sa mère, à Pithiviers, détournait la nuit des dépêches allemandes au moyen de ses appareils et renseignait l'armée française sur tous les mouvements du corps ennemi qui l'entourait. Elle aussi, prise sur le fait et condamnée, dut la vie à l'intervention personnelle du prince Frédéric-Charles, qui fit ensuite, à cette vaillante patriote, l'honneur de lui dire : « Vous êtes une dangereuse ennemie. » — Bien des exemples encore seraient à citer. Toutes les femmes n'ont pas l'occasion de se distinguer par ces actes éclatants, mais il en est une qu'elles trouvent toujours : celle du sacrifice.

Mme BENTZON, *Causeries de morale pratique.* (Librairie Hachette.)

MOTS EXPLIQUÉS. — Légué, transmis. — **Cortège,** procession. — **Droit des gens,** ensemble des règles qui régissent les rapports entre les peuples.

LES IDÉES. — 1. Citez des femmes qui ont combattu en vrais soldats pendant la guerre. — 2. Quels services Mlle Toussaint et Mlle Doda ont-elles rendus en 1870 ? — 3. Quel est le devoir ordinaire des femmes en temps de guerre ?

RÉDACTION. — Racontez, à votre choix, un trait de courage féminin en temps de guerre.

68. — Les conserves alimentaires.

Depuis les temps les plus reculés, l'homme s'est appliqué à conserver les aliments qu'il était obligé de mettre en réserve. Les procédés primitivement employés étaient la dessiccation*, la cuisson, le fumage.

Les conserves alimentaires ont été longtemps fabriquées en France seulement, mais depuis que la science a permis de préparer les aliments en leur gardant les caractères qu'ils présentent à l'état frais, cette invention a pris une grande extension non seulement dans notre pays, mais aussi et surtout dans les deux Amériques et en Australie.

Les conserves de viandes sont préparées par la réfrigération*, la congélation* ou par la chaleur.

Par réfrigération, la viande garde son aspect ordinaire durant trois semaines. Par la congélation, la chair devient une masse, un bloc dur, de conservation indéfinie. Ces conserves de viandes sont transportées en Europe dans des navires aménagés à cet effet.

L'industrie de la conservation des viandes par la chaleur existe surtout dans l'Amérique du Nord, principalement à Chicago et à Cincinnati.

Les conserves de viandes fabriquées en France sont en général des articles finement préparés : pâtés de foie et de gibier, tripes à la mode de Caen, etc., qui portent au loin le renom de la cuisine française.

La fabrication des conserves de légumes est la plus florissante. C'est elle qui répond le mieux aux besoins de la consommation. Le prix de revient en est d'ailleurs peu élevé, ce qui les met à la portée des plus humbles.

L'Angleterre et les États-Unis nous en prennent des quantités considérables, principalement des petits pois.

L'écossage* des petits pois se fait à l'aide d'une machine qui écosse environ 700 kilogrammes de gousses à l'heure. Les gousses, déposées sur une plate-forme, sont poussées dans un réservoir où des ailes exécutent un battage qui sépare les pois. On fait bouillir ensuite ceux-ci dans l'eau, puis on les transporte dans des bacs rafraîchisseurs et, de là, on les met en boîtes hermétiquement* soudées, qu'on chauffe en autoclaves ou chaudières servant à la stérilisation.

A côté de ces procédés savants, il y en a de très simples qui sont connus des bonnes ménagères.

Pour conserver à l'état frais certains fruits tels que le raisin, les pommes, les poires, on les enferme dans une caisse de bois ou de métal dont l'intérieur aura été recouvert de papier collé et dont le fond sera garni d'une couche de son. Les fruits, qu'il faut choisir avec soin, les fruits parfaitement sains y sont placés à une certaine distance les uns des autres, et les intervalles sont comblés également avec du son. Une dernière couche recouvre le tout et la caisse, hermétiquement fermée, est tenue dans un endroit frais et obscur.

Pour conserver le beurre, on le sale avec du gros sel ou on le cuit et on l'enferme dans des pots de grès hermétiquement fermés.

Il est également facile d'avoir, pendant l'hiver, des œufs frais. On les met dans une caisse avec du son, de la sciure de bois ou de la cendre, et on les dispose comme nous l'avons indiqué pour les fruits.

L'essentiel est de les soustraire à l'action des microbes de l'air.

MOTS EXPLIQUÉS. — **Dessiccation,** procédé par lequel on prive une substance de l'eau qu'elle contient. — **Réfrigération,** refroidissement. — **Congélation,** solidification des liquides que contient la viande, sous l'action du froid. — **Écossage,** opération qui consiste à enlever les cosses de petits pois, haricots, lentilles, etc. — **Hermétiquement,** parfaitement.

LES IDÉES. — 1. Comment prépare-t-on les conserves de viande ? — 2. Où se font les conserves de viande ? — 3. Comment se font les conserves de petits pois, dans l'industrie ?

RÉDACTION. — Comment une ménagère peut-elle conserver des fruits, du beurre et des œufs ?

69. — La garde-barrière Sophie Boudon.

Le 4 août 1900, vers trois heures et demie du soir, au passage à niveau situé tout près de la station de Saint-Chély-d'Apcher, dans la Lozère, sur la ligne de Saint-Flour, Sophie Boudon, la garde-barrière, entend l'approche du train ; elle sort, avec son signal*, et s'avance au bord de la voie ; la locomotive est à quelques mètres. Soudain, à deux pas d'elle, sur le talus* du ballast*, un enfant paraît, un petit de deux ans, la tête blonde au vent, les yeux curieusement ouverts et tournés vers le bruit ; et le voilà qui, d'un geste inconscient, descend sur les rails !

Sophie Boudon l'a vu ; d'un regard elle mesure la distance ; le train ne pourra pas s'arrêter ; elle s'écrie et bondit dans le fracas* ; ce fut un éclair, le train est passé. Entre les rails, l'enfant se relève déjà, étourdi de ce tonnerre, stupéfait du tourbillon noir ; il tend les bras et crie : Maman ! Il n'a pas une blessure ! A côté de lui deux femmes sont renversées sans mouvement, l'une c'est Mme Boudon, l'autre c'est Mme Fournier, une voisine, qui de la rive opposée de la voie a vu le péril, et elle aussi s'est élancée. Et voilà qu'une troisième survient, avec des cris, des larmes, les bras jetés au ciel ; et celle-là, c'est la mère. Elle était à quelques pas derrière la maison de la garde-barrière, croyant son enfant à ses côtés et, tout à coup, entendant le bruit du train, elle se retourne, ne le voit plus et se précipite affolée. Alors, oh ! il n'y a pas de mots ! elle a saisi son fils, elle le palpe, elle le couvre de baisers, et puis elle aperçoit les deux corps jetés, inertes, ses amies, ses voisines, et, de la cabane, des enfants qui accourent effrayés, pleurant, sans savoir, sans comprendre : ce sont ceux de Mme Boudon ! Quel transport et quelle horreur ! Quelle joie et quel désespoir dans ce cœur de femme ! Enfin elle appelle, on arrive et c'est d'abord Boudon, le cantonnier, le mari de cette héroïne, occupé à cent pas par son ouvrage et qui n'a rien vu, puis à ses cris d'autres encore ; on relève les malheureuses ; Mme Fournier est morte, tuée sur le coup ; Sophie est sans connaissance, blessée horriblement : pendant quinze jours il faudra la disputer à la mort. Elle est guérie à présent, mais toute sa vie elle gardera la trace du drame : la trace et non le souvenir, car cette marque ineffaçable est justement la perte de la mémoire. Il fallait pour doubler le prix de son courage qu'elle seule oubliât ce qu'elle avait fait.

Rapport sur les Prix de vertu (1901).

MOTS EXPLIQUÉS. — *Signal*, bâton que les gardes-barrières tiennent à la main, au moment du passage du train, et qui avertit le mécanicien que la voie est libre. — *Talus*, pente d'un terrain. — *Ba!-last*, mot anglais qui désigne le sable dont on recouvre les traverses de bois entre les rails, sur les voies de chemins de fer. — *Fracas*, bruit violent et soudain d'une chose qui se brise ; a ici le sens de grand bruit.

LES IDÉES. — 1. Que fit la garde-barrière à l'approche du train ? — 2. Pourquoi s'élança-t-elle sur la voie ? — 3. Quelles furent les conséquences de son courage ?

RÉDACTION. — Résumez ce récit, après lecture.

70. — Les os.

Il vous est probablement arrivé, en mangeant de la poitrine de veau, de mordre sans succès dans une substance blanchâtre, élastique que, finalement, vous n'avez pu entamer et qui est restée sur le bord de l'assiette : cette substance est du cartilage*.

Nos os se présentent sous cette forme à l'origine. Ils ne contiennent alors que de la matière organique, de la gélatine, c'est-à-dire cette belle gelée tremblotante dont on entoure certains mets et qu'on obtient justement en faisant bouillir des os et des cartilages.

Dès avant notre naissance, cette gélatine s'imprègne progressivement de matières pierreuses minérales, qui donnent à l'os sa dureté, sa rigidité*, absolument comme un linge trempé dans du plâtre mouillé finit par avoir la consistance de la pierre.

Les matières qui entrent ainsi dans l'os primitif, le cartilage, sont du reste des cousins du plâtre ; comme lui, elles contiennent de la chaux : l'une, le carbonate de chaux, est analogue à la craie dont on se sert pour écrire au tableau ; l'autre, la plus abondante, est du phosphate de chaux, qui vous est peut-être également connu, car on s'en sert dans certains départements pour amender* les champs.

L'entrée des substances minérales dans nos os se fait assez lentement ; elle n'est guère complète que vers vingt-cinq ans. Vous vous doutiez bien, n'est-ce pas, que les os des petits enfants n'étaient pas durs et solides comme les vôtres. Lorsque vous avez essayé de tenir debout vos frères et vos sœurs, alors qu'ils n'avaient que quelques mois, vous avez vu leurs jambes fléchir. Leurs os, presque entièrement cartilagineux, ne contenant qu'une quantité très insuffisante de matières pierreuses, étaient trop mous, trop flexibles pour soutenir le corps.

Mais comment procurer aux petits enfants ce phosphate de chaux si indispensable à la consolidation des os ? En leur donnant du lait, qui contient toutes les substances nécessaires à leur santé et à leur croissance et qui seul les contient sous une forme facilement absorbable par eux. C'est donc l'unique aliment qui leur convienne au moins pendant les dix à douze premiers mois. Si, pendant cette période de leur vie, au lieu de leur donner du bon lait, on les nourrit de soupes épaisses, de viande et de légumes qu'ils ne sont pas en état de digérer, leurs os restent mous bien plus longtemps que de coutume. Ne recevant pas les substances minérales nécessaires, ils peuvent être atteints d'une maladie très grave qu'on appelle le rachitisme. De même qu'une canne légère se courbe en arc de cercle si on s'appuie un peu fortement sur elle, les jambes trop faibles pour servir de support au corps s'incurvent* en cerceau. Cette déformation s'accompagne d'une augmentation de volume des extrémités, d'où le nom d'enfants noués donné aux pauvres petits.

Arrivée.   Départ.

Rachitisme guéri après un séjour de trois années consécutives à la mer.

Nous devons ajouter que la forme en cerceau des jambes se produit quelquefois aussi chez des enfants nourris avec du bon lait, mais que leurs parents, par une vanité mal placée, ont forcés à marcher trop tôt.

Dr GALTIER-BOISSIÈRE, *Hygiène pratique.* (Librairie Armand Colin.)

MOTS EXPLIQUÉS. — *Cartilage,* tissu mou et flexible qui entre dans la formation des os. — *Rigidité,* raideur inflexible. — *Amender,* améliorer la nature du sol, pour en augmenter le rendement. — *S'incurvent,* se courbent en dedans.

LES IDÉES. — 1. Quelle est la composition des os ? — 2. Comment peut-on procurer aux petits enfants le phosphate de chaux nécessaire à la formation de leurs os ?

RÉDACTION. — Que doit-on faire pour préserver les jeunes enfants du rachitisme ?

71. — La prévoyance maternelle.

L'ALOUETTE ET SES PETITS AVEC LE MAÎTRE D'UN CHAMP.

Ne t'attends qu'à toi seul, c'est un commun proverbe.
　　Voici comme Ésope* le mit
　　　　En crédit :
　　Les alouettes font leur nid
　　Dans les blés quand ils sont en herbe,
　　C'est-à-dire environ le temps*
Que tout aime et que tout pullule* dans le monde :
　　Monstres marins au fond de l'onde,
Tigres dans les forêts, alouettes aux champs.
　　Une pourtant de ces dernières
Avait laissé passer la moitié d'un printemps
Sans goûter le plaisir des amours printanières.
　　A toute force enfin elle se résolut
　　D'imiter la nature, et d'être mère encore.
　　Elle bâtit un nid, pond, couve et fait éclore
　　A la hâte ; le tout alla du mieux qu'il put.
Les blés d'alentour mûrs avant que la nitée*
　　Se trouvât assez forte encor
　　Pour voler et prendre l'essor,
De mille soins divers l'alouette agitée
S'en va chercher pâture, avertit ses enfants
D'être toujours au guet et faire sentinelle*.
　　« Si le possesseur de ces champs

Vient avecque son fils, comme il viendra, dit-elle,
   Écoutez bien : selon ce qu'il dira
   Chacun de nous décampera. »
Sitôt que l'alouette eut quitté sa famille,
Le possesseur du champ vient avecque son fils.
« Ces blés sont mûrs, dit-il ; allez chez nos amis
Les prier que chacun, apportant sa faucille,
Nous vienne aider demain dès la pointe du jour*. »
   Notre alouette de retour
   Trouve en alarme sa couvée.
L'un commence : « Il a dit que, l'aurore levée,
L'on fît venir demain ses amis pour l'aider.
— S'il n'a dit que cela, repartit l'alouette,
Rien ne nous presse encor de changer de retraite :
Mais c'est demain qu'il faut tout de bon écouter.
Cependant soyez gais ; voilà de quoi manger. »
Eux repus*, tout s'endort, les petits et la mère.
L'aube du jour arrive, et d'amis point du tout !
L'alouette à l'essor*, le maître s'en vient faire
   Sa ronde ainsi qu'à l'ordinaire.
« Ces blés ne devraient pas, dit-il, être debout.
Nos amis ont grand tort, et tort qui se repose
Sur de tels paresseux, à servir ainsi lents.
   Mon fils, allez chez nos parents
   Les prier de la même chose. »
L'épouvante est au nid plus forte que jamais.
« Il a dit ses parents, mère ! C'est à cette heure...
   — Non, mes enfants ; dormez en paix,
   Ne bougeons de notre demeure. »
L'alouette eut raison ; car personne ne vint.
Pour la troisième fois le maître se souvint
De visiter ses blés. « Notre erreur est extrême,
Dit-il, de nous attendre à d'autres gens que nous.
Il n'est meilleur ami ni parent que soi-même.
Retenez bien cela, mon fils. Et savez-vous
Ce qu'il faut faire ? Il faut qu'avec notre famille
Nous prenions dès demain chacun une faucille !
C'est là notre plus court ; et nous achèverons
   Notre moisson quand nous pourrons. »
Dès lors que* ce dessein fut su de l'alouette :

> « C'est ce coup* qu'il est bon de partir, mes enfants ! »
>   Et les petits, en même temps,
>   Voletants, se culbutants,
>   Délogèrent tous sans trompette.

LA FONTAINE.

MOTS EXPLIQUÉS. — *Ésope,* fabuliste grec, auquel La Fontaine a emprunté le sujet de plusieurs de ses fables. — *Environ le temps* : environ est mis pour vers ; cette préposition ne s'emploie plus ainsi. — *Pullule,* se multiplie en abondance et rapidement. — *Nitée,* terme moins usité que *nichée.* — *Faire sentinelle,* faire bonne garde, comme le soldat qu'on appelle sentinelle. — *La pointe du jour* : on dit communément le *point du jour,* c'est-à-dire le moment où le jour commence à poindre, à percer. — *Eux repus,* ayant mangé jusqu'à en être rassasiés. — *A l'essor,* se dit d'un oiseau qui vole loin de son nid pour ses différents besoins. — *Dès lors que,* dès l'instant où. — *C'est ce coup,* c'est cette fois.

LES IDÉES. — 1. Distinguer les différentes parties que comprend ce récit. — 2. Essayer d'expliquer pourquoi l'alouette ne se décide à quitter son nid qu'après la troisième visite du possesseur du champ. — 3. Quel est le sens courant de l'expression « déloger sans trompette » ?

RÉDACTION. — Racontez les différentes visites du possesseur du champ. Pourquoi décide-t-il de se mettre à l'ouvrage après sa troisième visite? Quelle conclusion en tirez-vous?

72. — La royauté et la nation au XVI° siècle.

Au xvi° siècle la royauté ne se contenta pas de s'imposer ; elle voulut se faire accepter ; elle tenta de séduire cette noblesse qu'elle avait domptée. D'abord, ces vaillants rois-chevaliers : Charles VIII, Louis XII, François Iᵉʳ, Henri II, gagnèrent les féodaux par l'attrait de la gloire militaire, des aventures et des périls qu'on allait courir en commun, des brillantes expéditions dans la terre enchanteresse d'Italie. Les nobles accoururent en foule dans les compagnies d'ordonnance, acceptèrent la solde* du roi, formèrent cette admirable gendarmerie française à l'élan de laquelle rien ne pouvait résister.

Les rois prirent encore les nobles par un autre attrait ; ils étaient seuls assez riches pour donner à leur cour* l'éclat qui avait ébloui les Français dans les cours d'Italie. Presque seuls, ils pouvaient bâtir ces merveilleux châteaux, ces galeries tapissées de tableaux, ces portiques peuplés de statues, et ensuite attirer dans leurs palais les sculpteurs, les peintres, les musiciens, tous les charmeurs du siècle. Les nobles devinrent les hôtes du roi, nourris, logés par lui, amusés par lui, s'enorgueillissant des titres pompeux d'écuyers* ou de chambellans*, compagnons de ses plaisirs comme de ses batailles, se ruinant dans ses fêtes, s'enrichissant de ses bienfaits, recevant de lui des traitements et des pensions pour eux-mêmes, des compagnies pour leurs fils aînés, des évêchés pour leurs cadets, des abbayes pour leurs filles.

Par le Concordat de 1516, l'Église de France devenait une institution monarchique, et les évêques des espèces de fonctionnaires royaux.

Les états généraux tombent en désuétude*; les privilèges des universités ou le droit de remontrance des Parlements ne comptaient plus pour rien quand l'autorité royale voulait se faire obéir.

Le tiers état, affranchi de la servitude féodale, émancipé de l'étroite organisation communale, s'élève à la richesse, à la puissance, aux honneurs. Des débouchés nouveaux s'ouvrent à son activité. Par le commerce et la finance, par les charges de justice et d'administration, par les arts, par la littérature, par les sciences, un bourgeois peut arriver à compter autant qu'un seigneur.

Quant au peuple des campagnes, on peut dire que le siècle qui s'étend de l'avènement de Louis XII au commencement des troubles religieux fut pour lui un âge de félicité relative. Plus d'invasions étrangères, plus de guerres civiles. La noblesse plus riche, plus occupée au dehors, est par conséquent moins tracassière; la royauté est sérieusement protectrice et pas encore oppressive; l'élévation du prix des denrées, par suite de la révolution dans le numéraire, permet à la population rurale de croître en nombre et d'augmenter son bien-être.

D'après RAMBAUD, *Histoire de la civilisation.* (Librairie Colin.)

MOTS EXPLIQUÉS. — *Solde*, au sens propre : paye d'un soldat. — *Cour*, réunion seigneurs qui vivent autour du roi. — *écuyer*, officier chargé de découper les viandes à la table du roi. — *Chambellan*, gentilhomme de la chambre du roi. — *Désuétude*, cessation d'un usage que l'on avait coutume d'observer.

LES IDÉES. — 1. Pourquoi les nobles suivirent-ils les rois en Italie au xvie siècle? — 2. Comment vivaient les seigneurs qui composaient la cour du roi? — 3. Quelle était la situation du peuple des villes et des campagnes au xvie siècle?

RÉDACTION. — Description de la journée d'un courtisan au xvie siècle.

Château d'Azay-le-Rideau (Indre-et-Loire). [Époque de la Renaissance.]

73. — La Laitière et le Pot au lait.

Perrette, sur sa tête ayant un pot au lait
    Bien posé sur un coussinet,
Prétendait arriver sans encombre* à la ville.
Légère et court vêtue, elle allait à grands pas,
Ayant mis ce jour-là, pour être plus agile,
    Cotillon simple et souliers plats.
    Notre laitière ainsi troussée*
    Comptait déjà dans sa pensée
Tout le prix de son lait; en employait l'argent;
Achetait un cent d'œufs; faisait triple couvée.
La chose allait à bien* par son soin diligent.
    « Il m'est, disait-elle, facile
D'élever des poulets autour de ma maison;
    Le renard sera bien habile
S'il ne m'en laisse assez pour avoir un cochon.
Le porc à s'engraisser coûtera peu de son;
Il était, quand je l'eus, de grosseur raisonnable;
J'aurai, le revendant, de l'argent bel et bon.
Et qui m'empêchera de mettre en notre étable,
Vu le prix dont il est, une vache et son veau,
Que je verrai sauter au milieu du troupeau? »
Perrette là-dessus saute aussi, transportée :
Le lait tombe; adieu veau, vache, cochon, couvée.
La dame de ces biens*, quittant d'un œil marri*
    Sa fortune ainsi répandue,
    Va s'excuser à son mari,
En grand danger d'être battue.
Le récit en farce* en fut fait;
On l'appela le Pot au lait.
Quel esprit ne bat la campagne*?
Qui ne fait châteaux en Espagne?
Picrochole*, Pyrrhus*, la laitière, enfin tous,
    Autant les sages que les fous.
Chacun songe en veillant; il n'est rien de plus doux.

LA FONTAINE.

MOTS EXPLIQUÉS. — *Sans encombre,* au sens propre, tas de matériaux qui obstruent le passage d'une rue ; employé ici au sens figuré pour : sans accident fâcheux qui retarde la marche. — *Ainsi troussée,* ainsi vêtue, de manière à ce que la marche ne soit pas gênée. — *La chose allait à bien,* l'éclosion des œufs se faisait dans de bonnes conditions. — *La dame de ces biens,* la maîtresse de ces biens. —

Œil marri, fâché, affligé (du vieux verbe français *se marrir,* s'affliger, dont *marri* est le participe). — *Farce,* récit plaisant et satirique. — *Bat la campagne,* s'égare loin de la réalité en faisant des projets, des rêves, auxquels on donne 'e nom de châteaux en Espagne. — *Picrochole,* personnage légendaire. — *Pyrrhus,* roi d'Épire, auxquels on prête des rêves et des projets ambitieux.

LES IDÉES. — 1. Faites le portrait de Perrette. — 2. Essayez de marquer l'enchaînement de ses idées ; comment est-elle amenée d'un rêve à l'autre ? — 3. Comment retrouve-t-elle le sentiment de la réalité ?

RÉDACTION. — Perrette est rentrée au logis. Vous supposez que son mari, au lieu de la battre, essaye de lui faire comprendre le sens et la vérité de cette maxime : « Fais ce que tu fais. »

74. — La Basse-Normandie.

Elle se divise en trois parties bien distinctes : le pays des herbages*, la plaine de Caen et le Bocage.

Le pays des herbages comprend le pays d'Auge et le Bessin.

Le pays d'Auge (arrondissements de Pont-l'Évêque et de Lisieux) offre une perspective* continuelle de collines et de vallées découpées, pour ainsi dire, en damiers* de verdure qu'arrosent la Touques et la Dives. De loin en loin, on aperçoit de gracieuses habitations dont l'aspect frappe par un mélange d'enduit blanc et de charpente noire. C'est la « Maison normande » qui a servi tant de fois de modèle aux architectes du littoral. La population se rencontre rarement plus saine et plus belle que dans cette contrée. Le type normand s'y développe dans toute sa puissance ; le teint est pur et vif. La vie, d'ailleurs, y est facile, commode, abondante.

Le Bessin termine le Calvados, à l'ouest, du côté du département de la Manche ; il comprend la plus grande partie de l'arrondissement de Bayeux. Cette région a beaucoup d'analogie avec le pays d'Auge. Dans ses grandes prairies paissent les nombreux troupeaux de vaches qui fournissent les beurres renommés d'Isigny et de Trévières.

Partout l'œil se repose sur de magnifiques herbages, séparés seulement par des haies et des fossés généralement plantés d'arbres fruitiers ou à haute tige.

La plaine de Caen embrasse presque tout l'arrondissement de Caen, la plus grande partie de celui de Falaise et une partie de celui de Bayeux. Elle présente une uniformité qui n'est interrompue que par de légères éminences et quelques vallées. La plupart des habitations sont construites avec la pierre de Caen et sont loin d'offrir l'aspect riant des maisons de la vallée d'Auge.

La population est intelligente et laborieuse. Elle s'applique avec une rare persévérance à tirer le meilleur parti de la terre.

Phot. Neurdein.

Maison normande, à Lisieux (xv⁰ siècle).

L'habitant de la plaine de Caen ne connaît pas les loisirs de l'herbager du pays d'Auge ou du Bessin. Chez lui, le travail est continuel, en raison de la quantité d'objets dont il doit s'occuper. Aussi cette vie saine, au grand air, lui est-elle très profitable. On remarque en lui une taille en général assez élevée, une figure régulière, un esprit juste, avisé, plus ouvert que dans beaucoup d'autres régions.

Le Bocage comprend une partie des arrondissements de Falaise, de Caen et la totalité de l'arrondissement de Vire. Cette contrée présente une physionomie toute particulière. Ici, plus de grandes propriétés comme dans les régions voisines. Le pays est morcelé, divisé. Un paysan qui possède un revenu en terre

de 1 500 francs à 2 000 francs est compté parmi les notables*
de la commune. Chaque champ est entouré d'une haie vive au
milieu de laquelle émergent des chênes, des hêtres, des châtai-
gniers. De loin, le pays a l'aspect d'une immense forêt.

Le « Bocain » a un type moins pur que l'homme de la plaine, mais
il a quelque chose de plus vif; son œil plus animé et sa vigueur
résistante semblent se ressentir du granit sur lequel il est né.

MOTS EXPLIQUÉS. — *Herbage*, prai-
rie qu'on ne fauche jamais et dans laquelle on fait paître les animaux pour
les engraisser. — *Perspective*, a ici
le sens de vues successives. — *Da-*

miers, terrains sur lesquels les champs
de verdure forment des carrés qui font
songer à ceux des jeux de dame. —
Notables, personnages importants dans
la commune.

LES IDÉES. — 1. En combien de régions se divise la Basse-Normandie ? —
2. Caractériser ces différentes régions.

RÉDACTION. — Quels sont, d'après ce passage, les principaux caractères des
habitants de la Basse-Normandie?

75. — Lucile Desmoulins.

En publiant le « Vieux Cordelier », Camille Desmoulins se ran-
geait dans le parti des « Indulgents* » contre les « Hébertistes* ».
Le succès de son journal fut immense et il frappait fort contre la
Terreur*. Il attaquait le Comité de salut public, demandait qu'on
ouvrit les prisons à 200 000 citoyens et proposait d'établir un
Comité de clémence qui finirait la Révolution.

Sur les dénonciations d'Hébert et de Robespierre, les Jacobins
citèrent devant eux Camille Desmoulins et l'exclurent de leur
société. Peu après, il fut décrété d'accusation avec Danton,
Hérault de Séchelles, Fabre d'Églantine, Westermann. Quelques
jours avant son arrestation, il avait reçu la visite d'un de ses
amis, d'un officier qui devint le maréchal Brune. Celui-ci l'en-
gagea fortement à garder des ménagements, à ne pas se perdre.
A l'entretien assistait Lucile Duplessis, que Camille avait épousée et qu'il aimait éperdûment.

Lucile se jeta au cou de son mari et dit à Brune: « Laissez-
le faire, laissez-le remplir sa mission : il sauvera son pays. »

Elle était non seulement la femme de Camille, elle était aussi
sa confidente; elle partageait ses idées et ses espérances, ses
amitiés et ses antipathies.

C'est elle qui écrivait à Fréron, l'ami de son mari : « Revenez
vite, Robespierre a dénoncé Camille aux Jacobins. Je ne vis

plus.... Mes yeux se remplissent de larmes ; et, cependant, je montre à Camille un front serein. »

Le lendemain de l'arrestation de Camille Desmoulins, raconte M. Jules Claretie, le soir, la nuit venue, Mme Duplessis et sa fille se tenaient debout, les yeux rougis de larmes, devant le berceau du petit Horace, qui dormait souriant à son rêve et qui, dans huit jours, serait orphelin.

Sombre, pâle, irrité, M. Duplessis, le père de Lucile, se promenait à grands pas dans la chambre. Tout à coup, levant la tête, il aperçut, sur une armoire basse, une statue de la Liberté, une statue en plâtre que Camille avait placée là. Cette image de la Liberté parut ironique à cet homme, d'humeur royaliste au fond. Il prit la statue, la regarda un moment avec de la haine et de la rage et, l'élevant en l'air, il allait la briser à ses pieds, lorsque Lucile, qui suivait ses gestes et son regard, devinant tout, s'élança vers lui et, retenant son bras : « Non ! mon père, dit-elle fermement, respectez-la : il meurt pour elle ! »

Statue de Camille Desmoulins, au Palais-Royal, à Paris.

Traduit devant le Tribunal révolutionnaire, Camille fut condamné à mort et il fut exécuté avec ses amis le 5 avril 1794. Il mourut en tenant dans sa main une boucle de cheveux de Lucile. Celle-ci, espérant le sauver, avait noué des intelligences dans la prison du Luxembourg pour délivrer les prisonniers. Elle fut arrêtée avec le général Dillon, accusée de conspiration et envoyée à l'échafaud dix jours plus tard.

Pour aller à la mort, Lucile se para comme pour les fiançailles*. Il y avait en elle de cette exaltation qui fait les martyres. « Le sang d'une femme a chassé les Tarquins de Rome, puisse le mien, dit-elle, emporter aussi la tyrannie ! »

D'après J. CLARETIE.

MOTS EXPLIQUÉS. — *Indulgents, Hébertistes,* partis politiques; le premier avait des opinions modérées si on les comparait à celles des *hébertistes.* — *La Terreur,* période révolutionnaire qui s'étend d'août 1793 à juillet 1794, pendant laquelle la Convention eut recours à des mesures exceptionnelles pour sauver la France. — *Fiançailles,* cérémonie dans laquelle deux jeunes gens se promettent le mariage.

LES IDÉES. — 1. Expliquez la phrase : « Cette image de la Liberté parut ironique à cet homme. » — 2. Relevez les traits qui vous paraissent le mieux faire ressortir la grandeur d'âme de Lucile Desmoulins. — 3. De quels sentiments est-elle animée en allant à l'échafaud ?

RÉDACTION. — Racontez ce que vous savez sur Lucile Desmoulins.

76. — Dangers de la foudre.

Après une journée chaude, étouffante, les longues bandes de nuages noirs, qui semblaient dormir à l'horizon, envahissent peu à peu le ciel.

La lumière du jour faiblit, le vent se tait, la forêt devient muette et la nature apparaît comme saisie et figée* dans un subit recueillement.

L'homme, l'animal même ne sauraient se tromper à ces signes précurseurs* de l'orage qui est proche, et le calme imposant, profond, qui en est la préface, jette dans notre âme une note d'angoisse et d'émoi.

Nous craignons en effet l'orage, non seulement pour les dégâts matériels qu'il cause trop souvent, mais surtout pour le danger personnel qu'il nous fait courir.

Aussi n'est-ce pas sans quelque frayeur secrète que nous assistons au spectacle si imposant de l'orage.

Rassurons-nous pourtant ; la crainte que nous avons de la foudre, quelque justifiée soit-elle, ne doit comporter aucune exagération, et le danger que nous courons de mourir foudroyés est moins grand que celui de périr dans la rue écrasés par une voiture ou celui d'être tués par la chute subite d'une brique ou d'une tuile qu'une fatalité* aveugle détache au moment où nous passons.

Certes la foudre a ses dangers : elle menace les choses et les êtres et si, le plus souvent, elle éclate au sein même des nuages, ou s'élance d'un groupe de nuages sur un autre, elle atteint parfois le sol, brise les arbres, démolit les édifices ou les incendie, blesse ou tue les hommes et les animaux. Elle frappe de préférence les objets élevés, surtout s'ils sont isolés : il faut donc éviter, en temps d'orage, de chercher un abri sous les meules, les buissons ou les bouquets d'arbres.

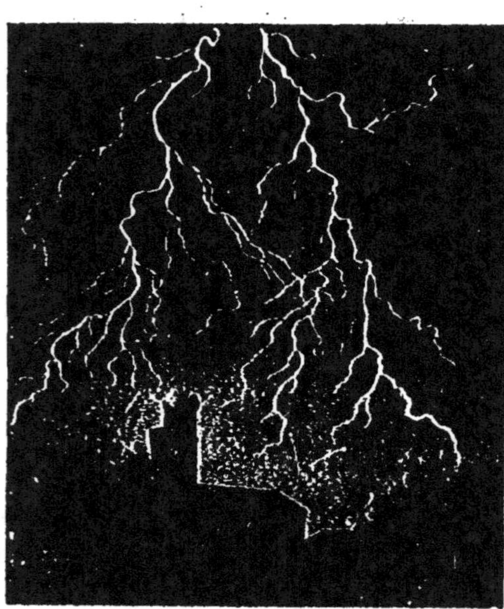
Eclair arborescent.

D'autre part, la foudre affectionne* les substances conductrices de l'électricité, notamment les métaux, et elle a une prédilection marquée pour tous les corps terminés par des arêtes vives ou par des pointes. Aussi ne faut-il pas porter sur l'épaule des objets métalliques : faux, fourches, fusils, comme le font parfois les ouvriers agricoles ou les chasseurs surpris par l'orage en rase campagne.

Il n'est pas prouvé que les déplacements d'air, les courants attirent la foudre, mais il paraît démontré que les rideaux d'arbres que l'on observe à l'entour des fermes ou sur la lisière des bois sont plus souvent atteints par le fluide électrique que les arbres placés au milieu des bois ou des forêts.

On protège les édifices des atteintes de la foudre à l'aide de paratonnerres, dont l'idée est due à Franklin.

LES IDÉES. — 1. Quels sont les signes précurseurs de l'orage ? — 2. Pourquoi le redoutons-nous ? — 3. Quels sont les objets que la foudre frappe de préférence ? — 4. Que faut-il éviter en temps d'orage ? — 5. Avez-vous un paratonnerre ? — 6. Décrivez-le.

RÉDACTION. — Dernièrement un orage s'est abattu sur votre commune. Décrivez-le et racontez vos impressions.

77. — Les bienfaits de la patrie.

Nous disposons du patrimoine* de la France, comme des éléments, sans y songer. Cependant, c'est de lui que nous tenons tout ce qui nous élève au-dessus de la misère primitive de notre espèce.

Le sol de notre pays a été défriché et fécondé par le travail de cinquante générations ; les obstacles y ont été supprimés par les routes ; l'espace y est abrégé par des voies ferrées ; les rivières et les océans y sont réunis par des canaux ; d'innombrables villes y sont bâties et décorées d'admirables monuments. L'agriculture, en domestiquant à notre service les animaux et les plantes utiles ; le commerce, en reconnaissant les routes du globe pour nous en rapporter les richesses ; l'industrie, en multipliant indéfiniment les ressources par l'exploitation des forces de la nature, pourvoient abondamment à notre existence matérielle. Nos lois nous garantissent la sécurité et la justice.

Les sciences, en nous faisant pénétrer les secrets du monde dont nous faisons partie ; les arts, en fixant dans leurs productions les causes de nos émotions les plus pures ; notre langue, en nous ouvrant, comme une clef merveilleuse, tous les domaines du genre humain ; la morale, en développant nos nobles sentiments, façonnent notre intelligence et notre cœur.

Travaux et conquêtes, sciences et arts, lois, mœurs, langue, tout cela est l'œuvre accumulée de nos ancêtres. Et pour réaliser cette œuvre, il a fallu ces penseurs, ces écrivains et ces artistes qui sont l'honneur de notre pays, et bien d'autres encore, qui sont restés obscurs ; bien des apôtres* et bien des martyrs* ; bien des savants et des inventeurs obstinés dans leurs recherches ; bien des millions d'hommes courbés sur leur labeur quotidien ; mais leurs travaux n'existeraient point pour nous sans la patrie.

La patrie en a été la gardienne ; c'est elle, toujours vivante, trait d'union entre un âge et l'autre, qui nous les a transmis ; c'est elle qui a capitalisé le passé pour nous. Isolés, ces travailleurs auraient été frappés de stérilité par leur solitude ; associés en elle, ils se sont fortifiés et complétés les uns les autres : elle a donné un avenir à leur œuvre en la conservant aux générations qui les ont suivis; elle a incarné* l'unité et la continuité de cet immense enchaînement d'efforts d'où notre civilisation est sortie.

D'après Paul BOURDE. (Librairie Hachette.)

MOTS EXPLIQUÉS. — *Patrimoine,* héritage, bienfait qui nous viennent de nos ancêtres. — *Apôtre,* celui qui propage une doctrine, qui se donne tout entier à une idée. — *Martyr,* celui qui n'hésite pas à donner sa vie pour assurer le triomphe d'une doctrine. — *A incarné,* a fait prendre corps.

LES IDÉES: — L'auteur s'est appliqué à montrer qu'il a fallu bien du temps et bien des efforts pour fonder la patrie française telle qu'elle est aujourd'hui et pour constituer le patrimoine dont nous disposons. Il énumère tout ce que nous devons à nos aïeux : mise en valeur du sol, relations commerciales, richesses industrielles, lois qui assurent la sécurité et la justice, trésor d'idées et de savoir. A travers les âges, l'idée de patrie a servi de trait d'union entre les hommes et assuré la continuité et l'enchaînement de leurs efforts.

RÉDACTION. — En vous plaçant au seul point de vue de votre travail d'écolière, essayez de dire ce que vous devez aux générations passées et à la patrie qui a été la gardienne de leurs efforts et vous en a transmis le résultat.

78. — La comptabilité du ménage.

L'ordre est la qualité primordiale de la bonne maîtresse de maison, et c'est surtout dans la gestion financière que cette qualité trouve à s'exercer.

Tenir régulièrement la comptabilité d'un ménage est la première condition de prospérité. Si on dépense sans compter, même en n'achetant que des choses utiles, on voit bien vite la fin de ses ressources, si larges soient-elles. C'est sur les recettes qu'on doit régler les dépenses : d'où la nécessité d'établir le budget de la maison.

Établir un budget, c'est faire l'état de toutes les ressources, prévoir les dépenses et laisser toujours une part à l'épargne pour subvenir aux dépenses inattendues. Ce tableau étant dressé approximativement*, au commencement de l'année et au commencement de chaque trimestre ou de chaque mois, la ménagère inscrit, jour par jour ou semaine par semaine, le détail de ses achats sur un carnet destiné à cet effet. A la fin du mois le total des dépenses, inscrit en regard de celui des recettes, permet une comparaison rapide.

Il est bon, à la fin de chaque mois, de grouper les dépenses par catégories* sur un livre spécial :

1. Loyer, assurance et mutualité.
2. Nourriture.
3. Entretien du ménage.
4. Blanchissage.
5. Chauffage et éclairage.
6. Habillement (achat et entretien).
7. Médecin et pharmacien.
8. Dépenses diverses et menus frais.

Ce tableau des dépenses permet une comparaison de mois à mois, d'année à année, et indique sur quel point il y a lieu de réduire les frais. La réduction doit porter sur le superflu plutôt que sur le nécessaire, sur l'habillement plutôt que sur la nourriture.

Équilibrer son budget n'est pas toujours chose facile. Les dépenses imprévues, les menus frais dépassent souvent les prévisions : il se produit une augmentation de prix sur les denrées les plus indispensables; les jours de chômage sont plus nombreux qu'on ne pensait; enfin on avait compté sans telle ou telle indisposition ou maladie qui nécessite des frais de médecin et de pharmacien assez élevés : voilà pourquoi il faut toujours avoir de l'argent d'avance, des économies.

Pendant les mois heureux où les affaires sont prospères, soyons prévoyants, ne nous laissons pas aller à satisfaire nos caprices, ne nous laissons pas tenter par les occasions soi-disant exceptionnelles que nous présentent les commerçants, n'achetons que ce qui est utile et après avoir consulté préalablement* notre bourse, surtout n'achetons qu'au comptant. Rien n'est plus imprudent que d'accepter ces payements à terme, mois par mois ou semaine par semaine. Outre qu'on ne bénéficie pas de l'escompte* fait à tout acheteur qui paye comptant, on prend des engagements qu'on n'est pas sûr de pouvoir tenir : qui peut répondre du lendemain? Puis la femme qui achète à crédit dépense toujours plus qu'elle ne dépenserait si elle payait comptant.

Est-ce à dire qu'il ne faille jamais s'offrir quelque plaisir, quelque petit superflu? Si, mais on doit le faire modérément et alors que le nécessaire est assuré.

MOTS EXPLIQUÉS. — *Qualité primordiale,* qui occupe la première place. — *Approximativement,* à peu près. — *Catégorie,* classes, groupes contenant les dépenses de même nature. — *Préalablement,* en premier lieu. — *Escompte,* remise faite à l'acheteur qui paye comptant.

LES IDÉES. — 1. Quelle est la première condition de prospérité pour un ménage ? — 2. À quelle époque la ménagère doit-elle établir son budget? — 3. Quel avantage trouve-t-on à dresser un tableau de ses dépenses par catégories ?

RÉDACTION. — Pourquoi une bonne ménagère doit-elle épargner dans les jours prospères, et pourquoi doit-elle s'interdire d'acheter à crédit?

79. — Le dévouement de deux sœurs aveugles.

Les sœurs Michaud végètent au hameau perdu de la Vermandois, dans le département du Cher.

Elles sont aveugles de naissance, toutes deux.

Sous leur vieux toit de paille, sur leur sol de terre battue, elles ont commencé dès l'enfance à travailler comme deux bienfaisantes petites fées[*]. Pendant que leurs parents labouraient la terre, cultivaient le verger qui les faisait tout juste vivre, elles arrivaient, à force de volonté, à tenir propre le ménage et même à préparer les repas. En ce temps-là, qui fut pour elles le temps prospère de la vie, tout reluisait dans la chaumière; sur les pauvres meubles bien cirés, les moindres objets s'alignaient dans un ordre minutieux. Quand les voisins alors s'ébahissaient[*] de voir les choses si bien rangées, les petites filles naïvement répondaient: « Eh ! si nous n'avions pas soin de remettre nos affaires aux mêmes places, comment les retrouverions-nous après, puisque nous n'y voyons pas ? »

La famille vivait presque heureuse quand, il y a une dizaine d'années, le père mourut, laissant le verger à l'abandon et la mère épuisée de travail et à demi infirme. A ce moment on pensa bien faire à la mairie de la commune, en offrant de placer la veuve dans un hôpital ; mais l'idée de se séparer de leur vieille mère jeta les deux sœurs aveugles dans un désespoir affreux. « Plus tard, supplièrent-elles, plus tard, s'il le faut absolument ; laissez-nous d'abord essayer de vivre ensemble : nous ferons tout ce que nous pourrons ! » Et, quand je vais dire ce qu'elles ont fait, vous croirez entendre un conte embelli à plaisir.

Elles ont appris à filer de la laine, et, en prolongeant leurs heures d'étude jusqu'au milieu de la nuit, bien entendu, sans avoir besoin de lumière, elles sont ainsi parvenues à coudre assez bien pour gagner quelque argent, avec de l'ouvrage confié par les bonnes âmes d'alentour. Elles ont appris à laver leur linge, s'asseyant au lavoir à côté d'une voisine obligeante qui les avertit si c'est assez propre ou bien s'il faut frotter un peu plus.

Leur mère est devenue aveugle à son tour. Alors les deux sœurs redoublent de tendresse pour celle que jamais elles n'ont vue et qui ne peut plus les voir. Elles s'ingénient[*] à la distraire. Jamais elles n'ont demandé l'aumône, jamais on n'a entendu sortir de leur bouche un murmure ni une plainte. Au milieu de leur éternelle nuit, tâtonnant sans cesse et cherchant avec leurs mains toutes les deux pour aider cette mère qui tâtonne et cherche aussi dans une obscurité pareille, elles ont une douceur toujours égale et une sorte d'inaltérable dévouement.

Discours sur les Prix de vertu (1808).

MOTS EXPLIQUÉS. — Deux bienfaisantes petites fées : les fées sont des êtres imaginaires doués d'une puissance surnaturelle; les deux sœurs aveugles sont comparées ici à des fées, car ce qu'elles font tient du prodige. — *S'ébahissaient,* montraient leur surprise, leur étonnement. — *Elles s'ingénient,* elles cherchent, elles inventent de nombreux moyens de la distraire.

LES IDÉES. — 1. Racontez l'enfance des deux sœurs aveugles. — 2. Pourquoi ne voulurent-elles pas laisser entrer leur mère dans un hôpital? — 3. De quels travaux se sont-elles rendues capables?

RÉDACTION. — Comment appréciez-vous la conduite de ces deux sœurs aveugles? Quelle leçon en pouvez-vous retirer pour vous-même?

80. — La gymnastique.

Tout organe qui ne fonctionne pas s'atrophie*; tout organe qui travaille se développe.

La santé de la jeune fille exige la pratique d'une sage hygiène,

Phot. Lortet.

Exercices de gymnastique à l'école de filles de la rue Camou, à Paris (VIIe arrond^t).

le développement raisonné de l'appareil musculaire et l'exercice progressif des organes de la respiration et de la circulation.

La gymnastique rationnelle a donc sa place marquée dans les programmes des établissements de jeunes filles.

Prenons successivement les divers organes et montrons comment la gymnastique agit sur eux.

L'appareil pulmonaire est généralement celui dont la modification est la plus grande.

L'un des premiers exercices est celui de la respiration profonde et lente. L'inspiration doit se faire par le nez, parce que l'air traverse un conduit humide et de température élevée ; les fosses nasales se chargent d'une humidité nécessaire, tandis que la température de l'air tend à s'équilibrer avec celle des bronches où il va pénétrer. Cette seule habitude de respirer par le nez préserve de nombreuses affections des bronches et du poumon.

La respiration étant plus profonde, on n'a pas besoin de faire des mouvements respiratoires aussi fréquents ; l'accélération* qui constitue l'essoufflement ne se produit pas.

Ce mode d'inspiration fait augmenter le volume de la cage thoracique et on obtient un appareil pulmonaire bien disposé pour résister aux maladies et alimenter largement le corps de l'oxygène nécessaire à la vie. Ces avantages sont encore plus sensibles quand on examine les enfants chez qui une malheureuse hérédité a déposé les germes de la tuberculose.

L'effet des exercices physiques sur la circulation est encore considérable. La richesse du sang augmente à proportion de la respiration. En outre, l'exercice musculaire fait affluer le sang à la peau et produit ainsi l'augmentation de température du corps et le réchauffement général ; de plus, il provoque la sécrétion de la sueur avec la sortie de tous ses poisons*, et le détachement de l'épiderme et de toutes ses écailles. Il équivaut à un bain de vapeur sans en avoir les dangers.

Enfin la gymnastique produit des résultats merveilleux au point de vue des tempéraments et des nerfs, surtout chez la femme.

Les exercices donnent aux organes musculaires un surcroît de puissance et d'activité en même temps qu'ils diminuent l'action démesurée des forces sensitives.

SOLEIROL DE SERVES, LE ROUX, *Manuel de gymnastique rationnelle.*
(Masson, éditeur.)

MOTS EXPLIQUÉS. — *S'atrophie,* s'arrête dans son développement. — *Accélération,* augmentation de vitesse. — *Poison :* le principal des poisons renfermés dans la sueur est l'urée, qui est également expulsée par les reins.

LES IDÉES. — 1. Pourquoi la gymnastique a-t-elle sa place marquée dans l'éducation des jeunes filles ? — 2. Quels sont les avantages de la respiration profonde et lente ? — 3. Quels sont les effets des exercices physiques sur la circulation ?

RÉDACTION. — Racontez comment se passe la leçon de gymnastique dans votre école.

81. — Le foyer domestique.

Pour que les mœurs conservent ou alimentent leur pureté et leur énergie, il faut qu'il y ait quelque part un lieu consacré* par les joies et les souffrances communes, une humble maison,

Février.
Vieillard pres du feu.

un grenier, qui soit pour tous les membres de la famille comme une patrie plus étroite et plus chère, à laquelle on songe pendant le travail et la peine, et qui reste dans les souvenirs de toute la vie associé à la pensée des êtres aimés qu'on a perdus. Comme il n'y a point de religion sans temple, il n'y a point de famille sans l'intimité du foyer domestique. L'enfant qui a dormi dans le berceau banal* de la crèche, et qui n'a pas été embrassé à la lumière du jour par les deux seuls êtres dans le monde qui l'aiment d'un amour exclusif*, n'est pas armé pour les luttes de la vie. Il n'a pas comme nous ce fonds de religion* tendre et puissante qui nous console à notre insu, qui nous écarte du mal sans que nous ayons la peine de faire un effort, et nous porte vers le bien comme par une secrète analogie* de nature.

Au jour des cruelles épreuves*, quand on croirait que le cœur est desséché à force de dédaigner ou à force de souffrir, tout à coup on se rappelle, comme dans une vision enchantée, ces mille riens qu'on ne pourrait pas raconter et qui font tressaillir; ces pleurs, ces baisers, ce cher sourire, ce grave et doux enseignement murmuré d'une voix si touchante. La source vive de la morale n'est que là ; nous pouvons écrire des livres et faire des théories sur le devoir et le sacrifice, mais les véritables professeurs de morale sont les mères de famille. Ce sont elles qui conseillent doucement le bien, qui donnent l'exemple du courage et l'exemple plus difficile de la résignation, et qui enseignent à leurs enfants le charme des sentiments tendres et les .fières et sévères lois de l'honneur.

Jules SIMON, *L'Ouvrière.* (Librairie Hachette.)

MOTS EXPLIQUÉS. — *Lieu consacré,* lieu qui a été témoin des joies et des malheurs. — *Berceau banal,* à la disposition de tous. Plusieurs enfants ont couché dans le même berceau. — *Amour exclusif,* qui n'est pas partagé, qui porte sur un seul. — *Fonds de religion,* solidité de religion. — *Analogie,* ressemblance, similitude. — *Épreuves,* souffrances physiques ou morales.

LES IDÉES. — 1. Qu'est-ce que le foyer domestique ? — 2. Quel est ici le sens du mot « grenier » ? — 3. Quels sont les deux êtres dont parle l'auteur ? — 4. Expliquez cette phrase : « les véritables professeurs de morale sont les mères de famille. » — 5. Résumez en quelques mots comment l'auteur explique l'impression du foyer sur la famille.

RÉDACTION. — Dites quelles sont les impressions que vous a laissées la maison paternelle.

82. — Colbert, caractère de son œuvre.

Colbert se proposa de faire de la France un grand pays manufacturier, en créant des fabriques de toute espèce et en assurant, par des règlements sévères, la bonne fabrication des produits. Il voulut aussi faciliter la vente de ces produits, soit en faisant disparaître à l'intérieur les barrières élevées d'une province à l'autre, soit en conjurant, par des tarifs élevés, les périls de la concurrence* étrangère.

Il soumit l'industrie à des règlements d'une minutie et d'une rigueur extrêmes. Dans la fabrication des tissus, il détermina, par des ordonnances, la longueur et la largeur des pièces, la dimension des lisières, le nombre des fils de la chaîne, la qualité des matières, ne s'inquiétant ni de l'intérêt des marchands, ni des goûts des consommateurs. De même, il fit pour la teinture des laines une sorte de code en trois cent dix-sept articles, dont un contrôle sévère surveilla l'application. Les règlements étaient sanctionnés* par une pénalité rigoureuse.

Les marchandises non conformes au type réglementaire étaient détruites, le nom du délinquant* était exposé à une espèce de pilori*; lui-même, en cas de récidive, attaché au carcan* avec ses produits, et, dans tous les cas, condamné à une forte amende. Ainsi le ministre allait exagérant la réglementation rigoureuse des corporations, de toute la puissance qu'y portait le pouvoir absolu.

Mais Colbert n'osa point ou ne put supprimer les corporations. Du moins, il imagina de dresser en face d'elles et de leurs privi-

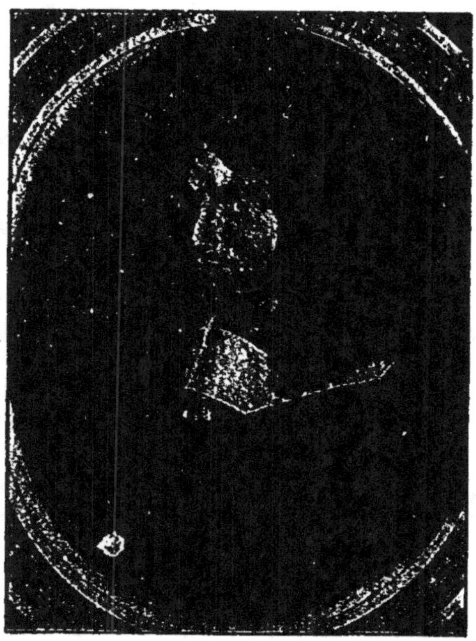

Colbert, homme d'État français (1619-1683).
Portrait par Nanteuil.

lèges d'autres privilèges destinés à battre les premiers en brèche et il créa, par monopole, certaines manufactures, dites manufactures royales, qui relevaient directement du roi, étaient soutenues par sa faveur, son argent, ses édits, et protégées contre les saisies, les procès et les attaques de toute espèce. Ainsi furent fondées à nouveau les industries que Henri IV avait essayé de susciter : tapisseries, glaces, dentelles, or filé, crêpe, drap, acier, ferblanc, fil d'archal. Les artisans étrangers étaient attirés par l'appât de forts salaires; les patrons étaient subventionnés par le roi, l'argent leur étant avancé sans intérêt, avec de longs délais pour se libérer. Primes en argent, exemptions d'impôts, débit assuré des produits, tels étaient quelques-uns des moyens employés par le ministre. Ainsi fut créée la grande industrie. Les capitaux purent s'y porter; les grandes opérations commencèrent. Remarquons en outre que, n'ayant point assez des ouvriers qu'elle groupait dans les ateliers, cette forme de l'industrie distribua du travail aux habitants des campagnes, à qui elle distribua aussi des salaires et dont elle contribua à développer le bien-être et à améliorer la condition.

MOTS EXPLIQUÉS. — *Concurrence,* rivalité qui s'établit entre marchands ou fabricants. — *Sanctionnés,* rendus exécutoires. — *Délinquant,* celui qui commet un délit. — *Pilori,* poteau auquel on attachait les criminels. — *Carcan,* collier de fer, au moyen duquel on attachait à un poteau les criminels condamnés à l'exposition.

LES IDÉES. — 1. Par quels règlements Colbert assura-t-il la bonne fabrication des produits? — 2. Comment lutta-t-il contre les corporations? — 3. Nommez des manufactures royales créées par Colbert et qui subsistent encore aujourd'hui.

RÉDACTION. — Racontez ce que fit Colbert pour favoriser le développement de l'industrie au XVII⁰ siècle.

83. — Dangers de l'ignorance pour les femmes.

L'ignorance d'une fille est cause qu'elle s'ennuie et qu'elle ne sait à quoi s'occuper innocemment*... Dans cette oisiveté, une fille s'abandonne à la paresse, et la paresse, qui est une langueur de l'âme, est une source inépuisable d'ennuis... Cette mollesse et cette oisiveté étant jointes à l'ignorance, il en naît une sensibilité pernicieuse* pour les divertissements et pour les spectacles; c'est même ce qui excite une curiosité* indiscrète et insatiable.

Les personnes instruites et occupées à des choses sérieuses n'ont d'ordinaire qu'une curiosité médiocre; ce qu'elles savent leur donne du mépris pour beaucoup de choses qu'elles ignorent; elles voient l'inutilité et le ridicule de la plupart des choses que les petits esprits*, qui ne savent rien et qui n'ont rien à faire, sont empressés d'apprendre.

Au contraire, les filles mal instruites et inappliquées ont une imagination toujours errante. Faute d'aliment solide, leur curiosité se tourne toute en ardeur vers les objets vains et dangereux. Celles qui ont de l'esprit s'érigent souvent en précieuses* et lisent tous les livres qui peuvent nourrir leur vanité; elles se passionnent pour des romans, pour des comédies, pour des récits d'aventures chimériques où l'amour profane est mêlé. Elles se rendent l'esprit visionnaire*; elles s'accoutument au langage magnifique des héros de romans; elles se gâtent même par là pour tout le monde, car tous ces beaux sentiments en l'air, toutes ces passions généreuses, toutes ces aventures que l'auteur du roman a inventées pour le plaisir, n'ont aucun rapport avec les vrais motifs qui font agir dans le monde et qui décident des affaires, ni avec les mécomptes qu'on trouve dans tout ce qu'on entreprend.

Une pauvre fille, pleine du tendre et du merveilleux* qui l'ont charmée dans ses lectures, est étonnée de ne point trouver dans le monde de vrais personnages qui ressemblent à ces héros; elle voudrait vivre comme ces princesses imaginaires, qui sont, dans les romans, toujours charmantes, toujours adorées, toujours au-dessus de tous les besoins. Quel dégoût pour elle de descendre de l'héroïsme jusqu'au plus bas détail du ménage!

FÉNELON.

MOTS EXPLIQUÉS. — *S'occuper innocemment*, sans faire de mal. — *Sensibilité pernicieuse*, un goût qui a des conséquences fâcheuses. — *Curiosité :* le terme est pris ici en mauvaise part; il désigne le désir de savoir ce qu'il est inutile ou malsain de connaître. — *Les petits esprits* sont occupés de choses mesquines, ne s'intéressent pas à ce qui est sérieux. — *Précieuses :* on appelait ainsi au xvii⁰ siècle les femmes qui affectaient beaucoup de recherche dans leur langage et dans leurs manières. — *Esprit visionnaire*, qui a des idées folles, chimériques. — *Pleine du tendre et du merveilleux :* dans les romans du xvii⁰ siècle, Tendre est le nom allégorique d'un royaume imaginaire représentant les diverses circonstances d'une intrigue amoureuse.

LES IDÉES. — Écrite au xvii⁰ siècle, cette page s'applique aux jeunes filles du monde qui vivent dans l'oisiveté. Aujourd'hui, il n'existe guère plus de filles ignorantes; cependant les défauts signalés par Fénelon demeurent fréquents parmi les femmes : curiosité vaine et indiscrète, imagination errante, esprit romanesque. Faut-il en conclure que ce sont là chez les femmes défauts de nature, ou que l'instruction qu'on leur donne n'est pas assez solide pour leur inspirer le goût des choses sérieuses?

RÉDACTION. — Quels sont, d'après Fénelon, les dangers de l'ignorance pour les femmes?

84. — Les Vosges.

Les Vosges, nos chères vieilles Vosges, ne sont plus à nous en entier. Leur versant* occidental nous appartient encore, depuis la trouée de Belfort jusqu'au mont Donon. En 1870-1871, l'Allemagne nous a pris tout le reste, avec l'Alsace et une partie de la Lorraine. La nature impassible* ne s'occupe pas des misères humaines; ces belles montagnes continuent à sourire au touriste*, quel qu'il soit, qui vient les visiter. Leurs cimes ou hautes chaumes, arrondies en ballons ou étendues en larges plateaux, sont vêtues de gazon fin. Leurs grès roses se dressent en murailles croulantes couronnées d'antiques forteresses. Leurs pentes, sillonnées de ruisseaux et de cascades, ont pour ceinture de noirs sapins et, plus bas, des hêtres d'un vert tendre. Des lacs dorment au milieu des fraîches prairies. Tout respire dans les Vosges une paix sereine.

Parmi les excursions qu'on peut faire, l'une des plus belles est l'ascension du Hohneck. La route, au sortir du bourg de Gérardmer, pénètre sous un bois profond de sapins séculaires* au milieu desquels serpente la Vologne tout à fait torrentueuse. La rivière, resserrée entre des escarpements de roches de granit, de gneiss et de porphyre, passe par plusieurs cavités profondes qui la transforment en chutes écumantes. Les plus belles, désignées sous le nom de Saut-des-Cuves, offrent auprès du Pont-des-Fées un point de vue admirable.

Dès qu'on a quitté la rivière, le chemin monte très vite, et l'on a à choisir entre un sentier mal frayé à travers bois, mais plus court, et une belle route de voitures soigneusement entretenue.

Jusqu'au col de la Schlucht, rien n'égale la splendeur du panorama* toujours changeant qui se déroule chemin faisant. D'abord, on plonge sur le lac de Longemer, étroitement encaissé entre des montagnes à pentes rapides et toutes boisées; plus loin apparaît le petit lac rond et sombre de Retournemer, comme une tache d'encre sur un velours vert. De la Roche-du-Diable, près du tunnel de la route, l'effet est particulièrement grandiose.

De là on peut gravir sans fatigue les pentes gazonnées du Hohneck, où de nombreux troupeaux broutent l'herbe courte et serrée. Du sommet, la vue s'étend par la vallée de Munster jusqu'à Colmar et à la plaine du Rhin, dont les eaux dessinent au loin un étroit ruban argenté. A l'horizon se profilent les sommets de la forêt Noire.

Pour redescendre, se présente un étroit sentier qui, par ironie sans doute, s'appelle le chemin des Dames. Il faut traverser plusieurs ruisseaux qui, par la ligne de plus grande pente, se rendent en gazouillant dans le lac de Longemer. Enfin on aboutit à la chaussée* naturelle qui retient les eaux du lac. La rentrée à Gérardmer est une délicieuse promenade tout le long de la rive sud du lac de Longemer.

P. Foncin, Lectures géographiques. (Colin, éditeur.)

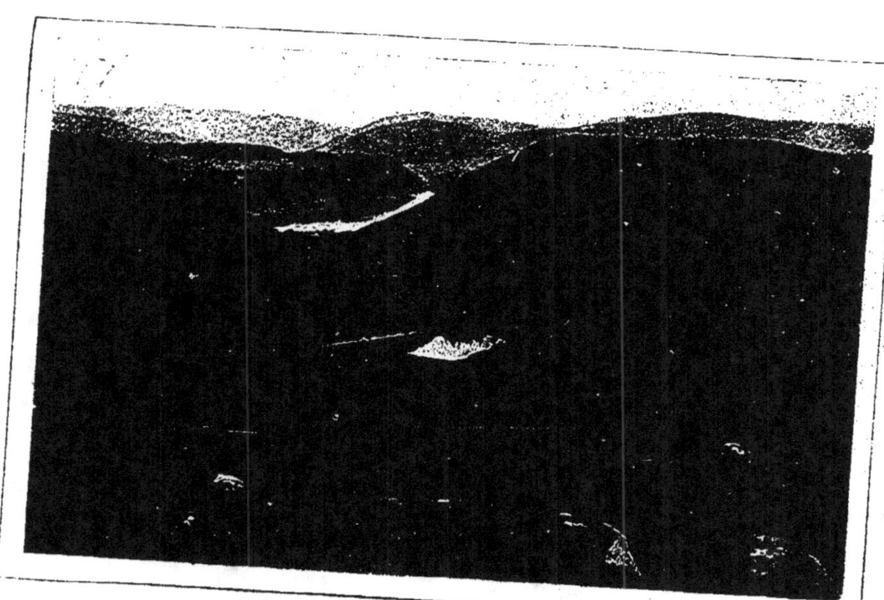

Paysage vosgien : les lacs de Retournemer et de Longemer.

Phot. Neurdein.

MOTS EXPLIQUÉS. — *Versant,* pente d'une montagne. — *Nature impassible,* indifférente à toutes les douleurs humaines. *Touriste,* personne qui voyage pour son agrément. — *Sapins séculaires,* qui ont plusieurs siècles d'existence. — *Panorama,* vue sur une vaste étendue. — *Chaussée,* levée de terre qui borde un cours d'eau.

LES IDÉES. — 1. Quelle est la portion des Vosges qui nous a été enlevée par l'Allemagne ? — 2. Quel est l'aspect général des Vosges ? — 3. Quelles sont les principales excursions recommandées aux touristes ?

RÉDACTION. — Décrire l'aspect général des Vosges.

85. — Mort de Mme Roland*.

Au 2 juin*, quand la plupart des Girondins s'éloignèrent ou se cachèrent, les plus braves, sans comparaison, ce furent les

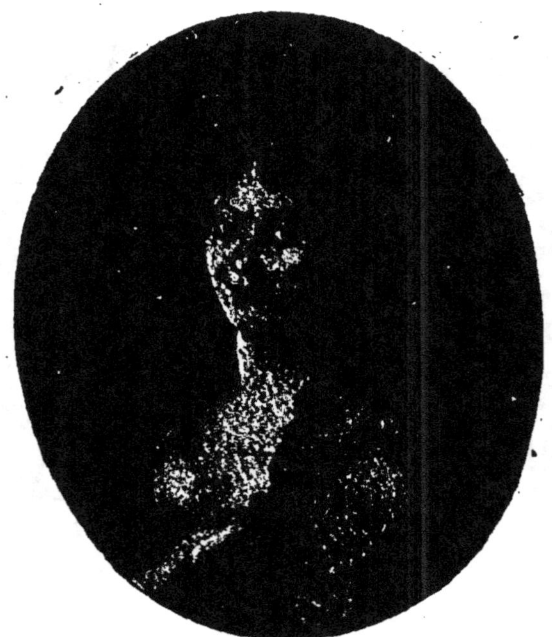

Mme Roland (1754-1793). — Portrait par Heinsius.
Musée de Versailles.

Roland, qui jamais ne daignèrent découcher ni changer d'asile. Mme Roland ne craignait ni la prison, ni la mort. Sur l'avis que la Commune avait lancé contre Roland un décret d'arrestation, elle courut aux Tuileries*, dans l'idée héroïque (plus que raisonnable) d'écraser les accusateurs, de foudroyer la Montagne* de son éloquence et de son courage, d'arracher à l'Assemblée la liberté de son époux. Elle fut elle-même arrêtée dans la nuit.

Elle ne fit rien pour se soustraire à l'arrestation, et vint à son tour loger à la Conciergerie*, près du cachot de la reine, sous ces voûtes veuves à peine de Vergniaud*, de Brissot*, et pleines de leurs ombres. Elle y vint royalement, héroïquement, ayant, comme Vergniaud, jeté le poison qu'elle avait, et voulut mourir au grand jour. Elle croyait honorer la République par son courage au tribunal et la fermeté de sa mort. Ceux qui la virent à la Conciergerie dirent qu'elle était toujours belle, pleine de charme, jeune à trente-neuf ans. Une jeunesse entière et puissante, un trésor de vie réservé jaillissait de ses beaux yeux. La force paraissait surtout dans sa douceur raisonneuse, dans l'irréprochable harmonie de sa personne et de sa parole. Elle s'était amusée en prison à écrire à Robespierre*, non pour lui demander rien, mais pour lui faire la leçon. Elle la faisait au Tribunal, lorsqu'on lui ferma la bouche. Le 8, où elle mourut, était un jour froid de novembre. La nature, dépouillée et morne, exprimait l'état des cœurs ; la Révolution aussi s'enfonçait dans son hiver, dans la mort des illusions. Entre les deux jardins sans feuilles, la nuit tombant (cinq heures et demie du soir), elle arriva au pied de la Liberté colossale, assise près de l'échafaud, à la place où est l'obélisque*, monta légèrement les degrés, et se tournant vers la statue, lui dit, avec une grave douceur, sans reproche :

« O Liberté ! que de crimes commis en ton nom ! »

MICHELET, *Histoire de la Révolution.* (Calmann Lévy, éditeur.)

MOTS EXPLIQUÉS. — M⁰ᵉ Roland avait épousé Roland, qui fut un des membres dirigeants du parti girondin. Très enthousiaste et d'une haute intelligence, Mᵐᵉ Roland fut l'âme du parti. — *2 juin,* une des dates de l'arrestation des Girondins, qui avaient d'abord eu la majorité dans la Convention. — *Tuileries,* ancien palais des rois, où siégeait la Convention. — *La Montagne :* les Jacobins, qui étaient le parti ennemi des Girondins, siégeaient sur les gradins les plus élevés de la salle : de là le nom de « Montagne » donné à leur parti. — *Conciergerie,* prison où furent enfermés Louis XVI et Marie-Antoinette. — *Vergniaud* et *Brissot,* deux des principaux Girondins. — *Robespierre,* le plus célèbre des membres de la Montagne. — *Obélisque,* monument égyptien, en forme de tronc de pyramide, qui fut transporté à Paris en 1838, sur la place actuelle de la Concorde.

LES IDÉES. — 1. Que savez-vous sur les Girondins et sur les Montagnards ? — 2. Pourquoi Mᵐᵉ Roland ne fit-elle rien pour se soustraire à l'arrestation ? — 3. Comment se comporta-t-elle devant le Tribunal révolutionnaire ? — Citez des crimes commis au nom de la liberté pendant la Révolution.

RÉDACTION. — Racontez la mort de Mᵐᵉ Roland.

86. — Le gaz carbonique.

Vous savez que l'air atmosphérique est formé pour la plus grande partie par un mélange de deux gaz : l'oxygène et l'azote. Un troisième gaz s'y trouve encore, mais dans des proportions infimes* (3 litres pour 10 000 litres d'air). Ce corps est le gaz carbonique.

Cherchons d'abord d'où il vient ; nous verrons ensuite où il va et comment on explique que sa proportion dans l'air reste pour ainsi dire invariable.

Le gaz carbonique est formé par l'union intime de deux corps simples : le carbone et l'oxygène. Il prend donc naissance chaque fois que ces deux corps sont en présence et portés à une certaine température qui détermine leur combinaison*.

Dès lors, la production du gaz carbonique est liée à certaines circonstances, parmi lesquelles nous citerons : la respiration animale, la combustion, la fermentation, la décomposition à l'air de matières organiques.

Dans la respiration de l'homme et dans celle des animaux, le carbone est fourni par le sang, lequel, d'ailleurs, l'emprunte aux aliments. Quant à l'oxygène nécessaire, il est pris à l'air qui a pénétré dans l'appareil respiratoire.

La température développée par la combinaison produit la chaleur animale, d'autant plus grande d'ailleurs que la fonction de respiration est elle-même plus active.

Le bois et le charbon, brûlant dans le foyer, produisent également du gaz carbonique qui se dégage avec la fumée. Toutefois, il a fallu l'exciter* d'abord pour que la combinaison commence. C'est pour cette raison que l'on allume le feu. Par la suite, le phénomène se renouvelle, grâce à la chaleur qui provient de la combustion même.

Les liquides sucrés, comme le vin et le cidre nouveaux, renferment du carbone, lequel, au contact de l'oxygène de l'air, se transforme en gaz carbonique. Une excitation est encore nécessaire pour que la combinaison commence et se continue. Elle est produite par la présence dans ces liquides d'un microbe spécial que l'on nomme « ferment ».

Les matières organiques, végétales ou animales, qui s'altèrent à l'air sont également le siège de fermentations productrices de ce même gaz qui nous occupe.

Enfin, le gaz carbonique se dégage encore du sol en certains points et il existe de véritables sources de ce corps.

Pour toutes ces raisons, la production de ce gaz est considérable et continue, et sa proportion dans l'air irait s'accroissant si des causes naturelles ne venaient rétablir l'équilibre et en faciliter la disparition.

Parmi ces causes, l'une des principales est la fonction chlorophyllienne. Les plantes, en effet, absorbent par leurs feuilles le gaz carbonique de l'air; elles le décomposent, gardent le carbone et rejettent l'oxygène. Il est bon de remarquer que cette fonction si importante ne se produit que sous l'influence de la lumière.

D'autre part, l'eau dissout le gaz carbonique. Toutes les eaux de pluie en contiennent, ainsi que celles qui cheminent à travers le sol.

N'est-il pas merveilleux de penser que la plante et la goutte d'eau qui tombe du ciel contribuent à l'assainissement de l'atmosphère et rendent possible la vie à la surface de notre globe?

MOTS EXPLIQUÉS. — *Proportions infimes*, très petites. — *Détermine leur combinaison*, facilite leur union. — *Exciter*, faire agir plus vivement.

LES IDÉES. — 1. Quelle est l'origine du gaz carbonique? — 2. Comment expliquez-vous la chaleur animale? — 3. La fermentation du cidre et du vin ne présente-t-elle pas quelques dangers? — 4. Quelles précautions faut-il prendre pour entrer alors dans la cave?

RÉDACTION. — Dites ce qu'est le gaz carbonique et parlez du rôle qu'il joue chez les animaux et chez les plantes.

87. — Regrets du pays natal.

France, mère des arts, des armes et des lois,
Tu m'as nourri longtemps du lait de ta mamelle;
Ores*, comme un agneau qui sa nourrice appelle*,
Je remplis de ton nom les antres* et les bois.
Si tu m'as pour enfant avoué quelquefois,
Que ne me réponds-tu maintenant, ô cruelle?
France, France, réponds à ma triste querelle*;
Mais nul, sinon Écho, ne respond à ma voix.
Entre les loups cruels j'erre parmi la plaine,
Je sens venir l'hiver de qui la froide haleine
D'une tremblante horreur fait hérisser ma peau.
Las! tes autres agneaux n'ont faute de pâture;

Ils ne craignent le loup, le vent ni la froidure ;
Si ne suis-je pourtant* le pire du troupeau.

Heureux qui, comme Ulysse*, a fait un bon voyage,
Ou comme celui-là qui conquit la toison*,
Et puis est retourné, plein d'usage* et raison,
Vivre entre ses parents le reste de son âge !
Quand reverrai-je, hélas ! de mon pauvre village
Fumer la cheminée ; et en quelle saison
Reverrai-je le clos de ma pauvre maison
Qui m'est une province* et beaucoup davantage !
Plus me plaît le séjour qu'ont bâti mes aïeux
Que des palais romains le front audacieux :
Plus que le marbre dur* me plaît l'ardoise fine*,
Plus mon Loir gaulois* que le Tibre latin,
Plus mon petit Liré* que le mont Palatin*,
Et plus que l'air marin, la douceur angevine*.

Joachim du BELLAY* (1525-1560).

MOTS EXPLIQUÉS. — *Joachim du Bellay*, poète du XVIe siècle ; il dut suivre en Italie son cousin, le cardinal du Bellay, et à cette occasion exprima ses regrets d'avoir quitté son pays natal. — *Ores*, maintenant. — *Qui sa nourrice appelle*, mis pour : qui appelle sa nourrice. — *Antre*, caverne profonde. — *Querelle*, a ici le sens de plainte. — *Si ne suis-je pourtant...* et pourtant je ne suis pas. — *Ulysse*, héros grec qui erra dix ans sur les mers après la guerre de Troie. — *La toison :* il s'agit d'une toison d'or qui fut conquise par un autre héros grec, Jason, roi des Argonautes. — *Usage*, a ici le sens d'expérience. — *Qui m'est une province*, qui vaut pour moi une province et bien plus. — *Le marbre dur*, des palais italiens. — *Ardoise fine*, des maisons d'Anjou, pays des ardoisières. — *Loir gaulois*, la rivière du Loir qui baigne l'Anjou. — *Liré*, village d'Anjou où naquit du Bellay. — *Mont Palatin*, montagne qui domine Rome. — *Douceur angevine :* le climat de l'Anjou est renommé pour sa douceur.

LES IDÉES. — Dans cette poésie, les regrets du pays natal sont exprimés à la fois avec beaucoup de force et de naïveté. Dans la première strophe, ces regrets s'adressent à tout le pays de France ; dans la deuxième strophe, ils s'adressent plus particulièrement au village natal du poète.

RÉDACTION. — Indiquez, en prose, les regrets que Joachim du Bellay éprouve en pensant à son village natal.

88. — L'économie dans le ménage.

Le principal, l'unique devoir même de la femme envers les siens est de travailler à leur bonheur. Or, rien ne contribue plus que l'épargne au bonheur de la famille. Soit qu'on la produise, soit qu'on la possède, elle est essentiellement moralisatrice.

L'épargne dépend de deux conditions : le gain et la dépense ;

c'est de leur rapport que naît la prospérité ou la misère. Donc, pour réaliser l'épargne, il faut gagner autant que possible et réduire les dépenses au minimum*. La femme ne peut pas toujours contribuer au gain, mais son influence est toute-puissante dans l'emploi du gain et dans la réglementation des dépenses intérieures.

Avant d'entrer dans le détail des moyens, rappelons un principe que la morale ne permet de transgresser* à aucun prix : c'est que, si désireux que l'on soit de faire des économies, il n'est jamais permis de manquer à ce que l'on se doit à soi-même et aux autres. Quel que soit l'appétit que l'on ait pour le gain, quelque amour que l'on nourrisse pour l'épargne commencée et grandissante, on doit avant tout respecter la justice, mais d'un respect absolu, sans défaillance, sans compromissions, sans détours, sans indulgence ; on doit avoir au cœur et dans la pratique une charité vraie, faite de bonté et d'énergie, une charité que ne lassent ni l'ingratitude ni l'aridité des âmes* ; on doit aussi ne jamais manquer à ce que l'on doit à sa dignité et aux relations sociales.

Cela étant bien entendu, voyons quelles économies peut réaliser et, par suite, quel gain peut faire une femme qui vit à la campagne et qui dispose d'une modeste demeure, près de laquelle se trouvent un jardin, une petite cour et quelques dépendances, comme on en voit dans tous nos villages.

Pourquoi cette haie de jardin bordée d'orties, qui envahit une largeur de plus de cinquante centimètres et au pied de laquelle pullulent les gratterons, les liserons — fort jolis et très poétiques, j'en conviens, mais fort nuisibles aussi ? — Ces plantes très voraces pompent les sucs du sol à plus d'un mètre de distance, servent de refuge aux limaces et entretiennent une ombre et une humidité malfaisantes. Si vous remplaciez cette haie par une clôture qui n'emprunte rien à la terre, formée de pieux et de grands brins de fagots reliés par des manciennes*, vous gagneriez au moins trente mètres carrés de bonne terre, où pousseraient des haricots, pois et tomates qui alimenteraient votre table.

Voilà un petit coin inculte où rien ne vient que des mauvaises herbes ; défrichez*-le et semez-y des giroflées, du cerfeuil ou de l'estragon : tout cela se vend bien à la ville.

Au marché de T... je voyais souvent, le matin, une femme qui avait presque toujours, à côté de son panier à légumes, un paquet de plants de fleurs et quelques petits bouquets : c'étaient des primevères, des pâquerettes, des juliennes, de la lavande, des œillets, des pieds-d'alouette ; il s'y joignait parfois des plantes ou des fleurs que les enfants avaient cueillies dans les bois. Je lui en achetais souvent pour transporter un coin des champs dans mon jardin, et je lui disais : « Vous cultivez donc beaucoup de fleurs chez vous ? — Oh ! non, je n'ai pas le temps, mais ces fleurs se ressèment ou se multiplient toutes seules ; elles poussent sans soins dans les petits coins où il n'y a pas de légumes ; quand il fait très sec, je les arrose un peu, et c'est tout. — Combien cela vous rapporte-t-il à peu près ? — J'en vends pour une dizaine de sous tous les jours, tantôt plus, tantôt moins. » Et je trouvais cette femme très intelligente, et je la donnai souvent pour exemple à ceux qui se plaignent toujours d'être trop à court pour vivre. Souvent c'est leur bonne volonté et leur courage qui sont trop courts.

D'après M. HEURTEFÉU.

MOTS EXPLIQUÉS. — *Au minimum,* pour le moins. — *Transgresser,* auquel on ne peut désobéir. — *Aridité des âmes,* employé au figuré ; une âme *aride* ne s'émeut pas facilement, elle ne connaît ni les affections vives, ni la reconnaissance. — *Manclenne,* lien formé de la tige d'une plante grimpante appelée « viorne manclenne ». — *Défricher,* cultiver une terre qui n'a pas encore été cultivée.

LES IDÉES. — 1. Pourquoi la femme doit-elle s'appliquer à épargner ? — 2. Quel principe doit-on observer tout en épargnant ? — 3. Pourquoi les clôtures sont-elles préférables aux haies, à la campagne ?

RÉDACTION. — Pourquoi peut-on dire que l'épargne contribue au bonheur de la famille ?

89. — Comment on doit aimer la France.

Si vous voulez dans votre cœur,
Quand mes os seront sous la terre,
Sauver ce que j'eus de meilleur,
Garder mon âme tout entière...
Aimez, sans vous lasser jamais,
Sans perdre un seul jour l'espérance,
Aimez-la comme je l'aimais,
    Aimez la France !

Qu'importent les labeurs ingrats
Et l'injustice populaire !
Travaillez de l'âme et des bras,
Et je vous réponds du salaire.

Conservez ma robuste foi,
Vous aurez de plus la vaillance.
Enfants ! servez-la mieux que moi,
      Servez la France !

Servez-la dans l'obscurité
Avec la même idolâtrie*.
Arrière toute vanité,
Et gloire à toi, sainte patrie !
Votre honneur, amis, c'est le sien.
Humbles soldats de sa querelle*,
Souffrez, sans lui demander rien,
      Souffrez pour elle.

Vous tenez d'elle et des aïeux,
De ce grand passé qu'on envie,
Vos mœurs*, votre esprit* et vos dieux* ;
Vous lui devez plus que la vie.
Ne marchandez pas votre sang
Afin de la rendre immortelle...
Au premier rang, au dernier rang,
      Mourez pour elle !

         V. de LAPRADE, *Aimez la France*. (Librairie Hetzel.)

MOTS EXPLIQUÉS. — *Labeurs ingrats*, travaux pénibles, dont on ne reconnaît pas le mérite. — *Idolâtrie*, a ici le sens d'amour profond, de culte. — *Querelle*, a ici le sens de lutte entreprise pour défendre la patrie. — *Mœurs*, manières de vivre communes aux habitants d'un pays. — *Esprit*, manière de penser ; l'esprit français se distingue par sa clarté et par sa finesse. — *Vos dieux*, mis pour votre religion.

LES IDÉES. — 1. A qui s'adresse cette poésie ? — 2. Quel est le sens des deux vers suivants, contenus dans la deuxième strophe :

     « Travaillez de l'âme et des bras.
     Conservez ma robuste foi. »

— 3. Citez, dans le passé de la France, quelques faits glorieux qu'on peut nous envier. — 4. Quelles sont, d'après cette poésie, les différentes manières d'aimer la France ?

RÉDACTION. — Parmi les recommandations du poète, quelles sont celles qui pourraient s'adresser aux jeunes filles ?

90. — Hygiène de la bouche.

Les dents broient et divisent les aliments ; elles préparent ainsi le travail de l'estomac. Leur rôle est donc très important dans notre organisme.

L'adulte a 32 dents, 16 à chaque mâchoire : 8 incisives, 4 canines et 20 molaires.

Chaque dent se compose d'une partie extérieure, visible et saillante : on la nomme la couronne ; l'autre partie est la racine ; beaucoup plus longue et disposée en pointe ; elle s'enfonce dans un trou de l'os, nommé l'alvéole. Les dents sont consolidées dans leurs alvéoles par le bourrelet charnu des gencives. Celles-ci s'appliquent au collet de la dent, c'est-à-dire au point où la couronne se joint à la racine.

Dures et vivantes, les dents sont de petits os très compacts.

Elles sont formées d'une matière blanche que l'on nomme ivoire ; celui de la couronne est revêtu d'une couche plus dure et plus blanche, qui est l'émail. Au centre de la dent est un filet nerveux qui lui donne sa sensibilité et qui provoque des douleurs aiguës lorsque l'air extérieur parvient jusqu'à lui. C'est ce qui arrive lorsque la dent se gâte, se carie et qu'il se forme un trou.

Laisser gâter ses dents est une faute grave envers soi-même. Avec les mauvaises dents, la mastication* des aliments se fait mal, la digestion est pénible, l'estomac se fatigue et des maladies graves peuvent survenir.

D'autre part, des dents gâtées enlaidissent la plus jolie bouche et donnent une mauvaise haleine.

Soignez donc vos dents, mes enfants, car, une fois tombées, elles ne repoussent plus.

D'abord évitez de casser des objets durs, par exemple des amandes, des noisettes, des noyaux ; évitez aussi de boire trop chaud ou trop froid : l'émail de vos dents se conservera plus longtemps.

Matin et soir, après chaque repas, brossez-les sur toutes les faces avec une brosse spéciale passée sur une pâte dentifrice ou sur du charbon pilé, et rincez-vous la bouche avec de l'eau tiède.

Ces soins très simples, dont il faut contracter l'habitude, empêchent le séjour dans les anfractuosités* des dents des débris d'aliments et des corpuscules absorbés par la respiration ; ils vous donneront à la fois bonne haleine et des dents saines, surtout si vous n'abusez pas des sucreries*, qui ont une action très nuisible. Si une dent paraît en mauvais état, il importe d'aller chez un dentiste, qui fera le nécessaire.

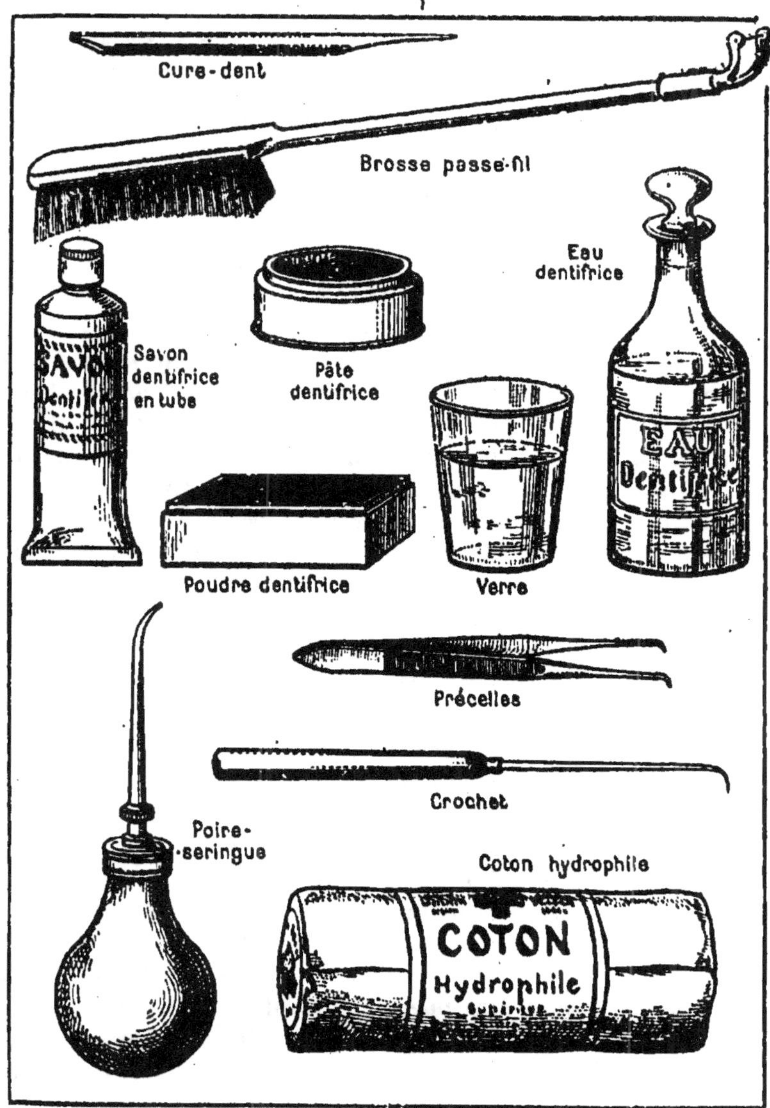

Nécessaire de toilette pour les soins de la bouche et des dents.

Extrait de Dr ROSENTHAL, *La Bouche et les dents.* (Librairie Larousse.)

MOTS EXPLIQUÉS. — *Mastication,* action de broyer les aliments avec les dents, pour faciliter la digestion. — *Anfractuosités,* trous déterminés par la carie dentaire. — *Sucreries,* nom courant sous lequel on désigne les bonbons et les gâteaux dont les enfants sont généralement très friands.

LES IDEES. — 1. Quelle est la fonction des dents ? — 2. Quelles sont les différentes parties des dents ? — 3. Quels soins doit-on prendre pour préserver les dents de la carie ?

RÉDACTION. — Description d'une dent. Soins à donner aux dents

91. — Notre maison.

Notre maison aurait offert, à un esprit observateur, un très aimable champ d'étude? Tous les êtres semblaient s'y donner rendez-vous sous une protection bienveillante. Nous avions une belle pièce d'eau poissonneuse près de l'habitation, mais point de volière*, mes parents ne supportant pas l'idée de mettre en esclavage des êtres qui vivent de mouvement et de liberté. Chiens, chats, lapins, cochons d'Inde vivaient paisiblement ensemble. Les poules apprivoisées, les colombes, entouraient sans cesse ma mère, et venaient manger dans sa main. Les moineaux nichaient chez nous; les hirondelles y bâtissaient jusque sous nos granges, elles voletaient dans les chambres mêmes, et, chaque printemps, revenaient fidèlement sous notre toit.

Que de fois aussi j'ai retrouvé, dans les nids de chardonnerets, arrachés de nos cyprès* par les vents d'automne, de petits morceaux de mes robes d'été perdus dans le sable! Chers oiseaux que j'abritais alors sans le savoir dans un pli de mon vêtement, vous avez aujourd'hui un abri plus sûr dans mon cœur, et vous ne le sentez pas!...

Nos rossignols, plus sauvages, nichaient dans les charmilles* solitaires; mais, sûrs d'une hospitalité généreuse, ils arrivaient cent fois le jour sur le seuil de la porte, demandant à ma mère, pour eux et leur famille, les vers à soie qui avaient péri.

Ma plus haute ambition eût été d'avoir à moi un oiseau, une tourterelle. Celles de ma mère, si familières, si plaintives, si tendrement résignées au temps de la couvée, m'attiraient vivement vers elles. Si la petite fille se sent mère par la poupée qu'elle habille, combien plus par une créature vivante qui répond à ses caresses! J'eusse tout donné pour ce trésor. Mais il en fut autrement; la colombe ne fut pas mon premier amour.

Le premier fut une fleur dont je ne sais pas le nom.

J'avais un petit jardin, sous un très grand figuier dont l'ombre humide rendait toutes mes cultures inutiles. Fort triste et fort découragée, j'aperçois un matin, sur une tige d'un vert pâle, une belle petite fleur d'or!... Bien petite, frissonnante au moindre souffle, sa faible tige sortait d'un petit bassin* creusé par les pluies d'orage. La voyant toujours frémir, je supposai qu'elle avait froid, et je lui fis une ombrelle de feuilles... Comment dire les transports que me donnait ma découverte? Seule

Mᵐᵉ Jules Michelet, femme auteur (1826-1899).

j'avais la connaissance de son existence, et seule sa possession. Le jour nous n'avions l'une pour l'autre que des regards. Le soir, je me glissais près d'elle, le cœur plein d'émotion. Nous parlions peu, de peur de nous trahir. Mais que de tendres baisers avant le dernier adieu!... Ces joies, hélas! ne durèrent que trois jours. Une après-midi, ma fleur se replia lentement pour ne plus se rouvrir... Elle avait fini d'aimer.

Mᵐᵉ Jules MICHELET. (Librairie Hachette.)

MOTS EXPLIQUÉS. — *Vollère,* grande cage dans laquelle on élève des oiseaux. — *Cyprès,* arbre de la famille des coni-fères que l'on plante souvent auprès des tombes. — *Charmilles,* allées plantées de charmes. — *Bassin,* pièce d'eau.

LES IDÉES. — 1. Quels animaux se trouvaient réunis dans la maison de Mme Michelet ? — 2. Expliquez la phrase : « vous avez aujourd'hui un abri plus sûr dans mon cœur. » — 3. Pourquoi la petite fille désirait-elle avoir une tourterelle ? — 4. De quels soins entoura-t-elle la petite fleur d'or qui poussa dans son jardin ?

RÉDACTION. — Aimez-vous les fleurs ? Décrivez la fleur que vous préférez.

92. — La société française avant la Révolution.

La société française, avant la Révolution, était divisée en trois ordres, états ou classes, à savoir : le clergé, la noblesse et le tiers état.

Le clergé était le premier corps du royaume. Les 130 000 personnes qui le composaient se répartissaient comme il suit : dans le clergé régulier*, 23 000 religieux en 2 500 monastères et 37 000 religieuses en 1 500 couvents; dans le clergé séculier*, 60 000 curés et vicaires. Une part considérable de la richesse du royaume lui appartenait; ses biens formaient un cinquième de la richesse du sol. Outre sa richesse, il avait conservé certaines prérogatives* d'une vie propre et indépendante. Sa grande assemblée se réunissait tous les cinq ans. Il s'imposait lui-même et votait sa contribution au roi sous forme de don gratuit. Dans ce corps riche et indépendant, la richesse était inégalement répartie. Un abîme séparait le haut clergé (évêques, chanoines, abbés et abbesses) du bas clergé. D'un côté, les riches revenus; de l'autre, à peine la subsistance nécessaire. Il arrivait souvent que le titulaire d'une cure de campagne était un abbé de monastère ou un grand seigneur ecclésiastique, qui, moyennant quelques centaines de livres, chargeait un pauvre prêtre de remplir ses devoirs sacerdotaux.

La noblesse était le second ordre du royaume. Il y avait en France, à la fin du XVIIIe siècle, environ 140 000 nobles, répartis dans 25 000 ou 30 000 familles.

La première source de noblesse était la naissance; mais, depuis le XIVe siècle, on pouvait acheter du roi des lettres de noblesse; on devenait noble encore par l'exercice de certaines charges importantes, comme celles de secrétaire du roi ou de président du Parlement. La noblesse comme le clergé était un corps riche et privilégié; comme lui, elle possédait environ un cinquième du sol.

Ses privilèges l'exemptaient de la taille*, de la corvée*, lui donnaient le droit de parvenir presque exclusivement aux grandes charges de l'État et de l'Église, et lui conféraient un ensemble de droits désignés sous le nom de droits féodaux.

A la fin du XVIIIe siècle, la noblesse a perdu son action sur le roi, qui l'a soumise et dépouillée, et sur le peuple, auquel elle a cessé de rendre des services. Depuis le XVIe siècle, la haute noblesse, — prélats et gentilshommes riches, — vit à la cour; la petite noblesse est contrainte par sa pauvreté à vivre en province, où le point d'honneur nobiliaire lui interdit le travail.

Tout homme qui n'est ni prêtre, ni noble, fait partie du tiers état : il est roturier. Le tiers état comprend deux groupes principaux, la bourgeoisie et le peuple. Sont bourgeois les gens qui ne travaillent pas de leurs mains : avocats, juges, médecins, employés de finance, riches marchands... Les bourgeois forment une classe intermédiaire entre la noblesse et le peuple. Font partie du menu peuple : les artisans, les gens de journée, les soldats, les paysans. Tous ces hommes étaient de condition libre : les derniers serfs furent affranchis à la veille de la Révolution. Déjà les paysans avaient, à force de travail et de privations, acquis une partie du sol morcelé en petites propriétés; néanmoins ils souffraient de deux grands abus : d'une part des servitudes désignées sous le nom de droits féodaux, d'autre part du fardeau de l'impôt que le peuple des campagnes supportait presque entièrement.

D'après CORRÉARD, *Histoire de la France et de l'Europe, 1789 à 1889.*
(Masson, éditeur.)

MOTS EXPLIQUÉS. — *Clergé régulier,* soumis à des règles dans les monastères. — *Clergé séculier,* qui n'est pas engagé dans les ordres religieux. — *Prérogatives,* avantages particuliers, privilèges. — *Taille,* impôt qui remplaçait autrefois les impôts directs actuels. — *Corvée,* impôt qui se payait sous forme de journées de travail.

LES IDÉES. — 1. Comment était divisée la société française avant la Révolution? — 2. Quels étaient les privilèges du clergé et de la noblesse? — 3. Quelle était la condition du tiers état?

RÉDACTION. — Quelles différences existe-t-il entre la condition des paysans d'autrefois et celle des paysans d'aujourd'hui?

93. — La vanité.

Tout près du lac filtre* une source,
Entre deux pierres, dans un coin;
Allègrement* l'eau prend sa course
Comme pour s'en aller bien loin.

Elle murmure : « Oh! quelle joie!
Sous terre, comme il faisait noir!
Maintenant ma rive verdoie,
Le ciel se mire à mon miroir*.

Les myosotis aux fleurs bleues
Me disent : ne m'oubliez pas!
Les libellules* de leurs queues
M'égratignent dans leurs ébats.

A ma coupe, l'oiseau s'abreuve;
Qui sait? Après quelques détours
Peut-être deviendrai-je un fleuve
Baignant vallons, rochers et tours?

Je borderai de mon écume
Ponts de pierre, quais de granit,
Emportant le steamer* qui fume
A l'océan où tout finit. »

Ainsi la jeune source jase*
Formant cent projets d'avenir;
Comme l'eau qui bout dans un vase,
Son flot ne peut se contenir.

Mais le berceau touche à la tombe;
Le géant futur meurt petit;
Née à peine, la source tombe
Dans le grand lac qui l'engloutit.

Th. GAUTIER, *Les Émaux.* (Fasquelle, éditeur.)

MOTS EXPLIQUÉS. — *Filtre,* coule goutte à goutte, comme ferait un liquide à travers un filtre. — *Allègrement,* avec vivacité et avec un bruit joyeux. — *Le ciel se mire en mon miroir,* l'eau de la source reflète le ciel et lui sert ainsi de miroir. — *Libellule,* insecte vulgairement appelé « demoiselle ». — *Steamer,* mot anglais francisé; signifie bateau à vapeur. — *Jase,* babille, parle sans cesse.

LES IDÉES. — 1. Distinguez les diverses parties de cette poésie : 1° Naissance de la source; 2° Description du ruisseau que forment ses eaux au sortir de terre; 3° Rêves ambitieux de la source; 4° Comment finit son histoire. — 2. Relevez les comparaisons contenues dans les deux dernières strophes.

RÉDACTION. — Racontez l'histoire de la source dont il est question dans cette poésie. Quelle conclusion en tirez-vous?

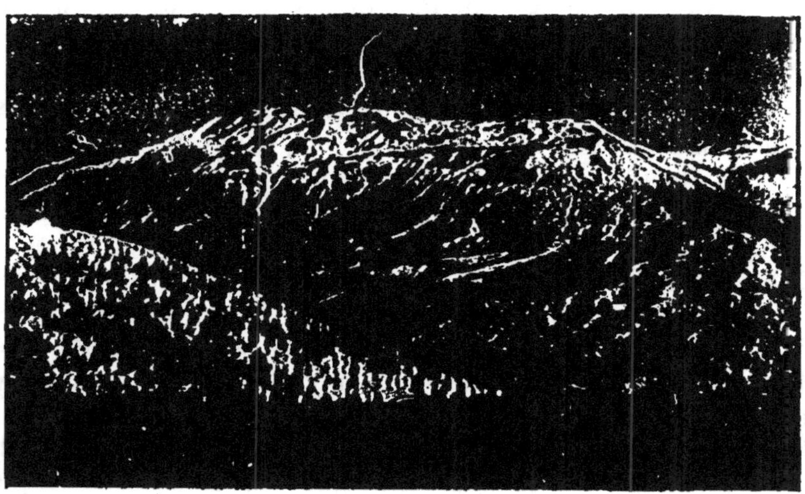

Paysage d'Auvergne.

94. — Le bassin du Puy.

Rien ne peut donner une idée de la beauté pittoresque * du
bassin du Puy, et je ne connais point de site * dont le caractère
soit plus difficile à décrire. Ce n'est pas la Suisse : c'est moins terrible ; ce n'est pas l'Italie : c'est plus beau ; c'est la France centrale avec tous ses vésuves * éteints revêtus d'une splendide
végétation ; ce n'est pourtant ni l'Auvergne, ni le Limousin que
l'on connaît d'ordinaire.

Ici point de riche Limagne, arène * vaste et tranquille de moissons et de prairies, limitée au loin par un horizon de montagnes soudées ensemble ; point de plateaux fertiles fermés de
fossés naturels. Non ; tout est cimes et ravins, et la culture ne
peut s'emparer que de profondeurs resserrées et de versants
rapides. Elle s'en empare et se glisse partout, jetant de frais
tapis de verdure, de céréales et de légumineuses avides de la
cendre fertilisée des volcans, jusque dans les interstices * des cou-
lées de lave qui la rayent dans tous les sens. A chaque détour
anguleux de ces contrées, on entre dans un désordre nouveau,
qui semble moins infranchissable que celui qu'on quitte : mais
quand, des bords élevés de cette enceinte tourmentée, on peut
l'embrasser d'un coup d'œil, on y retrouve les vastes proportions

et les suaves harmonies* qui font qu'un tableau est admirable
et que l'imagination n'y peut rien ajouter.

L'horizon est grandiose. Ce sont d'abord les Cévennes.

Dans un lointain brumeux, on distingue le Mézenc avec ses
longues pentes et ses brusques coupures, derrière lesquelles se
dresse le Gerbier-de-Joncs. D'autres montagnes, de formes
variées, les unes imitant dans leurs formes hémisphériques les
ballons vosgiens, les autres plantées de murailles droites, çà et
là vigoureusement ébréchées, circonscrivent un espace du ciel
aussi vaste que celui de la campagne de Rome, mais profondément creusé en coupe, comme si tous les volcans qui ont labouré
cette région eussent été contenus dans un cratère commun d'une
dimension fabuleuse.

Au-dessous de cette magnifique nature, les détails du tableau
se dessinent parfois avec une prodigieuse netteté. On distingue
une seconde, une troisième et par endroits une quatrième enceinte de montagnes également variées de formes, et s'abaissant
par degrés vers le niveau central des trois rivières qui sillon-
nent ce que l'on peut appeler la plaine ; mais cette plaine n'est
qu'une apparence relative : il n'est pas un point du sol qui n'ait
été soulevé, tordu ou crevassé par les convulsions géologiques.

D'après George SAND.

MOTS EXPLIQUÉS. — *Beauté pitto-resque*, beauté qui produirait en peinture un heureux effet. — *Site*, paysage que l'on considère uniquement au point de vue de l'aspect. — *Vésuves :* le Vésuve est un volcan ; par analogie, on donne ici le nom de « vésuves » aux anciens volcans d'Auvergne. — *Arène*, au sens propre : amphithéâtre ; est ici employé au sens figuré ; les moissons et les prairies de la Limagne forment un parterre que bordent les montagnes étagées comme les gradins d'un amphithéâtre. — *Interstice*, petit intervalle. — *Suaves harmonies*, belle disposition, heureux agencement des parties du tableau.

LES IDÉES. — 1. A quoi tient la beauté pittoresque du bassin du Puy ? — 2. Quelles montagnes aperçoit-on à l'horizon ?

RÉDACTION. — Quel est l'aspect général du bassin du Puy ?

95. — La visite aux pauvres, ses effets moraux.

Faire la charité sans avoir vu la demeure du pauvre, c'est
la faire au hasard et produire souvent plus de mal que de bien :
le grand principe doit consister à ne donner que lorsqu'on connaît et qu'on a vu de ses propres yeux.

Et remarquez que ces visites ont un double effet et des plus
importants ; d'abord, quand le pauvre voit entrer une dame

charitable qui s'intéresse à lui, le questionne, l'encourage et lui dit quelques bonnes paroles, n'est-ce pas comme un rayon de soleil qui pénètre dans sa mansarde* toujours sombre ?...

Ou bien, lorsqu'un homme âgé, à cheveux blancs, se donne la peine d'aller visiter les pauvres familles, un ouvrier malade, n'est-ce pas pour eux une démarche qui les honore, qui les relève, et ne reprennent-ils pas courage à la seule pensée qu'ils ont un protecteur et qu'ils ne sont pas délaissés ?

Enfin, lorsqu'un jeune homme ou une jeune fille vont apporter dans un intérieur triste et découragé quelques vêtements et quelques secours, qu'ils s'asseyent un instant à côté du lit d'un malade..., n'y a-t-il pas là pour le pauvre de quoi relever son courage ?

Visiter le malheureux chez lui produit donc le meilleur résultat. N'est-ce pas, en effet, un des moyens de rapprocher les classes, d'éteindre les haines d'en bas, de diminuer les défiances d'en haut ? Ne sommes-nous pas solidaires*, et les souffrances des uns n'ont-elles pas leur contre-coup sur les autres ?

Le pauvre est du reste extrêmement sensible : une visite lui fait souvent plus de plaisir qu'une aumône* ; il en garde longtemps le souvenir : elle est un honneur dans son existence deshéritée et il en est reconnaissant.

Pour les personnes charitables, ces visites ont aussi un grand avantage. Quand on ne voit jamais de gens plus malheureux que soi, on est facilement disposé à être mécontent de son sort, à ne pas apprécier ce que l'on a, à vouloir davantage, à regarder d'un œil d'envie au-dessus de soi. C'est le moyen d'être toujours malheureux.

Quand, au contraire, on visite les pauvres, quand, à la vue de leurs souffrances et de leurs difficultés, on compare leur vie à celle que l'on a soi-même, on devient humble* et reconnaissant.

Jules SIEGFRIED, *La Misère.* (Alcan, éditeur.)

MOTS EXPLIQUÉS. — *Mansarde,* chambre sous les toits. — *Solidaires* : les hommes vivant en société sont dans un état de dépendance mutuelle ; ils ne peuvent se désintéresser les uns des autres — *Aumône,* don que l'on fait aux pauvres. — *Humble* : on a le sentiment de son peu de mérite.

LES IDÉES. — 1. Quels sont les heureux effets que peut produire la visite aux pauvres sur les malheureux ? — Quels sont les avantages de ces visites pour les personnes charitables — 3. Expliquez la phrase : « n'est-ce pas pour eux une démarche qui les honore et qui les relève ? »

RÉDACTION. — Racontez la visite d'une jeune fille dans une mansarde où habitent une pauvre veuve et ses enfants. Un des enfants est malade ; la mère est sans ressources et ne trouve pas de travail. Que fait la jeune fille charitable ?

96. — Les métaux dans le ménage.

La cuisine est l'orgueil de la ménagère : le pavage, fait de carreaux rouges, est propre et luisant; sous la cheminée, les cuivres du fourneau étincellent et font ressortir le noir brillant de la fonte qu'une brosse alerte a recouverte de mine de plomb.

Le long des murs, aux couleurs claires ou blanchis à la chaux, s'alignent en bon ordre les ustensiles de cuisine. Voici les poêles et les grils de fer où l'on chercherait vainement une tache brune de rouille, les chaudrons étamés ou émaillés* rangés avec symétrie, les bassines de cuivre si polies et si reluisantes que les rayons du soleil s'y jouent et s'y attardent comme à plaisir.

Or, que faut-il à cette ménagère pour avoir une cuisine si jolie et si bien entretenue ? Peu de chose, vraiment; mais pourtant de bien précieuses qualités : de l'ordre, du soin, l'amour du travail et de la propreté. A ces qualités, joignons quelques connaissances pratiques que toute jeune fille doit se hâter d'acquérir, et voilà une ménagère parfaite.

Le fourneau de cuisine prend un beau poli au moyen de la mine de plomb que l'on étend en couche mince, après l'avoir légèrement humectée; le brillant s'obtient à l'aide d'une brosse. Les cuivres de ce fourneau se nettoient avec une pâte spéciale que l'on enlève ensuite en frottant avec un chiffon à fibres douces.

On fait disparaître les taches de rouille sur les ustensiles de fer en se servant de toile émeri*; si, plus profondes, elles persistent, on emploie du pétrole; dans ce cas, on flambe ensuite l'objet pour faire disparaître toute odeur.

Les objets en fer, une fois nettoyés, sont frottés légèrement avec un chiffon gras.

Il faut éviter de laisser séjourner les aliments dans des vases de fer ou de fonte : ils y contractent assez vite un goût très désagréable; on vide ces vases et on les nettoie avec du sable fin ou des cendres mouillées.

Les bassines et chaudrons en tôle émaillée sont propres et d'un entretien facile, mais il ne faut pas les laisser au feu sans nécessité, car l'émail qui revêt le vase a une tendance à s'écailler et à se détacher.

Les vases de cuivre sont le luxe de la cuisine; la grande conductibilité du métal les rend précieux pour la préparation des mets qui doivent être saisis*. On les nettoie avec du sable humecté de vinaigre et on achève avec de la poussière de tripoli. N'oublions pas surtout que l'humidité fait naître sur le cuivre une rouille, dite vert-de-gris, laquelle est un poison violent.

On fait briller les couteaux en les passant sur un cuir; quant aux couverts en métal blanc et à l'argenterie, on les enduit de blanc d'Espagne délayé dans de l'eau et on les frotte avec une peau de chamois*.

MOTS EXPLIQUÉS. — *Chaudrons émaillés*, recouverts d'émail, matière vitrifiée. — *Toile émeri*, toile couverte d'une poussière minérale très dure, qui sert à polir les métaux. — *Mets saisi*, viande exposée à un feu vif qui amène la coagulation rapide de l'albumine. — *Chamois*, animal qui vit dans les Alpes et les Pyrénées.

LES IDÉES. — 1. Quelles sont les qualités de la ménagère? — 2. L'ordre et la propreté n'exercent-ils pas une influence sur la famille? — 3. Comment nettoie-t-on le fourneau et les divers ustensiles de cuisine?

RÉDACTION. — Vous avez visité une cuisine bien tenue. Racontez votre visite et dites l'impression que vous avez éprouvée.

97. — Mme Coralie Cahen.

Fille de la Lorraine, veuve de bonne heure d'un médecin distingué de Nancy, Mme Coralie Cahen pleurait encore la perte de son unique enfant que ses soins n'avaient pu arracher à la mort, lorsque la guerre de 1870 éclata. Elle fut la première à accourir sur les champs de bataille pour porter des soins à nos soldats blessés. Pour plaindre le mal d'autrui, il faut soi-même avoir souffert; pour aller au secours de ceux qui souffrent et ne pas se contenter d'en avoir pitié, il faut de plus avoir un grand cœur. Mme Coralie Cahen n'hésita pas à se rendre au milieu des souffrances de toutes sortes que les armées traînent toujours à leur suite, pour les soulager. Elle savait que l'assistance des blessés, œuvre de paix au milieu de la guerre, et d'amour au milieu du déchaînement des haines, a besoin de trouver comme interprète* le sexe dont le cœur a des réserves inépuisables de tendresse pour tout ce qui souffre; elle savait que la femme, faite pour manier le corps délicat de l'enfant, pour consoler ce petit être par de douces paroles et par de tendres caresses, quand il pleure, est bien faite pour soigner les blessés. Ne sont-ils pas, en effet, la plupart, redevenus un peu enfants, ces pauvres soldats sanglants, étendus sur la paille et qui sentent la vie prête à leur échapper d'un instant à l'autre? Celui qui, par hasard, est

entré dans une ambulance* a toujours été frappé du ton en-
fantin dont parlent les blessés. Le soldat, à l'ambulance, redevient réellement un enfant. Aussi est-ce une mère qu'il lui faut
pour le consoler, l'encourager, lui donner confiance dans une
guérison prochaine ; une mère seule est capable des précautions

Mᵐᵉ Coralie Cahen, philanthrope française (1832-1899).

exquises* que réclame le blessé dans le délire de la fièvre aussi
bien que dans les heures d'abattement et de sombre désespoir;
elle seule sait deviner ses désirs, calmer ses plaintes et lui faire
oublier ses souffrances ; qui donc, si ce n'est elle, aurait au fond
du cœur une provision inépuisable de bonté, de mots de femme
si doux à entendre qu'ils semblent des chants d'oiseaux, et que,
seule, sait dire une mère berçant son enfant? Mᵐᵉ Coralie Cahen
fut une mère pour les malades et les blessés de l'armée de Metz.
Ce n'est pas nous qui, le premier, l'avons appelée ainsi! plus
d'une fois les blessés dans leur délire*, d'autres dans leur reconnaissance, lui donnèrent ce beau nom de mère.

J. TURQUAN, *Les Femmes de France pendant l'invasion.*
(Berger-Levrault, éditeur.)

MOTS EXPLIQUÉS. — *Interprète :* la femme seule est capable de traduire par des actes les sentiments de paix et d'amour qui ont inspiré l'assistance aux blessés. — *Ambulance,* hôpital militaire que l'on établit à la suite d'une armée en campagne. — *Précautions exquises,* précautions délicates, inspirées par le cœur. — *Délire,* égarement d'esprit causé par la maladie; accompagne généralement la fièvre.

LES IDÉES. — 1. Quels malheurs avait éprouvés Mme Coralie Cahen avant la guerre de 1870? — **2.** A quelle tâche se consacra-t-elle pendant la guerre? — 3. Pourquoi les femmes conviennent-elles particulièrement pour soigner les blessés? — 4. Quel nom les soldats de l'armée de Metz donnèrent-ils à Mme Coralie Cahen?

RÉDACTION. — Que savez-vous de Mme Coralie Cahen?

98. — Le pot-au-feu.

Le pot-au-feu est un mets essentiellement français, un de ceux qui distinguent notre cuisine de toutes les autres. Sous tous les climats, on accommode les viandes de diverses façons avec des légumes; mais il n'appartient qu'à nous de les faire bouillir pour en extraire le suc. Dans toutes les classes de la société, on apprécie la saveur d'un bon pot-au-feu et le pauvre y trouve les éléments essentiels d'un repas : soupe, viande, légumes.

Une bonne ménagère sait que tous les morceaux de viande ne conviennent pas également pour faire un pot-au-feu : la tranche, le gîte à la noix, qui forment la partie supérieure de la cuisse du bœuf, le collier (partie supérieure de l'épaule) sont les morceaux les plus appréciés; la chair ne doit être ni trop grasse, ni trop maigre.

Quant aux légumes : carottes, poireaux, navets, oignons, céleri, ils contribuent à donner de la saveur au bouillon. Celui-ci devient délicieux lorsqu'on peut ajouter une poule au morceau de bœuf; c'est la bonne « poule au pot » dont parlait notre roi Henri IV.

On emploie ordinairement 3 litres d'eau pour 1 kilogramme de bœuf. Faut-il mettre la viande dans l'eau froide ou attendre que cette dernière soit en ébullition? voilà une question qui divise souvent les ménagères. Dans le premier cas, l'albumine* de la viande se dissout lentement dans l'eau : le bouillon est plus nutritif. Dans le second cas, les parties albumineuses, subitement coagulées*, ne se dissolvent pas et il n'y a pas production d'écume : le bouilli est plus succulent. La ménagère peut donc procéder de l'une ou de l'autre façon, selon qu'elle a en vue le potage ou le bœuf.

Quelle que soit la méthode employée, on sale l'eau en mettant la viande et on pose la marmite sur un feu doux; on ne met les légumes que lorsque l'écume est enlevée et que l'eau a bouilli doucement pendant dix minutes environ.

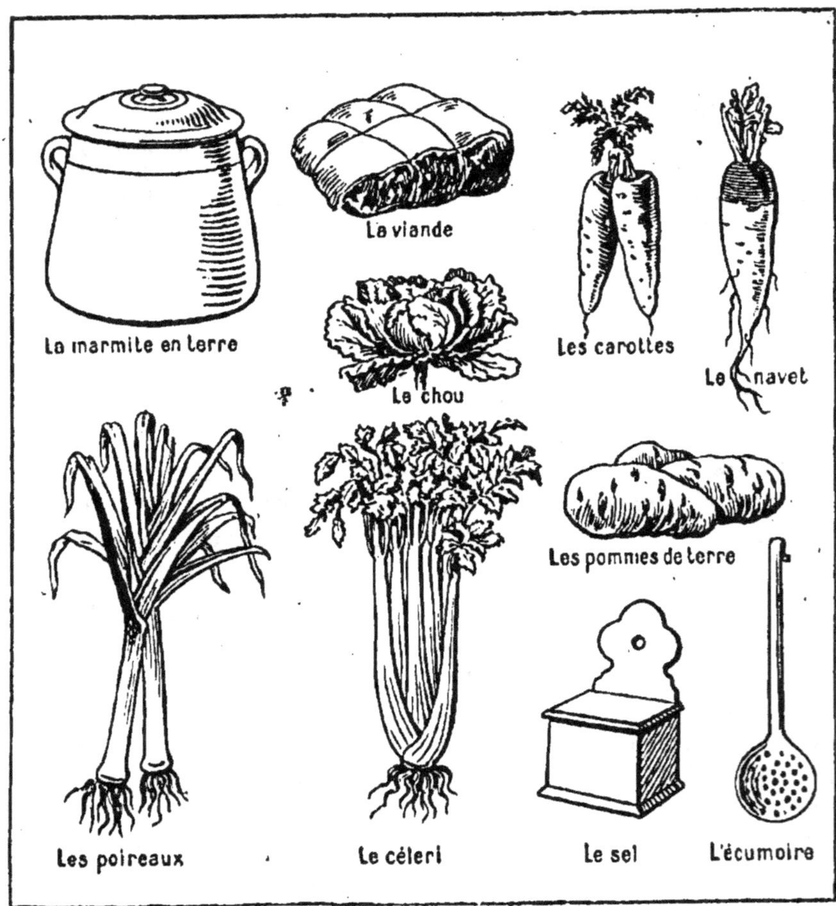

Pour faire le pot-au-feu.

La cuisson, qui dure de trois à quatre heures, doit être menée lentement : la régularité de l'ébullition est une des conditions les plus essentielles de la réussite.

Lorsqu'on retire la viande, on dégraisse le bouillon ; beaucoup de cuisinières aiment à le colorer; de tous les ingrédients* que l'on emploie à cet effet, le meilleur est le caramel*.

Le bouillon est moins nourrissant qu'on ne le croit habituellement; il contient à peine 10 grammes de substances réparatrices pour une livre de viande; mais, par son odeur et par sa saveur agréables, il excite l'appétit et provoque la sécrétion des sucs digestifs. Quant à la viande, elle est nutritive, puisqu'elle a cédé peu de ses principes au bouillon, et, quand elle n'est pas trop cuite, elle est encore savoureuse.

MOTS EXPLIQUÉS. — **Albumine,** substance organique azotée que l'on trouve dans les végétaux et dans les animaux. — **Coagulées,** prises en caillot, en gelée.

—**Ingrédient,** tout ce qui entre dans la composition d'une boisson, d'un mets, d'un médicament. — **Caramel,** produit brun, aromatique, obtenu en faisant brûler du sucre.

LES IDÉES. — 1. Quels sont les principaux mérites d'un bon pot-au-feu ? — 2. Qu'arrive-t-il lorsqu'on met la viande dans l'eau froide ? — 3. Qu'arrive-t-il lorsqu'on met la viande dans l'eau bouillante ? — 4. A quel mot historique est-il fait allusion dans le passage où il est question de la « poule au-pot » ?

RÉDACTION. — Comment fait-on le pot-au-feu ?

99. — Angélique Paran.

Angélique Paran a soixante ans et depuis quarante-sept ans sa vie n'est qu'un long exemple de sacrifice et de dévouement. Elle était fille de très pauvres gens, la huitième de douze enfants ; bonne et courageuse ouvrière, elle n'a jamais voulu quitter ses parents. En 1847, elle soignait ses trois petits frères atteints de la petite vérole*. Elle avait alors treize ans. En 1854, elle adoptait une jeune nièce dont la mère venait de mourir ; puis, pendant vingt ans, nuit et jour, elle a travaillé pour nourrir ses parents infirmes. Et lorsqu'elle est restée seule au monde, sans famille, elle aurait bien eu le droit de se reposer, de vivre enfin un peu pour elle-même ; mais elle avait pris l'habitude de se dévouer, de se donner ; elle ne pouvait plus faire autre chose, et elle s'est consacrée tout entière aux pauvres et aux malades. Angélique Paran est la providence* de sa commune et des villages voisins. Partout où il y a quelque infortune à secourir, quelque maladie contagieuse à soigner, elle est là, la première, toujours. Voilà ce qu'attestent* tous les anciens du village, par une suite de signatures gauches, maladroites, tracées par des mains pour lesquelles les outils du laboureur et de l'artisan sont moins embarrassants et plus légers qu'une plume.

C'est, en somme, tout un village de France qui nous dit : « Il y a parmi nous une créature parfaite, qui a toujours vécu sous nos yeux et que nous admirons et que nous aimons tous. Accordez-lui un de vos Prix de vertu. Nous en serons tous bien heureux, et l'argent que vous lui donnerez ne restera pas longtemps entre ses mains : il ira tout de suite à ses seuls amis : les pauvres et les malades. »

Ludovic HALÉVY, *Discours sur les Prix de vertu* (1894).

LES IDÉES. — 1. Quels sont les divers actes de dévouement accomplis par Angélique Paran ? — 2. Par qui ces actes ont-ils été révélés ? — 3. Qu'appelle-t-on « Prix de vertu » ? Par qui sont-ils décernés chaque année ?

RÉDACTION. — Racontez la vie d'Angélique Paran.

100. — Conseils du bonhomme Richard.

Mange et bois exactement la quantité d'aliments que ton corps réclame en raison des services de ton esprit.

Ceux qui étudient beaucoup ne doivent pas manger autant que ceux qui font un travail violent, parce que leur estomac ne digère pas aussi facilement.

Quand tu auras trouvé la quantité et la qualité qui te sont nécessaires, garde-les constamment.

Évite l'excès en toute chose.

La jeunesse, la vieillesse, la maladie exigent une différente qualité de nourriture. Il en est de même pour les diverses constitutions ; ce qui est trop pour un tempérament sanguin* n'est pas assez pour un tempérament lymphatique*.

La quantité de nourriture doit être, autant que possible, proportionnée à la qualité et aux conditions de l'estomac, pour que celui-ci la digère. Si cette quantité est suffisante, l'estomac peut parfaitement la contenir et la digérer ; elle suffit pour nourrir convenablement le corps.

On peut manger de certains aliments plus que d'autres, quand ils sont de plus légère digestion. La difficulté est de trouver une mesure exacte ; mais tu dois manger par nécessité, non par plaisir, car la gourmandise ne sait pas où le besoin finit.

Veux-tu jouir d'une longue vie, d'un corps sain, d'un esprit vigoureux ? Travaille d'abord à soumettre tes appétits à ta raison.

FRANKLIN.

LES IDÉES. — 1. Sur quoi doit-on régler la quantité de nourriture ? — 2. Que faut-il faire pour jouir d'une longue vie et d'un corps sain ?

RÉDACTION. — Quels sont les mets que vous préférez ? Indiquez comment l'on peut préparer l'un d'eux, à votre choix.

101. — La mère de famille.

Si l'homme a la souveraineté dans la famille, s'il a la surveillance générale et la grande direction, il est un empire circonscrit* sans doute, mais infini dans le détail et de grande consé-

Mars.
Les Travaux de la vigne.

quence pour le bonheur de la
famille, où la femme exerce
l'autorité immédiate* et presque
l'autorité absolue. Cet empire,
je ne veux pas en dissimuler le
nom, c'est le ménage...

Le ménage est pour la femme
un devoir agréable, elle doit s'y
plaire, s'y livrer avec sérieux et
enjouement*; elle y est admirablement propre; son esprit, ami
des détails, se déploie et se joue
heureusement dans les mille
soins de l'administration intérieure. Qu'elle ne croie point
d'ailleurs que le ménage ne

puisse donner l'occasion des vertus hautes, nobles ou délicates.
L'économie*, par exemple, est une vertu bien humble et bien commune; on ne se vante guère de l'avoir, on se vante souvent de ne
l'avoir pas; et cependant si, par économie, la femme épargne le
travail et les jours de son mari et réserve après elle un morceau
de pain à ses enfants, si par l'économie elle sauve la considération
de sa famille, et, sans chercher à éblouir par un éclat emprunté
qui ne cache point l'indigence, elle commande le respect par une
dignité modeste et une fière simplicité, cette vertu que l'on traite
de prosaïque* ne peut-elle pas être appelée à bon droit une vertu
héroïque, dans un temps où elle est si difficile à pratiquer et

dans une société consumée par les rivalités de luxe et l'insatiable besoin de paraître?

L'ordre, la règle est une vertu bien froide et bien peu attachante; et cependant l'ordre dans le ménage, c'est déjà l'ordre dans les pensées, dans les sentiments; ce n'est point tout le bonheur, mais c'est une partie du bonheur; ce n'est point la sagesse, mais c'est une des conditions de la sagesse. D'ailleurs ce ne sont point seulement les qualités solides et les vertus raisonnables que la femme trouve à déployer dans l'intérieur du ménage; elle peut y introduire ce qui est sa nature même : le goût, la grâce et l'élégance.

La plus modeste fille du peuple a une fleur sur sa fenêtre : n'est-ce point une preuve que la vie peut être ornée dans toutes les conditions? L'élégance de la vie n'a rien qui soit contraire à la morale, quand elle n'est point disproportionnée avec les moyens que nous donne la fortune... Le ménage a donc son élégance, sa beauté, sa poésie même.

Le grand poète de l'Allemagne* le savait bien, lui qui, dans son roman de *Werther*, voulant introduire sur la scène une charmante héroïne, n'a pas craint de choisir une des scènes les plus naïves de la vie ménagère et de nous la montrer distribuant à ses jeunes frères des tartines de beurre.

La poésie n'est ni si loin, ni si haut que nous l'ont dit nos rêveurs; elle est là, elle est partout et surtout dans les choses simples. Le coin du feu, la table ronde, le repas du soir, la toilette de l'enfant, voilà la poésie de la famille.

D'après P. JANET, *La Famille*. (Calmann Lévy, éditeur.)

MOTS EXPLIQUÉS. — *Empire circonscrit,* limité d'une manière précise. — *Autorité immédiate,* autorité qui s'exerce directement, sans intermédiaire. — *Enjouement,* disposition de l'âme à prendre les choses gaiement. — *Économie :* la femme économe est celle qui règle ses dépenses sur ses ressources et qui emploie celles-ci au mieux des intérêts de la famille. — *Vertu prosaïque,* vertu vulgaire, sans éclat. — • *Le grand poète de l'Allemagne* •... Il s'agit de Gœthe (1749-1832) : Charlotte, la charmante héroïne du roman de *Werther,* tire une partie de son charme de sa simplicité à remplir ses devoirs domestiques.

LES IDÉES. — 1. Faites ressortir le rôle de la mère de famille. — 2. Pourquoi l'économie peut-elle être à bon droit une « vertu héroïque »? — 3. En quoi l'ordre peut-il être considéré comme une des conditions de la sagesse? — 4. Où réside la poésie de la famille?

RÉDACTION. — Décrivez un repas du soir pris en famille, en vous attachant à faire ressortir le charme et la poésie de cette scène.

École polytechnique, à Paris : entrée principale.

102. — L'œuvre de la Convention.

Au milieu de la crise* la plus terrible que la France ait traversée, la Convention n'a cessé de travailler à doter la patrie d'institutions conformes au nouvel état social créé par la Révolution. Elle acheva la révolution agraire* commencée par la Constituante et la Législative, en décrétant « qu'aucun Français ne pourra percevoir des droits féodaux et des redevances de servitude, en quelque lieu de la terre que ce puisse être, sous peine de dégradation civique ».

Sur la demande de Cambon, la Convention décrète la création du Grand-Livre de la Dette publique. Toutes les dettes de l'État, sans tenir compte de leur origine ou de leurs conditions d'émission, sont converties en une rente* uniforme à 5 pour 100 dont le capital ne sera jamais exigible. Condorcet avait rédigé un vaste plan d'enseignement national qui embrassait tous les degrés d'instruction, mais la Convention dut courir d'abord au plus pressé, c'est-à-dire aux écoles élémentaires. Elle vota la loi du 29 frimaire* an II, qui rendait l'enseignement primaire obligatoire et mettait le salaire des instituteurs et institutrices à la charge de la République. Après la chute de Robespierre, le principe de l'obligation et de la gratuité fut abandonné. La Convention n'eut ni le temps ni les ressources nécessaires pour organiser l'instruction primaire.

Elle inaugura* les écoles centrales qui correspondent aux lycées d'aujourd'hui. Pour l'enseignement supérieur, elle ouvrit à Paris deux écoles de droit et constitua les écoles de médecine de Paris, Montpellier et Strasbourg. A l'organisation du service médical se rattache une réforme des hôpitaux qui, sous l'ancien régime, étaient dans un état affreux. La Convention créa les grandes écoles spéciales : l'École centrale des Travaux publics, qui est devenue l'École polytechnique; l'École normale, pour le recrutement des professeurs; elle rétablit sur un plan nouveau l'École des Mines, ajouta de nouvelles écoles de navigation à celles qu'avait créées la Constituante. Le Jardin du roi ou Jardin des Plantes devint le Muséum pour l'enseignement des sciences naturelles.

Parmi les créations de la Convention, il faut citer encore le Collège de France, le Conservatoire des Arts et métiers, le Conservatoire national de Musique, le Musée du Louvre, la Bibliothèque nationale, les Archives nationales, la réorganisation des anciennes académies, devenues l'Institut national de France.

La Convention a mis fin à la diversité infinie des poids, des mesures, des monnaies, en décrétant l'unité des poids et mesures et en adoptant le système décimal. Elle accueillit l'invention de l'abbé Chappe, le télégraphe aérien et l'emploi des aérostats* dans les opérations militaires. Plusieurs de ses décrets, par suite des circonstances, n'ont pu passer immédiatement dans la pratique; les gouvernements suivants devaient s'en emparer et les réaliser; l'honneur n'en revient pas moins à la Convention.

D'après CORRÉARD, *Histoire contemporaine.* (Masson, éditeur.)

MOTS EXPLIQUÉS. — *Crise*, état de trouble. — ***Agraire*,** qui est relatif aux terres. — ***Rente*,** revenu annuel. — ***Fri**maire,* mois des frimas, correspond à notre mois de décembre. — ***Inaugura*,** ouvrit pour la première fois. — ***Aérostats*,** ballons.

LES IDÉES. — 1. Qu'est-ce que le Grand-Livre de la Dette publique. — 2. Quelles sont les principales créations de la Convention en matière d'enseignement?

RÉDACTION. — Quelles sont les institutions de la Convention qui subsistent encore aujourd'hui?

103. — De la conversation.

Ce qui fait que peu de personnes sont agréables dans la conversation, c'est que chacun songe plus à ce qu'il a dessein de dire qu'à ce que les autres disent, et que l'on n'écoute guère, quand on a bien envie de parler.

Néanmoins il est nécessaire d'écouter ceux qui parlent. Il faut leur donner le temps de se faire entendre* et souffrir même qu'ils disent des choses inutiles. Bien loin de les contredire et de les interrompre, on doit au contraire entrer dans leur esprit* et dans leur goût, montrer qu'on les entend, louer ce qu'ils disent autant qu'il mérite d'être loué, et faire voir que c'est plutôt par choix qu'on les loue que par complaisance.

Pour plaire aux autres, il faut parler de ce qu'ils aiment et de ce qui les touche; éviter les disputes sur des choses indifférentes, leur faire rarement des questions, et ne leur laisser jamais croire qu'on prétend avoir plus de raison qu'eux.

Il ne faut jamais rien dire avec un air d'autorité, ni montrer aucune supériorité d'esprit. Fuyons les expressions trop recherchées, les termes durs ou forcés, et ne nous servons point de paroles plus grandes que les choses.

Il n'est pas défendu de conserver ses opinions si elles sont raisonnables. Mais il faut se rendre à la raison aussitôt qu'elle paraît, de quelque part qu'elle vienne; elle seule doit régner sur nos sentiments; mais suivons-la sans heurter* les sentiments des autres et sans faire paraître du mépris de ce qu'ils ont dit.

On déplaît sûrement quand on parle trop longtemps et trop souvent d'une même chose, et que l'on cherche à détourner la conversation sur des sujets dont on se croit plus instruit que les autres. Il faut entrer indifféremment dans tout ce qui leur est agréable, s'y arrêter autant qu'ils le veulent et s'éloigner de tout ce qui ne leur convient pas. — Toute sorte de conversation, quelque spirituelle qu'elle soit, n'est pas également propre* à toutes sortes de gens d'esprit. Il faut choisir ce qui est de leur goût et ce qui est convenable à leur condition, à leur sexe, à leurs talents; il faut choisir même le temps et le lieu de le dire.

La Rochefoucauld.

MOTS EXPLIQUÉS. — *Entendre,* a ici le sens de comprendre. — *Entrer dans leur esprit et dans leur goût,* c'est-à-dire faire un effort pour penser et pour sentir comme eux. — *Heurter,* employé ici au sens figuré, signifie contrarier brusquement. — *Propre,* a ici le sens de convenable.

LES IDÉES. — 1. D'où vient que peu de personnes sont agréables dans la conversation? — 2. Que doit-on faire pour plaire aux autres dans la conversation? — 3. Expliquez la phrase : « c'est plutôt par choix qu'on les loue que par complaisance. » — 4. Qu'est-ce que parler à propos?

RÉDACTION. — Quelles sont, d'après La Rochefoucauld, les principales règles que l'on doit observer dans la conversation?

104. — Le Creusot.

Le ciel est bleu, tout bleu, plein de soleil. Là-bas, devant nous, un nuage s'élève tout noir, opaque*, qui semble monter de la terre, qui obscurcit l'azur clair du jour, un nuage lourd, immobile. C'est la fumée du Creusot. On approche, on distingue. Cent cheminées géantes vomissent dans l'air des serpents de fumée; d'autres, moins hautes et haletantes*, crachent des haleines de vapeur; tout cela se mêle, s'étend, plane, couvre la ville, emplit les rues, cache le ciel, éteint le soleil.

Guidés par un ingénieur, nous assistons à la fabrication de l'acier Bessemer. Sous une vaste galerie fonctionnent quatre énormes machines. Elles vont avec lenteur, remuant leurs roues, leurs tiges. Que font-elles? Pas autre chose que de souffler l'air aux hauts fourneaux* où bout le métal en fusion. De même, elles sont les poumons monstrueux des cornues* colossales que nous allons voir. Les voici: elles sont deux, aux deux extrémités d'une autre galerie, grosses comme des tours, ventrues, rugissantes et crachant un tel jet de flamme qu'à cent mètres les yeux sont aveuglés, la peau brûlée, et qu'on halète comme dans une étuve. On dirait un volcan furieux. Le feu qui sort de la bouche est blanc, insoutenable à la vue et projeté avec tant de force et de bruit que rien n'en peut donner l'idée. Là-dedans, l'acier bout, l'acier Bessemer dont on fait les rails.

Un homme fort, beau, jeune, grave, coiffé d'un grand feutre noir, regarde attentivement l'effroyable souffle. Il est assis devant une roue pareille au gouvernail d'un navire, et parfois il la fait tourner à la façon des pilotes. Aussitôt la colère de la cornue augmente: elle crache un ouragan de flamme. C'est que le chef fondeur vient d'augmenter encore le monstrueux courant d'air qui la traverse.

Et toujours, pareil à un capitaine, l'homme, à tout moment, porte à ses yeux une jumelle* pour considérer la couleur du feu. Il fait un geste, un wagonnet s'avance et verse d'autres métaux dans le brasier rugissant. Le fondeur encore consulte les nuances des flammes furieuses, cherchant des indications, et soudain, tournant une autre roue toute petite, il fait basculer la formidable cuve. Elle se retourne lentement, crachant jusqu'au toit de la galerie un terrifiant jeu d'étincelles; et elle verse délicatement, comme un éléphant qui ferait des grâces, quelques gouttes d'un

Établissements métallurgiques du Creusot (Saône-et-Loire) : vue de la partie centrale.

liquide flamboyant dans un vase de fonte qu'on lui tend, puis elle se redresse en rugissant.

Un homme emporte ce feu sorti d'elle. Ce n'est plus maintenant qu'un lingot rouge qu'on dépose sous le marteau-pilon, qui pèse 100 000 kilogrammes. Ce marteau, mû par un homme qui appuie doucement sur un frêle levier, frappe, écrase, rend

Établissements métallurgiques du Creusot : le marteau-pilon.

mince comme une feuille le métal ardent, qu'on refroidit aussitôt dans l'eau. Une pince alors le saisit, le brise ; et le contremaître examine le grain avant de donner l'ordre : Coulez!

La cornue se renverse de nouveau et, comme un valet qui emplirait des verres autour d'une table, elle verse le flot flamboyant d'acier qu'elle porte en ses flancs dans une série de récipients de fonte, déposés en rond autour d'elle....

D'après GUY DE MAUPASSANT.

MOTS EXPLIQUÉS. — *Opaque,* qui ne laisse pas traverser la lumière. — *Haletantes,* dont la respiration est coupée et pénible. — *Haut fourneau,* fourneau où l'on fait fondre le minerai de fer. — *Cornue,* vase de terre dans lequel on chauffe à blanc le fer. — *Jumelle,* lorgnette double.

LES IDÉES. — 1. Quel aspect présente le Creusot? — 2. Comment fabrique-t-on l'acier qui sert à faire les rails de chemins de fer ?

RÉDACTION. — Racontez une visite au Creusot.

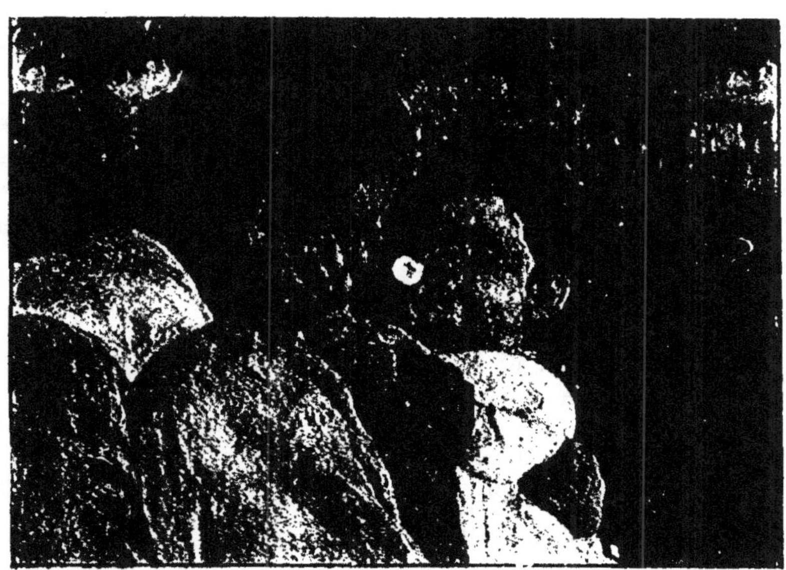

Caresse maternelle. — Tableau do Mlle Mary Cassatt.

105. — Les mamans.

Sous les caresses maternelles
Nous grandissons dans un doux nid,
Impatients d'avoir des ailes *
Pour voltiger vers l'infini...
Les méchants ingrats que nous sommes,
Semeurs de terribles tourments.
A peine sommes-nous des hommes,
Nous faisons souffrir les mamans !

Joyeux bambins *, chers petits anges,
Changés vite en petits démons,
Gazouillez comme des mésanges :
Vos gais propos, nous les aimons...
Mais, comme nous faisions naguère *,
Quand défilent nos régiments,
Ne parlez jamais de la guerre,
Car ça fait trembler les mamans !

LA JEUNE FRANÇAISE.

> Lorsque vous serez dans la vie,
> Livrés à vous-mêmes un jour,
> Sans défaillance et sans envie
> Luttez pour vivre à votre tour...
> Et, si le sort met en déroute*
> Les fiers espoirs de vos romans*,
> Ne quittez pas la droite route,
> Car ça fait pleurer les mamans !
>
> Puis redoublez de gentillesse
> Lorsque leurs cheveux seront blancs ;
> Pour mieux égayer leur vieillesse
> Redevenez petits enfants ;
> Entourez-les de vos tendresses,
> Soyez câlins*, soyez aimants ;
> Ne ménagez pas vos caresses...
> Ça fait tant plaisir aux mamans !

Th. BOTREL.

MOTS EXPLIQUÉS. — *Impatients d'avoir des ailes :* les enfants sont ici comparés aux oiseaux qui s'éloignent du nid dès que leurs ailes sont assez fortes pour voler. — *Bambins,* de l'italien *bambino,* qui veut dire petit enfant. — *Naguère,* autrefois, quand nous étions petits. — *Met en déroute,* met en fuite. — *Les fiers espoirs de vos romans :* l'enfant fait de beaux rêves d'avenir. — *Câlins,* caressants.

LES IDÉES. — 1. Expliquez le vers « semeurs de terribles tourments ». — 2. Pourquoi les mamans tremblent-elles lorsqu'on parle de la guerre ? — 3. Que signifie l'expression la « droite route » ?

RÉDACTION. — De quels soins les enfants doivent-ils entourer leurs parents lorsque ceux-ci sont devenus vieux ?

106. — Le savon.

Nul corps n'est plus indispensable à la ménagère que le savon ; à chaque instant elle a recours à son emploi.

Le savon est un produit de l'industrie, un produit chimique. Les matières premières* qui entrent dans sa fabrication sont, en premier lieu, la potasse ou la soude, et, en second lieu, un corps gras : suif, huile ou graisse.

L'huile est particulièrement employée dans cette fabrication ; aussi les grandes savonneries sont-elles placées à proximité* des centres, où se fait en grand l'extraction des huiles.

La Provence fournit l'huile d'olive ; dans le nord de la France on cultive de nombreuses plantes oléagineuses et notamment le colza, la navette, l'œillette. Aussi Marseille, Lille, possèdent de nombreuses savonneries. Il en est d'autres dans les grands ports, où l'on reçoit, des colonies ou de l'étranger, des graines oléagineuses, comme celles de coton, d'arachide*, de sésame*.

Comme vous avez pu le remarquer, tous les savons n'ont pas les mêmes propriétés*. Les savons à base de potasse sont inconsistants* et semi-fluides*: on les nomme savons mous; ceux à base de soude sont solides et sont désignés sous le nom de savons durs.

Les savons de toilette, les savonnettes sont fabriqués avec des matières grasses de qualité supérieure; on les colore et on les parfume en mêlan des essences à la pâte.

L'eau fait mousser le savon et le dissout, mais il n'en est pas de même quand elle est calcaire.

La meilleure eau pour faire la lessive est l'eau pluviale, que l'on recueille dans des citernes.

L'eau de mer ne dissout pas davantage le savon. Les marins se servent le plus souvent d'un savon spécial, à base de résine, qui a la propriété de mousser dans l'eau salée.

On emploie le savon dans le blanchiment, le dégraissage, le blanchissage du linge et des étoffes.

Ce corps, en effet, dissout les matières grasses, qu'un rinçage énergique fait ensuite disparaître complètement.

Pour la même raison, nous l'employons lors de nos ablutions quotidiennes.

Une bonne ménagère fait sa provision de savon à l'avance, car le savon sec et dur se dissout moins facilement dans l'eau que le savon frais et mou et, par conséquent, il fait plus de profit. D'ailleurs, il peut se conserver très longtemps sans s'altérer.

MOTS EXPLIQUÉS. — *Matières premières*, substances qui n'ont pas encore été travaillées. — *A proximité*, qui est proche. — *Arachide*, plante, de la famille des légumineuses, qui donne une huile blanche, de saveur agréable. — *Sésame*, plante cultivée de toute antiquité pour l'huile qu'on retire de ses graines. — *Propriétés*, les qualités particulières d'un corps. — *Inconsistant*, qui manque de solidité. — *Semi-fluide*, à moitié fluide, qui s'étend.

LES IDÉES. — 1. Comment fabrique-t-on les savons? — 2. Indiquez les divers savons. — 3. Dans quelles parties de la France les fabrique-t-on? — 4. Comment reconnaît-on une eau potable? — 5. Emploi du savon dans le ménage.

RÉDACTION. — Le savon, sa fabrication, ses usages.

107. — La mendiante patriote.

Belfort était assiégé. Tandis que les Prussiens du général de Treskow s'acharnaient avec opiniâtreté* à faire tomber cette ville si patriote, qui s'acharnait de son côté, avec une opiniâtreté plus grande encore, à rester debout, les communications de la ville avec l'extérieur étaient devenues impossibles. Pas complètement, cependant, puisqu'une femme, une pauvre mendiante que tout Belfort connaissait sous le nom de Louisette, réussit plusieurs fois à tromper la surveillance de l'ennemi en se faufilant*, la nuit, à travers les postes et les sentinelles, soit pour quitter la ville, soit pour y rentrer. Elle se chargeait, à chaque voyage, de gros paquets de lettres qu'elle remettait, après avoir dépassé les lignes de l'occupation allemande, au premier bureau de poste français qu'elle pouvait trouver. C'est ainsi que, grâce à son dévouement, les lettres qu'on lui avait confiées portaient dans bien des cœurs angoissés* la consolation, l'espérance et comme un rayon de bonheur au milieu du deuil général des familles et de la patrie.

Pauvre Louisette! Après avoir trouvé le moyen de faire tant d'heureux, elle qui n'était qu'une malheureuse mendiante, après avoir risqué chaque jour, à chaque instant, sa vie pour le bonheur de milliers de personnes, tandis qu'elle pouvait vivre, à Belfort, nourrie par la municipalité et en sûreté au fond des casemates*, elle mourut bien longtemps après la guerre, en 1889, oubliée de ceux pour qui elle avait tant de fois bravé les balles allemandes; elle mourut de la mort la plus triste, la plus affreuse qu'on puisse imaginer : de froid et de faim.

Pauvre Louisette! Si tu fus oubliée de ton vivant par ceux à qui tu avais rendu de ces services qui semblent cependant commander une reconnaissance éternelle, la nouvelle de ta mort fit revivre ton souvenir. On s'accusa, on se reprocha de t'avoir délaissée.

Un comité se forma pour recueillir les souscriptions qui arrivaient de toutes parts. Et la pauvre mendiante, qui était morte de faim, eut un superbe mausolée*.

Elle repose au milieu des soldats français morts pour la patrie, pendant la défense de Belfort.

D'après J. TURQUAN, *Les Femmes de France pendant l'invasion.*
(Berger-Levrault, éditeur.)

108. — L'art d'accommoder les restes.

Une ménagère habituée à faire elle-même sa cuisine sait à peu
près proportionner la quantité d'aliments qu'elle prépare à
l'appétit de sa famille; cependant elle ne peut pas toujours
éviter les restes. Les jettera-t-elle, sous prétexte qu'un même
plat servi deux fois de suite est peu appétissant? Agir ainsi ne
serait pas le fait d'une maîtresse de maison économe et sérieuse.
Dans un intérieur bien tenu, rien ne doit être gaspillé*; il n'est
pas de petites économies. Un reste d'aliment, si petit soit-il,
peut être utilisé. Certaines ménagères possèdent l'art d'accommoder si ingénieusement les restes qu'elles en font des plats
aussi appétissants qu'un mets nouveau.

Quelques mets, tels que ragoûts ou pâtes alimentaires, ne se
prêtent pas à de nouvelles combinaisons culinaires: on les fait
simplement réchauffer au bain-marie, c'est-à-dire à la vapeur
d'eau bouillante.

Mais reste-t-il après un repas des légumes, tels que choux-
fleurs, pommes de terre cuites à l'eau, haricots en grain, lentilles, etc.? un assaisonnement à l'huile et au vinaigre en fait un
plat nouveau. Les restes de purées, placés dans un moule
beurré et chauffé au four, constituent une sorte de gâteau; si la
quantité en est minime*, ils serviront à rendre un potage plus
nourrissant et plus succulent.

Rien n'est meilleur, pour faire un potage, qu'une eau dans
laquelle on a fait cuire des légumes, lentilles, haricots, asperges, par exemple. Rien n'est plus nourrissant et plus économique, surtout pour une famille où il y a de jeunes enfants,
qu'une bonne panade bien cuite préparée avec des restes de pain.

C'est surtout dans la manière d'accommoder les restes de
viandes que l'art de la ménagère peut le mieux se révéler. Dans
beaucoup de maisons on fait, chaque semaine, un pot-au-feu;

au premier repas, le bœuf est servi chaud avec les légumes, tel qu'on le retire de la marmite; sa bonne odeur, son goût fin, s'il est bien entrelardé et pas trop cuit, lui assurent du succès auprès de tous les membres de la famille; mais le lendemain il est moins appétissant, surtout moins digestif. Qu'on l'accompagne alors d'une sauce tomate, d'une sauce piquante ou d'une sauce à l'huile et au vinaigre; qu'on en fasse des tranches minces servies en ragoût avec pommes de terre et oignons : le bouilli reconstituera le plat substantiel d'un nouveau repas.

Les restes du rôti de bœuf ou de mouton se servent aussi avec des sauces tomates ou des sauces piquantes; souvent la sauce chaude est versée sur les tranches minces de viandes froides; si on désire faire réchauffer la viande, qu'on la laisse peu de temps sur le feu, pour éviter de la faire durcir.

Rien n'est plus économique et plus appétissant qu'un hachis* bien préparé; il permet d'utiliser tous les restes de viandes. On les hache menu, avec de la chair de porc si la viande est trop maigre, et on y ajoute du persil, du sel, du poivre et un ou deux jaunes d'œufs; le tout, mélangé en une seule masse ou en petites boulettes, est cuit dans le beurre et accompagné d'une sauce de ragoût ou d'une sauce piquante.

On peut aussi mêler au hachis de la purée de pommes de terre et former une sorte de gâteau qu'on fait cuire au four.

Cours rationnel d'Enseignement ménager. (Paulin, éditeur.)

MOTS EXPLIQUÉS. — **Gaspillé,** perdu ou dépensé inutilement. — **Minime,** de peu d'importance. — **Hachis,** mets fabriqué avec des viandes hachées.

LES IDÉES. — 1. Quels sont les mets que l'on doit faire réchauffer au bain-marie? — 2. Comment peut-on utiliser les restes de purée? — l'eau qui a servi à la cuisson des légumes? — 3. Comment prépare-t-on un hachis de viande?

RÉDACTION. — Quelles sont les différentes manières d'accommoder les restes de pot-au-feu?

109. — Les Parisiennes pendant le siège.

Pendant le siège de Paris, la classe de la population qui eut le plus à souffrir, sous tous les rapports, fut la classe des petits bourgeois*, de ceux qui vivent presque au jour le jour d'un salaire. Une fois Paris investi*, la plupart de ces braves gens perdirent leur gagne-pain par suite du chômage forcé de presque toutes les industries et de presque tout le commerce. C'est alors que les femmes de cette nombreuse classe du peuple parisien montrèrent un courage digne de tous les éloges, en supportant, sans jamais se plaindre, les privations les plus terribles. Ce qui fait surtout leur mérite, c'est la continuité de ce courage devant la continuité des privations et des épreuves.

Les petites bourgeoises furent plus cruellement atteintes encore que les femmes du peuple par la misère et la privation de tout. Leurs maris n'avaient pas de travail et ne gagnaient plus rien ; l'ouvrier ne travaillait pas non plus, il est vrai, mais il recevait trente sous par jour ; hâtons-nous de reconnaître aussi que, la plupart du temps, la femme de l'ouvrier ne voyait pas un centime de ce que recevait celui-ci : son homme gardait tout pour lui.

Toutes ces femmes, petites bourgeoises et femmes du peuple, furent admirables de courage et de résignation.

Qu'on en juge plutôt par ceci :

Chacune recevait, par jour, 300 grammes de cet affreux pain noir dans lequel on a dit qu'il entrait de tout, même de la farine. Celles qui avaient des enfants touchaient 200 grammes de ce même pain pour chaque enfant. De plus, on donnait, d'abord tous les deux jours, puis tous les trois jours, 30 grammes de viande de cheval par tête. Quelquefois la viande de cheval était remplacée par un hareng saur, que l'on comptait pour trois rations de viande, ou bien encore par un petit morceau de thon à l'huile, par une sardine, par 30 grammes de fromage ou par un peu d'huile d'olive. Et tout cela pour vivre par un hiver des plus rigoureux, où le corps avait besoin, plus que jamais, d'une nourriture fortifiante !

Et cette misérable nourriture, comme il fallait peiner pour arriver jusqu'à elle ! Naturellement, c'était à la femme de l'aller chercher. Qui donc n'a pas entendu parler de cette navrante nécessité* où étaient ces pauvres ménagères d'aller faire queue dès quatre heures du matin, souvent même avant, à la porte des boulangeries et des boucheries? Elles attendaient avec une patience étonnante pendant de longues heures, transpercées* par la pluie, transies* de froid, les pieds dans l'eau ou dans la neige, que leur tour fût venu de présenter leur bon de pain ou de viande, afin de rapporter à la maison la maigre pitance* de la famille.

J. TURQUAN, *Les Femmes de France*. (Berger-Levrault, éditeur.)

MOTS EXPLIQUÉS. — *La classe des petits bourgeois*, la classe moyenne. — *Paris investi*, entouré de troupes qui empêchaient d'entrer dans la ville et d'en sortir. — *Chômage*, suspension du travail. — *Navrante nécessité*, triste nécessité. — *Transpercées*, les vêtements traversés par la pluie. — *Transies*, engourdies par le froid. — *Pitance*, a ici le sens de nourriture.

LES IDÉES. — 1. Pourquoi la classe des petits bourgeois eut-elle particulièrement à souffrir pendant le siège de Paris? — 2. De quoi se composait la nourriture des Parisiens pendant le siège? — 3. Comment les Parisiennes se procuraient-elles cette nourriture?

RÉDACTION. — Racontez la vie des Parisiennes pendant le siège, en faisant ressortir leur courage.

110. — Les organes des sens.

Le toucher s'exerce sur toute la peau, mais particulièrement par les doigts.

Pour que le toucher puisse s'exercer sans difficulté, il importe de tenir la peau dans un état constant de propreté. A cet effet, on se lavera tous les jours, au besoin plusieurs fois par jour; on prendra des bains au moins une fois par mois; on nettoiera les ongles, on les coupera, on évitera surtout de les ronger.

Le goût a pour siège la langue ainsi que la peau mince ou muqueuse* qui tapisse l'intérieur de la bouche.

Pour ne pas émousser* le goût, il importe de ne pas manger ou boire trop chaud, de ne pas boire de liquides glacés, d'éviter les aliments trop épicés, et surtout de ne pas boire d'alcool.

L'odorat a pour organe le nez, divisé en deux cavités ou fosses nasales qui communiquent en arrière avec les poumons et se terminent en avant par les narines.

Pour que le sens de l'odorat ne soit pas détruit, il convient de prendre certaines précautions; ainsi on évitera d'introduire dans le nez des corps étrangers et on n'y mettra pas les doigts, car les ongles pourraient écorcher la muqueuse.

Matin et soir, il est recommandé de laver l'intérieur des fosses nasales avec de l'eau boriquée*.

L'organe de l'ouïe est l'oreille, qui se compose de trois parties : l'oreille externe, l'oreille moyenne et l'oreille interne.

L'oreille externe sécrète un liquide jaunâtre, le *cérumen*, qu' s'épaissit au contact de l'air et qui pourrait causer un commencement de surdité s'il n'était enlevé quotidiennement. Aussi, chaque matin, on nettoie le conduit extérieur avec un linge mouillé.

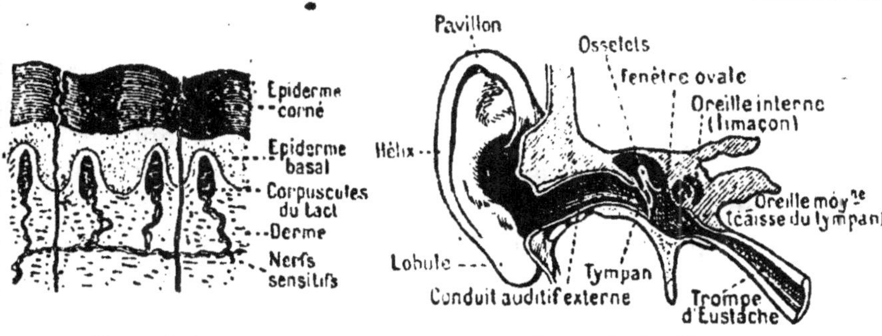

Coupe de la peau.

Coupe de l'oreille.

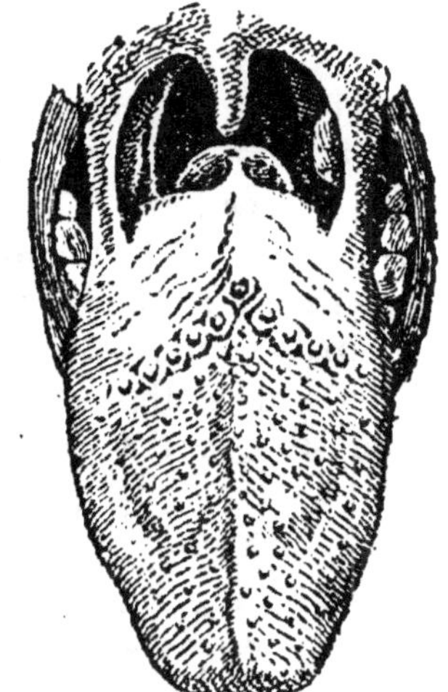

Face supérieure
de la langue
montrant les papilles
du goût.

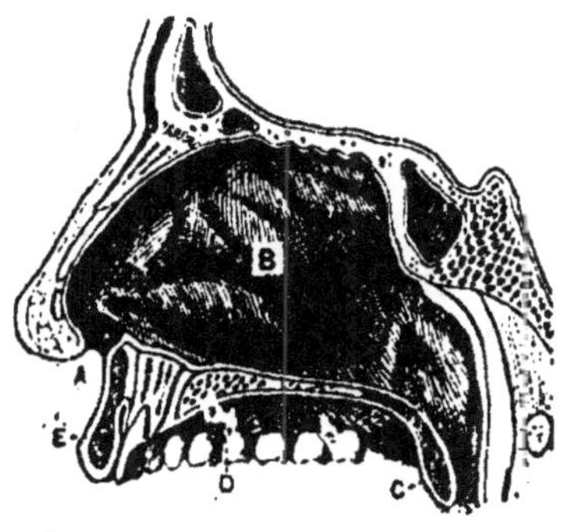

Coupe des fosses nasales :
A, narines ; B, fosses nasales ;
C, épiglotte ; D, voile du palais :
E, lèvre supérieure.

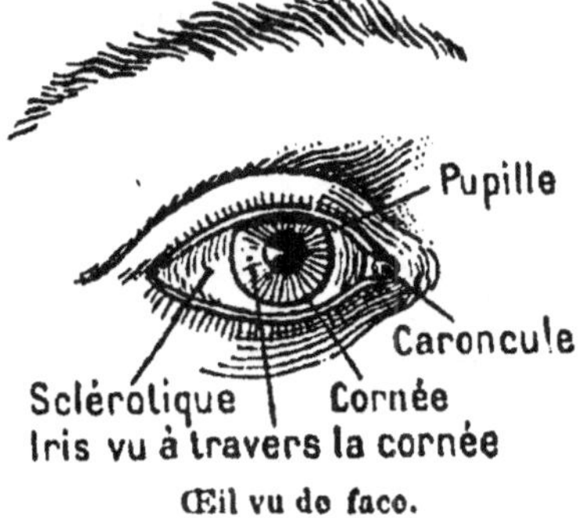

Œil vu de face.

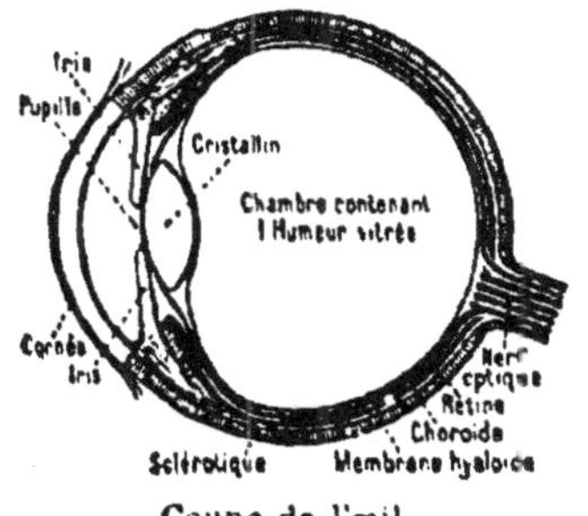

Coupe de l'œil.

La vue a pour organe l'œil, appareil très délicat dont il faut prendre le plus grand soin.

Dans le premier âge, la membrane qui relie l'œil aux paupières peut devenir rouge : l'inflammation porte le nom de *conjonctivite;* on la traitera en lavant l'œil avec de l'eau de guimauve ou de l'eau boriquée.

Si les paupières gonflent et rougissent, il faut appeler le médecin, car le bébé est menacé d'une terrible maladie, l'*ophtalmie purulente,* qui est la cause d'un grand nombre de cas de cécité*. On y obvie* en lavant avec de l'eau boriquée les yeux des nouveau-nés.

L'œil peut encore être atteint de deux infirmités : la myopie et la presbytie.

Dans la myopie, il faut mettre les objets très près de l'œil pour les voir.

Dans la presbytie, on ne peut les voir que de très loin.

Souvent la myopie provient de la mauvaise habitude de lire et d'écrire trop près ou avec une lumière insuffisante. Le livre et le cahier doivent être éloignés de 30 centimètres au moins.

La presbytie est ordinairement l'infirmité de la vieillesse.

On corrige la myopie et la presbytie avec des verres appropriés.

MOTS EXPLIQUÉS. — *Muqueuses,* membranes qui tapissent l'intérieur du corps. — *Émousser,* rendre moins vif, moins sensible. — *Eau boriquée,* eau dans laquelle on fait dissoudre des paillettes d'acide borique dans la proportion de 30 grammes par litre d'eau. — *Cécité,* privation de la vue. — *Obvie,* remédie.

LES IDÉES. — 1. Quels sont les organes des sens ? — 2. Quelles précautions faut-il prendre à l'égard du toucher, du goût, de l'odorat et de l'ouïe ? — 3. Quelles sont les infirmités qui menacent la vue ?

RÉDACTION. — Comment peut-on prévenir les infirmités qui menacent la vue ? Comment peut-on y remédier ?

111. — Le cœur d'une mère.

« Ta pauvre mère est bien malade,
Ne fais pas de bruit, mon enfant !
Pas de cris et pas de gambade*,
C'est le docteur qui le défend ! »

L'enfant se tait ; dans sa demeure,
La mort entre pendant la nuit*,
Et quand il se réveille, on pleure.
— « Puis-je à présent faire du bruit ? »

De lui se détourne son père,
Puis on l'habille tout de noir.
— « Ah ! me voilà bien beau, j'espère ?
Je veux voir maman. » — « Viens la voir. »

Et, sanglotant, le père emporte
L'enfant étonné* dans ses bras
Jusqu'à la chambre de la morte.
— « Maman !... elle ne bouge pas.

Porte-moi donc sur son lit, père ! »
Et lui, dans les pleurs étouffant,
Sur le cœur glacé de sa mère
Souleva le petit enfant.

— « Voilà celle dont la tendresse
T'a nourri ! regarde-la bien.
Tu n'auras plus une caresse...
Hélas ! elle n'entend plus rien ! »

Il se trompait ; le cœur sans vie,
Dès que l'enfant chéri fut là,
Se remit à battre, et ravie,
Cette mère se réveilla.

Louis RATISBONNE, *La Comédie enfantine.* (Librairie Hetzel.)

MOTS EXPLIQUÉS. — *Gambades,* bonds très vifs, familiers aux enfants et aux jeunes animaux. — *La mort entre pendant la nuit :* la mort est très souvent personnifiée par les poètes, qui la représentent sous les traits d'une femme décharnée, armée d'une faux avec laquelle elle tranche la vie des mortels. — *L'enfant étonné,* surpris par des événements inattendus et qu'il ne comprend pas.

LES IDÉES. — L'amour maternel est un sentiment si profond et si vivace qu'il ne semble pas qu'une mère puisse jamais rester insensible à la présence de son enfant. C'est pourquoi le poète a pu écrire ce récit dans lequel il imagine que la présence d'un enfant chéri suffit à arracher une mère au sommeil de la mort. Hélas ! dans la réalité, il n'en est point ainsi ; que de mères disparaissent en laissant des orphelins dont les pleurs ne les rappellent point à la vie.

RÉDACTION. — Mettre en prose le récit ci-dessus.

112. — Les institutions du Consulat.

De 1789 à 1799, les divers gouvernements qui s'étaient succédé n'avaient pu faire aboutir toutes les réformes réclamées par le peuple. L'édifice de la France nouvelle, dont la Constituante et la Convention avaient jeté les fondements, attendait son achèvement.

Bonaparte conserva la division en départements, établie par la Constituante ; le département fut subdivisé en arrondissements, l'arrondissement en municipalités communales. Dans chaque département le pouvoir exécutif* fut donné à un préfet, assisté d'un conseil de préfecture, tribunal de justice administrative, et d'un conseil général siégeant quinze jours par an pour contrôler l'administration préfectorale. Chaque arrondissement eut un sous-préfet, subordonné au préfet et assisté d'un conseil d'arrondissement. Chaque commune eut son maire, assisté d'un conseil municipal.

L'organisation judiciaire créée par la Constituante fut également complétée et modifiée. La Cour de cassation eut à prononcer sur les demandes en cassation contre les jugements en dernier ressort rendus par les tribunaux. Vingt-neuf cours d'appel furent établies dans les villes où avaient siégé les anciens parlements*. Chaque département eut son tribunal criminel, composé de juges détachés des tribunaux d'appel, avec le concours d'un jury*. Chaque arrondissement eut son tribunal correctionnel et son tribunal civil. Chaque canton eut un juge de paix.

L'État se chargea lui-même de la perception de l'impôt. L'impôt fut perçu par les percepteurs, qui le versèrent tous les mois dans la caisse du receveur particulier, au chef-lieu de l'arrondissement, et celui-ci le versa au chef-lieu du département dans la caisse du receveur général.

Les décrets de la Convention relatifs à l'instruction publique n'avaient pu être réalisés, faute de ressources. Bonaparte reprit les projets de la Convention, en les modifiant. Toute sa sollicitude se porta sur l'enseignement secondaire, sur les trente-deux lycées destinés à être une pépinière* de fonctionnaires dévoués au gouvernement. Pour l'enseignement supérieur, il ouvrit dix écoles de droit et trois nouvelles écoles de médecine.

Bonaparte signa avec le pape le Concordat. En vertu de ce traité,
le clergé recouvrait la jouissance des édifices religieux et recevait un traitement fixe sur les fonds de l'État. Le gouvernement

Bonaparte. — Buste par Gérome.

nommait les évêques et les curés, qui lui juraient obéissance et
fidélité.

Les grands changements sociaux qui s'étaient accomplis en
France depuis 1789 réclamaient une législation nouvelle et uniforme. La Constituante avait décrété ce code*; Bonaparte, repre-
nant son œuvre, en confia la rédaction à une commission de
légistes. De leurs travaux sortit le Code civil, qui fondait la société sur les principes de la liberté, de l'égalité des droits et du
respect de la propriété.

Toutes ces institutions sont le résultat du travail intérieur qui s'est accompli en France de 1789 à 1800 ; c'est pourquoi elles ont survécu au régime qui les a créées.

D'après CORRÉARD *Histoire contemporaine de l'Europe et de la France, 1789 à 1889.* (Masson, éditeur.)

MOTS EXPLIQUÉS. — Pouvoir exé-cutif, chargé de faire exécuter les lois. **— Parlements,** cours de justice royale, sous l'ancienne monarchie. — **Jury,** réunion de citoyens appelés jurés, chargés de rendre un verdict, un jugement en cour d'assises. — **Pépinière,** au sens figuré : ensemble de personnes que l'on prépare à suivre une carrière. — **Code,** recueil de lois.

LES IDÉES. — 1. Qu'est-ce qu'une guerre civile ? Quelle est la guerre civile qui divisa la France pendant la Révolution ? — 2. Quelles sont les institutions administratives, judiciaires et financières créées par le Consulat ? — 3. Qu'est-ce que le Code civil ?

RÉDACTION. — Résumez les institutions du Consulat.

113. — Savoir réfléchir.

Je suis fort contente, mes chères enfants, d'avoir trouvé en vous la même docilité* et la même simplicité que dans les petites classes ; je prétends par là vous donner une grande louange. Si les dames de Saint-Louis ne vous aimaient solidement* et ne cherchaient que leurs commodités, elles se tiendraient en repos sans exiger autre chose de vous que ce que vous faites, contentes de ce que l'extérieur va bien ; mais, comme nous vous aimons pour vous-mêmes, et que nous cherchons votre plus grand bien, nous allons travailler à former l'intérieur.

Je veux commencer par vous apprendre à profiter des temps de silence* que nous avons mis dans le règlement, ce que nous n'avons fait que pour de bonnes raisons ; je veux bien vous les dire, je crois que vous serez assez raisonnables pour les com-prendre. On veut ordinairement que les enfants obéissent à l'aveugle*, sans examiner ce qu'on leur ordonne. Nous ne vous traitons pas de même ; au contraire, je vous permets d'examiner si ce qu'on vous dit et ce qu'on vous fait faire est raisonnable ou non, parce que vous devez être capables d'entrer dans nos inten-tions.

La première raison du silence qu'on vous fait observer, c'est de vous apprendre à vous taire. Rien ne sied si mal à une fille que de toujours parler, quand même elle aurait le plus grand esprit du monde et qu'elle dirait des merveilles. On a toujours reproché ce défaut aux demoiselles de Saint-Cyr. Une autre raison, c'est pour vous donner le temps de faire de sérieuses réflexions, persuadées que, si vous le savez bien employer, rien ne contribuera tant à vous rendre raisonnables. Mais, pour cela, il faut savoir ce que c'est que réfléchir ! C'est penser plusieurs fois avec attention à la même chose. Je crains que vous ne perdiez tout le temps qu'on a prétendu que vous.emploieriez aux réflexions. Celles qui vous conviennent présentement sont, par exemple, sur l'état de vie que vous devez choisir, sur ce que vous deviendrez quand vous ne serez plus à Saint-Cyr, sur ce que vous entendez dire de bon pour vous l'appliquer, sur la conduite des personnes raisonnables pour y conformer la vôtre.

Mme DE MAINTENON.

MOTS EXPLIQUÉS. — Docilité, disposition à se laisser instruire ou conduire. — **Aimaient solidement,** de manière sérieuse et durable. —Le mot « solide » est fréquemment employé par Mme de Maintenon.

—**Temps de silence,** moments de la journée pendant lesquels les demoiselles de Saint-Cyr étaient tenues de garder le silence. — **Obéissent à l'aveugle,** sans chercher à se rendre compte de ce qu'on leur ordonne.

LES IDÉES. — 1. Expliquer la phrase : « nous allons travailler à former l'intérieur. » — 2. Quelle sorte d'obéissance Mme de Maintenon demande-t-elle aux demoiselles de Saint-Cyr ? — 3. Pour quelles raisons Mme de Maintenon leur demande-t-elle d'observer le silence ? — 4. Quels sujets de réflexion leur propose-t-elle ?

RÉDACTION. — Qu'est-ce que réfléchir, d'après Mme de Maintenon ? A quels moments de la journée vous est-il le plus facile de réfléchir ? Sur quels sujets réfléchissez-vous habituellement ?

114. — Les châteaux de la Loire.

Il est peu de promenades aussi attrayantes et aussi instructives que la visite des châteaux de la Loire. Le premier qu'on rencontre en descendant le fleuve, le plus important, le plus riche de tous, est celui de Blois. Il est d'origine féodale et a été ensuite reconstruit, agrandi, embelli, surtout par Louis XII et François Ier, défiguré quelquefois par d'autres souverains, parfaitement restauré de nos jours. Il a joué un grand rôle historique. C'est là que fut assassiné le duc de Guise par ordre de Henri III, que mourut Catherine de Médicis, que se tinrent à plusieurs reprises les États généraux. On voit encore et la salle des États, et l'appartement de la reine, et la place où tomba percé de coups le chef de la Ligue.

Aux environs de Blois, sur la rive gauche de la Loire, s'élève le château de Chaumont avec ses vieilles tours à mâchicoulis ; et, dans une solitude complète, en pleine Sologne, au milieu des bois, le château de Chambord, la merveille de la Renaissance. François Ier l'a fait construire en 1526 par Pierre Nepveu ; la plupart des artistes du temps, Jean Cousin, François Goujon, Germain Pilon, d'autres encore, ont contribué à le décorer. Il est malheureusement inachevé, à peu près vide, et plusieurs de ses parties sont peu solides ; mais sa masse imposante, la variété et l'harmonie de son ornementation étonnent et charment à la fois. Son double escalier, couronné d'une double lanterne, est célèbre.

Reprenons notre route sur les bords de la Loire. Sur la rive gauche encore, voici Amboise, dont les murailles à pic, les hautes tours de 40 mètres de haut dominent le fleuve. Là mourut Charles VIII, qui y était né ; là aussi mourut Léonard de Vinci, le grand artiste italien, ami de François Ier. Au sud d'Amboise, dans un site aimable, sur un pont qui enjambe le Cher, sourit l'élégant château de Chenonceaux, construit dès 1515, d'après les plans de Philibert Delorme, par François Ier, habité plus tard par Diane de Poitiers et par Catherine de Médicis.

Il ne reste presque rien de l'ancienne résidence de Louis XI, de Plessis-lès-Tours, mais en aval se dresse le beau château fort de Langeais, et, en remontant l'Indre, nous rencontrons successivement : Azay-le-Rideau (voir p. 139), contemporain de Chenonceaux, Montbazon et son donjon gothique, Loches enfin, qui fut une des demeures préférées de tous nos rois des XVe et XVIe siècles. On vous y montrera la tombe, vide aujourd'hui, où reposait Agnès Sorel, le cachot où fut enfermé Ludovic Sforza, la tour ronde dont Louis XI avait fait une prison d'État et où il retint captif dans une cage l'infortuné cardinal de La Balue.

Il ne reste plus guère à signaler, parmi les châteaux illustres de la Touraine, que celui de Chinon, qui, à vrai dire, en comprenait trois. Là moururent Henri II et Richard Ier d'Angleterre, au temps où les Anglais étaient les maîtres du pays. Là, Jeanne d'Arc, qui devait « bouter l'Anglais hors de France », commença sa mission en venant demander des soldats au dauphin Charles, qui bientôt, grâce à elle, fut le roi Charles VII

P. FONCIN, *Lectures géographiques.* (Librairie Armand Colin.)

Escalier du château de Blois (Époque de la Renaissance).

MOTS EXPLIQUÉS. — *Lanterne,* a ici le sens de tourelle ouverte sur les côtés et placée au sommet d'un édifice. — *En* aval, en allant vers l'embouchure du fleuve. — *Bouter,* vieux mot français qui signifie : chasser.

LES IDÉES. — 1. Quels sont les principaux châteaux construits sur les bords de la Loire? — 2. Quels souvenirs historiques vous rappelle chacun d'eux?

RÉDACTION. — Décrivez un voyage aux châteaux de la Loire.

115. — Mains diligentes, doigts de fée.

Pour le père, pour les jeunes gens qui travaillent à l'atelier, pour les enfants qui fréquentent l'école, voir en rentrant la soupe fumante, sur la table mise avec soin, c'est trouver non seulement un peu de confort, mais c'est comprendre qu'une âme de tendresse veille au simple logis, qu'on a pensé à vous en votre absence, qu'on vous aime enfin. Et qui donc niera qu'un peu de tendresse est aussi nécessaire à l'homme qu'un morceau de pain? Les femmes du peuple qui font la cuisine ont plus de mal que les autres; mais leur récompense est de voir l'homme et les fils rester au foyer. Cela vaut bien la peine d'allumer son feu.

Que la femme ne se laisse pas supplanter pour ce qui est de la vie pratique. Qu'elle ne se contente pas de connaissances superficielles, et surtout qu'elle ne se laisse pas aller à mépriser ce genre de travail comme inférieur. Ce serait manquer non seulement d'esprit organisateur, mais de discernement.

D'ailleurs, Mademoiselle, si vous n'aimez pas le pot-au-feu, écoutez ce conseil d'un ami. Si vous n'aimez pas le pot-au-feu, acquérez dans ce domaine des lumières d'autant plus sérieuses. Sans cela vous tomberez en tutelle*, si vous devenez maîtresse de maison, et dans la plus humiliante des tutelles. Vous serez à la merci de vos domestiques, ou, si quelque jour vous en manquez, et ces choses arrivent, ce sera la famine au logis. Mieux on connaît son affaire, moins elle vous tracasse et plus on est indépendant des petites misères et des tours que nous joue l'imprévu. Pour celui qui ne sait pas, tout est une montagne. Si vous désirez que, dans votre maison, l'esprit l'emporte sur la matière, dominez bien cette matière; possédez-la sur le bout des doigts. Autrement, pour avoir dédaigné l'apprentissage, vous resterez toute votre vie une apprentie; vous serez, chose fâcheuse pour les vôtres, une ménagère à embarras, précisément parce que vous ne connaîtrez pas le secret de faire le nécessaire sans qu'il y paraisse. Et peut-être, tenez, ferez-vous un jour une maladie pour avoir reçu un hôte à l'improviste*.

Savoir se servir de ses dix doigts, être capable de faire la cuisine, de bâtir une robe, de chiffonner un ruban ou un chapeau, ce n'est pas seulement un capital*, c'est une ressource morale.

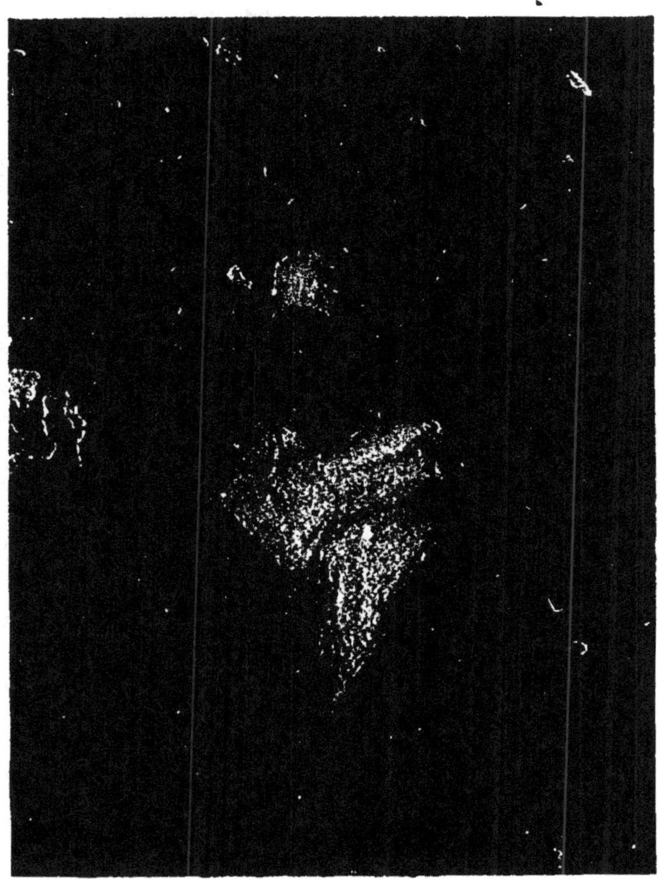

Les Couturières. — Tableau de Millet.

L'activité des mains est la meilleure gardienne des cœurs. Je plains, plus encore que je ne les blâme, les femmes oisives. Leur châtiment est l'ennui, la frivolité*, les lectures malsaines, le bavardage vide. Elles sont au surplus inamusables, quoique sans cesse à la recherche d'émotions nouvelles.

WAGNER, *Auprès du foyer.* (Librairie Armand Colin.)

MOTS EXPLIQUÉS. — *Tomber en tutelle,* être dans la dépendance de quelqu'un. — *A l'improviste,* subitement. — *Capital,* a ici le sens de richesse productive. — *Frivolité,* disposition à ne pas aimer ce qui est sérieux.

LES IDÉES. — 1. Pourquoi les femmes du peuple doivent-elles tenir à faire la cuisine de la famille ? — 2. Quels sont, pour une femme, les inconvénients de l'ignorance en matière de cuisine ? — 3. Quand dit-on qu'elle a « des doigts de fée » ?

RÉDACTION. — Comment fait-on le pot-au-feu ?

116. — Les potasses et les soudes dans le ménage.

Le lessivage et le blanchissage du linge sont pour la ménagère active des travaux importants. Bien faire la lessive demande beaucoup d'ordre et de soin.

L'eau est, dans cette opération, le principal facteur*, mais seule elle ne saurait suffire. Pour rendre son action efficace*, il faut lui adjoindre divers ingrédients, tels que potasse, soude, cendre, savon, eau de Javel, etc.

Examinons d'abord la nature et les propriétés des potasses et soudes que l'on nomme encore des sels* alcalins.

La potasse, ou plus exactement le carbonate de potassium, comme disent les chimistes, est un corps solide, blanc.

L'industrie la prépare sous forme de petits grains mamelonnés* que l'on nomme *perlasses*.

On peut l'extraire des résidus* provenant des fabriques de sucre de betterave, ou des eaux qui ont servi à laver la laine brute des moutons.

Mais la plus grande partie est fournie par les cendres de végétaux terrestres, bruyères, fougères, ajoncs, qui croissent abondamment dans les landes et les montagnes.

La potasse est la base des savons mous.

La soude s'extrait aussi de la cendre des algues ou plantes marines.

Le carbonate de sodium est vendu dans le commerce sous le nom de cristaux de soude. D'abord transparents et volumineux, les cristaux se fragmentent à l'air et se couvrent d'une poussière farineuse. Ils sont la base des savons durs dits « de Marseille ».

L'eau de Javel* est un liquide obtenu en faisant dissoudre du chlore dans une solution de potasse.

Pure, elle forme un mordant* énergique qui enlève rapidement les taches et les couleurs que le savon ne saurait atteindre. On ne doit l'employer que par petites doses et convenablement étendue d'eau; sans quoi elle altère le tissu et elle le détruit.

Dans les villes, on emploie la potasse ou plutôt la soude pour faire la lessive; mais, à la campagne, on se sert des cendres de bois tels que l'orme, le pommier, le hêtre.

MOTS EXPLIQUÉS. — *Facteur,* élément qui contribue au résultat de l'opération. — *Efficace,* qui produit son effet. — *Sel,* corps résultant de la combinaison d'un acide et d'une base. Le carbonate de potasse est un sel; il est formé d'un acide: l'acide carbonique, et d'une base: la potasse. — *Grains mamelonnés,* grains ayant des aspérités. — *Résidus,* matières qui restent après une opération chimique. — *Eau de Javel,* eau fabriquée la première fois à Javel, quartier du 15e arrondissement de Paris. — *Mordant,* qui mord, qui entame.

LES IDÉES. — 1. Qu'est-ce que la potasse? — 2. Qu'est-ce que la soude? — L'eau de Javel? — 3. Dans quelles circonstances avez-vous vu employer l'eau de Javel?

RÉDACTION. — Vous avez aidé votre mère à faire la lessive. Indiquez les opérations auxquelles vous avez participé.

117. — Le patriotisme d'une institutrice.

Dans ses impressions de campagne, le docteur Beaunis, médecin en chef de l'armée de l'Est pendant la guerre franco-allemande, nous raconte la sublime abnégation* de l'institutrice d'Esprels (Doubs).

« Le 12 janvier, à trois heures de l'après-midi, dit-il, je recevais la visite de l'institutrice d'Esprels. Cette dame m'apprit, à mon grand étonnement, qu'il y avait encore des blessés dans son village et elle me priait de venir les voir. Je m'excusai auprès d'elle et je lui dis que je croyais tous les blessés d'Esprels transportés dans les ambulances de Rougemont. Ni l'autorité militaire, ni le maire de Pont-sur-l'Oignon, qui connaissait l'existence de ces blessés, ne m'avaient informé du fait.

« Je descendis immédiatement à Esprels avec l'institutrice; je trouvai là une petite ambulance parfaitement organisée : les malades et les blessés, placés dans trois salles de la mairie, étaient soignés par des dames et des demoiselles du village. Quelle différence avec Pont-sur-l'Oignon! Dans une pièce remplie de varioleux, je vis, assise à une table, en costume d'infirmière, une charmante jeune fille d'une quinzaine d'années. Elle était là, au milieu de tous ces hommes, sur la figure desquels se voyaient toutes les phases* de l'horrible maladie, les soignant, les pansant, leur donnant à boire, respirant l'air empoisonné de cette salle, et tout cela, sans ostentation*, naïvement, sans se douter qu'elle était tout simplement sublime. De pareils spectacles consolent de toutes les infamies* et de toutes les lâchetés qu'on est obligé de voir.

« Pourquoi cette différence entre deux villages si voisins et séparés seulement par une rivière de quelques pieds de large? Pourquoi d'un côté le dévouement et le sacrifice; de l'autre, l'égoïsme et la lâcheté? N'est-ce pas la même race? J'y vois, pour ma part, l'influence d'une âme d'élite*. Pour le bien comme pour le mal, il suffit souvent que quelqu'un commence et donne l'exemple : la foule, masse oscillante, prête au bien comme au mal, mais manquant d'initiative et de décision, suit l'impulsion donnée. La grandeur est contagieuse comme la bassesse. L'institutrice d'Esprels, encore jeune, nature active, passionnée pour le beau et le bien, d'une intelligence remarquable et d'une délicatesse toute féminine, m'a paru être l'âme et l'organisatrice de cette bonne œuvre. »

J. Turquan, Les Femmes de France pendant l'invasion.
(Berger-Levrault, éditeur.)

MOTS EXPLIQUÉS. — *Sublime abnégation,* renoncement plein de grandeur morale. — *Phases,* changements successifs de la maladie. — *Sans ostentation,* sans chercher à se faire valoir. — *Infamies,* actions qui portent atteinte à l'honneur. — *Ame d'élite,* âme qui est parmi les meilleures.

LES IDÉES. — 1. Décrivez l'ambulance organisée par l'institutrice d'Esprels? — 2. Expliquez la phrase : « la foule, masse oscillante, prête au bien comme au mal, mais manquant d'initiative et de décision, suit l'impulsion donnée. » — 3. Par quelles qualités d'esprit et de cœur l'institutrice d'Esprels avait-elle pu agir sur son entourage ?

RÉDACTION. — Racontez le dévouement patriotique de l'institutrice d'Esprels.

118. — Le fricot de nos grand'mères.

Savez-vous bien que ce mot de fricot, qui excite chez nos puristes* une moue si dédaigneuse, me semble charmant à moi, et je ne saurais dire combien il éveille en mon esprit de délicieux souvenirs.

Fricot, c'était pour nous, quand j'étais enfant, tout ce que l'on mangeait avec son pain, pour que le pain ne fût pas du pain sec. La mère nous fourrait dans la poche, au moment d'aller à l'école, un gros morceau de pain.

« Alors, pas de fricot avec, maman? »

Des confitures, du fromage, du chocolat, c'était du fricot : du fricot, par extension*. Car ce n'était pas le vrai sens du mot. Et nous le savions bien ; le vrai fricot, c'est celui que nous avions entendu chanter sur le poêlon, quand la mère ou la bonne avait versé dans la platine* le beurre qui, en s'échauffant, emplissait l'air d'un fr… fr… joyeux et appétissant. Nous humions ce bruit et la bonne odeur qui l'accompagnait, de toutes nos oreilles et de toutes nos narines. Était-ce veau ou bœuf, poulet ou lapin ? Nous ignorions les mystères de la cuisine. Mais c'était du fricot. Oh ! le bon fricot !

« Il y aura ce soir de bon fricot ! » disait la mère avec un air d'intelligence.

De bon fricot ! Cela ouvrait des perspectives*. Que serait le fricot ? Le cœur battait d'attente et l'eau en venait à la bouche.

Et même encore à cette heure, après que mes cinquante ans sont depuis longtemps sonnés, ce mot de fricot me représente, non ces plats savants que les cuisiniers en chef affublent* de noms exotiques*, mais ces bons, simples et savoureux ragoûts qui demandaient à la ménagère plus de soin que de science.

Il fallait, pour que le fricot fût bon, qu'il mijotât de longues heures dans la casserole ou sur la platine, surveillé de près par la ménagère, qui y mettait toute son âme en même temps que les épices nécessaires. C'était souvent un reste de la veille que l'on accommodait ainsi, un de ces méchants restes que les cordons bleus* de notre temps jettent avec mépris dans le seau aux ordures.

Le bon fricot qu'on faisait avec cela ! C'était à s'en lécher les doigts jusqu'au coude.

D'après Francisque SARCEY, Journal de jeunesse.
(Bibliothèque des Annales.)

MOTS EXPLIQUÉS. — *Puristes,* ceux qui recherchent avec affectation la pureté du langage. — *Par extension,* en étendant la signification du mot. — *Platine,* le fond plat du poêlon. — *Perspectives,* a ici le sens de visions pour l'avenir. — *Affublent,* signifie ici : donnent des noms ridicules. — *Exotiques,* étrangers. — *Cordons bleus,* appellation familière qu'on applique aux bonnes cuisinières.

LES IDÉES. — 1. Quels sont les divers sens du mot « fricot » ? — 2. A quelles conditions le fricot est-il bon ? — 3. Expliquer le sens de cette phrase: « la ménagère y mettait toute son âme en même temps que les épices nécessaires. »

RÉDACTION. — Quelles sont les différentes manières d'accommoder les restes de viandes pour en faire « de bon fricot » ?

119. — La solidarité.

Un jour, à Rouen, la garde nationale avait décidé de faire une quête à domicile en faveur des blessés. Chaque partie de la ville fut donc visitée par des quêteurs. Tandis que deux de ceux-ci passaient dans une ruelle* du quartier Saint-Nicaise, ils virent une vieille femme assise sur la marche d'une humble maison, qui faisait un bien frugal repas avec un morceau de pain sec.

« Ah! dit la vieille, c'est vous qui quêtez pour nos soldats? Voici une pièce de vingt sous pour eux. »

Les gardes nationaux remercient chaleureusement et la bonne femme se remet à grignoter* son pain sec.

Une heure après, les quêteurs, revenant de leur tournée, passent de nouveau dans cette rue. La vieille femme était toujours là assise sur le seuil de sa porte. Elle avait fini son pauvre dîner. En voyant les deux hommes venir de son côté, elle se lève et va à eux :

« Je vous ai donné tout à l'heure, dit-elle, une pièce de vingt sous pour les blessés; cela vous contrarierait-il de me la rendre?

— Mais certainement non, dit celui qui portait la sacoche*, en rendant à la bonne femme une pièce d'un franc; voici votre pièce : il ne faut pas outrepasser* vos moyens, et nous vous savons beaucoup de gré de votre bonne volonté et de votre patriotisme.

— C'est que je vais vous dire, reprit la vieille, ce n'est pas vingt sous que je veux donner, c'est cent sous! »

Et elle tendit une belle grosse pièce de cinq francs toute reluisante.

Comme les quêteurs faisaient des difficultés pour l'accepter :

« Allons, prenez ma pièce, dit-elle, il faut bien que les pauvres gens s'aident! Et ce n'est pas les malheureux qui manquent, par le temps qui court! »

Journal de Rouen.

MOTS EXPLIQUÉS. — *Ruelle*, petite rue étroite. — *Grignoter*, manger par petits morceaux et comme en rongeant. — *Sacoche*, sac de cuir qui contient l'argent des quêteurs. — *Outrepasser*, aller au delà.

-**LES IDÉES.** — 1. Qu'est-ce que la garde nationale? A quelle époque a-t-elle été créée et quand a-t-elle été supprimée? — 2. Quelles sont les circonstances qui rendent plus méritoire l'offrande de la vieille femme ? — A quel sentiment obéit-elle en faisant cette offrande ?

RÉDACTION. — Reproduisez le récit qui précède en faisant ressortir ce qui rend particulièrement touchante la générosité de la vieille femme.

120. — Hygiène du vêtement.

Les vêtements ont pour rôle de protéger le corps contre les agents extérieurs, particulièrement contre le froid. Pour être hygiéniques, ils doivent remplir certaines conditions : laisser aux

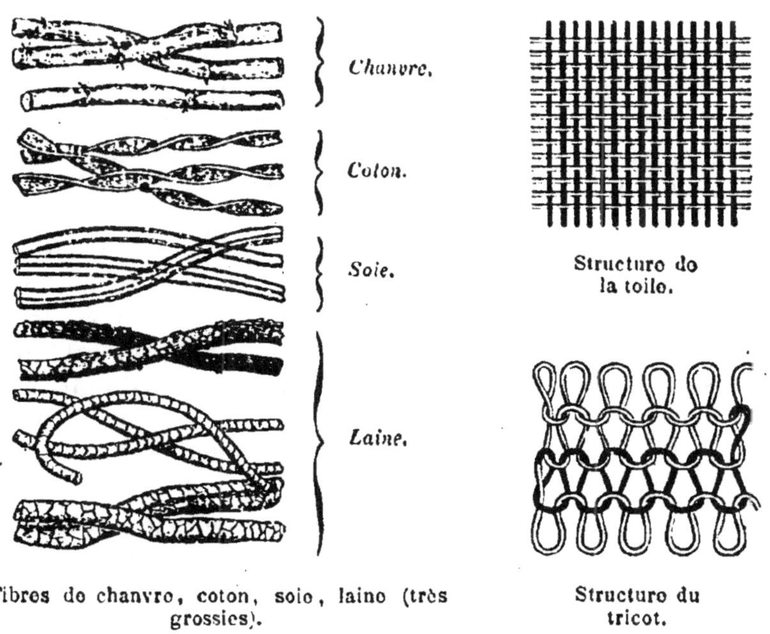

Fibres de chanvre, coton, soie, laine (très grossies).

ÉLÉMENTS ET STRUCTURE DES TISSUS

mouvements toute leur liberté, permettre à la respiration et à la circulation de s'exercer sans contrainte, faciliter à l'air le passage jusqu'à la peau, et aux sécrétions* l'évaporation indispensable ; en un mot, ils ne doivent gêner en rien le fonctionnement de nos organes. Ils seront appropriés au climat et à la saison et tenus dans un grand état de propreté, surtout s'ils sont en contact immédiat avec le corps.

Les substances qui constituent la matière de nos vêtements sont végétales ou animales. Les substances végétales sont : le chanvre, le lin, le coton ; les substances animales, la laine, la soie, le poil et la peau des animaux. Quelquefois on réunit dans un même tissu une substance animale et une substance végétale (laine et coton, soie et coton).

Parmi ces substances, les unes reçoivent et perdent la chaleur rapidement : on les dit bonnes conductrices ; les autres se refusent à cette pénétration et à cette transmission rapides de la chaleur : on les dit mauvaises conductrices. Ces dernières sont plus chaudes, parce qu'elles conservent au corps le calorique* que dégagent nos organes ; pour la même raison, elles préservent en été le corps contre la forte chaleur ambiante*, car si elles se laissent pénétrer difficilement par le calorique de notre corps, elles se laissent tout aussi difficilement traverser par le calorique extérieur. La laine occupe le premier rang parmi les substances mauvaises conductrices ; ensuite viennent la soie, le coton, puis le lin et le chanvre.

La texture* des étoffes a une grande importance dans cette question de conductibilité* : les tissus légers et épais font éprouver une sensation de chaleur, tandis que les tissus serrés et minces transmettent celle du froid. La raison en est facile à comprendre : les étoffes largement tissées emmagasinent une certaine quantité d'air dans les interstices de leurs mailles, et comme l'air est très mauvais conducteur de la chaleur, il empêche le corps de perdre son calorique. Les étoffes de laine à mailles lâches, les fourrures, le duvet sont les meilleurs protecteurs contre le froid, parce qu'ils emprisonnent beaucoup d'air.

Cours rationnel d'Enseignement ménager. (Paulin, éd.)

MOTS EXPLIQUÉS. — *Sécrétion*, liquide produit par les glandes : la sueur, produit des glandes sudoripares ; la salive, produit des glandes salivaires, sont des sécrétions. Comme tous les liquides, les sécrétions s'évaporent, c'est-à-dire se réduisent en vapeur sous l'action de l'air ou de la chaleur. — *Calorique*, employé ici comme synonyme de *chaleur*. — *Chaleur ambiante*, chaleur qui environne le corps. — *Texture*, disposition des fils de laine, de lin, de chanvre ou de coton. — *Conductibilité*, propriété que possèdent les corps de transmettre la chaleur ou l'électricité.

LES IDÉES. — 1. Quelles conditions les vêtements doivent-ils remplir pour être hygiéniques ? — 2. De quelle nature sont les substances bonnes conductrices et les substances mauvaises conductrices de la chaleur ?

RÉDACTION. — Votre mère vous a promis de vous donner une robe neuve pour l'hiver. Comment la voudriez-vous ? (matière, couleur, forme, garnitures).

121. — La ménagère.

On ose à peine parler de ce que rapporte en argent le travail de la ménagère. C'est prendre la question du mariage par un bien petit côté; mais il n'y a rien de tout à fait petit dans les grandes choses. Le travail de la ménagère, embrassant toute l'économie domestique, comprend quatre parties : le logement, le mobilier, le vêtement, l'alimentation.

Avril.
Fauconnier le faucon au poing.

Voici ce que peut faire une bonne ménagère pour le logement : elle le rend propre, service immense pour la santé et l'agrément de ceux qui l'habitent. La propreté contribue même à leur hygiène morale*. Un philosophe dit que c'est une vertu ; c'est au moins l'image d'une vertu ; c'est plus que cela : une leçon. L'habitude de la propreté inspire le respect de soi-même. Cette vertu du corps a pour analogue, dans l'esprit, la netteté des idées, et, dans le caractère, la franchise. Le mobilier est entretenu, réparé, quelquefois même augmenté et embelli par l'industrie de la femme. Elle fait et elle répare les vêtements, non seulement pour elle, ce qui va de soi, mais pour son mari et ses enfants. Il est toujours très malheureux pour un enfant d'aller à l'école en guenilles*, car on en conclut que sa mère ne s'occupe pas de lui. Que la veste soit de méchante étoffe* et toute rapiécée, cela ne fait rien, cela prouve seulement qu'il est pauvre.

Dès le premier moment de son séjour dans une ville industrielle, un homme habitué à l'observation sait quelque chose de la moralité des habitants, rien qu'en regardant leurs habits. S'ils sont lavés souvent et raccommodés toutes les fois qu'il le faut, on ne doit pas désespérer des mœurs de la ville.

La soupe faite à la maison n'est guère meilleure que celle du restaurant et elle ne coûte pas toujours meilleur marché; il faut avouer cela, quoiqu'il y ait beaucoup d'exceptions et de diversité, suivant les temps et les lieux. Mais elle a trois avantages : elle procure, sans augmentation de dépense, un peu de feu dans la chambre; elle donne à la mère le plaisir de servir la famille et l'occasion de lui ménager quelque joyeuse surprise; par-dessus tout, elle est mangée en petit comité dans le calme du chez soi et loin de ce maudit comptoir*, encombré de pots et de verres, qui ne disent rien de bon. S'il survient une maladie, la mère est là pour offrir ses soins et sa compagnie si douce aux malades et aux convalescents. Elle leur épargne l'hôpital, comme elle épargne l'hospice au vieillard. Ainsi elle mêle ses consolations aux deux rudes épreuves de la vie : souffrir et mourir.

Elle est deux fois mère, car elle allaite son enfant, elle le porte dans ses bras, elle ne le quitte ni le jour ni la nuit, ni pendant le travail, ni pendant le sommeil; elle guide ses premiers bégaiements et ses premiers pas; elle jouit de ses premiers sourires et de ses premières pensées. Un peu instruite, elle précède pour lui l'école, elle la remplace, elle la complète. Elle est mère et maîtresse d'école toute la journée, et ouvrière à ses heures pour ajouter le produit de son travail aux recettes plus fortes de son mari.

Jules Simon, L'École. (Librairie Hachette.)

MOTS EXPLIQUÉS. — *Hygiène morale :* la propreté fait contracter de bonnes habitudes. On a dit avec raison : la propreté du corps est le commencement de la propreté de l'âme. — *Guenilles,* vêtements déchirés. — *Méchante étoffe,* étoffe de peu de valeur. — *Comptoir,* table de bois ou de zinc sur laquelle le marchand de vin sert les consommations et sur laquelle on le paye. Jules Simon maudit les comptoirs autour desquels se pressent les ouvriers pour y boire, le plus souvent debout, les breuvages qui les ruinent et altèrent leur santé.

LES IDÉES. — 1. Comment le travail de la ménagère peut-il contribuer à l'aisance de la famille ? — 2. Comment peut-il en augmenter le bien-être ? — 3. Est-il juste de dire que la femme qui reste à la maison pour y soigner elle-même ses enfants est « deux fois mère » ?

RÉDACTION. — Écrivez à une de vos amies pour lui raconter ce que vous pensez faire pour améliorer et embellir le logis de famille lorsque vous aurez quitté l'école.

122. — Le blocus continental.

Désespérant d'atteindre l'Angleterre dans son île invincible, Napoléon crut qu'il la ruinerait en lui fermant les marchés du continent*, en la mettant dans l'impossibilité de vendre ses produits et ceux de ses colonies. Par deux décrets rendus, l'un à Berlin (1806), l'autre à Milan (1807), il répondit aux mesures tyranniques* prises sur les mers par son ennemie, en considérant comme prisonnier de guerre tout sujet anglais qui serait arrêté sur le territoire de l'Empire français, en confisquant toute marchandise anglaise et en interdisant aux navires anglais de débarquer dans un port français.

Cette mesure appelée *blocus continental* entraîna Napoléon à conquérir l'Europe entière et fut la cause de sa perte. Mais il eut pour résultat de surexciter le patriotisme intelligent des Français et leur apprit à se passer de l'Angleterre.

L'Empereur demanda aux savants de chercher à remplacer le sucre de canne par le sucre de betterave. Ce fut là une grande source de richesse. Il encouragea le célèbre Jacquard dans ses perfectionnements de la machine à tisser. En 1807, un nouveau métier fut construit, qui accéléra le travail tout en diminuant la fatigue. En 1812, on en comptait 18 000.

Richard et Lenoir s'associèrent pour la fabrication des étoffes de coton, des *indiennes** que l'Angleterre fournissait à toute l'Europe, et ils répandirent la culture du coton dans le midi de la France, en Corse et en Italie.

Un autre industriel, Oberkampf, fonda la célèbre manufacture de Jouy, près de Paris, et popularisa la fabrication des toiles peintes.

Carcel inventa la lampe qui porte son nom. Ternaux introduisit en France les chèvres du Thibet et fonda de grands établissements pour la fabrication des châles.

Napoléon encourageait l'initiative privée.

« Jadis, écrivait-il aux chambres de commerce, il fallait, pour être riche, avoir des colonies ; ces temps-là commencent à passer. Il faut être manufacturier, *il faut se pourvoir soi-même de ce qu'on allait chercher chez les autres*, faire ses indiennes, son sucre, son indigo. Vous fabriquerez tout cela vous-mêmes. »

L'Angleterre ne se rendit pas compte tout d'abord des mesures prises par Napoléon ; mais lorsqu'en 1813 le continent lui fut

rouvert, elle fut étonnée de le trouver peuplé de manufactures*.
L'industrie française surtout avait prospéré; car presque toutes
les nations, privées des marchandises anglaises, nous avaient
demandé les articles dont elles avaient besoin, et nos produits
se trouvaient sur la plupart des marchés européens.

MOTS EXPLIQUÉS. — *Marchés du continent*, ports dans lesquels l'Angleterre
écoulait les produits de son industrie. —
Mesures tyranniques, actes de violence. — *Indiennes*, étoffes de coton peintes ou imprimées, fabriquées dans l'Inde. — *Ma-nufacture*, établissement où l'on fabrique des produits.

LES IDÉES. — 1. Pourquoi l'Angleterre est-elle appelée « l'île invincible » ?
— 2. Expliquez la phrase : « il eut pour résultat de surexciter le patriotisme
intelligent des Français. » — 3. Pourquoi Napoléon demanda-t-il aux savant
de chercher à remplacer le sucre de canne par le sucre de betterave ?

RÉDACTION. — Qu'est-ce que le blocus continental ? Quelles en ont été les
conséquences pour le développement de l'industrie française ?

123. — En quoi consiste la mollesse.

Il est vrai, ma chère fille, que j'ai reproché souvent la lâcheté*
à Saint-Cyr, et qu'il me paraît qu'il y en a beaucoup dans l'esprit
et dans le corps. J'appelle lâcheté cette délicatesse* sur les
moindres réprimandes, ce découragement qui s'ensuit, ces ménagements qu'on désire et auxquels on force les supérieures, ces
récompenses continuelles dès qu'on a fait la moindre partie de
son devoir..., cette envie d'être à son aise sans que rien ne nous
coûte, ce chagrin contre soi-même quand on trouve des difficultés à se corriger. Je crois, ma chère fille, que voilà une partie
de la lâcheté de l'esprit.

Venons à celle du corps* : cette recherche continuelle des
commodités, qui ferait établir des machines qui apportassent
toutes les choses dont on a besoin, sans étendre le bras pour les
aller prendre; cette frayeur des moindres incommodités, comme
du vent, du froid, de la fumée, de la poussière, des puanteurs,
qui fait faire des plaintes et des grimaces comme si tout était
perdu; cette lenteur dans l'ouvrage, qu'on ne fait que par force,
et qu'on ne se soucie pas d'avancer; cette indifférence que ce
qu'on fait soit bien fait; cette peur d'être grondée qui est la seule
chose qui occupe, sans se soucier du bien dans ce qu'on nous
confie; ce balayage, qu'on aime autant qu'il laisse des ordures
que de n'en pas laisser, pourvu qu'on ne nous en dise rien; le

linge mal plié et rangé en désordre ; les ouvrages faits avec des gens qui empêchent de les bien faire ; ces portes et ces fenêtres mal fermées, pour ne pas s'en donner la peine ; ce rayon de soleil qui met une classe en désordre, et où les demoiselles courent, soit dans la chambre ou au chœur*, pour leur sauver cette incommodité ; cette impossibilité de s'acquitter d'une commission exactement, parce qu'on s'en remet sur la première personne qu'on trouve, sans se soucier jamais du fait ; cette impatience de ne pouvoir attendre en paix...

J'étais en bon train, ma chère fille, mais je n'ai pu continuer ma lettre, et je ne sais plus ce que je voulais dire.

Adieu, ma chère fille, je vous donne le bonsoir.

Mme DE MAINTENON.

MOTS EXPLIQUÉS. — *Lâcheté,* manque de courage ; nous dirions plutôt : mollesse. — *Délicatesse,* veut dire ici : susceptibilité à propos des moindres réprimandes. — *Venons à celle du corps...* remarquer que l'alinéa ne comprend qu'une seule phrase très lourde et parfois obscure, par suite de l'emploi des incidentes. — *Chœur,* partie d'une église où l'on chante l'office.

LES IDÉES. — 1. Combien Mme de Maintenon distingue-t-elle de sortes de mollesses ? — 2. Donner des exemples de mollesse d'esprit. — 3. Donner des exemples de mollesse du corps.

RÉDACTION. — Faites le portrait d'une jeune fille molle, d'après Mme de Maintenon.

124. — Les Arlésiennes de Normandie.

La population de Granville* est, comme celle d'Arles*, renommée par la beauté de ses femmes et distincte de toutes celles qui l'avoisinent. Ses caractères physiques, ses mœurs et jusqu'à son simple et gracieux costume, tout révèle en elle une différence d'origine. Les yeux bleus avec des cheveux noirs, le nez droit des Arlésiennes, traits peu rares à Granville, sembleraient annoncer un mélange de sang méditerranéen ; et, en effet, de toutes les traditions obscures qui se rapportent à ce sujet, la moins invraisemblable est celle qui fait descendre cette population des Normands de Roger Guiscard* et des femmes qu'ils auraient ramenées de la Grande-Grèce et de la Sicile. Ce croisement expliquerait du moins comment la grâce du type grec s'allie souvent ici avec la carrure* du type normand. L'aisance avec laquelle les Granvillaises sorties des conditions les plus humbles savent prendre possession d'un rang élevé dans la société est assurément un indice de la noblesse de la race, et la manie des archéologues* est allée jusqu'à voir, dans l'habileté particulière dont toute dame de Granville est douée pour le commerce, une trace d'origine grecque.

On pourrait demander comment des lieux qui ne sont devenus habitables qu'au xv° siècle sont occupés par une émigration du xi°. Cet étonnement cesse à l'aspect du pays même. Il est, en effet, probable que les aïeux des Granvillais de nos jours, navigateurs eux-mêmes, s'étaient groupés à 3 kilomètres au sud du port actuel, autour de l'anse* aujourd'hui comblée de Saint-Pair; elle devait, avant l'envasement, être un excellent abri. Le village de Saint-Pair, dont l'église, au loin vénérée, a tous les caractères d'une construction antérieure aux croisades, était sans doute le plus important parmi ces villages, bourgades et hameaux dont Charles VII conviait les habitants à peupler la ville naissante. Et si cet appel coïncidait avec l'envasement de l'anse, la transmigration a dû être facile.

A Granville, le beau sexe l'emporte beaucoup par l'intelligence et la volonté sur le sexe masculin. Les femmes ne s'y contentent point de régner : elles gouvernent; mais elles ne se conduisent point en reines fainéantes : cet empire est le prix d'une sollicitude, d'une activité dont peu d'hommes sont capables, et il s'exerce au très grand profit du ménage. Il en est du reste ainsi, mais rarement au même degré qu'à Granville, chez toutes les populations de marins et de pêcheurs. Tandis que les hommes sont à la mer, les femmes administrent la maison, conduisent la famille, la charge de prévoir et de pourvoir pèse sur elles seules; elles placent le produit de la pêche, font les recouvrements, préparent les agrès* et les approvisionnements; le fil des affaires communes est dans leurs mains, et d'autres n'y toucheraient que pour l'affaiblir et le briser.

J.-J. BAUDE (Revue des Deux Mondes).

MOTS EXPLIQUÉS. — *Granville,* port de commerce, sur la Manche, dans le département du même nom. — *Arles,* ancienne ville romaine, dans la vallée du Rhône, près de l'embouchure du fleuve. — *Roger Guiscard,* aventurier normand, qui fonda le royaume de Naples au ii° siècle. — *Carrure,* largeur du dos d'une épaule à l'autre. — *Archéologue,* celui qui est versé dans la science des arts et des monuments anciens. — *Anse,* petite baie. — *Agrès,* tous les objets qui servent à manœuvrer un vaisseau.

LES IDÉES. — 1. Quels caractères distinctifs présente la population de Granville ? — 2. Quelle en paraît être l'origine ?

RÉDACTION. — Que savez-vous des Granvillaises ?

Consultation de nourrissons. — Tableau de Geoffroy.

125. — La mutualité maternelle.

La mutualité maternelle a pour but de donner aux mères ouvrières, ménagères, employées, une indemnité suffisante pour leur permettre de cesser tout travail pendant les quatre semaines qui suivent la naissance d'un enfant. Toute femme peut devenir sociétaire et avoir droit à cette indemnité en versant une cotisation annuelle de 3 francs. C'est une œuvre éminemment humanitaire et sociale qui s'attache à prévenir le mal plutôt qu'à le guérir et qui soulage la misère en ne l'abaissant pas, parce qu'elle offre un droit et non une aumône.

Elle s'adresse à la femme du peuple au moment de la grande crise de la maternité; elle se donne pour mission de lutter contre la mortalité infantile* en aidant les mères à élever leur enfant dès le début et à mieux sauvegarder pour elles-mêmes les maternités futures.

En résumé, la mutualité maternelle dit à l'ouvrière ceci : cent cinquante mille de vos enfants de un jour à un an meurent chaque année; sur ce nombre, la majeure partie, on l'a constaté, meurt faute de soins; ces soins, votre état de misère, vos obligations de travail, etc., vous empêchent de les donner. Cet état de choses entretient une affreuse plaie sociale.

Depuis quinze ans que la Mutualité maternelle de Paris existe, elle a abaissé la mortalité infantile dans des proportions considérables. Tout d'abord réservée aux ouvriers des trois chambres syndicales* qui l'ont fondée, elle a, depuis janvier 1904, étendu son action sur toutes les femmes ouvrières, indistinctement, du département de la Seine; le chiffre de ses participantes, qui n'était à cette époque que de 1 700, se monte aujourd'hui à 7 000, et 20 000 à 30 000 attendent leur admission.

Afin de répondre à une aussi vaste extension*, la société crée dans chaque centre populaire de la capitale, dans chaque banlieue du département, des succursales ou sections.

Chaque section comprend un bureau, composé d'un président, d'un secrétaire, etc., et d'un nombre indéterminé de dames de la localité. Chaque section comporte également la création d'un dispensaire* avec consultations de nourrissons, où, tous les quinze jours au moins, les mères viennent faire peser leur enfant et recevoir d'un docteur les conseils et les indications nécessaires en puériculture*.

Déjà une trentaine de sections sont fondées, une trentaine d'autres sont en formation; quand l'œuvre sera complète, elle comprendra 150 sections environ, ayant chacune son dispensaire et de 1 200 à 1 500 dames visiteuses. Ce sera certainement l'œuvre la plus importante créée à Paris et spécialement consacrée à la mère.

Chaque section, ayant une certaine autonomie, peut ainsi s'inspirer de ses ressources particulières pour compléter l'œuvre de la société et atteindre aussi près que possible, l'assistance complète de la mère et de l'enfant, en créant un service de layettes, berceaux, bons de lait, etc.

Afin d'encourager les sociétaires à suivre les consultations de nourrissons, il est distribué, tous les ans, des primes en argent à celles qui les suivent régulièrement.

D'après Félix Poussineau (*Almanach mutualiste*).

MOTS EXPLIQUÉS. — *Mortalité infantile,* mortalité des enfants. -- *Chambre syndicale,* assemblée composée de représentants élus par les syndicats, c'est-à-dire par des groupements professionnels ayant pour objet la défense des intérêts de leur profession. -- *Vaste extension,* grand développement. -- *Dispensaire,* établissement où l'on donne gratuitement des consultations et des médicaments aux indigents. -- *Puériculture,* art d'élever des enfants.

LES IDÉES. — 1. Quel est l'objet de la mutualité maternelle ? — 2. Quels sont les résultats de cette institution ?

RÉDACTION. — Décrivez le fonctionnement de la Mutualité maternelle de Paris.

126. — Les matières colorantes.

Quoi de plus joli qu'un flot de rubans multicolores ! En voici teintés de rouge, de vert, de jaune, de bleu ; ceux-ci flambent comme l'or et l'argent, étincellent comme le feu, luisent comme le soleil ; ceux-là ont des couleurs si veloutées et si douces qu'ils n'ont rien à envier aux pétales des roses ou à l'aile des papillons !

L'œil reste émerveillé devant cette gamme de teintes*, de nuances, de reflets, et vous vous demandez sans doute quelle fée a pu créer ces riches couleurs pour les répandre sur ces tissus délicats. Ne cherchez pas davantage ; la fée qui a accompli ces merveilles s'appelle l'Industrie !

La teinture, en effet, est un art industriel, et un art difficile et compliqué ; elle a pour but de fixer sur les fils de coton, de lin, de chanvre ou de soie, les couleurs si nombreuses et si variées dont la nature est prodigue.

Examinons, en premier lieu, quelles sont les matières que cette dernière met à notre disposition ; presque toutes proviennent du règne végétal. Quelques plantes de notre pays sont tinctoriales* : la garance, le pastel, la gaude ou réséda sauvage, le genêt, le safran. Nous tirons encore des couleurs de la racine de châtaignier, de la coque des grosses noix, de l'écorce de certains chênes, du sumac* du Midi. Mais ce sont les végétaux des régions chaudes de l'Amérique, de l'Afrique et de l'Asie qui fournissent le plus de matières colorantes.

Le Brésil nous donne des bois rouges très estimés ; il en est de même de Campêche*, dans l'Amérique centrale. Cuba, dans les Antilles, fournit des bois jaunes et bruns. On tire de l'Inde et du Tonkin une des plus belles couleurs, l'indigo, qui est bleu. Le Congo et la Guinée fournissent le cachou, qui est brun, et notre colonie de Madagascar renferme aussi des essences tinctoriales dont on commence à tirer parti.

Le règne animal nous fournit peu de couleurs; il en est une pourtant qui est fort jolie, le carmin, que l'on retire du corps d'un insecte, la cochenille. Cette petite bestiole vit sur les feuilles épaisses du nopal, que l'on cultive en Algérie.

En second lieu, nous avons à considérer les produits colorants fournis par l'industrie chimique. Cette dernière est parvenue à reproduire artificiellement toutes les couleurs, même les plus délicates, et votre étonnement sera grand sans doute quand nous vous aurons dit qu'elle les retire de la houille, pour la plus grande partie.

Il est rare que l'on puisse directement fixer la couleur au tissu; souvent il est nécessaire d'employer une substance intermédiaire qui ait à la fois de l'affinité*, et pour la couleur et pour l'étoffe. Ce corps se nomme mordant: tel est l'alun.

Dès lors, la couleur ne se fixe définitivement qu'aux points où le tissu est imprégné de mordant.

On peut encore fixer les couleurs par impression comme on fait pour le papier.

MOTS EXPLIQUÉS. — *Gamme de teintes,* succession de teintes qui s'harmonisent. — *Plantes tinctoriales,* plantes qui servent à la teinture. — *Sumac,* arbre de la région méditerranéenne. — *Campêche,* ville du Mexique qui a donné son nom à un bois tinctorial. — *Affinité,* tendance de certains corps à s'unir.

LES IDÉES. — 1. Pourquoi teint-on les étoffes ? — 2. Citez quelques plantes tinctoriales. — 3. D'où l'industrie retire-t-elle principalement les couleurs ? — 4. Quel est le rôle de l'alun ?

RÉDACTION. — Les matières colorantes, leurs origines, leurs usages.

127. — Les femmes d'Alsace-Lorraine.

Le patriotisme des femmes d'Alsace et de Lorraine a été au moins égal à celui des hommes, et leur noble ressentiment* contre nos ennemis a trouvé parfois, pour les frapper au cœur, des armes plus sûres que les chassepots* et les canons.

Voici un fait dont je puis garantir l'authenticité*. Une dame de Strasbourg logeait chez elle deux officiers prussiens. Ces messieurs se plaignaient, comme des maîtres se plaignent, de n'avoir pas accès* dans le salon de cette dame, et insistèrent pour être engagés à ses réunions d'amis. Ils reçoivent une invitation. Ils arrivent à huit heures; le salon était assez obscur, et à la lueur de la lampe unique qui l'éclairait, ils entrevirent dix femmes vêtues de noir et assises au fond. La maîtresse de la maison, les voyant entrer, va à eux, les amène à la première de ces dames, et la leur présentant : « Ma fille, qui a eu son mari tué pendant le siège. » Les deux Prussiens pâlissent. Elle les

Alsacienne en costume national.

amène à la seconde dame : « Ma sœur, qui a perdu son fils à Fræschwiller*. » Les deux Prussiens se troublent. Elle les amène à la troisième : « Madame Spindler, dont le frère a été fusillé comme franc-tireur*. » Les deux Prussiens tressaillent. Elle les amène à la quatrième : « Madame Brown, qui a vu sa vieille mère égorgée par les uhlans*. » Les Prussiens reculent. Elle les amène à la cinquième : « Madame Coulmann, qui... » Mais les deux Prussiens n'ont pas la force de la laisser achever, et, balbutiant, éperdus, ils se retirent précipitamment, comme s'ils eussent senti tous ces crêpes de deuil tomber sur leur tête. On eût dit Mathan* s'enfuyant devant l'anathème de Joad*. Connaissez-vous une plus terrible et plus patriotique vengeance ?

E. Legouvé. (Librairie Hetzel.)

MOTS EXPLIQUÉS. — *Ressentiment,* souvenir d'une injure qu'accompagne un désir de vengeance. Le ressentiment des femmes d'Alsace-Lorraine est noble, car elles veulent venger la mort des êtres qui leur sont chers. — *Chassepot,* fusil à aiguille qui porte le nom de son inventeur. — *Authenticité,* vérité incontestable. — *N'avoir pas accès,* ne pas pouvoir assister aux réceptions. — *Frœschwiller,* nom d'un village d'Alsace où se livra, en août 1870, la bataille plus connue sous le nom de Reichshoffen. — *Franc tireur,* volontaire qui en temps de guerre fait partie d'un corps de troupes irrégulières. — *Uhlans,* lanciers allemands. — *Mathan et Joad,* personnages d'une tragédie de Racine, *Athalie :* Joad, grand prêtre de Jéhovah, chasse du temple et le maudissant l'ancien prêtre Mathan devenu par ambition le grand-prêtre du dieu Baal.

LES IDÉES. — 1. Expliquez le sens de cette phrase : « Ces messieurs se plaignaient comme des maîtres se plaignent. » — 2. Faites ressortir ce qu'il y eut de terrible dans la vengeance de la maîtresse de maison.

RÉDACTION. — Quelles ont été pour la France les conséquences de la guerre de 1870 ?

128. — Le jardin potager.

A la campagne, le jardin est d'une très grande utilité : il fournit les légumes qui tiennent tant de place dans l'alimentation de la famille, et la vente de ses produits peut augmenter les ressources du ménage.

Aussi ne doit-on pas s'étonner de voir les ménagères intelligentes donner tous leurs soins au jardin potager. Les plus courageuses ne craignent pas de manier la pelle et la bêche, de retourner et de fumer elles-mêmes les carrés de terre où elles veulent planter des pommes de terre, semer des carottes, repiquer* des choux, des poireaux, des oignons, des salades, dont elles ont préalablement fait dès semis sur couche*. Habiles à manier le cordeau, elles tracent des planches* où germeront, selon la saison, des fèves, des petits pois, des haricots d'espèces variées. Elles font des plants d'asperges et d'artichauts qu'elles ont la précaution de buter et de rechausser* avant l'hiver pour les préserver contre la gelée. Elles ont des plates-bandes de fraisiers, des bordures d'oseille, de cerfeuil, de persil, de fines herbes... Elles engagent une lutte incessante contre les chenilles et les limaces ou contre les mauvaises herbes qui absorbent les sucs nourriciers destinés aux plantes cultivées. Aussi les voit-on penchées vers le sol, la houe ou le sarcloir à la main, aux heures où le ménage leur laisse quelques loisirs. Par les temps secs, elles se livrent à l'arrosage et au binage du sol qui modère l'évaporation.

Une femme avisée ne néglige point non plus la culture des arbres fruitiers ; avec un peu d'adresse, elle apprend vite à les greffer et à leur donner des soins convenables. Aussi récolte-t-elle en abondance des fruits sains et d'espèces variées. Quand l'exposition le permet, elle garnit le mur de sa maison d'un espalier ou d'une treille, et, pour peu que le terrain s'y prête, elle cultive quelques plants de vigne, qu'elle n'oublie point de soufrer au printemps pour détruire le mildew*.

Grâce aux notions élémentaires d'agriculture et d'horticulture que l'on donne aujourd'hui dans les écoles primaires, toutes les ménagères de la campagne peuvent cultiver avec intelligence leur jardin potager et en augmenter le rendement.

Courage, petites filles ; mettez-vous à l'œuvre dès maintenant, en aidant vos mamans de votre mieux, le soir après la classe et pendant les jours de congé. Il n'est pas pour vous d'occupation plus saine et plus gaie quand vous avez bien travaillé à l'école.

MOTS EXPLIQUÉS.—Repiquer, terme de jardinage ; signifie replanter de jeunes plantes. — *Semis sur couche :* s'obtiennent en entassant sur des couches de fumier une certaine épaisseur de terreau sur lequel on sème des graines de légumes à la profondeur d'un centimètre. — *Planche,* surface cultivée dans un jardin. — *Buter* et *rechausser,* entourer le pied de la plante de terre en forme de butte. — *Mildew,* insecte destructeur de la vigne ; s'attaque à la feuille et au grain.

LES IDÉES. — 1. Quelle est l'utilité d'un jardin potager à la campagne ? — 2. Quels sont les légumes que l'on cultive couramment dans un jardin potager ? — 3. Quels sont les arbres fruitiers dont peut prendre soin une bonne ménagère?

RÉDACTION. — Décrivez un jardin potager que vous connaissez.

129. — Femmes de France.

Les femmes de la Société française de secours aux blessés militaires ont cette ambition : être mobilisées* en temps de guerre, aller se battre contre la mort, tandis que leurs maris, leurs frères ou leurs fils iront se battre pour le pays. Et elles seraient mobilisées en effet : leurs noms à toutes figurent sur un état « quelconque » au ministère de la Guerre; elles sont un des rouages* de l'immense machine militaire. Il y a pour elles dans les caves de la Banque de France* quelques millions à leur disposition, et, le jour même de la déclaration des hostilités, elles entreraient en campagne...

Elles y sont entrées l'an dernier lors de l'expédition de Casablanca*.

Pour la première fois dans l'histoire militaire de la France, on a vu des femmes, des laïques incorporées purement et simplement dans les cadres de l'armée*, placées sous les ordres directs d'officiers du corps de santé, n'ayant qu'à leur obéir et à exécuter sous leur direction toutes les tâches que comporte le service des ambulances en temps de guerre.

On en envoya douze à Casablanca, six à Lalla-Marnia, quatre à Tlemcen. Des noms?... Il y avait à Casablanca : Mⁱˡᵉ de Boisboissel, Mⁱˡᵉ de Noville, Mⁱˡᵉ de Saint-Roman, Mⁱˡᵉ Renée Voisin, fille de la femme admirable qui conçut l'organisation de la Croix-Rouge. Il y avait à Tlemcen Mᵐᵉ de Grailly et, à Marnia, Mⁱˡᵉ Fidière de Prinveaux, qui avait pour compagne une jeune fille portant un nom illustre dans les lettres françaises: j'ai nommé Mⁱˡᵉ d'Haussonville. Il y avait même sur le bateau-hôpital le *Vinh-Longh*, faisant la dure navette* entre Casablanca et Oran, deux infirmières à demeure, Mᵐᵉ Fortoul et Mᵐᵉ Blanchenay, qui jusqu'en mer, sous la pesante chaleur d'Afrique, soignaient à fond de cale les typhiques*.

Elles ne furent pas seulement les gardes-malades irréprochables qui appliquent les pansements et donnent les potions; elles furent les humbles ouvrières qui raccommodaient le linge de la troupe, ourlaient les torchons, faisaient des traversins, s'astreignaient aux plus dures besognes, témoin cette Mⁱˡᵉ Clavery, qui, en un jour, lava elle-même quatre-vingt-seize chemises de soldats malades: elles furent aussi les pionniers* de cette pénétration pacifique qui est notre apanage* à nous, témoin ce dispensaire qu'elles établirent en plein camp et où tous les indigènes, maures, juifs, arabes, typhiques, lépreux, gangrenés, pouvaient recourir à la science des envahisseurs!... Elles furent enfin les éducatrices, les tutrices qui prennent le même soin de l'âme que du corps.

Pas un instant leur dévouement ne se ralentit. Tout ce qu'il y a de compassion dans le cœur et d'énergie dans la volonté de la femme fut dépensé là-bas, pendant dix-huit mois, sans compter, au chevet des malades et des blessés.

Extrait du Journal Le Matin.

MOTS EXPLIQUÉS. — *Mobilisées,* appelées sous les drapeaux en temps de guerre. — *Rouages,* un des moyens dont dispose l'armée. — *Banque de France,* établissement financier. — *Casablanca,* port du Maroc; a été pris par les Français lors de l'expédition de 1908. — *Cadres de l'armée,* ensemble des officiers et des sous-officiers d'une armée. — *Faire la navette,* aller et venir plusieurs fois. — *Typhiques,* malades atteints d'une fièvre pernicieuse nommée « typhus » ou « fièvre typhoïde ».— *Pionniers,* veut dire ici : ceux qui préparèrent la pénétration. — *Apanage,* au sens figuré, ce qui nous est propre.

LES IDÉES. — 1. Quel serait en cas de guerre le rôle de la Société des femmes de France ? — 2. Qu'est-ce qu'un bateau-hôpital ? — 3. Que firent les membres de la Société des femmes françaises qui furent envoyées à Casablanca ?

RÉDACTION. — Racontez le dévouement des femmes de France à Casablanca.

130. — L'eau potable.

L'eau, telle que nous la trouvons dans la nature, est formée par la combinaison de deux corps simples : l'oxygène et l'hydrogène. Elle contient en dissolution des gaz, des matières minérales et des matières organiques.

L'eau est la meilleure des boissons, à condition qu'elle soit *potable*, c'est-à-dire qu'elle ne contienne pas de microbes.

Si elle provient d'une source, nous pouvons la boire sans crainte : elle s'est filtrée* dans la terre et elle n'a pas encore eu le temps de se charger d'impuretés ; mais ne buvons jamais l'eau d'une rivière ou d'un puits sans l'avoir préalablement assainie.

Du reste il est facile de constater si une eau est potable : elle doit être limpide, claire, inodore et avoir une saveur agréable. Si elle cuit mal les légumes, si elle dissout difficilement le savon, elle contient trop de matières minérales ; si elle acquiert une mauvaise odeur lorsqu'elle est enfermée dans un vase clos, c'est qu'elle contient des matières organiques décomposées : dans ce dernier cas elle est nuisible.

Pour plus de sécurité, ne buvons jamais sans la filtrer une eau dont nous ne connaissons pas la provenance. Un filtre n'est pas un objet très coûteux et il peut épargner de graves maladies.

Voyez, Jeanne a un filtre dans sa cuisine et cependant le robinet situé au-dessus de la pierre à évier donne de l'eau de source. Allons-nous la blâmer de son excès de prudence ? Loin de là, nous la féliciterons de s'être souvenue une fois de plus de ce qu'on lui a enseigné à l'école. Elle sait que l'eau s'intoxique* en séjournant longtemps dans les tuyaux de plomb, surtout si ces tuyaux sont neufs, et que, d'autre part, des infiltrations peuvent se produire dans les canalisations. Aussi a-t-elle décidé de faire l'acquisition d'un filtre Chamberland, qui se compose d'une sorte de bougie creuse en porcelaine cuite, mais non vernissée. L'eau arrive autour de la bougie et filtre à travers ses parois dont les pores sont trop petits pour laisser passer les microbes. L'eau qui sort de la bougie est pure.

Cet été, il y a eu dans le quartier de Jeanne quelques cas de fièvre typhoïde. Or, cette maladie est due à un microbe qui se propage par l'eau.

Notre ménagère ne s'est pas contentée de filtrer son eau, elle a employé un procédé de purification plus efficace* encore, celui de l'ébullition prolongée. Pendant la période d'épidémie on n'a bu dans sa maison que de l'eau bouillie, débarrassée à coup sûr de tous les germes dangereux.

MOTS EXPLIQUÉS. — *Eau filtrée,* eau débarrassée de toute impureté. — *S'in-* | *toxique,* synonyme de s'empoisonne. — *Efficace,* qui produit l'effet désiré.

LES IDÉES. — 1. Pourquoi est-il nécessaire de filtrer l'eau ou de la faire bouillir ? — 2. Quelle est la cause de la fièvre typhoïde ?

RÉDACTION. — Qu'est-ce qu'une eau potable ? Quelles sont les qualités d'une eau potable ?

131. — Le dévouement de la mère.

Chez les animaux, la maternité seule ressemble à un sentiment ; leur amour paternel n'est qu'une exception ; mais la maternité leur donne la prévoyance', la tendresse, le dévouement, l'héroïsme même. La lionne à qui l'on enlève ses petits devient terrible comme un lion ; le lion s'éloigne. J'ai été témoin du courage d'une jeune mère fauvette. Elle avait bâti son nid dans un buisson à hauteur du regard ; le père et la mère, selon la coutume de ces jolis oiseaux, se tenaient tour à tour sur le nid pour couver les œufs ; or, si je m'approchais au moment où le mâle était le gardien, il s'enfuyait dans les branches supérieures, volant, criant, s'agitant, mais il s'enfuyait. Était-ce la femelle, au contraire, elle restait. En vain m'avançais-je au point de la toucher, elle restait. Je voyais son petit cœur battre sous ses plumes, son œil noir s'arrondir et briller de terreur, n'importe, elle restait. Il y avait certainement là un sentiment ; il y avait vaillance, puisqu'il y avait peur ; il y avait dévouement, puisqu'il y avait sacrifice. Par l'amour maternel, l'animal touche presque à la nature humaine.

Quel père, en effet, oserait comparer sa tendresse à la tendresse d'une mère ? À Dieu ne plaise que je veuille nier l'affection paternelle ; mais la paternité pour un homme est un accident et, pour ainsi parler, une fiction ; pour les femmes, la maternité est la vie même. Ceux qui leur contestent encore leur rang de créatrices n'ont donc jamais vu une mère recevoir dans ses bras son enfant nouveau-né ? Ils n'ont donc jamais contemplé ce divin premier regard qui a donné pour un jour au fougueux Rubens*, dans la figure de Marie de Médicis, le tendre génie de Raphaël* ? Jamais donc ils n'ont vu une mère suivant le premier pas de son enfant, écoutant sa première parole, hélas ! et recevant son dernier soupir ? Quand un enfant meurt, le père pleure, mais le temps ne respecte pas plus en lui cette douleur que les autres douleurs ; pour la mère, c'est une blessure qui ne guérit pas. On rencontre parfois des figures de femmes marquées d'un sceau* particulier de désespoir ; leur pâleur, leur douceur, l'accent découragé de leur voix, leur front incliné sur leur poitrine trahissent en elles je ne sais quoi d'irréparablement brisé qui vous serre le cœur ; même quand elles sourient, on voit qu'elles sont près de pleurer : informez-vous de la cause de leur peine, on vous dira presque toujours que ce sont des mères qui ont perdu quelque enfant à la fleur de l'âge.

E. LEGOUVÉ, *Histoire morale des femmes.* (Didier et Cie, éditeurs.)

MOTS EXPLIQUÉS. — Prévoyance : leur fait prendre des mesures pour l'avenir. — **Rubens,** peintre flamand, mort en 1610, a peint une succession de tableaux représentant la vie de Marie de Médicis. — **Raphaël,** peintre italien, mort en 1520. Ses plus beaux tableaux représentent des mères avec leur enfant. — **Sceau,** signe.

LES IDÉES. — 1. Pourquoi peut-on dire que chez les animaux l'amour maternel ressemble à un sentiment? — 2. En quoi l'amour maternel se distingue-t-il de l'amour paternel ?

RÉDACTION. — Imaginez un récit auquel vous pouvez donner pour titre « Le premier pas de l'enfant ».

132. — La République.

Un homme ne peut incarner* la République, non ! il peut la représenter comme fonctionnaire, il doit la défendre comme citoyen ; mais ce n'est que par les efforts de tous les bons citoyens que ce gouvernement peut vivre et prospérer. Et c'est précisément dans ce caractère collectif, unanime, général, du gouvernement républicain que se trouvent son excellence et sa supériorité.

Les autres gouvernements, en effet, ne peuvent vivre que par la domination d'un maître, trompeur ou despote*, qui s'impose par la force ou par une sorte de privilège constitué dans une famille et qui la transmet à ses héritiers avec autant de sans-façon.

C'est là ce qui fait que le régime républicain* offre des garanties sérieuses même contre l'incapacité, contre les hasards de la naissance, contre les infirmités, contre les passions, contre les vices d'un seul homme. Aussi faut-il bien se garder, parmi nous, de jamais faire du régime républicain l'apanage d'un seul homme;

Statue de Gambetta, place du Carrousel, à Paris.

il faut en faire au contraire un régime qui change de mains, qui est mobile et qui va par l'élection, par le choix, tous les jours plus assuré, plus juste et plus moral, au plus digne. Quand celui-ci a fait son temps, on le remplace, la nation étant appelée à se donner ainsi pour premier magistrat* — et non pas pour maître — le plus intelligent, le plus expérimenté, le plus digne.

C'est pourquoi la République est par excellence le régime de la dignité humaine, le régime de la volonté nationale. C'est le régime qui peut, seul, supporter la liberté de tous ; qui, seul, peut faire les affaires d'un peuple ayant besoin de communiquer avec lui-même, de se réunir, de s'associer, d'exiger des comptes, de critiquer, d'examiner, en un mot de diriger ses propres intérêts et de changer ses intendants* quand ils ont mal agi.

Voilà le régime républicain.

GAMBETTA*.

MOTS EXPLIQUÉS. — *Incarner*, veut dire ici personnifier, exprimer d'une manière sensible. — *Despote*, qui impose sa volonté. — *Régime républicain*, gouvernement dans lequel la souveraineté appartient à tous les citoyens et est exercée en leur nom par des représentants qu'ils élisent. — *Magistrat :* le magistrat tient son autorité de la nation, qui peut la lui retirer, lui demander compte de la manière dont il l'exerce. — *Intendants*, veut dire ici ceux auxquels la nation confie l'administration du pays. — *Gambetta* (1838-1882), homme politique français ; il organisa la défense nationale en 1870.

LES IDÉES. — A quoi tient l'excellence et la supériorité du gouvernement républicain ? — 2. En quoi se distingue-t-il des autres gouvernements ? — 3. Expliquez la phrase : « la République est par excellence le régime de la dignité humaine, le régime de la volonté nationale. »

RÉDACTION. — Combien de fois la République a-t-elle été proclamée en France ? Rappelez dans quelles circonstances.

133. — Elle aimait trop le bal.

Hélas ! que j'en ai vu mourir de jeunes filles !
C'est le destin. Il faut une proie au trépas.
Il faut que l'herbe tombe au tranchant des faucilles ;
Il faut que dans le bal les folâtres quadrilles*
    Foulent des roses sous leurs pas.

Que j'en ai vu mourir ! l'une était rose et blanche ;
L'autre semblait ouïr de célestes accords*!
L'autre, faible, appuyait d'un bras son front qui penche,
Et comme en s'envolant l'oiseau courbe sa branche*,
    Son âme avait brisé son corps.

Elle aimait trop le bal, c'est ce qui l'a tuée,
Le bal éblouissant ! le bal délicieux !
Sa cendre encore frémit, doucement remuée,
Quand dans la nuit sereine une blanche nuée
    Danse autour du croissant* des cieux.

Elle aimait trop le bal! Quand venait une fête,
Elle y pensait trois jours, trois nuits elle en rêvait;
Et femmes, musiciens, danseurs que rien n'arrête,
Venaient dans son sommeil, troublant sa jeune tête,
    Rire et bruire à son chevet.

Puis c'étaient des bijoux, des colliers, des merveilles!
Des ceintures de moire* aux ondoyants reflets;
Des tissus plus légers que des ailes d'abeilles;
Des festons, des rubans, à remplir des corbeilles;
    Des fleurs à parer un palais!

La fête commencée, avec ses sœurs rieuses
Elle accourait, froissant l'éventail sous ses doigts;
Puis s'asseyait parmi les écharpes soyeuses,
Et son cœur éclatait en fanfares joyeuses*,
    Avec l'orchestre aux mille voix.

Quels tristes lendemains laisse le bal folâtre!
Adieu parure et danse, et rires enfantins!
Aux chansons succédait la toux opiniâtre,
Au plaisir rose et frais, la fièvre au teint bleuâtre,
    Aux yeux brillants, les yeux éteints.

Elle est morte à quinze ans, belle, heureuse, adorée!
Morte au sortir d'un bal qui nous mit tous en deuil,
Morte, hélas! et des bras d'une mère égarée,
La mort aux froides mains la prit toute parée,
    Pour l'endormir dans le cercueil.

Victor Hugo, Les Contemplations. (Librairie Hetzel.)

MOTS EXPLIQUÉS. — *Quadrille,* figure de danse dans laquelle il y a quatre danseurs et quatre danseuses. — *Célestes accords,* chants harmonieux. — *Branche:* le poète désigne sous ce nom l'aile de l'oiseau. — *Croissant,* la lune. Le croissant est la forme apparente de la lune lorsqu'elle n'est pas encore demi-pleine. — *Moire,* étoffe qui a une apparence ondée. — *Son cœur éclatait en fanfares joyeuses,* son cœur reproduisait, comme un écho, les airs de danse.

LES IDÉES. — 1. Quel sentiment l'auteur exprime-t-il dans les trois premières strophes? — 2. Dans les quatrième, cinquième et sixième? — 3. Enfin dans les deux dernières?

RÉDACTION. — Vous avez assisté à un bal d'enfants. Racontez vos impressions.

134 — L'origine du mistral.

Le mistral rentre dans la catégorie de ces vents désignés sous
le nom de brises de montagne. C'est un vent local propre aux
vallées du Rhône et de la Durance, et qui rarement dépasse de
beaucoup les côtes de la Provence et du Languedoc. En mer, il
abandonne par le travers des Baléares* les navires qui comptent
sur lui; d'un autre côté, il arrête quelquefois en vue de la terre
ceux qui veulent entrer dans les ports de Marseille et de Cette,
et les force à s'abriter derrière les îles d'Hyères ou à gagner les
côtes d'Espagne.

La génération* du mistral s'explique parfaitement par la
configuration des côtes méditerranéennes de la France. L'embouchure du Rhône forme un grand delta* sablonneux dont la
base a une longueur de 65 kilomètres. A l'est, ce delta touche à
la Crau, vaste plaine couverte de gros cailloux descendus jadis
par la vallée de la Durance; à l'ouest s'étend une succession de
plaines sablonneuses, de marais salants et de montagnes basses
et dénudées. Ces plages s'échauffent prodigieusement sous les
rayons du soleil méridional; l'air qui les recouvre se dilate et
s'élève; il se forme donc un vide; mais l'air froid qui remplit
les hautes vallées des Alpes ou recouvre les plateaux des
Cévennes et de la montagne Noire se précipite pour remplir ce
vide; cet air froid, c'est le mistral.

Chaque jour, nous sommes témoins du même phénomène
quand nous allumons le feu de nos cheminées. Dès que l'air
échauffé par la flamme s'élève dans le tuyau, l'air froid se précipite de tous côtés vers ce foyer d'appel; il pénètre par les join-
tures des portes et des fenêtres, alimente le feu et s'échappe
avec la fumée par le haut de la cheminée.

Les choses se passent de même en Provence et en Languedoc.
Lorsque les Alpes et les Cévennes sont couvertes de neige, la
plage s'échauffe et le mistral souffle avec une violence incroyable,
surtout pendant le jour; la nuit, le rivage se refroidit par rayonnement*, la différence de température entre l'air chaud de la
plaine et l'air froid de la montagne tend à s'égaliser, et le vent
tombe pour recommencer le lendemain.

Le foyer d'appel de ce courant d'air étant sur la côte, on
conçoit qu'il ne se prolonge pas en mer à de très grandes
distances. On conçoit également pourquoi l'hiver et le printemps

sont les époques de l'année où il acquiert la plus grande force et dure le plus longtemps, car c'est pendant ces deux saisons que le contraste entre la température de l'air des montagnes et celui du rivage est le plus marqué.

Charles MARTIN, *Du Spitzberg au Sahara.*

MOTS EXPLIQUÉS. — **Les Baléares,** archipel méditerranéen appartenant à l'Espagne. — **Génération,** a ici le sens de production. — **Delta,** nom donné à l'embouchure d'un fleuve qui, en se divisant en plusieurs branches, affecte la forme de la lettre grecque appelée delta; le Rhône a un delta. — **Le rivage se refroidit par rayonnement,** la nuit, comme toutes les surfaces chauffées pendant le jour, le rivage renvoie sa chaleur.

LES IDÉES. — 1. Qu'est-ce que le mistral; dans quelle région souffle-t-il ? — 2. Comment peut-on expliquer la génération du mistral ? — 3. Pourquoi le mistral souffle-t-il surtout en hiver et au printemps ?

RÉDACTION. — Que savez-vous sur le mistral ?

135. — L'éducation pratique de la femme.

A moins d'avoir une carrière absorbante, comme celle de médecin ou de professeur, une femme peut s'occuper de son intérieur sans contrarier sa culture. Au contraire, un peu de vie pratique* vient au secours des lectures et des idées. Et quand bien même je serais professeur, j'aimerais me reposer parfois des mathématiques ou de l'histoire, en cultivant mon jardin, et médecin, je ne dédaignerais pas de pouvoir prescrire aux malades une cuisine de mon invention.

J'estime donc que tout milite* en faveur de l'éducation pratique préconisée ici et j'ajouterai, en outre, que toute femme doit être un peu garde-malade et s'y préparer étant jeune fille. Quelques notions essentielles sur les blessures, les accidents, les maladies, un peu de cette décision, de ce sang-froid que procure l'habitude, cela vaut de l'or. Les jours arrivent où le besoin s'en fait vivement sentir.

Chacun de nous a en lui une certaine somme de puissance admirative et quelques-uns la placent assez mal, sur des objets mesquins* et indignes. Pour ma part, j'en ai placé une grosse partie sur le sujet de ce chapitre : les mains diligentes. Je demeure ému, religieusement ému, devant les merveilles que font en silence les mains de la femme à l'ombre du foyer. Aucune province* de l'activité humaine, ni l'industrie, ni la science elle-même, n'a cette profondeur mystérieuse. Et dire que tout ce labeur de bonté, d'énergie, de patience est du travail qui ne se paye pas! L'argent n'y est pour rien. Ce pur désintéressement rachète bien des actes de mercenaire*. Celui qui ne le connaît pas ne sait pas ce qu'est l'humanité; il n'a jamais su son plus précieux trésor, sa plus intime réserve de vertus.

Depuis les mains prévenantes de la fillette qui commence à se rendre utile, à soulager sa mère, à prendre sur elle une part du fardeau, jusqu'aux mains ridées et tremblantes de l'aïeule tricotant encore malgré ses yeux ternis, mains diligentes de nos sœurs, de nos épouses, de nos mères, soyez bénies! Car vous ne savez pas seulement filer le chanvre, tirer l'aiguille, orner la demeure, garnir la table; vous ne savez pas seulement accomplir des miracles d'économie et de courage, des chefs-d'œuvre de grâce : vous êtes bonnes et compatissantes. Vous nous bercez au matin des jours, vous essuyez nos premières larmes, vous soutenez nos premiers pas, et, plus tard, vous savez toucher à nos blessures d'un tact si délicat, qu'on oublie de s'en plaindre lorsque c'est vous qui les pansez.

C. WAGNER, Auprès du foyer. (Librairie Armand Colin.)

MOTS EXPLIQUÈS. — *Vie pratique*, vie qui a l'action pour objet ; s'oppose ici à vie intellectuelle. — *Milite*, est ici employé au figuré, signifie : tout parle en faveur de... — *Objets mesquins*, de peu de valeur. — *Province*, a ici le sens de branche, de partie. *Mercenaire*, qui travaille pour le salaire qu'il obtient.

LES IDÉES. — 1. Expliquez la phrase : « un peu de vie pratique vient au secours des lectures et des idées. » — 2. Pourquoi l'auteur admire-t-il les « mains diligentes » de la femme? — 3. Quel rôle l'auteur de ce morceau attribue-t-il à la femme d'intérieur, dans la famille?

RÉDACTION. — De quels moyens et de quelles ressources dispose une femme qui veut continuer à cultiver son esprit, tout en se livrant aux travaux du ménage?

136. — Les antiseptiques.

Notre vie est précaire*, tourmentée et fragile*; une multitude infinie d'ennemis microscopiques nous guettent et nous assiègent. Il existe entre eux et nous une lutte continuelle sans trêve ni merci*, et, si sur un point notre défense faiblit un seul instant, ils s'en emparent et s'y établissent en vainqueurs.

Ces infiniment petits sont partout répandus; nous les trouvons dans l'air, dans l'eau, dans le sol; on les nomme « microbes » ou ferments.

Certes, il en existe d'inoffensifs et même d'utiles, mais beaucoup sont malfaisants, et, à la marche envahissante de ces derniers, notre vigilance, sans cesse en éveil, doit opposer une barrière infranchissable.

Nos moyens de défense sont nombreux et variés, mais ceux qui sont le plus facilement à notre portée sont les désinfectants et les antiseptiques.

On nomme ainsi toute substance capable d'arrêter le développement des microbes et de les faire disparaître.

Voici quelques-unes de ces substances : le chlore, le gaz sulfureux, le charbon de bois, le lait de chaux, le sulfate de fer, le bichlorure de mercure, l'acide phénique, l'eau oxygénée, etc.

Le *chlore* est un désinfectant énergique ; on l'extrait de l'acide chlorhydrique, où il est uni à l'hydrogène, ou du sel marin, où il est combiné à un métal, le sodium. C'est un gaz jaune vert, plus lourd que l'air, à odeur désagréable. Il excite les bronches et provoque la toux ; il est suffocant.

Le commerce le livre à l'état de combinaison avec la potasse (*eau de Javel*) et avec la chaux (*chlorure de chaux*). Sous cette dernière forme, il dégage du chlore, sous l'influence notamment de l'acide carbonique de l'atmosphère.

On peut aussi employer, comme désinfectant gazeux, le *gaz sulfureux*, obtenu en brûlant du soufre.

La poussière de *charbon de bois*, surtout si on y ajoute des petits cristaux de sulfate de fer ou vitriol vert, constitue un bon désinfectant pour les égouts, fumiers, fosses d'aisances.

Le *lait de chaux* s'obtient en délayant la chaux éteinte dans l'eau ; on en fait une peinture grossière avec laquelle on badigeonne les murs des étables, écuries, volières et poulaillers.

L'*acide phénique* s'extrait des goudrons de houille : c'est donc un produit industriel. Antiseptique puissant, on l'emploie journellement en médecine pour le pansement des plaies.

Il en est de même de l'*eau oxygénée*, du *bichlorure de mercure* ou *sublimé corrosif;* mais l'emploi de ces deux corps ne peut être fait que par des personnes expérimentées. Le sublimé, en particulier, est un poison violent.

Le linge qui a servi aux malades, l'appartement où ils ont séjourné, la literie, etc., doivent être désinfectés. Dans les grandes villes, on se sert d'étuves spéciales où l'on fait agir la vapeur sous pression.

MOTS EXPLIQUÉS. — *Précaire,* qui n'a pas de durée certaine. — *Fragile,* a ici le sens de faible. — *Trève ni merci,* aucun repos ni aucune garantie. — *Étuve,* espèce de four qui sert à désinfecter.

LES IDÉES. — 1. Qu'appelle-t-on microbes? — 2. Quels dangers nous font-ils courir? — 3. Pourquoi ne faut-il pas balayer à sec? Avez-vous vu, soit à l'école, soit dans votre famille, employer un désinfectant? — 4. Peut-on combattre les microbes? — 5. Pourquoi et comment? — 6. Que doit-on faire pendant et après une maladie contagieuse?

RÉDACTION. — On a fait une leçon sur le chlore et les désinfectants. Résumez cette leçon.

137. — Le siège de Berlin.

Au début de la fatale guerre contre la Prusse, en 1870, un colonel de cuirassiers* du premier Empire, âgé de quatre-vingts ans, vieil entêté de gloire et de patriotisme, avait loué aux Champs-Élysées un appartement : il voulait être en bonne place pour saluer, à leur retour de Berlin, nos troupes victorieuses.

La nouvelle de notre première défaite lui fut si cruelle qu'il ne put la supporter : on le trouva frappé d'une attaque d'apoplexie* foudroyante. Il n'avait près de lui que sa petite-fille, dont les soins, l'affection, le dévouement ne pouvaient rien contre la terrible paralysie. Un événement imprévu vint rendre la vie au moribond.

Quelques jours après l'atteinte du mal, arriva la nouvelle de la bataille de Reichshoffen. Trompés par une dépêche, les Parisiens crurent d'abord à une victoire du maréchal de Mac-Mahon. Le bruit de la joie populaire parvint jusqu'au pauvre paralysé, le tira de son état de stupeur*, le ranima : il était sauvé. Le médecin, heureux de ce miracle, se retirait en félicitant la petite-fille, qui, elle, restait tout affligée; c'est qu'elle venait d'apprendre la vérité sur la bataille de Reichshoffen : la prétendue victoire était une défaite, glorieuse sans doute, mais une défaite. Comment faire connaître au convalescent le désastre de notre armée? Le détromper ne serait-ce pas le tuer? Lui ôter la joie qui l'avait rendu à la vie, était-ce possible?

La jeune fille, conseillée par le médecin, résolut de mentir, de laisser son grand-père croire au succès de nos troupes. Toute rayonnante, elle rentra dans sa chambre. Et pendant la longue convalescence du malade, elle eut la force de continuer son mensonge. Le vieux colonel voulait être tenu au courant des mouvements des armées françaises; et, au moment où la France était envahie, la jeune fille devait combiner une invasion de l'Allemagne par nos généraux, imaginer des victoires, feindre* la joie.

Le mensonge était-il blâmable dans ce cas?

D'après A. DAUDET.

MOTS EXPLIQUÉS. — *Cuirassiers,* cavaliers revêtus d'une armure de fer destinée à protéger le dos et la poitrine. — *Apoplexie,* maladie du cerveau qui enlève brusquement à celui qui en est atteint la connaissance, la sensibilité et le mouvement. — *État de stupeur,* engourdissement, insensibilité. — *Feindre,* simuler pour tromper.

LES IDÉES. — 1. Expliquez la phrase : « vieil entêté de gloire et de patriotisme. » — 2. Faites le récit de la bataille de Reichshoffen, en vous appliquant à faire ressortir ce que cette défaite eut de glorieux et de triomphant pour la France. — 3. Quelle résolution prit la jeune fille? Que pensez-vous de sa conduite?

RÉDACTION. — Rédigez une réponse à la question qui termine ce récit?

138. — Les occupations de la fermière.

Hiver comme été, une fermière active et vigilante se lève la première. Ne lui faut-il pas, avec ou sans le concours d'une servante, préparer la soupe des travailleurs et soigner les bêtes? Habile à allumer le feu et assez robuste pour suspendre à la crémaillère la lourde marmite où cuit le repas du matin, elle va et vient de la cuisine à l'étable, surveillant l'âtre tout en préparant la pâtée ou le breuvage des animaux. Par ses soins, les vaches ont du foin ou de l'herbe fraîche dans leurs râteliers, lorsqu'elles ne vont pas aux champs, les jeunes veaux sont régulièrement abreuvés, les porcs sont engraissés avec des pommes de terre, du son et des déchets* de toutes sortes. La litière de tous ces animaux est renouvelée chaque jour, et leur étable fréquemment aérée, car la fermière intelligente connaît l'importance des règles de l'hygiène pour les bêtes aussi bien que pour les gens.

Dans la matinée, tout en vaquant aux soins du ménage, elle s'occupe de la laiterie. La pièce est légèrement chauffée en hiver et très fraîche en été. Les terrines de grès qui contiennent le lait sont lavées à l'eau bouillante; la crème monte à la surface et forme une couche épaisse avec laquelle on fabrique un beurre exquis. La fermière sait que le beurre doit être soigneusement lavé et malaxé* pour se conserver; aussi ne confie-t-elle à personne cette opération délicate. Avec une spatule* en bois, elle le tourne et le pétrit, puis l'introduit dans des moules d'où sortent des mottes* de poids différent, qu'elle se plaît parfois à orner de jolis dessins.

La Provende des poules. — D'après un dessin de Millet.

Dans certaines régions, elle fabrique des fromages avec autant d'habileté que le beurre.

La basse-cour, le clapier, le rucher réclament aussi les soins de la fermière. Ses volailles sont d'espèces variées : les unes sont d'excellentes pondeuses, les autres sont renommées pour leur chair. De bonne heure, elle dresse ses enfants à leur distribuer le grain à des heures régulières et à porter aux lapins des brassées d'herbe fraîche ou des épluchures de légumes. Elle les habitue aussi à nettoyer les perchoirs du poulailler et le clapier des lapins. Il y a plusieurs ruches dans le verger qui avoisine la maison : les abeilles s'en échappent pour butiner le suc des fleurs et des plantes sauvages.

Les jours de marché, la fermière porte à la ville d'appétissants gâteaux de miel, ainsi que des œufs, du beurre ou des fromages, des couples de poulets, des lapins : elle augmente ainsi le revenu de la ferme après avoir abondamment pourvu la table familiale.

MOTS EXPLIQUÉS. — *Déchets,* restes des repas ; les eaux grasses sont également utilisées pour la pâtée des porcs. — *Malaxé,* pétri ; on pétrit le beurre pour en extraire le petit-lait. — *Spatule,* instrument en bois, aplati à l'une de ses extrémités, dont on se sert pour étendre le beurre. — *Motte de beurre,* masse de beurre.

LES IDÉES. — 1. Quels soins la fermière doit-elle donner aux vaches, aux veaux et aux porcs ? — 2. Quelles sont les diverses opérations que comporte la fabrication du beurre ? — 3. Quelles sont les principales annexes de la ferme ; quels soins réclament-elles de la fermière ?

RÉDACTION. — Composez un récit dans lequel vous ferez parler une fermière qui, de retour à la maison, après le marché, fait le compte des produits qu'elle a vendus.

139. — Catherine Bauret.

Catherine Bauret est née à Audun-le-Riche, en Lorraine, en 1822. Sa longue existence est bien simple. Depuis près de soixante-quinze ans elle travaille. Son père était cultivateur. Une épizootie* s'abat sur ses bestiaux, emporte bœufs et chevaux ; le chagrin le prend, comme on dit, et le tue.

Catherine entre alors en service. Depuis quarante-sept ans, elle a toujours servi les mêmes maîtres et non pas seulement servi, mais elle les a soignés, secourus, partageant leurs douleurs et leurs joies, aidant à élever leurs enfants.

Catherine Bauret a soixante-quinze ans, sa maîtresse en a quatre-vingt-neuf et la septuagénaire* donne ses soins à l'octogénaire* infirme, et non seulement elle est la garde-malade de sa maîtresse, mais elle a encore à sa charge sa mère presque aveugle et aujourd'hui âgée de quatre-vingt-dix-huit ans.

Sa charité est inépuisable ; elle se dépouille pour les pauvres. Plus d'une fois, durant des épidémies qui ont sévi sur la commune de Réhon, Catherine Bauret a couru au péril, s'asseyant au chevet des malades pour leur venir en aide, leur apportant des remèdes ou du vin achetés par elle.

Pendant la guerre de 1870, elle était demeurée à Réhon pour garder, comme un chien fidèle, la maison de ses maîtres. Par son attitude simple et sa vigilance, par les précautions qu'elle prenait pour que rien ne fût détérioré* autour d'elle, elle avait été remarquée par un officier allemand qui logeait là. Il lui offrit, en partant, quelques pièces d'or pour récompense. Catherine Bauret refusa.

Sa maîtresse, Lorraine comme elle, possède encore à Metz* une maison où elle passe une partie de l'hiver. La vieille servante l'y suit, vigilante.

On sait que les Allemands, volontiers respectueux des vertus domestiques, accordent une pension aux vieux serviteurs. Ayant appris que Mlle Bauret était en service depuis tant d'années, immuablement dévouée, ils lui ont alloué une pension de 192 marcs*, accompagnée d'une médaille de l'impératrice Augusta*, Catherine Bauret, la fière Lorraine, a refusé la médaille et la pension en disant, sans faire de phrases, qu'elle ne voulait rien de ceux qui lui avaient enlevé sa patrie.

J. CLARETIE, *Discours sur les Prix de vertu* (1897).

MOTS EXPLIQUÉS. — *Épizootie,* maladie contagieuse qui sé it sur les animaux. — *Septuagénaire,* ersonne âgée de plus de 70 ans. — *Octogénaire,* personne âgée de plus de 80 ans. — *Détérioré,* abîmé, dégradé. — *Metz,* ancienne ville française ; a dû être cédée aux Allemands par le traité de Francfort, en 1871. — *Marc,* pièce de monnaie allemande valant 1 fr. 25 de notre monnaie. — *Impératrice Augusta,* femme de Guillaume II, l'empereur allemand actuel.

LES IDÉES. — 1. Comment Catherine Bauret a-t-elle compris ses devoirs envers ses maîtres ? — 2. Comment a-t-elle manifesté son patriotisme ?

RÉDACTION. — Racontez la vie de Catherine Bauret.

140. - Le chauffage.

Le feu nous est indispensable non seulement pour combattre les effets du froid et de l'humidité, mais aussi pour faire cuire nos aliments.

Pour obtenir la chaleur, il faut un combustible* et de l'oxygène que nous demandons à l'air.

Le meilleur combustible est certainement le bois. Peu coûteux à la campagne, il revient fort cher à la ville. On brûle donc le plus souvent du charbon de terre ou du coke.

La combustion du bois ou du charbon donne naissance à des gaz impropres à la respiration et qui doivent être rejetés au dehors.

Un bon appareil de chauffage doit satisfaire aux conditions suivantes : 1° offrir une grande surface rayonnante; 2° assurer une ventilation* suffisante.

Nous disposons aujourd'hui de nombreux moyens de nous chauffer.

Au point de vue hygiénique, le meilleur est la cheminée, qui a l'avantage de provoquer une large aération; mais il est fort coûteux, car il faut beaucoup de combustible pour échauffer la pièce.

Le poêle est un appareil clos à feu invisible; souvent l'enveloppe est faite en fonte* ou en maçonnerie recouverte de faïence. Le tuyau de fumée traverse une partie de la pièce à chauffer et cède à l'air environnant beaucoup de chaleur. Ce chauffage est plus économique que le précédent, mais il est moins sain et moins agréable.

Le tirage n'est pas aussi actif qu'avec la cheminée; l'air se renouvelle moins facilement. Aussi qu'arrive-t-il? Au bout de quelques heures, on éprouve un mal de tête qui se dissipe d'ailleurs dès que l'on va au dehors.

Il faut éviter de faire rougir le poêle en fonte, car l'oxyde de carbone, qui passe à travers la fonte et se répand dans l'air de la pièce, est un poison violent.

Le calorifère est un appareil de chauffage utilisé dans les monuments publics : écoles, musées, églises, et, dans les villes, les hôtels et les maisons renfermant un grand nombre de locataires. Le foyer est placé dans la cave. On fait passer sur le foyer un courant d'air qui s'échauffe et qui va se déverser dans les pièces par des bouches de chaleur. On emploie aussi le calorifère à eau chaude et le calorifère à vapeur.

La température d'une pièce ne doit ni descendre au-dessous de 12 degrés, ni dépasser 16 à 17.

MOTS EXPLIQUÉS. — *Combustible,* se dit de toutes les matières qui servent à faire du feu. — *Ventilation,* action de renouveler l'air. — *Fonte,* métal obtenu par une combinaison de fer et de carbone.

LES IDÉES. — Que faut-il pour obtenir de la chaleur ? — 2. Quels sont les combustibles les plus employés ? — 3. Quelles conditions doit remplir un bon appareil de chauffage ? — 4. Pourquoi faut-il éviter de faire rougir les poêles en fonte ? — Quelle doit être la température des pièces que l'on habite ?

RÉDACTION. — Décrivez le poêle de votre classe et expliquez-en le fonctionnement.

141. — La femme est l'âme de la maison.

La maison où il y a une bonne femme se distingue tout de suite des autres. On y trouve un ordre particulier, une façon simple et harmonieuse de disposer toute chose, une propreté scrupuleuse* où l'on ne devine pas seulement le soin d'une ménagère active, mais aussi la tendresse toujours en éveil de la mère et de l'épouse. Ne s'agirait-il que d'un petit bouquet de bleuets, cueilli au bord du chemin, la chère femme a su mettre ses fleurs au bon endroit; le verre qui les contient est brillant, l'eau est pure, et cela donne à la demeure un petit air de fête qui réjouit l'œil en entrant. Elle ne livre rien au hasard; jusque dans les plus petits détails il y a une intention, et chacune de ces intentions sort de son bon cœur pour aller à celui des autres.

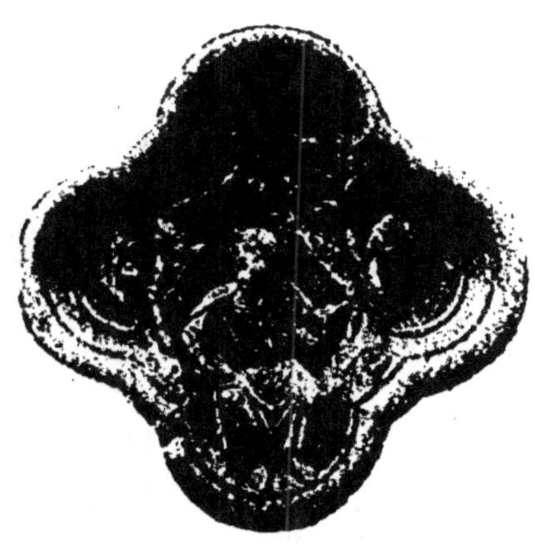

Mai.
Vieillard admirant les arbres en fleur.

Sa personnalité* rayonne, réchauffe, et le parfum de son âme* pénètre partout; on la sent sans la voir. Car le signe distinctif d'une bonne femme est de ne pas faire du tapage, de ne pas attirer les regards et de passer presque inaperçue dans la famille.

C'est lorsqu'elle n'est plus là que l'on comprend tout ce qu'elle valait. Il semble alors que le feu du foyer soit éteint, et, à chaque heure du jour, on la cherche, on l'attend.

Elle est comme-le bon pain de froment qui semble insipide* et dont on ne peut pas se priver. Elle est comme l'air pur qui nous fait vivre et que nous ne voyons pas.

Son cœur et sa vie sont aux autres; elle s'est donnée tout entière, on la sait à soi; on use de son âme, on y fouille comme en un trésor commun.

Sa bonté est au milieu de la famille un refuge toujours ouvert qui calme et qui guérit, non pas qu'elle se pique d'éloquence* et de philosophie, qu'elle endorme le chagrin par des phrases ou persuade par des raisonnements; elle partage les peines et les joies de ceux qu'elle aime, rien de plus, et cela si simplement, avec tant de naturel et d'un cœur si sincère que l'on ne songe même pas qu'il en pourrait être autrement.

Elle n'a pas conscience d'ailleurs d'être l'ange du foyer et l'âme de la famille; elle ne fait aucun effort pour cela; c'est par besoin qu'elle se dévoue, par instinct qu'elle s'efface; elle va au bien comme les braves au canon.

Elle a la pudeur de ses vertus comme d'autres ont la honte de leurs défauts, et agit avec des raffinements* de diplomates pour dissimuler ses bonnes actions, pensant que la reconnaissance dont on paye un bienfait enlève à ce bienfait le plus pur de son mérite et le déflore en le signalant.

G. Droz, *Tristesses et Sourires.* (Ollendorff, éditeur.)

MOTS EXPLIQUÉS. — *Propreté scrupuleuse,* propreté minutieuse, qui s'étend aux plus petites choses. — *Personnalité,* ce qui distingue, ce qui caractérise une personne. — *Parfum de son âme,* son influence morale. — *Insipide,* sans saveur. — *Se piquer d'éloquence,* se vanter d'être éloquent. — *Raffinement,* extrême finesse.

LES IDÉES. — 1. Par quoi se distingue la maison où il y a une bonne femme? — 2. Comment se manifeste la bonté de la femme envers tous les siens? — 3. Expliquez la phrase : « non pas qu'elle se pique d'éloquence et de philosophie. »

RÉDACTION. — Racontez une journée de votre mère en vous appliquant à faire ressortir son oubli d'elle-même et son activité.

142. — L'œuvre de la troisième République.

Il y a quarante ans que la troisième République existe. Depuis sa fondation, d'utiles réformes ont été faites, de grands progrès ont été réalisés.

I. *Organisation et développement de l'enseignement :* Jules Simon, Paul Bert, René Goblet et Jules Ferry ont attaché leur nom à cette œuvre de l'éducation nationale, qui est la gloire de la République. Grâce à leurs efforts, l'enseignement primaire est aujourd'hui laïque*, gratuit et obligatoire, et cet enseignement est conçu de manière à donner pleine satisfaction aux aspirations de la démocratie. Des écoles primaires supérieures ont été ouvertes dans les principaux centres ; des écoles professionnelles ont été multipliées ; l'enseignement secondaire * des jeunes filles a été créé ; des bourses d'enseignement * sont distribuées largement à tous les enfants qui, après concours, montrent une intelligence capable de s'élever davantage ; enfin des œuvres complémentaires de l'école rayonnent sur tout le territoire et viennent continuer, prolonger l'action éducatrice des instituteurs et des institutrices.

II. *Situation actuelle des classes laborieuses* : Afin de pouvoir soutenir la concurrence avec nos rivaux, les Chambres ont multiplié les lignes de chemins de fer, les canaux et les routes de toute sorte ; les ports marchands ont été agrandis et bien outillés. Aussi notre industrie et notre commerce se sont développés dans des proportions considérables.

L'agriculture a progressé sensiblement.à la suite de la création des professeurs départementaux, qui ont préconisé de nouvelles méthodes de culture et d'élevage *.

La République s'est efforcée d'améliorer la situation des ouvriers, de ceux des campagnes et de ceux des villes.

Le service militaire, obligatoire pour tous, est réduit à deux ans.

Des lois protègent les ouvriers contre les accidents du travail, veillent à l'aération et à l'espace dans les ateliers, assurent l'assistance médicale gratuite et l'assistance aux vieillards. Le travail des femmes et des enfants employés dans les manufactures est limité et surveillé, par des inspecteurs spéciaux ; le travail dans les mines est réglementé ; les sociétés de secours mutuels, les caisses de retraite pour la vieillesse et les caisses d'épargne sont fortement encouragées. Une loi votée récemment accorde à tous les ouvriers et à tous les employés, quels que soient leur âge et leur sexe, un jour de repos hebdomadaire.

Enfin d'autres lois caractérisées par un sentiment très noble de solidarité — loi sur les retraites ouvrières, loi réformant la répartition des impôts — amélioreront encore le sort du plus grand nombre.

MOTS EXPLIQUÉS. — *Enseignement laïque :* l'enseignement laïque est indépendant de toute religion, il n'a pas de caractère confessionnel. — *Enseignement secondaire des jeunes filles,* est donné dans les cours secondaires, dans les collèges et dans les lycées de jeunes filles — *Bourses d'enseignement,* pension payée par l'État pour l'entretien d'un élève dans un établissement d'enseignement. — *Élevage,* se dit en parlant des animaux domestiques.

LES IDÉES. — 1. Comment la troisième République a-t-elle organisé en France les divers degrés d'enseignement ? — 2. Comment a-t-elle favorisé le développement de l'industrie, du commerce, de l'agriculture ? — 3. Quelles sont les « lois sociales » votées récemment ?

RÉDACTION. — Quelles formalités doit-on remplir pour déposer de l'argent à la Caisse d'épargne ?

143. — Les actes de l'état civil.

On appelle état civil d'une personne, les diverses situations que cette personne occupe dans la famille ou dans la société. Exemple : Jacques est le fils de Léon et de Marie, époux de Marthe, père de Louis. L'acte de naissance indiquera que Jacques est issu de Léon et Marie, qu'il est majeur ou mineur. L'acte de mariage, qu'il n'est pas célibataire. L'acte de naissance de Louis, qu'il a un enfant. Si Marthe vient à décéder la première, l'acte de décès de celle-ci permettra à Jacques de prouver qu'il est devenu veuf.

Ces diverses situations étant établies, l'état civil de Jacques sera connu.

Les faits relatifs à l'état civil d'une personne : naissance, mariage, décès, sont constatés dans des actes appelés actes de l'état civil.

Autrefois ces actes étaient délivrés par les curés et conservés dans les sacristies* des paroisses*.

Depuis 1792, leur rédaction et leur conservation sont confiées, dans chaque commune, au maire, qui prend, dans l'exercice de cette fonction, le nom d'officier de l'état civil.

Pour dresser un acte, l'officier de l'état civil est assisté de diverses personnes qui portent les noms de déclarants ou comparants et de témoins.

Les déclarants ou les comparants font les déclarations relatives au fait qu'il s'agit de constater.

Les témoins attestent la sincérité des déclarations. Toute personne, même un mineur, peut jouer le rôle de déclarant.

Pour être témoin, au contraire, il faut être âgé de vingt et un ans ; peu importe qu'on soit Français ou étranger, parent ou non des personnes intéressées à l'acte.

Depuis la loi du 7 décembre 1897, les femmes peuvent être témoins. Toutefois le mari et la femme ne peuvent être témoins ensemble dans le même acte. Chaque acte est signé par l'officier de l'état civil, par les déclarants et par les témoins.

Les actes de l'état civil sont inscrits sur des registres, tenus en double. L'un de ces doubles reste à la mairie, l'autre au greffe* du tribunal de première instance.

Ces registres sont en papier timbré : ils sont cotés* par première et dernière feuille et paraphés sur chaque feuille par le président du tribunal de l'arrondissement ou par le juge qui le remplace. Ces précautions ont pour objet d'empêcher la suppression, l'addition ou l'intercalation de feuillets.

Toute personne peut se faire délivrer des extraits, c'est-à-dire des copies de l'état civil, moyennant la rétribution établie par la loi, en s'adressant soit au maire de la commune, soit au greffier du tribunal de l'arrondissement.

MOTS EXPLIQUÉS. — **Sacristie,** lieu où sont déposés les ornements et les vases sacrés d'une église. — **Paroisse,** territoire dont les habitants se groupent autour d'une même église et dépendent d'un même curé. — **Greffe,** lieu où l'on conserve les minutes des jugements et des actes de procédure d'un tribunal. — **Cotés,** numérotés, paraphés, signés.

LES IDÉES. — 1. Qu'appelle-t-on état civil ? — 2. A qui appartient la conservation et la rédaction des actes de l'état civil ? — 3. Quelles formalités doit-on remplir pour se faire délivrer des extraits de l'état civil ?

RÉDACTION. — Écrivez au maire de la commune où vous êtes née, pour lui demander de vous délivrer un extrait de votre acte de naissance.

144. — L'exploitation viticole et la vendange dans le Bordelais.

Le nom de « château » donné à la plupart des crus n'implique pas l'idée d'une habitation seigneuriale, remontant ou non aux temps de la féodalité, bien que beaucoup de châteaux soient dignes de porter ce nom, tant par l'antiquité des constructions, comme le château Laffite, que par l'élégance architecturale, comme le château Margaux. La plupart des châteaux ne sont que des demeures rurales, des espèces de villas d'apparence souvent rustique, d'où le propriétaire surveille volontiers lui-même l'exploitation de son vignoble et préside patriarcalement* à ses vendanges.

Devant le château s'étendent les champs de vignes, où l'arbuste est aligné en *règes* (*riga*, ligne droite) et disposé en espaliers* très bas, soutenus par des échalas* de bois de pin et des fils de fer ou des tiges d'osier qui courent d'un échalas à l'autre.

La vigne étend ses sarments* sur le tuteur; ses feuilles, ses grappes, s'y développent et s'y baignent à l'aise de lumière et de soleil, d'air et d'humidité. Le terrain caillouteux reflète sur la vigne les rayons solaires, la réchauffe, pendant que les racines s'enfonçant dans le sol sableux, siliceux, un peu calcaire, ferru-

Les vendanges.

gineux et toujours perméable, vont y chercher leur nourriture favorite, que complètent des amendements de matière végétale ou minérale à propos employés.

Le labour est fait soigneusement entre les règes quatre fois par an, au moyen de charrues spéciales, traînées par des bœufs. Les femmes, les sarmenteuses, les plieuses sont chargées de toutes les attentions délicates que réclame la vigne à certains moments de l'année. Tout ce monde, bouviers, laboureurs, vignerons et vigneronnes, est attaché au château et vit dans la ferme qui en dépend.

A côté du château est le pressoir ou cuvier où l'on foule le raisin au moment de la vendange, et le chai ou cellier où le vin est transvasé en barriques. On cite quelques chais remarquables, comme ceux du château Latour ou de Léoville. La longue file de barriques, les lourdes charpentes en bois du plafond y présentent un coup d'œil imposant. Finalement, le vin est mis en bouteilles avec l'étampe, l'estampille* sacramentelle du château, sur le bouchon et la feuille d'étain qui recouvre celui-ci.

L'époque des vendanges au Médoc varie de la mi-septembre au commencement d'octobre ; elle s'ouvre quand on juge que le raisin est suffisamment mûr. Il n'y a pas de ban*, chaque vendange a son jour ; on appelle à ce moment des ouvriers supplémentaires qu'on loue au dehors. La vendange se fait avec discipline : les coupeurs et les coupeuses, surveillés par un brigadier, s'avancent régulièrement le long des règes, en rangs de huit à la fois, détachent les grappes, les visitent soigneusement, les vident dans des paniers que des porteurs remettent à un char traîné par des bœufs. Le char contient deux cuviers. Une fois qu'ils sont pleins, le bouvier conduit son attelage vers le pressoir. Là le raisin est ordinairement égrappé, soit avec un râteau ou trident, ou avec une trémie dans laquelle se meut un rouleau cylindrique, soit sur une grille horizontale, puis le raisin est foulé sous les pieds des vendangeurs, au son du violon qui les excite et les fait aller en cadence.

L. SIMONIN (Revue des Deux Mondes).

MOTS EXPLIQUÉS. — **Patriarcalement**, simplement. — **Espalier**, arbre dont les branches sont fixées le long d'un mur ou d'un treillage. — **Échalas**, pieu qui soutient la vigne. — **Sarment**, bois de la vigne. — **Estampille**, marque particulière. — **Ban**, proclamation.

LES IDÉES. — 1. Que signifie le nom de « château » donné aux crus bordelais ? — 2. Quels sont les principaux travaux imposés par la culture de la vigne ? — 3. À quelle époque se font les vendanges ?

RÉDACTION. — Racontez une journée de vendanges dans le Bordelais.

145. — Le rôle de la femme dans la mutualité.

La mutualité a longtemps limité ses sollicitudes à l'homme, paraissant ignorer qu'il a une femme, des enfants, en un mot une famille.

Or, c'est chose grave pour une institution que d'ignorer la famille, qui est la plus belle des associations parce qu'elle est de toutes la plus naturelle. Pendant que tout passe, elle demeure ; elle répare ses pertes, et, avec de courts chaînons soudés bout à bout, elle fait une chaîne indéfinie, qui relie les générations successives et rattache le présent au passé, comme à l'avenir.

Depuis quelques années, une évolution* s'est produite à laquelle on ne peut qu'applaudir. La femme et l'enfant sont entrés dans la place sous forme de mutualités féminines, de mutualités mixtes et de mutualités scolaires.

C'est bien, mais ce n'est pas assez. Il faut que le mari entre dans la mutualité avec toute la nichée, il faut organiser la *mutualité familiale*. Disons que cette idée a été fort bien accueillie et qu'elle fait son chemin.

Déjà, beaucoup d'applications de cette mutualité ont eu lieu avec succès.

Grâce à la mutualité familiale, la femme est soignée dans ses maladies ordinaires; mais il restait à pourvoir à l'une de ses crises de santé, auguste entre toutes, puisque à cette crise se rattache la vie même de la nation, je veux parler de la maternité.

Heureusement, là encore, il s'est fait, depuis quelque temps, au sein de la mutualité, une évolution bienfaisante en faveur des femmes en couches. Ce mouvement de sympathie a pris la meilleure expression dans la *mutualité maternelle*, qui se concilie* parfaitement avec la mutualité familiale et qui même en forme le complément nécessaire (voir p. 223).

En échange des avantages considérables qui lui sont désormais attribués et qui transforment sa situation actuelle, la femme contracte, de son côté, une lourde dette envers la mutualité.

Nous lui demanderons, tout d'abord, une propagande* active. Elle doit mettre au service de la société de secours mutuels son influence souveraine sur son mari et prélever joyeusement sur les ressources, même étroites du ménage, les cotisations* qui assureront la famille contre les diverses crises de la vie. Ce n'est pas là une dépense de luxe, mais une dépense de première nécessité, puisqu'elle sert à acheter ce bien inestimable, sans lequel tous les autres sont vains : la sécurité.

Elle ne se bornera pas à introduire et à installer la mutualité dans son ménage, à l'enseigner à ses enfants; elle cherchera aussi à l'acclimater chez ses voisines, ses parents, ses amies, en leur en démontrant, par ses paroles et par son exemple, le mécanisme et les bienfaits.

D'après M. Cabrysson. (Almanach des mutualistes, édité
par le journal Le Matin.)

. MOTS EXPLIQUÉS. — Évolution, changements lents et successifs. — *Se concilie,* s'accorde. — *Propagande :* on fait de la propagande lorsqu'on s'emploie à répandre certaines idées, certaines doctrines. — *Cotisation,* somme payée par chaque membre d'une association.

LES IDÉES. — 1. Quel est l'objet de la mutualité ? — 2. Pourquoi est-il nécessaire que les femmes fassent partie de la mutualité ? — 3. Qu'est-ce que la « mutualité maternelle » ?

RÉDACTION. — Pourquoi les femmes doivent-elles s'efforcer d'installer la mutualité au foyer domestique ? Quels avantages matériels et moraux peuvent-elles en retirer ?

146. — La culture des fleurs.

Nous voici en mai : « C'est le moment de nous mettre à l'œuvre », se disent toutes les femmes, jeunes ou vieilles, qui aiment les fleurs et prennent plaisir à les cultiver et à les soigner elles-mêmes.

Celles qui habitent la ville et n'ont point de jardin remettent en pot les oignons de tulipes et de jacinthes soigneusement séchés

Entrée de maison décorée d'hortensias.

et conservés à l'abri de l'humidité pendant l'hiver. Sur le rebord de leurs fenêtres, elles installent une caisse dans laquelle elles sèment des graines de réséda ou de reines-marguerites, ou bien encore des capucines, des pois de senteur ou des volubilis qui, en grimpant le long de fils de fer tendus à cet effet, formeront pendant l'été un rideau de verdure.

Et, chaque jour, elles viendront se pencher sur l'humble plante pour en surveiller l'éclosion. Avec quel soin ne surveille-t-on pas également les boutures* de géraniums ou d'œillets que l'on a rapportées d'une visite à la campagne, au mois d'août dernier. Toute la famille s'intéresse à la fragile plante et en suit le développement. Quelle fête lorsqu'on pourra respirer le parfum odorant d'un œillet fleuri à la maison !

A la campagne, où chaque famille a son jardin, le soin des fleurs incombe généralement aux femmes. Dès le printemps, elles retournent les massifs et les plates-bandes qui ont été plantés à l'automne de myosotis, de silènes ou de pensées ; elles taillent et greffent* les rosiers. Avec du goût et des soins intelligents, une femme peut avoir des fleurs pendant une grande partie de l'année : les giroflées, les dahlias, les fuchsias, les bégonias, les géraniums, les œillets fleurissent jusqu'à l'automne ; les sauges d'un rouge vif qui tranche si joliment sur les verdures, les chrysanthèmes aux couleurs variées résistent jusqu'aux premières gelées. Les pieds-d'alouette, les reines-marguerites, les giroflées quarantaine, les phlox composent des bordures fleuries jusqu'en novembre. On peut aussi combiner de telle sorte la plantation des arbustes placés dans les angles inoccupés du jardin ou aux alentours de la maison, qu'ils produisent des fleurs depuis le printemps jusqu'au commencement de l'hiver : aux cerisiers du Japon qui fleurissent dès la fin de mars succèdent en avril les lilas et les groseilliers-fleurs, en mai la glycine et, pendant les mois d'été, le cytise, l'acacia, le seringa, pour ne parler que des plus connus.

Sans doute toutes ces plantes demandent des soins ; il faut sarcler* les mauvaises herbes, biner* la terre, doser les engrais comme il convient, détruire les chenilles et les pucerons, arroser aux heures propices. Mais la récompense est grande de voir s'épanouir les fleurs aux fraîches couleurs qui font l'ornement et l'agrément du jardin.

Et la ménagère industrieuse y trouve encore une source de profits en vendant de jolis bouquets aux dames de la ville, qui viennent s'approvisionner chez elle de fruits et de légumes.

MOTS EXPLIQUÉS — *Bouture*, rameau que l'on coupe et que l'on plante généralement sous cloche et sous châssis pour qu'il reprenne racine. — *Greffe*, opération qui consiste à transporter sur un arbre une branche d'un autre arbre pour lui faire porter les fleurs et les fruits du second. — *Sarcler*, *biner*, termes de jardinage : *sarcler* veut dire arracher les mauvaises herbes ; *biner*, remuer légèrement la terre pour l'empêcher de se dessécher.

LES IDÉES. — 1. Quelles sont les plantes que l'on peut cultiver en pot et à peu de frais? — 2. Quelles sont les fleurs particulières à chaque saison? — 3. Quels sont les principaux soins que réclame la culture des fleurs?

RÉDACTION. — Aimez-vous les fleurs? Décrivez la fleur que vous préférez.

147. — Le patriotisme des femmes

LA SORTIE.

L'aube froide blêmit, vaguement apparue.
Une troupe défile en ordre dans la rue;
Je la suis, entraîné par ce grand bruit vivant
Que font les pas humains quand ils vont en avant.
Ce sont des citoyens partant pour la bataille,
Purs soldats! Dans les rangs, plus petit par la taille,
Mais égal par le cœur, l'enfant avec fierté
Tient par la main son père, et la femme à côté
Marche avec le fusil du mari sur l'épaule.
C'est la tradition des femmes de la Gaule
D'aider l'homme à porter l'armure*, et d'être là,
Soit qu'on nargue César, soit qu'on brave Attila*.
Que va-t-il se passer? L'enfant rit, et la femme
Ne pleure pas. Paris subit la guerre infâme;
Et les Parisiens sont d'accord sur ceci,
Que par la honte seule un peuple est obscurci,
Que les aïeux seront contents, quoi qu'il arrive,
Et que Paris mourra pour que la France vive.
Nous garderons l'honneur; le reste, nous l'offrons.
Et l'on marche. Les yeux sont indignés, les fronts
Sont pâles; on y lit : Foi, courage, famine.
Et la troupe à travers les carrefours chemine,
Tête haute, élevant son drapeau, saint haillon*;
La famille est toujours mêlée au bataillon;
On ne se quittera que là-bas aux barrières.
Ces hommes attendris et ces femmes guerrières
Chantent; du genre humain Paris défend les droits.
Une ambulance passe, et l'on songe à ces rois
Dont le caprice fait ruisseler des rivières
De sang sur le pavé derrière les civières.
L'heure de la sortie approche; les tambours
Battent la marche en foule au fond des vieux faubourgs*.

Ils arrivent aux murs, ils rejoignent l'armée.
Tout à coup le vent chasse un flocon de fumée ;
Halte ! c'est le premier coup de canon. Allons !
Un long frémissement court dans les bataillons,
Le moment est venu, les portes sont ouvertes,
Sonnez, clairons ! Voici là-bas les plaines vertes,
Le bois où rampe au loin l'invisible ennemi,
Et le traître horizon, immobile, endormi,
Tranquille, et plein pourtant de foudres et de flammes ;
On entend des voix dire : « Adieu ! — Nos fusils, femmes ! »
Et les femmes, le front serein, le cœur brisé,
Leur rendent leur fusil après l'avoir baisé.

V. Hugo, *L'Année terrible.* (Librairie Hetzel.)

MOTS EXPLIQUÉS. — *Armure,* ensemble des armes dont se sert le soldat pour se défendre. Ici l'armure désigne le fusil. — *Soit qu'on nargue César, soit qu'on brave Attila :* César, général romain qui conquit la Gaule en 50 av. J.-C. ; Attila, roi des Huns ; envahit la Gaule en 453 ap. J.-C. — *Haillon,* vieux lambeau d'étoffe. — *Faubourg,* partie d'une ville qui se trouve ou se trouvait autrefois en dehors de l'enceinte.

LES IDÉES. — 1. A quel moment a lieu la sortie des troupes ? — 2. Pourquoi voit-on des femmes et des enfants parmi les soldats ? Quelle est leur attitude ? — 3. Expliquez le vers : « Nous garderons l'honneur ; le reste, nous l'offrons », et cet autre : « ...du genre humain Paris défend les droits. »

RÉDACTION. — D'après ce qui précède, racontez une sortie pendant le siège de Paris.

148. — Soins de propreté corporelle chez les bébés.

Dès la naissance de l'enfant, il est indispensable, pour sa santé, de l'entretenir dans un état de très grande propreté. Il faudra donc : 1° le laver très fréquemment, le baigner journellement ; 2° lui changer souvent les diverses pièces de son vêtement, particulièrement celles qui se souillent par les déjections.

Tous les jours un enfant doit être plongé dans un bain d'eau chaude, à 37° environ si l'on est en hiver, 32° à 34° environ si l'on est en été. Il est absolument inutile de prolonger ces bains ; il suffit de l'y laisser, d'une façon habituelle, une ou deux minutes ; une ou deux fois par semaine, le bain sera un peu plus long parce qu'on en profitera pour savonner tout le corps de l'enfant.

Cette hydrothérapie* quotidienne a un double avantage : d'abord elle entretient la peau dans un état de propreté parfaite ;

nécessaire à son bon fonctionnement; puis elle   abitue les enfants à l'eau. Or, quand survient une des nombre   es maladies de l'enfance, si le bébé n'a pas été habitué à celt' balnéa-

Manière de tenir un enfant au bain.

tion', il aura peur de la baignoire, poussera des cris violents et l'on sera ainsi privé d'un moyen de traitement souvent des plus efficaces. Jamais un enfant n'a peur dans le bain quand il y a été habitué dès sa naissance. Il est bien entendu que, pendant l'hiver, ce bain sera donné près d'un bon feu, de façon à éviter les refroidissements.

Au sortir du bain, on enveloppera l'enfant dans une grande couverture de laine ou de molleton, ou dans un petit peignoir de tissu-éponge, et on l'essuiera minutieusement en le frictionnant.

Je trouve tout à fait inutile d'employer pour le bain autre chose que de l'eau simple; l'eau de feuilles de noyer faible, l'eau de son peuvent avoir des indications spéciales quand la peau est malade; chez les enfants agités, l'eau de tilleul (infusion de tilleul) peut être employée, mais ce sont là des cas particuliers pour lesquels le médecin sera le seul guide.

Les bains seront donnés le matin, au moment de la première toilette; toutefois, chez les enfants nerveux, agités la nuit, il sera souvent très utile de donner ces bains le soir.

A mesure que l'enfant grandira, quand il atteindra la fin de sa première année, on pourra commencer à refroidir la température de ses bains, puis, quand il aura deux ans, il y aura intérêt à le lotionner* tous les matins avec une grosse éponge trempée dans de l'eau à peine tiède, 25° à 28°, en lui faisant après cela une bonne friction sèche ou avec un vinaigre aromatique* sur tout le corps. Cette pratique sera particulièrement bienfaisante chez les enfants nerveux ou issus de nerveux.

Dr E. AUSSET, Hygiène infantile. (Delagrave, éditeur.)

MOTS EXPLIQUÉS. — Hydrothérapie, mode de traitement des maladies, qui consiste à appliquer l'eau et particulièrement l'eau froide sur la surface du corps. — **Balnéation,** action de baigner. — **Lotionner,** faire couler de l'eau froide sur le corps, avec un linge ou une éponge. — **Vinaigre aromatique,** dans lequel on a fait macérer des plantes parfumées.

LES IDÉES. — 1. Quels sont les soins de propreté que l'on doit donner à un jeune enfant? — 2. Quelle doit être la température des bains donnés à l'enfant? — 3. Comment peut-on habituer progressivement un enfant aux bains d'eau froide?

RÉDACTION. — Comment doit-on donner un bain à un jeune enfant.

149. — Héroïsme féminin.

En 1893, les Turcs recommencèrent à exterminer les malheureuses populations d'Arménie, en Asie Mineure. Partout la destruction, l'égorgement, les supplices. La ville de Sivas fut un des centres du massacre. La France avait là, comme consul*, M. Maurice Carlier, qui était venu s'y établir peu de mois auparavant avec sa jeune femme. La conduite de M. Carlier fut admirable. Bravant la mort violente, les embûches*, le poison, on peut dire qu'il fut, au milieu d'une population affolée, la grande puissance morale et tutélaire* en laquelle s'incarnèrent, pendant ces jours terribles, l'énergie et la générosité françaises. Mais, à sa gloire, celle de Mme Carlier demeura associée.

Aux premiers bruits inquiétants, le consul fit ce que tous eussent fait à sa place!

« Ma petite, dit-il à sa femme (c'est elle-même qui nous a rapporté l'entretien), écoute la consigne*; tu pars demain avec notre fils Jean.

— Ah bah! pourquoi?

— Parce que l'on va se battre.

« Je me suis mise à rire :

— Moi, je ne vois pas si noir que toi, et puis je te réponds que rien au monde ne me fera m'éloigner, quand tu crois qu'il y a du danger. »

Huit jours après : « Ça approche, écrit Mme Carlier : on s'est tué aux environs, dans les villages. Aussi, je presse Maurice d'organiser sans retard notre défense. Nous emplissons de sable des sacs pour boucher les fenêtres. Panagoti (l'un des serviteurs) m'a fait une cible* dans le jardin et m'apprend à tirer à la carabine et au pistolet. Les premiers coups, je détournais la tête, si bien que j'ai failli lui tirer dans la figure; maintenant je ne tire pas trop mal. »

La bonne humeur, le sang-froid sont les vraies garanties d'une énergie sérieuse et qui ne doit pas se démentir. Un jour, le lendemain du plus terrible massacre, le consul est obligé de partir pour une absence d'assez longue durée; c'est à sa femme qu'il confie la défense du consulat.

« Pendant toute l'absence de Maurice, écrit-elle, je reste à la fenêtre d'en haut, surveillant les soldats qui traînent devant la maison leurs bottes crevées et leurs pantalons à jour. Passe le Vali (le gouverneur turc) qui me salue de la main, pendant que ses officiers me saluent du sabre :

— Comment, madame, vous avez consenti à ce que le consul s'éloigne? Vous reconnaissez donc que mes Turcs ne sont pas dangereux!

— Non, dis-je en montrant le revolver, quand on a cela, pas dangereux?

« Le Vali ne sourit plus : il s'éloigne en m'assurant qu'il va mettre de l'ordre en ville. »

On comprend dès lors ce mot, l'un des plus simples sans doute et des plus admirables que l'histoire puisse enregistrer, dit par

M. Carlier à un fonctionnaire indigène du consulat qui, pris de terreur, refusait de s'armer lui-même et suppliait le consul de demeurer : « Rassurez-vous, monsieur, ma femme vous défendra ! »

Lectures pour tous. (Librairie Hachette.)

MOTS EXPLIQUÉS. — *Consul,* représentant de la France dans les ports de mer et les villes importantes de l'étranger. — *Embûches,* pièges tendus à quelqu'un pour lui nuire. — *Tutélaire,* qui protège. — *Consigne,* a ici le sens d'ordre formel auquel il n'est pas permis de se soustraire. — *Cible,* but vers lequel on s'exerce à tirer au fusil.

LES IDÉES. — 1. Quelle fut la conduite du consul français, M. Carlier, pendant les massacres d'Arménie? — Quelle consigne tenta-t-il d'imposer à sa femme? — 3. Comment Mme Carlier se prépara-t-elle à la résistance; quelle part y prit-elle?

RÉDACTION. — Faites un récit dans lequel vous ferez ressortir l'héroïsme de Mme Carlier.

150. — L'éclairage.

La lumière solaire est la mieux accommodée* aux fonctions de la vie : les paysans ont la vue bien meilleure que les citadins* qui travaillent beaucoup à la lumière artificielle.

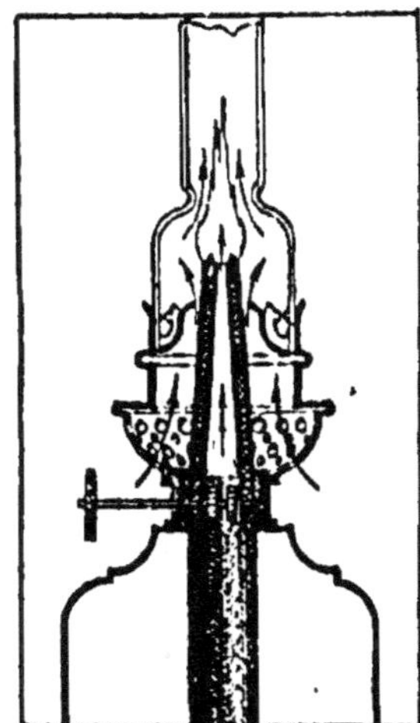
Lampe à pétrole. (Coupe montrant le fonctionnement du tirage.)

Tout appareil d'éclairage doit tendre à imiter la lumière naturelle, c'est-à-dire à fournir une lumière fixe, claire et qui ne développe pas trop de chaleur.

L'éclairage à l'huile végétale* est celui qui remplit le mieux ces diverses conditions, mais il est très coûteux.

Actuellement, le mode d'éclairage le plus répandu est l'éclairage au pétrole. Ce liquide se rencontre surtout en Russie et dans l'Amérique du Nord, où il forme des nappes* souterraines. On fait distiller le pétrole brut dans des raffineries et on l'épure. Le premier produit distillé qu'on appelle *essence de pétrole,* ou simplement *essence,* est très dangereux; les vapeurs qui s'en dégagent prennent feu quelquefois à quelques mètres d'un foyer de combustion. On l'utilise dans les lampes qui renferment une éponge, comme la lampe Pigeon.

Quant au pétrole raffiné, vendu sous le nom de « lucilino » et d'« oriflamme », il est bien moins inflammable et par suite moins dangereux.

La lampe dans laquelle on le brûle est d'un mécanisme très simple et d'un prix peu élevé; elle est munie d'un verre qui forme cheminée et qui active la combustion.

L'emploi de la lampe à pétrole exige de grandes précautions : d'abord les enfants ne doivent jamais y toucher, même pour l'allumer.

On doit la préparer au grand jour et loin des fourneaux. Le bec doit être frotté tous les jours et l'on doit veiller à ce que les trous de la monture, qui servent de passage à l'air, ne soient jamais bouchés.

La mèche doit également être essuyée chaque jour et taillée au besoin; le verre frotté avec un chiffon doux et propre.

De temps en temps, il sera bon de nettoyer le réservoir avec une eau de potasse.

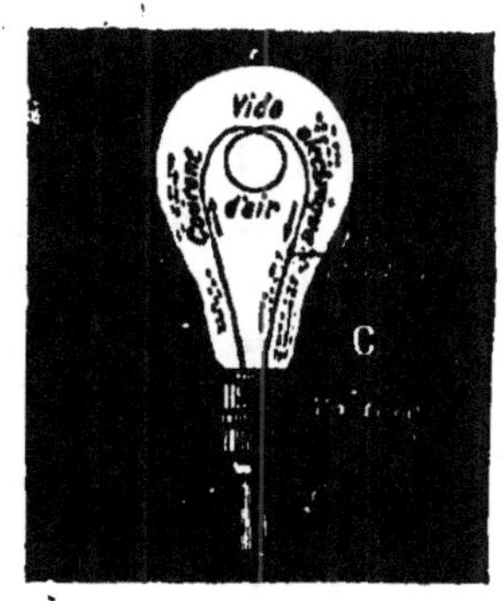

Lampe à incandescence.

Il faut bien se garder de verser du pétrole pendant que la mèche est encore allumée, car le liquide s'enflammerait et produirait une explosion* toujours dangereuse.

Si, malgré les précautions prises, un incendie vient à se produire par suite de la chute ou de l'explosion d'une lampe, il faut jeter sur le liquide enflammé, non de l'eau, mais du sable, des cendres ou du linge mouillé.

Dans les villes, on éclaire les rues et beaucoup de maisons, soit avec le gaz d'éclairage, soit avec l'acétylène, soit avec l'électricité.

MOTS EXPLIQUÉS. — *Accommodée*, qui convient le mieux. — *Citadin*, habitant d'une ville, d'une cité. — *Huile végétale*, huile que l'on extrait des végétaux : olive, lin, colza, arachide. — *Nappe*, vaste étendue de pétrole. — *Explosion*, commotion violente accompagnée de bruit et produite soudainement par le développement d'une force ou l'expansion d'un gaz.

LES IDÉES. — 1. Pourquoi les paysans ont-ils généralement une vue meilleure que les citadins? — 2. Comment s'obtient le pétrole que l'on brûle ordinairement dans les lampes? — 3. Quels soins demande l'entretien d'une lampe à pétrole? — 4. Quelles précautions faut-il prendre lorsqu'on la remplit?

RÉDACTION. — Décrivez la lampe à pétrole dont on se sert habituellement chez vous.

151. — La femme doit être la compagne intellectuelle du mari.

Je ne veux point enchaîner la femme au ménage : qu'elle [la]
prenne comme un devoir et comme un plaisir, rien de mieux[,]
mais que ce plaisir ne dégénère pas en manie* ; qu'elle soit [la]
maîtresse et non la servante de la maison ; qu'elle ne soit pa[s]
seulement la ménagère de l'homme, mais encore sa compagn[e]
d'esprit. L'homme fatigué, importuné, rentre au logis pour
chercher le délassement. Il ne lui faut pas seulement un intérieu[r]
bien réglé, ni même un intérieur orné, il lui faut encore u[n]
esprit orné. La femme ne doit pas oublier qu'elle est la joie, [le]
charme, la récréation de la famille : le grand principe de la poli[-]
tique domestique* est de faire que son intérieur paraisse a[u]
mari plus agréable que celui des autres. L'agrément est donc e[n]
quelque sorte un des devoirs de la femme. Lors même que l'agré[-]
ment n'aurait par lui-même aucun mérite et ajouterait peu d[e]
chose à la valeur de celui qui le possède, il aurait encore u[n]
grand prix par l'influence qu'il exerce sur le bonheur des autre[s.]
Or, ce qui répand le plus de charme sur l'intimité dans un mé[-]
nage, c'est la culture de l'esprit... Je ne dis point que la femm[e]
doive chercher à avoir plus d'esprit que la nature ne lui en
donné : le simple naturel vaudra toujours mieux qu'une sotti[se]
prétentieuse* ; mais je veux qu'elle cultive l'esprit qu'elle a. J[e]
ne lui demande pas non plus des connaissances profondes [ou]
spéciales, mais une disposition générale à comprendre et à adm[i-]
rer : qu'elle ne fasse pas la différence, si l'on veut, des ordres [et]
des styles* de l'architecture, qu'elle ne connaisse pas l'histoi[re]
des diverses écoles de peinture, ou qu'elle ne prenne point par[ti]
pour telle ou telle théorie littéraire, je le veux bien, mais qu'ell[e]
ne reste pas insensible devant un grand monument ou un bea[u]
tableau ; qu'elle puisse lire Mme de Sévigné* sans s'ennuyer, [et]
écouter une tragédie de Racine* sans s'endormir.

P. JANET, La Famille. (Calmann Lévy, éditeur.)

LES IDÉES. — 1. Expliquez le sens de cette phrase : « Je ne veux pas enchaîner la femme au logis. » — 2. Quand peut-on dire d'une femme qu'elle a l'esprit orné ? — 3. Quel doit être le rôle de la femme dans la famille ?

RÉDACTION. — A quelles conditions la femme peut-elle être la compagne d'esprit de l'homme ?

152. — L'administration de la commune.

Aucune de vous, mes enfants, n'ignore ce que c'est qu'une commune.

C'est assurément la partie de la France que vous connaissez le mieux, parce que vous vivez sans cesse au milieu d'elle ; c'est votre ville ou votre village.

La commune a des revenus et des dépenses comme un particulier. Elle est administrée par un maire et un ou plusieurs adjoints assistés d'un *Conseil municipal.*

Le maire est à la fois le *délégué du gouvernement* et le *représentant de la commune.* Comme délégué du pouvoir central, il fait exécuter les lois et les règlements et il veille au maintien de l'ordre public. Comme chef élu de la commune, il préside les séances du Conseil municipal, il prépare le budget avant de le soumettre à l'examen de l'assemblée communale, il administre les propriétés de la commune et représente celle-ci dans tous les actes et contrats* qui l'intéressent. Il fait exécuter les décisions du Conseil municipal, nomme aux emplois communaux : employés de mairie, gardes-champêtres, agents de police. Enfin, comme officier de l'état civil, il fait inscrire sur les registres les naissances, les mariages et les décès.

Le Conseil municipal est une assemblée élue pour quatre ans, par les électeurs domiciliés dans la commune. Le nombre des conseillers municipaux varie de 10 à 36 selon le chiffre de la population. Il n'y a d'exception que pour Paris, qui compte 80 conseillers.

Pour être conseiller, il faut être âgé de vingt-cinq ans et inscrit sur la liste municipale.

Le Conseil municipal élit le maire et les adjoints. Il est pour la commune ce que le Parlement* est pour la nation. Il se réunit en session ordinaire quatre fois par an : en février, mai, août et novembre; mais il peut avoir des sessions extraordinaires motivées par l'étude des affaires urgentes. Les séances sont publiques.

Le Conseil municipal délibère* sur toutes les affaires qui intéressent la commune : il règle le mode d'administration et de jouissance des biens communaux : mairie, écoles, lavoirs, pâturages, bois, etc... Il vote, lorsqu'il y a lieu, des acquisitions ou des constructions d'immeubles nécessaires aux différents services, notamment à celui de l'Instruction publique. Mais l'une de ses principales attributions est le vote du *budget*, c'est-à-dire l'état des recettes et des dépenses communales pour chaque année.

Les *recettes* sont constituées par le revenu des biens communaux, le produit des taxes et des droits autorisés de toutes sortes, le prix des concessions de terrain dans les cimetières, la part qui revient à la commune dans les impôts sur les patentes*, les chevaux, les voitures, les permis de chasse. Les *dépenses* sont : l'entretien des bâtiments communaux, les traitements des employés nommés par le maire, les indemnités de résidence et de logement aux instituteurs et aux institutrices, les subventions aux établissements de bienfaisance, l'entretien des chemins communaux, des rues, l'éclairage, etc... Le budget est dressé chaque année pour l'année suivante. Ce travail de prévision porte les municipalités à mesurer les dépenses aux recettes, pour ne pas tomber dans des embarras financiers.

En cas d'élection sénatoriale, le Conseil municipal choisit les électeurs ou délégués sénatoriaux suivant le nombre fixé par la loi.

MOTS EXPLIQUÉS. — *Contrat*, convention entre deux parties. — *Parlement*, nom donné aux deux assemblées législatives : Chambre des députés et Sénat. — *Délibère*, examine avant de prendre une résolution. — *Patente*, impôt payé par tous ceux qui exercent un commerce, une industrie.

LES IDÉES. — 1. Qu'est-ce qu'une commune ? — 2. Quelles sont les attributions du maire, du Conseil municipal ? — 3. Par quoi sont constituées les recettes et les dépenses du budget communal ?

RÉDACTION. — Quelles sont les propriétés communales dans votre ville ou dans votre village ? — Faites en connaître la destination.

153. — Le mariage de Jeanne Leroux.

Jeanne Leroux était devenue une belle jeune fille de vingt ans, aimable, intelligente, active, secondant utilement sa mère dans les soins du ménage.

Ses parents songeaient à la marier : ils accueillirent avec plaisir la demande de Charles Hubert, fils d'un négociant qu'ils connaissaient fort bien et dont ils avaient apprécié le caractère, la droiture et l'honnêteté.

Les deux jeunes gens se plurent, et bientôt le mariage fut décidé.

A l'occasion des fiançailles, un repas réunit les deux familles, qui s'entendirent pour régler les *apports* des futurs époux et fixer la date du contrat de mariage. Mais il y eut divergence* au sujet du *régime*, c'est-à-dire sur la manière dont on peut régler les intérêts pécuniaires de l'homme et de la femme, unis par le mariage, et l'on convint de s'en rapporter à M. Duret, notaire de M. Leroux.

Celui-ci s'exprima ainsi :

Il y a trois principaux régimes :

1° le *régime de la communauté ;*

2° le *régime de la séparation de biens ;*

3° le *régime dotal.*

Dans le régime de la communauté, les époux mettent en commun : 1° tous les meubles* qu'ils possèdent avant le mariage, c'est-à-dire tout ce qui n'est pas immeuble ; 2° tous les meubles et immeubles qu'ils achètent pendant le cours de leur union ; 3° les meubles qu'ils acquièrent par donation ou succession, si le donateur n'a pas exprimé la volonté qu'il en soit autrement ; 4° les produits de leur industrie et les revenus de leurs biens à tous deux.

Le mari administre seul les *biens communs :* il peut les vendre, les hypothéquer* sans le concours de sa femme.

La communauté commence le jour du mariage et finit à la mort d'un des deux époux.

Dans le régime de la séparation de biens, continue le notaire, chaque époux jouit séparément de sa fortune.

Ainsi la femme conserve l'entière administration de ses biens : elle peut disposer de ses meubles et les vendre, mais elle ne peut disposer des immeubles sans le consentement spécial de son mari et sans y être autorisée par le tribunal.

Ce régime déplut aux deux familles. « Quand on se marie, dit M. Leroux, on ne doit pas plus séparer ses intérêts que ses affections. »

Dans le régime dotal, les biens des deux époux sont absolument distincts les uns des autres. Les immeubles que la femme a apportés en dot* ne peuvent être vendus ni par elle, ni par son mari. Celui-ci a seulement le droit de toucher les revenus pour subvenir aux charges du ménage.

Les immeubles constitués en dot ne peuvent être vendus ni hypothéqués pendant le mariage ni par le mari ni par la femme, ni par les deux conjointement, sauf les exceptions prévues par le contrat ou permises par le tribunal.

Après l'exposition des différents contrats, les deux familles, d'un commun accord, se rallièrent au régime de la communauté.

« Vous avez raison, leur dit le notaire, c'est le plus juste, le plus moral. C'est d'ailleurs celui que la loi applique, pour régler les affaires, aux personnes qui se sont mariées sans contrat. »

MOTS EXPLIQUÉS. — *Divergence,* différence d'opinions. — *Biens meubles,* biens qui peuvent être déplacés. — *Hypothéquer,* garantir par une hypothèque. — *Hypothèque,* droit réel dont est grevé un immeuble pour garantir le payement d'une créance. — *Dot,* ce qu'une femme apporte en mariage.

LES IDÉES. — En quoi consiste le régime de la communauté? — le régime de la séparation de biens? — le régime dotal?

RÉDACTION. — Qu'appelle-t-on contrat de mariage? — Quels sont les avantages matériels et moraux que présente le régime de la communauté?

154. — Cultures de la plaine du Nord.

Les gens de la plaine du Nord, si fertile que soit leur domaine, n'ont pas commis l'imprudence de s'adonner à une culture unique; ils ont craint avec raison que, cette culture venant à manquer, tout leur manquât à la fois, comme un prix rémunérateur* de sa récolte en vins a fait, en 1901, défaut au Languedoc. Non, la plaine du Nord est une ménagère avisée. Elle cultive en grand le blé et l'avoine. Les deux départements du Nord et du Pas-de-Calais sont même les premiers en France pour cette culture; ils donnent chacun par an deux millions et demi de quintaux de froment, et ils soignent leur blé à ce point qu'ils récoltent 26 pour 1 à l'hectare, tandis que la moyenne du rendement pour la France va de 16 à 18 seulement. Mais ils ne se bornent pas là, nos Flamands. Ils sont, aussi, grands producteurs de betteraves; c'est même à eux, aux habitants d'Orchies* surtout, que l'on doit l'amélioration des graines de cette précieuse racine, et nulle part l'étude raisonnée de la production de ce sucre indigène* n'a été poussée plus loin peut-être que dans les laboratoires* de Lille. Ces fils de la plaine sont encore culti-

vateurs du lin, de l'œillette, du colza, du houblon. Mais ce
n'est pas tout. Ils produisent aussi des pommes de terre, des
pois, des carottes, des fèves de marais, des fourrages artificiels,
du tabac, de la chicorée qui supplée ou renforce en couleur
le café. Ils vont même jusqu'à cultiver les fleurs précoces,
les primeurs et les raisins hâtifs, dans des serres que chauffe
artificiellement leur charbon de terre.

Enfin, dans leurs prairies, dans leurs étables, avec les produits
de leurs champs féconds ils élèvent des chevaux robustes, des
bœufs, des moutons dont la chair est abondante et succulente ;
ils exportent le lait de leurs vaches, puissantes nourrices, et en
fabriquent d'excellents fromages. Rien ne se perd dans ce pays
industrieux. La science de plus en plus y guide le travail de
l'homme, de même que l'association en décuple l'énergie et
l'effet.

Nulle part la campagne n'est devenue plus citadine. La population des villes a débordé, avec ses maisons de briques, fort loin
hors des anciennes limites. Il a fallu démanteler* presque toutes
les places fortes. Les anciens chemins ruraux sont devenus des
rues et, le long de ces rues, s'alignent les boutiques et aussi les
estaminets, malheureusement ! Mais les maisons sont propres et
riantes, malgré l'inclémence de la plupart des saisons : presque
toutes ont des revêtements de boiseries peintes, soigneusement
lavés chaque samedi, des rideaux blancs et des pots de fleurs sur
l'appui des fenêtres. Le carrelage est couvert de sable fin, chaque
jour renouvelé. Les fermes, spacieuses et bien aménagées, ressemblent à des usines ; les fermiers, nantis* de baux très longs,
se considèrent presque comme des propriétaires. Tout offre
l'image de l'activité et de la vie.

P. FONCIN, Lectures géographiques. (Librairie Armand Colin.)

MOTS EXPLIQUÉS. — *Rémunérateur,* qui assure un bénéfice suffisant. — *Orchies,* chef-lieu de canton du département du Nord. — *Laboratoire,* lieu disposé pour faire des expériences, des recherches. — *Sucre indigène,* originaire du pays, par opposition au sucre de canne, tiré des colonies. — *Primeur,* légume, fruit ou fleur que l'on obtient avant l'époque normale. — *Démanteler,* détruire les fortifications. — *Estaminets,* cafés où l'on fume. — *Nantis de baux,* ayant signé un long bail avec le propriétaire.

LES IDÉES. — 1. Pourquoi les gens de la plaine du Nord ont-ils varié leurs cultures ? — 2. Principales productions agricoles et industrielles de la région. — 3. Expliquez le sens de cette phrase : « Nulle part la campagne n'est devenue plus citadine. »

RÉDACTION. — Décrivez l'aspect d'un village flamand

155. — L'école et la famille.

Mesdemoiselles les petites filles, l'enseignement que vous recevez à l'école est très bien conçu. L'école sait que vous n'êtes pas nées pour vivre comme des millionnaires. Elle vous fait faire connaissance avec les outils de travail, les ciseaux et l'aiguille. Elle vous donne des leçons d'économie domestique, c'est-à-dire de gouvernement de la maison. Or, il n'est maison si petite qu'elle puisse se passer d'un gouvernement.

C'est un étonnement pour les étrangers que les maisons de chez nous soient si bien tenues. Les meubles y sont rangés en ordre et tous les objets « à place », comme nous disons. Entre les rideaux blancs et la vitre claire, les balsamines, les hortensias, les géraniums, les œillets et les roses regardent dans la rue. Ces fleurs, c'est comme une gentille politesse faite au passant.

Mes chères petites, vous nous garderez nos maisons ordonnées, nettes et fleuries. L'ordre, la propreté, la grâce de l'aménagement* domestique inspirent le plaisir de rester chez soi et le respect du logis. La bonne tenue de la maison commande la bonne tenue de soi-même.

Le gouvernement d'une maison, c'est aussi l'ordre dans les finances modestes. C'est penser au lendemain et prévoir toujours, c'est user des moyens, aujourd'hui offerts, de se protéger contre les méchants risques* de la vie. Ces moyens, l'école vous les fait connaître. Écoutez-moi bien : il n'est maison si petite qui ne puisse devenir grande. Une maman modeste, appliquée à tous ses devoirs, économe, prévoyante, peut, en pays démocratique, mener loin ses enfants. Et tout à coup, la petite maison grandit. Nous avons chez nous plus d'un exemple du fait...

L'école se propose de cultiver votre esprit. Elle veut que vous compreniez bien ce que vous lisez, que vous raisonniez ce que vous écrivez, afin que plus tard, dans la vie, vous compreniez ce qu'on vous dira, ce que vous direz, ce que vous ferez. Elle vous enseigne, en toute simplicité, vos devoirs. Elle croit, comme l'humanité le croit depuis longtemps, qu'il y a un bien et un mal. Et je vous dirai en passant un signe sûr pour distinguer l'un de l'autre : le bien, c'est ce qui coûte un effort. Cet effort est noble. L'école vous en enseigne la beauté.

L'école sait que vous êtes de petites Françaises. Vous y apprenez l'histoire de votre pays, et même, par l'enseignement civique*, nos institutions* et nos lois. L'idée de donner cet enseignement à des petites filles a paru drôle à des gens d'esprit. Mais, si l'on s'arrêtait aux sourires des gens d'esprit, on ne marcherait plus*. Il arrive quelquefois, d'ailleurs, que les gens d'esprit soient de simples imbéciles. Quelle sottise, en effet, de vouloir que la moitié de la population française ignore la France, et que les femmes et les mères, par cette ignorance, soient exclues de la patrie! Nous ne sommes pas trop nombreux en France pour aimer la France et la servir.

E. Lavisse, Extrait d'un discours de distribution de prix
au Nouvion-en-Thiérache (Aisne).

MOTS EXPLIQUÉS. — *Aménagement,* disposition de l'intérieur du logis. — *Risques,* périls, dangers de la vie. — *Enseignement civique,* qui apprend aux enfants quels sont les droits et les devoirs des citoyens. — *Institutions,* lois fondamentales d'un pays. — *On ne marcherait plus,* on ne ferait pas de progrès.

LES IDÉES. — 1. Quel est l'objet des leçons d'économie domestique? — 2. Expliquez la phrase : « La bonne tenue de la maison commande la bonne tenue de soi-même. » — 3. Comment l'école enseigne-t-elle aux petites filles à connaître leur pays?

RÉDACTION. — De quels moyens dispose une bonne ménagère pour assurer la prospérité du foyer domestique?

156. — La grive.

La grive* à l'aile grise se grise dans les vignes du grain lisse des raisins.

A cette pauvrette on fait une réputation de petit ivrogne! c'est aller un peu loin. Pour quelques grains que picore* la grive, elle fait une guerre incessante aux ennemis de la vigne. Après avoir absorbé je ne sais combien d'insectes ravageurs, n'est-il pas tout naturel qu'elle se désaltère un tantinet, à moins qu'elle n'étouffe?

La grive, amie du genièvre* et si délicate à la broche, est l'oiseau des vignes comme l'alouette est l'oiseau des champs. Celle-ci délivre les blés des chenilles et des sauterelles, celle-là débarrasse les vignobles des limaces et des escargots. La grive veille sur la grappe, comme l'alouette sur l'épi.

Connaissez-vous la légende de la grive que racontent les vignerons bordelais? « Après avoir bu à toutes les grappes du coteau, une jeune grive, se trouvant légèrement ébriolée*, tomba scandaleusement sur le dos, les deux pattes en l'air, et se mit à rire. Puis voyant les nuages passer bien haut sur sa tête alourdie, elle raidit ses petites jambes et s'écria dans un accès d'orgueil alcoolique : « Maintenant le ciel peut tomber, je le « soutiendrai avec mes pattes ! » Au même instant, une feuille d'amandier, détachée par le vent, tombe sur la grive, convaincue dans son erreur bachique* que la voûte céleste vient de s'aplatir sur son ventre. Elle se croit morte... et s'endort. A son réveil, la petite buveuse de raisin constate qu'il ne lui manque pas une plume et qu'en outre elle a son plumet*. Ce n'est pas de la dégringolade des astres qu'elle a été victime, mais de la chute d'une feuille. Honteuse de sa mésaventure, la grive jura d'être plus sobre à l'avenir. Serment d'ivrogne ! Dès le lendemain, la voici picorant les grappes vermeilles et s'enivrant du jus des vignes. « Qui a bu « boira. » Tous les ivrognes sont incorrigibles.

Grive.

En Bourgogne, on prétend que la grive, au moment de fuir, l'hiver, vers des climats plus doux, ne peut vaincre son état d'ébriété et manque le train... des airs ! Elle aura pour châtiment un grain de plomb dans la tête et le fond d'une terrine pour tombeau.

La grive est un oiseau mélancolique, ami de la solitude et jaloux de sa liberté. Le « jus de la treille » ne parvient même pas à lui arracher une joyeuse chanson. La grive a le vin triste. Elle en boit d'ailleurs si peu, et il ferait beau voir l'homme, toujours prêt à attribuer ses vices aux animaux, lui jeter la première grappe ! A cause de ses services viticoles et de ses rôtis succulents, on ne saurait trop pardonner les écarts légers de la petite grive à l'aile grise, qui se grise dans les vignes du grain lisse du raisin.

D'après FULBERT-DUMONTEIL, *Les Bêtes.* (Librairie Firmin Didot.)

MOTS EXPLIQUÉS. — *Grive*, oiseau de l'ordre des passereaux, considéré comme un excellent gibier. — *Picore*, que mange la grive ; picorer signifie chercher sa nourriture, en parlant des oiseaux. — *Genièvre*, baie du genévrier, arbrisseau toujours vert de la famille des conifères. — *Ébriolée*, en léger état d'ébriété, c'est-à-dire d'ivresse. — *Bachique*, adjectif dérivé de *Bacchus*, nom sous lequel les anciens désignaient le dieu des vendanges. Une idée « bachique » est une idée engendrée par l'ivresse. — *Plumet,* expression triviale.

LES IDÉES. — Pourquoi la grive a-t-elle la réputation de s'enivrer? — 2. Quelles légendes raconte-t-on sur la grive : 1° dans le Bordelais; — 2° en Bourgogne.

RÉDACTION. — Que savez-vous sur la grive?

157. — Dis-moi quel est ton pays.

Dis-moi quel est ton pays,
Est-ce la France ou l'Allemagne?
— C'est un pays de plaine et de montagne,
Une terre où les blonds épis
En été couvrent la campagne;
Où l'étranger voit, tout surpris,
Les grands houblons*, en longues lignes,
Pousser joyeux au pied des vignes
Qui couvrent les vieux coteaux gris!
La terre où vit la forte race
Qui regarde toujours les gens en face...
C'est la vieille et loyale Alsace!

Dis-moi quel est ton pays,
Est-ce la France ou l'Allemagne?
— C'est un pays de plaine et de montagne
Que les vieux Gaulois ont conquis
Deux mille ans avant Charlemagne!...
Et que l'étranger nous a pris!
C'est la vieille terre française
De Kléber*, de la *Marseillaise*!...
La terre des soldats hardis,
A l'intrépide et froide audace,
Qui regardent toujours la mort en face!
C'est la vieille et loyale Alsace!

Dis-moi quel est ton pays,
Est-ce la France ou l'Allemagne?
— C'est un pays de plaine et de montagne
Où poussent avec les épis,
Sur les monts et dans la campagne,
La haine de tes ennemis
Et l'amour profond et vivace*,
O France, de ta noble race!...

Allemands, voilà mon pays!
Quoi que l'on dise et quoi qu'on fasse,
On changera plutôt le cœur de place,
Que de changer la vieille Alsace!

ERCKMANN-CHATRIAN. (Librairie Hetzel.)

MOTS EXPLIQUÉS. — *Houblon,* plante dont les fleurs amères entrent dans la fabrication de la bière. — *Kléber,* général qui prit part aux guerres de la Révolution; mourut assassiné en Égypte en 1800. — *Marseillaise,* chant national français; fut composé par Rouget de l'Isle et chanté pour la première fois à Strasbourg en 1792. — *Vivace,* au sens figuré : que rien ne peut détruire.

LES IDÉES. — Dégagez les idées contenues dans chaque strophe : La première célèbre la fertilité du sol; la deuxième célèbre les gloires militaires et le passé historique de l'Alsace, qui l'ont consacrée terre française; la troisième affirme sa volonté de rester française, au moins par le cœur.

RÉDACTION. — A quelle époque l'Alsace est-elle devenue une province française, et à la suite de quels faits nous a-t-elle été enlevée?

158. — La lessive.

La lessive est une opération très importante dans un ménage; elle réclame beaucoup de soin et d'expérience de la part de la maîtresse de maison.

Il faut d'abord procéder à l'*essangeage*, premier lavage à l'eau froide qui commence à dissoudre les taches de graisse, les souillures provenant de la sueur; puis on passe au *lessivage* ou *coulage*.

Le procédé le plus ordinaire et le plus ancien consiste à entasser le linge dans un *cuvier* percé au fond et en avant d'un trou muni d'un robinet.

Le linge le plus sale est placé au fond du cuvier, le linge de corps et les petites pièces sont placés au-dessus. On couvre le tout d'une grosse toile sur laquelle on étend les cendres de bois qui doivent fournir le carbonate de potassium*. L'eau bouillante versée sur les cendres dissout ce carbonate, traverse le linge en entraînant les substances qui le salissent et s'écoule par le robinet. Chauffée à nouveau, elle est reversée sur les cendres. L'opération dure toute une journée.

Ce procédé a des inconvénients : il exige un temps très long et un travail pénible; aussi dans certaines campagnes ne fait-on la lessive que tous les trois mois. Le transvasement* détermine l'évaporation d'une grande quantité d'eau et le dégagement de vapeur dégrade les murs et les plafonds de la salle où l'on opère.

La Lessiveuse. — Tableau de Millet.

Le procédé plus rapide et plus simple du lessivage à la vapeur est aujourd'hui très répandu. Les cuves dont on se sert sont appelées « lessiveuses »; on donne à ces appareils toutes les dimensions, si bien qu'ils peuvent être utilisés dans les cuisines restreintes des appartements des grandes villes. La lessiveuse est remplie d'eau froide contenant du carbonate de soude et de menus morceaux de savon; elle est fermée par un couvercle et placée sur un fourneau. L'eau s'échauffe, s'élève et retombe en pluie sur le linge par un tube injecteur placé au milieu; la lessiveuse étant couverte ne laisse pas échapper de vapeur dans la pièce.

Le lessivage laisse presque toujours des taches qui n'ont pas été atteintes par la dissolution alcaline* et qu'il faut ensuite enlever en frottant avec du savon. La meilleure manière de savonner est de frotter simplement l'étoffe avec les mains.

L'emploi des brosses et des battoirs permet d'effectuer cette opération avec plus de rapidité, mais elle accélère l'usure du linge.

Après le savonnage, toutes les souillures se trouvent bien dissoutes : il ne reste plus qu'à les enlever par un lavage à l'eau pure, que l'on désigne sous le nom de rinçage. On passe ensuite le linge fin et le linge mi-fin dans une dissolution très étendue de bleu d'outremer*, afin de remplacer la teinte jaunâtre du linge par une teinte blanche plus agréable à l'œil. A mesure que le linge est rincé, il est tordu et placé sur un tréteau pour égoutter; puis, pour le sécher, on l'étend sur des cordes au grand air, si c'est possible, à défaut dans le grenier ou dans la cuisine.

MOTS EXPLIQUÉS. — Carbonate de potassium, sel formé par l'action de l'acide carbonique sur le potassium. — *Transvasement*, passage d'un liquide d'un vase dans un autre. — *Dissolution alcaline*, dissolution par la soude. — *Bleu d'outremer*, couleur d'un beau bleu d'azur qu'on extrait d'une pierre appelée *outremer*.

LES IDÉES. — 1. Quelles sont les différentes opérations que comple le lessivage du linge. — 2. Pourquoi emploie-t-on les cendres de bois ou le carbonate de soude pour le coulage? — 3. Pourquoi est-il nécessaire d'étendre le linge au grand air pour le faire sécher?

RÉDACTION. — Comment vous y prendriez-vous si vous étiez chargée de faire la lessive en l'absence de votre mère?

159. — La bonne châtelaine.

Pendant la guerre de 1870, la plupart des châteaux qui se trouvaient voisins du théâtre des hostilités* recevaient avec empressement les malades et les blessés désarmés; qu'ils fussent Français ou Allemands, tous étaient soignés avec le même dévouement : on ne voyait en eux que des maux à soulager, et la souffrance n'a pas de nationalité. Au nombre de ces somptueuses demeures qui reçurent des blessés, le château de Reverseaux, près de Voves*, avait été transformé en une vaste ambulance. Mme la comtesse de Gouvion-Saint-Cyr*, qui porte un des noms les plus illustres et les plus honorés de la vieille armée française et qui ajouta à la gloire guerrière de ce nom la gloire plus modeste et plus pure encore de la charité, reçut dans ce château, pendant tout le cours de la campagne de l'Ouest, plus de soixante-dix soldats. Deux médecins des environs venaient chaque jour rendre des soins à ces blessés. Mme de Gouvion Saint-Cyr avait pris à sa charge toutes les dépenses de l'ambulance : médicaments, linge, nourriture, vins vieux, etc. Mais cette générosité princière n'était rien à côté de son dévouement pour les pauvres jeunes gens qu'elle semblait en quelque sorte remercier d'être venus chez elle pour lui procurer le bonheur de faire du bien et de secourir les braves et malheureux défenseurs de la patrie. Chaque jour, la comtesse accompagnait les médecins dans leur tournée, à travers toutes les chambres de la vaste habitation. Véritable sœur de charité, elle assistait à toutes les opérations de chirurgie*; quand une opération était douloureuse, elle-même tenait les mains du patient dans ses mains, tout en lui disant de ces mots qui encouragent et que les femmes de cœur savent si bien dire.

Les soins les plus dévoués ne pouvaient empêcher quelquefois la mort de venir lui arracher un de ses pensionnaires. Mme de Gouvion-Saint-Cyr poussait alors l'abnégation* jusqu'à l'héroïsme : elle l'ensevelissait de ses mains!

Qui donc ne s'inclinerait avec respect devant une telle grandeur du cœur? Pourrait-on citer beaucoup de femmes, dans l'histoire de l'humanité, qui aient poussé si loin l'amour du prochain et l'esprit de sacrifice?

D'après J. TURQUAN, *Les Femmes de France pendant l'invasion.*
(Berger-Levrault, éditeur.)

MOTS EXPLIQUÉS. — *Théâtre des hostilités,* lieu où Français et Prussiens combattaient. — *Voves,* chef-lieu de canton de l'Eure-et-Loir. — *Gouvion-Saint-Cyr,* maréchal de France, sous Napoléon Ier. — *Chirurgie,* art qui a pour objet le traitement des blessures et des plaies qui exigent des opérations. — *Abnégation,* oubli de soi porté à son plus haut degré.

LES IDÉES. — 1. Où se trouvait situé le château de Mme de Gouvion-Saint-Cyr? — 2. Comment les blessés étaient-ils accueillis par la châtelaine? — 3. Jusqu'où allait son esprit de sacrifice?

RÉDACTION. — Racontez le dévouement de Mme de Gouvion-Saint-Cyr pendant la guerre de 1870.

160. — Premiers soins en cas d'accidents.

La peau, lorsqu'elle est intacte, protège notre corps; mais, si une plaie quelconque la détruit, les microbes pénètrent par la brèche ouverte et ils pullulent: la plaie suppure* et le danger commence.

Toute plaie doit être nettoyée minutieusement à l'eau bouillie, à l'eau boriquée ou à l'eau phéniquée et recouverte avec de la gaze hydrophile* ou avec une bande aseptique, c'est-à-dire exempte de microbes. La plaie peut être accompagnée d'hémorragie*.

On reconnaît que le sang provient d'une veine lorsqu'il est noir assez foncé. Il suffit alors d'un pansement faisant compression.

Mais si le sang est rouge vermeil et s'il sort par saccades en décrivant un arc, l'hémorragie provient d'une artère.

Il faut prévenir *immédiatement* le médecin, et, en attendant son arrivée, arrêter l'écoulement du sang. Pour cela, on serrera fortement le membre blessé au-dessus de la blessure.

Les foulures, les entorses sont des accidents très douloureux qui exigent l'intervention du médecin. Mais en attendant, on fera baigner le membre blessé dans l'eau froide et on l'entourera ensuite d'une compresse trempée dans l'eau blanche.

S'il s'agit d'une fracture, c'est-à-dire de la rupture d'un os, il faut appeler d'urgence le médecin. On soulagera le blessé en immobilisant le membre, en plaçant, à gauche et à droite, deux petites lattes, deux *attelles*, roulées dans un linge et attachées avec des mouchoirs, des serviettes. La luxation, c'est le déplacement de la tête d'un os de sa cavité ou de son articulation. L'intervention du médecin est absolument nécessaire.

Les brûlures sont très douloureuses, et celles qui sont profondes peuvent devenir dangereuses. Il faut d'abord plonger la partie brûlée dans l'eau, ce qui procurera un soulagement immédiat; puis on recouvrira la brûlure avec de l'huile ou avec de la vaseline boriquée sur laquelle on étendra une épaisse couche d'ouate.

En cas d'asphyxie par submersion*, on fera coucher l'asphyxié au grand air et on procédera à la traction rythmée telle que le Dʳ Laborde l'a indiquée.

MOTS EXPLIQUÉS. — *Suppure,* rend du pus. — *Hydrophile,* qui absorbe l'eau. — *Hémorragie,* perte de sang. — *Asphyxie par submersion,* asphyxie des noyés.

LES IDÉES. — 1. Quels soins nécessite toute plaie ? — 2. Comment peut-on arrêter une hémorragie ? — 3. Comment soigne-t-on une entorse ?

RÉDACTION. — Votre petite sœur s'est brûlé la main avec un fer à repasser, que ferez-vous pour la soulager et pour la soigner ?

161. — Les vieux.

Mon grand-père, quand je l'ai connu, c'est-à-dire quand j'ai commencé à me connaître moi-même, était un grand vieillard, légèrement voûté, mais solide et nerveux.

Ses cheveux blonds, qui ne se sont jamais décidés à blanchir, tombaient en boucles sur le cou et encadraient un visage très fier, aux yeux bleus, aux dents puissantes, au menton carré. Sur sa face toujours rasée, le hâle* qui noircit les bruns avait étendu une patine* rougeâtre comme celle des bronzes florentins. Son col rabattu et ouvert en toute saison, sans cravate, montrait les veines, les muscles ou les tendons d'un cou noueux; on devinait à cet échantillon un corps parfaitement sec et sain, allégé de tout embonpoint par le perpétuel entraînement du travail; Greuze* a connu ce type et il l'a peint plus d'une fois, mais en l'amollissant beaucoup.

Juin.
La Fauchaison.

Ma grand'mère avait été, disait-on, la plus jolie fille du village. Elle-même s'admirait quelquefois, par habitude, dans une vieille gravure coloriée que grand-papa avait achetée au colporteur pour « la ressemblance » et qui s'intitulait : *la Petite Fûtée.*

Hélas ! la Petite Fûtée était devenue une bonne grosse mère, et les fossettes de ses joues se noyaient un peu dans les rides. Mais l'œil était toujours vif, les pommettes fraîches, les dents blanches, la voix jeune et mordante. D'ailleurs, c'était ma grand'-

maman, je l'aimais telle que l'âge, le travail et la maternité l'avaient faite, et je ne l'aurais pas échangée contre une autre.

Le vieux Dumont était sans doute de mon avis, car il l'aima jusqu'à sa mort, en la querellant tous les jours.

Les deux vieillards ne se ressemblaient pas plus au moral qu'au physique. L'un était hardi, entreprenant, aventureux* à l'excès ; l'autre, sage, prudente, routinière* au delà de toute mesure.

Le bonhomme avait accompli, dans son temps, des choses extravagantes ; la bonne femme piétina... à petits pas dans les chemins battus. Il y avait en lui quelque chose de la généreuse folie de don Quichotte*, et chez elle, un atome de sens pratique et railleur de Sancho Pança.

E. ABOUT, Le Roman d'un brave homme. (Librairie Hachette.)

MOTS EXPLIQUÉS. — *Hâle,* air sec et chaud qui flétrit et brunit la peau. — *Patine,* teinte que le temps donne aux vieux bronzes et aux vieux tableaux. — *Greuze,* peintre français du XVIIIe siècle ; a peint beaucoup de scènes de famille. — *Aventureux,* qui aime les événements imprévus, les entreprises hasardeuses. — *Routinière,* qui agit par habitude, qui n'aime pas les innovations. — *Don Quichotte* et *Sancho Pança,* héros d'un roman espagnol.

LES IDÉES. — 1. Faites le portrait physique des deux vieillards. — 2. En quoi se distinguaient-ils au moral ? — 3. Expliquez la phrase : « la bonne femme piétinait à petits pas dans les chemins battus. »

RÉDACTION. — En vous inspirant de ce qui précède, faites le portrait de votre grand-père ou de votre grand'mère.

162. — Nathalie Savichna.

Vers le milieu du siècle dernier, on voyait courir dans le village où demeuraient les parents de ma mère une fillette grossièrement vêtue, nu-pieds, mais fraîche et gaie. C'était la grosse Nathalie, la fille de Sawa, le joueur de clarinette*. Pour récompenser les services de Sawa, et sur sa prière, mon grand'père prit Nathalie chez lui, et elle devint une des femmes* de ma grand'mère. Elle se distingua par sa douceur et sa diligence, et, à la naissance de ma mère, on choisit Nathalie pour être sa bonne.

Elle montra dans ces nouvelles fonctions une activité et un dévouement à sa jeune maîtresse qui lui valurent encore des éloges.

Quand vint le moment de donner une gouvernante à ma mère, Nathalie reçut les clefs du linge et des provisions. Elle déployait en toutes choses le même zèle et le même dévouement. Elle ne vivait que pour les intérêts des maîtres, voyait partout du gaspillage* et travaillait par tous les moyens à l'empêcher.

Quand maman se maria, elle voulut récompenser Nathalie de ses vingt années de bons services. Elle la fit venir, lui exprima son attachement dans les termes les plus flatteurs, lui remit un

Léon Tolstoï (1828-1910).

papier contenant son acte d'affranchissement* et ajouta qu'elle y joignait une pension de 300 roubles*, que Nathalie restât ou non dans la maison. Nathalie écouta ce discours d'un air furieux, marmotta quelque chose entre ses dents et se sauva en frappant la porte. Maman n'y comprenait rien. Elle attendit quelque temps ; personne. Elle rentra alors dans la chambre de Nathalie, qu'elle trouva sur une malle, les yeux rouges, occupée à déchirer son mouchoir de poche, tout en regardant fixement les débris de l'acte d'affranchissement, épars sur le plancher.

« Qu'est-ce que vous avez, ma bonne Nathalie? demanda maman, lui prenant la main.

— Rien, petite mère. Apparemment je vous ai déplu, puisque vous me chassez.... C'est bon, je m'en vais.... »

Elle retira sa main de force en essayant de retenir ses larmes et voulut sortir. Maman l'en empêcha, l'embrassa et elles se mirent toutes les deux à pleurer.

Du plus loin que je me souvienne, je me rappelle les preuves de tendresse et les caresses de Nathalie Savichna, mais ce n'est qu'à présent que je sais les apprécier. Quand j'étais enfant, je n'avais aucun soupçon de ce que valait cette vieille femme : je ne me doutais pas que c'était une créature agréable et comme il y en a peu. Non seulement elle ne parlait jamais d'elle, mais elle n'y pensait jamais; sa vie entière ne fut qu'amour et abnégation.

Léon Tolstoï, Souvenirs. (Librairie Hachette.)

MOTS EXPLIQUÉS. — *Clarinette,* instrument de musique à bec. — *Femme,* est employé ici dans le sens de personne attachée au service de ma grand'mère. — *Gaspillage,* désordre, dépense inutile. — *Acte* d'affranchissement, acte qui donnait à Nathalie Savichna sa liberté. Jusqu'alors Nathalie était serve; attachée à la terre de son maître, elle ne pouvait la quitter. — *Rouble,* monnaie russe, valant environ 2 fr. 65.

LES IDÉES. — 1. Quelle était l'origine de Nathalie Savichna ? — 2. De quelles qualités fit-elle preuve dans le gouvernement de la maison? — 3. Pourquoi Nathalie ne voulut-elle pas accepter son affranchissement?

RÉDACTION. — D'après le récit qui précède, racontez l'histoire de Nathalie Savichna ?

163. — Le département.

Nous avons vu que la *commune* est l'*union naturelle* formée par l groupement des personnes qui habitent le même lieu. (Voir p. 267.)

Le *département* est l'*union administrative* établie par l'État pour grouper les habitants d'une même région.

C'est l'Assemblée constituante qui, voulant faire disparaître les rivalités, les préjugés locaux, l'esprit provincial, a établi la division territoriale par départements.

Depuis les désastres de 1871, la France ne compte plus que 86 départements, auxquels il faut ajouter le territoire de Belfort et les trois départements de l'Algérie.

Comme la commune, le département est une *personnalité civile,* c'est-à-dire qu'il a ses droits et ses biens, ses recettes et ses dépenses; il peut comme une personne acquérir et vendre; comme la commune et la nation, il a son pouvoir législatif : le *Conseil général*, et son pouvoir exécutif : le préfet.

Le Conseil général se compose d'autant de membres qu'il y a de cantons dans le département.

Les conseillers généraux sont élus par le suffrage universel, par les électeurs inscrits sur les listes municipales.

Ils sont élus pour six ans et renouvelables par moitié tous les trois ans.

Ils se réunissent régulièrement deux fois par an : le deuxième lundi de Pâques et le premier lundi après le 15 août; mais ils peuvent avoir en cas de besoin des sessions extraordinaires.

Les séances sont publiques.

Le Conseil général aide et contrôle l'administration du préfet et délibère sur toutes les affaires qui intéressent le département. Dans la session d'août, il examine et vote le budget départemental.

Les principales recettes sont le produit des centimes additionnels* départementaux et la subvention de l'État.

Les principales dépenses sont : les frais d'entretien des routes départementales et des bâtiments départementaux (préfecture, sous-préfectures, écoles normales*, tribunaux, prisons, casernes de gendarmerie), les traitements des agents départementaux.

Les conseillers généraux sont, de droit, électeurs sénatoriaux.

Dans l'intervalle des sessions, le Conseil général est représenté auprès du préfet par une commission appelée *commission départementale* et composée ordinairement d'autant de membres que d'arrondissements.

Le préfet est nommé par le Président de la République sur la proposition du ministre de l'Intérieur.

Il est chargé d'assurer dans le département l'application des lois et des décrets* et le maintien de l'ordre public. Il nomme à un certain nombre d'emplois, par exemple les architectes départementaux, les instituteurs et les institutrices, les titulaires des bureaux de tabac dont le produit ne dépasse pas 1 000 francs, les membres des bureaux de bienfaisance, etc.

Comme administrateur du département, le préfet prépare le budget départemental et les projets qui doivent être soumis au Conseil général; il assiste aux délibérations de cette assemblée; il fait exécuter ses décisions et représente le département dans tous les contrats ou les procès où il est intéressé.

Le préfet est le tuteur légal des communes; les budgets communaux, les projets de constructions communales (mairies, écoles, chemins vicinaux et communaux, etc.), sont soumis à son approbation. Enfin le préfet préside le *conseil de revision*, qui arrête la liste des jeunes gens aptes au service militaire, et le *Conseil de préfecture*, chargé d'examiner les contestations des communes ou des particuliers relatives aux travaux publics ou des réclamations à propos d'impôts.

Le préfet est assisté d'un secrétaire général et de sous-préfets.

MOTS EXPLIQUÉS. — Centimes additionnels, centimes ajoutés au principal des contributions directes. — **Écoles normales,** écoles où sont formés les instituteurs et les institutrices laïques. — **Décrets,** actes du pouvoir exécutif signés par le Président de la République et un ministre.

LES IDÉES. — 1. Que signifie cette expression : « le département est une personnalité civile. » — 2. Par qui est administré le département? — 3. Quelles sont les recettes et les dépenses inscrites au budget départemental?

RÉDACTION. — Quelles sont les attributions du préfet dans les départements?

164. — Les côtes de la Méditerranée.

Les 625 kilomètres que baigne la Méditerranée sont partagés par le delta du Rhône* en deux parties presque égales, mais très différentes : d'un côté, le littoral bas, sablonneux, malsain, du Languedoc; de l'autre, le littoral escarpé et rocheux de la Provence, terre promise des malades.

On a célébré sur tous les tons la beauté des sites méditerranéens.

Plus d'une fois, la contemplation des purs horizons du « lac bleu » a fait tort à l'impression laissée dans l'esprit des voyageurs par la vue des plages océaniques. Mais, au moins, faut-il s'entendre sur la ligne de démarcation à établir entre les purs horizons et les régions moins favorisées.

On ne saurait nier que les étangs du Languedoc, sur lesquels la culture gagne heureusement tous les jours, ne soient un foyer de miasmes délétères*. Les susceptibilités du patriotisme local ne sauraient tenir contre les chiffres de la statistique accusant, dans les villages de la zone basse du littoral de l'Hérault, un déficit d'âge moyen de dix, quinze et même vingt ans. A Vié, à Capestang, à Villeneuve-lès-Maguelonne et surtout à Miréval et à Vias, la moitié des enfants meurt avant la dixième année. Sur trois étrangers qui viennent habiter ces régions, deux sont atteints par les fièvres. Heureux ceux qui ne payent pas de leur vie leur tribut au climat! Aussi les villes qui, selon l'énergique expression de Michelet, « ne veulent pas être des ports » se reti-

Les côtes de la Méditerranée : Nice.

rent-elles à l'intérieur des terres. Telle Narbonne, port marchand à l'époque romaine, mais isolée aujourd'hui de la mer, et toutes « ces villes mortes* du golfe du Lion » dont M. Lenthéric a retracé l'histoire.

Cette réserve faite, il faut reconnaître qu'on ne rencontre nulle part ailleurs sur nos côtes, si ce n'est en Bretagne, une plus grande richesse d'articulation*. La côte de Provence, dominée par les derniers contreforts des Alpes, est un modèle du genre. Et tandis que les mers bretonnes sont la patrie des tempêtes et des naufrages, la Méditerranée, plus clémente, ne livre point d'assaut furieux à ses rivages qu'elle se contente de creuser en abris sûrs.

Ce n'est pas qu'elle manque de profondeur. Si, en certains endroits du golfe du Lion, notamment au pied de la bande de sable qui ferme l'étang de Thau, la couche liquide n'a que 10 mètres d'épaisseur et 50 mètres au large, elle est ailleurs beaucoup plus imposante. La sonde*, jetée à 40 kilomètres du cap Creus, n'atteint les vases grossières du lit qu'à 1 000 mètres; elle descend même jusqu'à 2 000 mètres à peu de distance des côtes de Provence. Mais les marées véritables y sont inconnues, les vagues courtes, les tempêtes rares.

Lorsqu'on parle des côtes de la Méditerranée, il convient donc de distinguer toujours celles de la Provence de celles du Languedoc. Les côtes de la mer du Nord et de l'Océan n'ont rien à envier à celles-ci; celles-là, au contraire, sont, à tous égards, privilégiées, en comparaison avec tout le reste du littoral français.

G. Dodu, *Les Côtes de la Méditerranée.* (Nathan, éditeur.)

MOTS EXPLIQUÉS. — Delta du Rhône : à son embouchure, le Rhône se divise en plusieurs branches et affecte la forme triangulaire de la lettre grecque appelée « delta ». — **Miasmes délétères,** émanations nuisibles à la santé. — **Villes mortes,** villes qui ont un passé historique florissant et qui ont actuellement perdu de leur importance. — **Richesse d'articulation :** les côtes de la Méditerranée sont très découpées. — **Sonde,** instrument qui sert à déterminer la profondeur de la mer.

LES IDÉES. — 1. Comment peut-on diviser la côte de la Méditerranée ? — **2.** Caractériser la côte du Languedoc et la côte de Provence. — **3.** Pourquoi la Provence est-elle appelée la « terre promise des malades » ?

RÉDACTION. — Décrivez la côte de Provence.

165. — Femmes savantes et femmes instruites.

On regarde une femme savante, disait La Bruyère, comme on fait une belle arme; elle est ciselée* artistement, d'une polissure admirable et d'un travail fort recherché. C'est une pièce de cabinet* qu'on montre aux curieux et qui n'est pas d'usage.

Rien de plus inutile, en effet, qu'une femme savante, mais rien de plus nécessaire qu'une femme instruite.

Dans sa comédie, *Les Femmes savantes,* Molière* s'est moqué de leur pédantisme*, mais c'est lui qui a écrit ce beau vers :

Et je veux qu'une femme ait des clartés de tout.

Nous aussi, nous voulons que la jeune fille soit éclairée en vue du rôle qui l'attend dans la famille et dans la société. Nous voulons qu'elle ait l'intelligence ouverte, le sens moral formé, qu'elle reçoive une éducation qui développe toutes ses facultés intellectuelles et morales.

D'ailleurs, les connaissances de l'homme devenant de jour en jour plus variées, plus étendues, il importe que l'instruction de la femme suive cette progression, ou alors tout échange d'idées serait impossible entre les deux sexes.

Certes, le grand mérite, l'honneur incomparable d'une femme c'est de bien élever ses enfants et d'en faire des hommes et des femmes, comme son bonheur le plus doux et son premier devoir, c'est de rendre heureux son mari. Mais pour rendre son mari et ses enfants bons et heureux, il faut être une femme forte par l'intelligence, forte par le jugement et par le caractère, appliquée, laborieuse, attentive, instruite de tout ce qu'il est utile de savoir comme mère et comme maîtresse de maison.

L'éducation de l'enfant, a dit Jean Macé*, est une leçon de choses perpétuelle. A peine commence-t-il à bégayer qu'il interroge, sur quoi? sur tout. L'enfant ne connaît pas l'indiscrétion et n'admet pas que sa mère ignore quoi que ce soit.

Elle est pour lui une encyclopédie* vivante qu'il consulte sans cesse, dont les réponses sont des oracles*. Heureux l'homme dont la mère savait assez de choses pour ne lui avoir donné d'idées fausses sur rien! Quand il est arrivé aux livres, ils l'ont trouvé familiarisé déjà avec ce qu'ils avaient à lui apprendre.

D'autre part, il est nécessaire que la femme entre dans les goûts, dans les études, dans les affaires, dans les occupations d'un mari, d'un père, d'un frère. Il faut que, sans quitter son ouvrage d'aiguille, elle puisse comprendre toutes les pensées et donner un avis naturel et judicieux. A notre avis, c'est dans cette absolue communauté intellectuelle et morale des deux sexes, dans cette association réelle que se trouve la plus haute émancipation que puisse ambitionner une femme.

MOTS EXPLIQUÉS. — *Ciselée,* ornée, sculptée. — *Pièce de cabinet :* cabinet a ici le sens de lieu où on conserve des collections. — *Molière,* auteur dramatique français qui vivait au XVIIᵉ siècle; a écrit de nombreuses comédies qu'on lit encore aujourd'hui avec un grand intérêt. — *Pédantisme,* défaut des personnes qui font parade de leur savoir. — *Jean Macé,* éducateur français, mort en 1894; a beaucoup contribué à rendre l'enseignement primaire laïque et obligatoire; fondateur de la Ligue de l'enseignement. — *Encyclopédie,* recueil qui embrasse toutes les connaissances humaines; le mot est employé ici au sens figuré. — *Oracles,* a ici le sens de réponses faisant autorité, comme autrefois les réponses de la divinité.

LES IDÉES. — 1. A quoi La Bruyère compare-t-il une femme savante? — 2. En quoi une *femme instruite* se distingue-t-elle d'une *femme savante?* — 3. Pourquoi est-il nécessaire que les femmes soient instruites?

RÉDACTION. — Faites le portrait d'une femme instruite.

166. — Les abeilles.

Les abeilles sont des insectes qui vivent en société. A l'éta
sauvage, elles s'établissent dans les cavités que présentent le
vieux arbres, y construisent des rayons et des cellules de cire dan
lesquels elles déposent leurs œufs et le miel qu'elles butinent su
les fleurs.

La colonie peut comprendre de quinze mille à vingt-cinq mill
insectes. Elle est plus nombreuse et plus prospère quand elle vi
dans une demi-domesticité sous des abris artificiels que l'homm
met à sa disposition.

Ces abris se nomment ruches et leur emplacement constitu
le rucher.

Dès que le printemps paraît, les abeilles, qui ont passé l'hive
dans une sorte d'engourdissement, se réveillent et montren
bientôt une activité fiévreuse*.

La colonie comprend plusieurs sortes d'insectes ; les plus inté
ressants sont les *ouvrières* et la *reine*.

Cette dernière, qui habite une cellule plus spacieuse, pon
seule les œufs qui deviendront la colonie future*.

Quant aux ouvrières, elles se divisent en sédentaires et e
butineuses.

Les abeilles sédentaires ne sortent guère de la ruche ; elle
fabriquent les gâteaux et les cellules, y déposent le miel, veillen
au développement des œufs, nourrissent les larves*, lorsqu'elle
sont nées ; d'autres surveillent l'entrée de la ruche et empê n
tout intrus d'y pénétrer ; d'autres encore attendent le retour de
butineuses pour les débarrasser de leur précieux fardeau. Il y
donc des architectes, des maçons et des manœuvres, des nour
rices et des gardiens.

Les butineuses vont visiter les fleurs ; elles ramassent le polle
des étamines à l'aide des petites brosses qui arment leurs pattes
puis elles le tassent dans de petits godets que l'on nomme « cor
beilles », et que ces mêmes pattes possèdent.

Le miel est produit avec une substance dite « nectar », qui s
trouve le plus souvent dans de petites glandes* placées à la bas
des pétales de la fleur.

Les butineuses puisent ce nectar avec leur trompe et l'avalent
Ce n'est qu'après avoir séjourné dans l'estomac de l'abeille et
avoir subi une fermentation, que ce nectar est transformé en miel

La cire est un produit de sécrétion qui se dépose en écailles entre les anneaux de l'abdomen.

A la fin du printemps, la population de la ruche a considéra-

Les abeilles et leurs métamorphoses. — A, œufs; B, larve; C, chrysalide; D, mâle ou faux bourdon; E, reine ou mère; F, ouvrière.

blement augmenté : elle se trouve à l'étroit dans l'habitation; dès lors une partie de la colonie se dispose à émigrer pour aller fonder ailleurs une nouvelle famille. C'est l'essaimage. On surveille la ruche pour recueillir le nouvel essaim dès qu'il sort.

MOTS EXPLIQUÉS. — *Activité fiévreuse,* activité très grande, violente. — *Colonie future :* on songe au départ des abeilles qui quitteront la ruche pour en peupler une autre. — *Larve,* ver, le premier état de l'insecte au sortir de l'œuf. — *Glande,* espèce de poche qui sécrète un liquide.

LES IDÉES. — 1. Pourquoi donne-t-on parfois le nom de « colonie » à la société des abeilles ? — 2. Quand se produit l'essaimage ? — 3. Quelles leçons nous donnent les abeilles ? — 4. Quel nom donne-t-on à l'élevage de ces insectes ?

RÉDACTION. — Décrivez la vie des abeilles et dites les exemples qu'elles nous donnent.

167. — A ma mère !

Oui ! cette femme au cœur français, à l'âme fière,
Qui mena vaillamment ses deux fils aux combats,
Oui ! cette femme-là, cette femme est ma mère,
Et c'est mon frère et moi qu'elle a créés soldats.

. . . .

C'est toi, mère, c'est toi qui nous as dit : « Partez,
« Partez, ils sont vaincus les soldats de la France !
« Mon cœur pour conquérir ne vous eût pas prêtés,
« Ce n'est plus la conquête, enfants, c'est la défense ;
« Le sol est envahi*, je vous donne, partez ! »

Hélas! si tous les fils étaient partis de même;
S'ils étaient tous partis les fils, même autrement!
Mais à combien, sans voir l'horreur de leur blasphème*,
Les mères ont soufflé : « Ne te bats pas, crois-m'en! »
Certes, il en est venu que leurs mères en larmes
Avaient éperdument* bercés dans leurs frayeurs;
S'ils furent bons Français, malgré ces cris d'alarmes,
Ah! comme un cri d'espoir les eût rendus meilleurs!
Quel souffle ardent aurait transfiguré* leur être!
Quand les cœurs sont vaillants, les cœurs sont aguerris.
Comme ils auraient marché, lutté! vaincu peut-être!...
Ah! que de vrais soldats les mères nous ont pris!

Et qu'elles ne croient pas que vraiment maternelles
Leur faiblesse du moins s'est payée en amour;
Les larmes du départ n'ont pas coulé pour elles,
Elles n'ont pas connu les larmes du retour.
Qu'elles ne disent pas, qu'elles n'osent pas dire,
O ma mère, insultant ta tendresse et ta foi,
Qu'en nous faisant soldats, tu n'étais pas martyre,
Que tu nous as donnés sans rien donner de toi.
Hélas! c'est à te voir tant souffrir, pauvre femme,
Que j'entrevois quel deuil cachaient tous tes efforts;
Tes deux enfants partis t'avaient emporté l'âme,
Tes deux enfants blessés auront brisé ton corps.

Et voilà que vieillie et qu'infirme avant l'heure,
Ta main tremble à jamais, qui n'a jamais tremblé;
Voilà qu'encor plus haute et que toujours meilleure
L'âme seule est debout dans ton être accablé...
Tu sentais tout cela pourtant à l'heure sainte
Où tes yeux dans nos yeux mettaient ta volonté;
Tu le sentais sans peur, tu t'en ressens sans plainte,

. . . .

Et c'est pourquoi j'en puis parler avec fierté.

Paul DÉROULÈDE, *Nouveaux Chants du soldat.* (Calmann Lévy, éditeur.)

MOTS EXPLIQUÉS. — *Envahi*, occupé par force. — *Blasphème*, a ici le sens de paroles prononcées contre la patrie. — *Éperdument :* égarées par leurs frayeurs, les mères avaient parlé de leurs craintes à leurs enfants, même en les berçant. — *Transfiguré*, transformé, au physique et au moral.

. — 1. Quel langage la mère du poète a-t-elle tenu à ses deux fils ? — 2. Quels sentiments éprouvent les mères moins courageuses, à l'idée de voir partir leurs fils pour l'armée ? — 3. Pourquoi le poète parle-t-il de sa mère avec fierté ?

RÉDACTION. — En vous inspirant de la poésie qui précède, faites un récit auquel vous pourrez donner pour titre : « Le départ du soldat. »

168. — Le repassage.

Le pliage et le repassage complètent l'opération du blanchissage. La bonne ménagère visite toujours son linge avant de le

École de la rue Fondary, à Paris : atelier de repassage.

repasser, mettant de côté celui qui exige un long raccommodage et faisant tout de suite les petites réparations.

Il faut repasser sur une table assez élevée ou sur une large planche, placée sur des tréteaux, recouverte d'un fort lainage et d'une nappe blanche bien tendue et fixée.

Les fers en fonte sont les meilleurs ; il faut en avoir au moins deux, ainsi qu'un fer à tuyauter.

On les saisit avec une poignée en cuir feutrée de laine. A ce matériel, la ménagère ajoute : 1° un chiffon propre pour essuyer le fer ; 2° un vase rempli d'eau pour humecter le linge et en faire disparaître les faux plis ; 3° un morceau de cire pour faire glisser le fer ; 4° de l'amidon pour empeser* s'il y a lieu.

Le travail de repassage demande un certain effort musculaire et cause souvent une grande fatigue, parce que l'attitude du corps est défectueuse. Pour éviter la déformation de la colonne vertébrale, l'écart de l'omoplate droite, il faut que la repasseuse maintienne ses épaules à la même hauteur et son coude droit sur la même ligne que son poignet; il faut surtout qu'elle évite de courber trop souvent le dos. Les jeunes filles doivent s'abstenir d'une longue séance de repassage.

Les repasseuses ont souvent la mauvaise habitude d'approcher le fer de leur joue pour s'assurer de son état de chaleur; elles attirent ainsi le sang à la tête et risquent de se brûler par suite d'un faux mouvement.

Le poêle de fonte destiné à chauffer les fers est presque toujours rouge : on y entretient avec attention, du matin au soir, une combustion très vive; il en résulte un dégagement constant d'oxyde de carbone* qui vicie l'air de la salle de travail. Pour éviter les malaises provoqués par ce gaz dangereux (vertiges, nausées), il est nécessaire de laisser constamment ouverte une fenêtre ou une porte placée de façon à ne pas gêner les ouvrières, ce qui n'empêche pas de procéder plusieurs fois dans la journée à un renouvellement d'air complet.

Dans l'opération du repassage, c'est la main gauche qui tend et maintient le linge sur la table, et c'est la main droite qui fait glisser le fer plus ou moins légèrement suivant les tissus.

Il est facile de repasser les pièces plates (serviettes, mouchoirs), mais lorsqu'il s'agit de donner l'apprêt à un col, à un jupon, à une chemise d'homme, il faut beaucoup d'adresse. L'apprêt ou *empois* est une dissolution froide ou chaude d'amidon* dans laquelle on trempe les parties qui doivent être empesées; quand l'eau est évaporée, l'amidon forme une pâte qui pénètre entre les fils des tissus et se durcit sous l'action du fer chaud; il donne un aspect brillant qui empêche la poussière d'adhérer. C'est alors qu'il faut manier le fer habilement, afin de ne pas laisser de parties moins brillantes et moins fermes.

MOTS EXPLIQUÉS. — *Empeser,* passer le linge à l'empois avant de le repasser pour lui donner du brillant et de la raideur. — *Oxyde de carbone,* acide résultant de la combinaison de l'oxygène avec le carbone ; gaz très dangereux pour la santé. — *Amidon,* substance ayant l'aspect d'une poudre blanche que l'on extrait de certains végétaux : blé, riz, pomme de terre, et avec laquelle on prépare l'empois.

LES IDÉES. — 1. De quel matériel la repasseuse a-t-elle besoin? — 2. Quels sont les dangers que présente le repassage au point de vue de l'hygiène? — Comment y peut-on remédier?

RÉDACTION. — Décrivez les différentes opérations que comporte le repassage d'un jupon empesé.

169. — Mlle Ritton.

Parmi les bonnes et charitables dames de Strasbourg qui consacrèrent leur temps et leur fortune à aller secourir les prisonniers revenant de captivité, il en est une dont le nom, qui ne doit être prononcé qu'avec respect, mérite d'être conservé par l'histoire. Mlle Ritton, personne aussi estimée qu'honorable, s'était donné la mission d'aller tous les jours à Königshoffen; elle y attendait les convois de prisonniers*. Elle avait installé une cuisine avec de grandes chaudières et s'occupait elle-même, la digne âme! de faire la soupe qu'elle offrait aux soldats épuisés de fatigue et mourant de faim. Elle leur donnait également du linge qu'elle avait quêté auprès de ses amies et chez les habitants de Strasbourg, car aucune démarche, aucune difficulté ne l'arrêtait quand il s'agissait de faire le bien. Aussi nos pauvres soldats avaient-ils pour elle autant de respect que d'admiration et de reconnaissance.

Cette femme de cœur devait mourir au champ d'honneur* de la charité. Un soir, rentrant à Strasbourg après avoir secouru toute la journée des prisonniers à Königshoffen, elle fit un faux pas en descendant les marches du wagon dans l'obscurité et tomba sous les roues du train encore en marche. On releva son cadavre affreusement déchiré. Tout Strasbourg suivit son convoi, car chacun connaissait son patriotique dévouement. Les femmes de la ville se pressaient, en vêtements de deuil, derrière son cercueil. Puis venaient les hommes, portant à leur boutonnière un petit bouquet d'immortelles*. Tout ce qu'il y avait à Strasbourg de prisonniers français rentrant d'Allemagne avait tenu aussi à honneur de suivre le convoi. Quand on arriva au cimetière et que 'e corps de la pauvre Mlle Ritton fut descendu dans la fosse, personne parmi les assistants ne put retenir ses sanglots. Trois discours furent prononcés pour rendre hommage à l'héroïsme de cette noble victime du dévouement. Alors éclata un indicible transport patriotique, et de la foule immense s'éleva un long cri, tout vibrant d'émotion, de « Vive la France ! » Ce cri d'adieu à cette digne Française dut être entendu jusque dans Strasbourg par la garnison* prussienne. Et l'on se sépara, le deuil dans le cœur.

J. TURQUAN, *Les Femmes de France pendant l'invasion.*
(Berger-Levrault, éditeur.)

MOTS EXPLIQUÉS. — Convoi de prisonniers, troupe de prisonniers que l'on conduit à une même destination. — *Mourir au champ d'honneur,* mourir glorieusement, en accomplissant la charité. — *Immortelle,* petite fleur jaune, d'un tissu très sec, qui se conserve très longtemps ; emblème du souvenir. — *Garnison,* troupes chargées de défendre une ville.

LES IDÉES. — 1. Quelle mission s'était donnée Mlle Ritton ? — 2. Comment mourut-elle ? — 3. Quelles funérailles lui fit-on ?

RÉDACTION. — Racontez le dévouement de Mlle Ritton.

170. — La pharmacie de famille.

L'éducation de la femme, comme le demandait Raspail*, doit comprendre non seulement l'enseignement ménager, mais aussi l'étude des principes qui maintiennent ou rendent la santé.

D'ailleurs, de temps en temps, il se produit, dans la famille, des indispositions ou de petits accidents ; une mère prudente doit toujours avoir sous la main ce qu'il faut pour y remédier.

Nous conseillons l'organisation, à peu de frais, d'une petite pharmacie qui rendra de grands services, en évitant toute perte de temps, surtout si l'indisposition se produit la nuit, ou si l'on habite un endroit éloigné d'une pharmacie ; c'est, de plus, un précieux auxiliaire pour le médecin appelé auprès du malade.

Nous y ferons entrer les produits pharmaceutiques d'un emploi fréquent et d'une efficacité reconnue.

Le matériel sera des plus simples : il comprendra les ustensiles et les objets de pansement.

Les ustensiles seront : une paire de ciseaux, un compte-gouttes, un pinceau, une boîte contenant des aiguilles et des épingles doubles.

Les objets de pansement se composeront de quelques morceaux de linge rendus aseptiques* par un lavage prolongé dans l'eau bouillante, de quelques bandes roulées de tarlatane*, également aseptiques, et d'un peu d'ouate hydrophile. Le tout renfermé dans une boîte de fer-blanc.

Cathédrale de Strasbourg.

MÉDICAMENTS.

Acide borique.
Acide phénique.
Alcool camphré.
Alcool de menthe.
Amadou.
Ammoniaque.
Bismuth.
Eau blanche.
Eau de fleurs d'oranger.
Eau sédative.
Éther.

Farine de lin.
Huile camphrée.
Huile d'amandes douces.
Ipéca en poudre.
Perchlorure de fer.
Plantes diverses pour tisanes.
Poudre d'amidon.
Sinapisme Rigollot.
Teinture d'arnica.
Teinture d'iode.
Vaseline boriquée.

MOTS EXPLIQUÉS. — *Raspail,* médecin et philanthrope français, mort en 1878 ; a beaucoup fait pour vulgariser les notions de médecine usuelle. — *Aseptique,* qui garantit contre les microbes. — *Tarlatane,* mousseline très claire, dont on se sert pour bander les membres ou envelopper les pansements.

LES IDÉES. — 1. Dans quelles circonstances fait-on usage de la pharmacie de famille ? — 2. Quels sont les produits pharmaceutiques qu'on y peut faire entrer ? — 3. Quels sont les objets de pansement dont on a besoin couramment ?

RÉDACTION. — Votre frère s'est fait, en tombant, une blessure assez grave. — Votre maman l'a pansé avec sa pharmacie. — Racontez comment elle a opéré.

171. — Les vieux parents.

Ah ! qu'il faut peu de chose pour rendre défiants d'eux-mêmes un père, une mère avancés dans la vie ! Ils croient aisément qu'ils sont de trop sur la terre. A quoi se croiraient-ils bons pour vous, qui ne leur demandez plus de conseils ? Vous vivez tout entiers dans le moment présent, vous y êtes consignés* par une passion dominante, et tout ce qui ne se rapporte pas à ce moment vous paraît antique et suranné*. Enfin, vous êtes tellement en votre personne et de cœur et d'esprit, que, croyant former à vous seuls un point historique, les ressemblances éternelles entre les temps et les hommes échappent à votre attention ; et l'autorité de l'expérience vous semble une fiction* ou une vaine garantie destinée uniquement au crédit* des vieillards ou aux jouissances de leur amour-propre. Quelle erreur est la vôtre ! Le monde, ce vaste théâtre, ne change pas d'acteurs ; c'est toujours l'homme qui se montre en scène ; mais l'homme ne se renouvelle point : il se diversifie ; et comme toutes ses formes sont dépendantes de quelques passions principales dont le cercle est depuis longtemps parcouru, il est rare que, dans les petites combinaisons de la vie privée, l'expérience, cette science du passé, ne soit la source féconde des enseignements les plus utiles.

Honneur donc aux pères et aux mères, honneur et respect, ne fût-ce que pour leur règne passé, pour ce temps dont ils ont été seuls maîtres, et qui ne reviendra plus ; ne fût-ce que pour ces années à jamais perdues, et dont ils portent sur le front l'auguste empreinte !

Voilà votre devoir, enfants présomptueux*, et qui paraissez impatients de courir seuls dans la route de la vie. Ils s'en iront, vous n'en pouvez douter, ces parents qui tardent à vous faire place ; ce père dont les discours ont encore une teinte de sévérité qui vous blesse ; cette mère dont le vieil âge vous impose des soins qui vous importunent ; ils s'en iront ces surveillants attentifs de votre enfance, et ces protecteurs animés de votre jeunesse ; ils s'en iront, et, dès qu'ils ne seront plus, ils se présenteront à vous sous un nouvel aspect, car le temps, qui vieillit les gens présents à notre vue, les rajeunit pour nous quand la mort les a fait disparaître ; le temps leur prête alors un éclat qui nous était inconnu ; nous les voyons dans le tableau de l'éternité, où il n'y a plus d'âge, comme il n'y a plus de graduation ; et, s'ils avaient laissé sur la terre un souvenir de leur vertu, nous les ornerions en imagination d'un rayon céleste, nous les suivrions de nos regards dans le séjour des élus, nous les contemplerions dans ces demeures de gloire et de félicité, et près des vives couleurs dont nous composerions leur sainte auréole* nous nous trouverions effacés, au milieu même de nos beaux jours, au milieu des triomphes dont nous sommes le plus ébloui.

Mme DE STAËL.

MOTS EXPLIQUÉS. — *Consignés,* a ici le sens de retenus. — *Suranné,* hors d'usage. — *Fiction,* chose inventée à plaisir. — *Crédit,* a ici le sens d'autorité, considération dont jouissent les vieillards.

— *Enfants présomptueux,* qui avez de vous-même une trop bonne opinion. — *Auréole,* au sens propre, cercle lumineux, dont les artistes entourent la tête des saints ; est employé ici au sens figuré.

LES IDÉES. — 1. Pourquoi les enfants négligent-ils souvent de recourir à l'expérience des parents ? — 2. Expliquez la phrase : « Le monde, ce vaste théâtre, ne change pas d'acteurs ; c'est toujours l'homme qui se montre en scène ; mais l'homme ne se renouvelle point : il se diversifie. » — 3. Pourquoi le souvenir de nos parents s'impose-t-il à nous, quand ils ne sont plus ?

RÉDACTION. — Quels sont les devoirs des enfants envers leurs vieux parents ?

172. — La division du travail dans la société.

Socrate*. — Quelle est l'origine de la société? N'est-ce pas l'impossibilité pour chaque homme de se suffire à lui-même, le besoin qu'il éprouve de beaucoup de choses? Y a-t-il une autre cause de son origine?

Adimante. — Il n'y en a point d'autre.

Socrate. — Ainsi le besoin d'une chose a porté l'homme à se joindre à un autre homme, un autre besoin à un autre homme encore; la multiplicité de ces besoins a rassemblé dans une même habitation plusieurs hommes dans le dessein de s'entr'aider, et nous avons donné à cette société le nom d'État, n'est-ce pas?

Adimante. — Oui.

Socrate. — Mais on ne communique à un autre ce qu'on a, que pour en obtenir ce qu'on n'a pas, que parce qu'on croit y trouver son profit?

Adimante. — Assurément.

Socrate. — Construisons donc un État par l'imagination! Nos besoins en formeront les fondements*. Or, le premier et le plus grand de nos besoins, n'est-ce pas celui de la nourriture dont dépend la conservation de notre existence?

Adimante. — Oui.

Socrate. — Le second besoin est celui du logement; le troisième, celui du vêtement.

Adimante. — C'est vrai.

Socrate. — Et comment notre État pourra-t-il suffire à nos besoins? Ne faudra-t-il pas qu'un homme soit laboureur, un autre architecte, un autre tisserand. Ajouterons-nous encore un cordonnier ou quelque artisan du même genre?

Adimante. — A la bonne heure.

Socrate. — Tout État se compose donc essentiellement de quatre ou cinq individus.

Adimante. — Apparemment.

Socrate. — Mais quoi? faut-il que chacun fasse pour tous les autres le métier qui lui est propre, ou ne vaudrait-il pas mieux que, sans se soucier d'autrui, il consacrât un quart de son temps à préparer sa nourriture, et les trois autres à se construire une maison, à se faire des habits et des souliers?

ADIMANTE. — A mon avis, Socrate, la première manière est préférable pour lui.

SOCRATE. — Je le crois aisément ; car en ce moment même je réfléchis que tous les hommes n'apportent pas en naissant les mêmes talents : l'un a plus d'aptitude pour faire une chose, l'autre pour en faire une autre. Est-ce ton avis ?

ADIMANTE. — C'est mon avis.

SOCRATE. — Vaut-il mieux qu'un seul fasse plusieurs métiers, ou que chacun s'en tienne au sien ?

ADIMANTE. — Il vaut mieux que chacun s'en tienne au sien.

SOCRATE. — Ne trouves-tu pas aussi qu'une chose, pour n'être pas manquée, doit être faite en son temps ?

ADIMANTE. — Cela est certain.

SOCRATE. — C'est que l'ouvrage n'attend pas que l'ouvrier soit prêt. C'est l'ouvrier qui doit se prêter aux exigences de son travail.

ADIMANTE. — Assurément.

SOCRATE. — Par conséquent, il se fait plus de choses, elles se font mieux et plus facilement, quand chacun fait, en temps utile, celle pour laquelle il a de l'aptitude et quand il est débarrassé de tout autre travail.

PLATON.

MOTS EXPLIQUÉS. — *Socrate,* philosophe athénien, mort 400 ans av. J.-C. — Les idées de Socrate ont été recueillies par ses disciples, qui les ont exprimées sous forme de dialogue, nous donnant ainsi une idée de la manière dont Socrate parlait à tous ceux qu'il voulait convaincre. Platon est le plus illustre des disciples de Socrate. — *Fondements,* base, ce qui supporte tout l'édifice. — *Aptitude,* disposition naturelle.

LES IDÉES. — 1. Comment Socrate explique-t-il l'origine de la société ? — 2. Sur quel principe repose la division du travail ?

RÉDACTION. — Si vous aviez une profession à choisir dès maintenant, quelle est celle que vous préféreriez, et pourquoi ?

173. — L'État.

LA CONSTITUTION. LE PRÉSIDENT DE LA RÉPUBLIQUE.

L'ensemble des départements constitue la nation ou État ; mais on appelle encore État, le gouvernement que le pays se donne.

La Constitution de 1875 est la loi politique fondamentale qui a déterminé le caractère du gouvernement et les attributions des pouvoirs publics.

Ce gouvernement est la République.

La nation est souveraine : elle est maîtresse d'elle-même et de sa destinée. Tous les citoyens sont libres et tous sont égaux devant la loi. Les chefs, c'est-à-dire les hommes qui détiennent une partie des pouvoirs publics, sont responsables devant la nation de la manière dont ils les exercent.

Le chef suprême est le Président de la République.

Il est élu par le Sénat et la Chambre des députés réunis en Congrès. Il est nommé pour sept ans et rééligible. S'il venait à mourir ou à donner sa démission avant l'expiration de ces sept années, le Congrès se réunirait immédiatement pour le remplacer.

Le Président de la République convoque les Chambres et clôt leurs sessions* dans les limites prévues par la Constitution.

Il peut, sur l'avis favorable du Sénat, dissoudre* la Chambre des députés avant l'expiration de son mandat; il a l'initiative des lois, concurremment avec les membres des deux Chambres. Il promulgue les lois votées par le Sénat et la Chambre des députés et en assure l'exécution. S'il estime qu'une loi est dangereuse ou mauvaise, il a le droit de la renvoyer à une seconde délibération du Parlement.

Le Président de la République choisit les ministres; mais il n'est pas responsable de leurs décisions et de leurs actes. Cette irresponsabilité place sa personne au-dessus de toute atteinte, au-dessus des querelles des partis, et lui assure le respect dont il a besoin pour remplir sa mission.

Sur la proposition des ministres, il nomme aux hauts emplois civils et militaires. S'il ne nomme pas lui-même à certaines fonctions inférieures, c'est qu'il a délégué son droit de nomination soit aux ministres qu'il nomme, soit aux agents des ministres.

Il préside aux solennités nationales et aux grandes manifestations littéraires, industrielles ou commerciales.

Le Président de la République a le droit de gracier les condamnés ou de réduire leurs peines; mais l'amnistie* à toute une catégorie de condamnés doit être votée par les Chambres.

Les ambassadeurs et envoyés des puissances étrangères sont accrédités* auprès de lui; il négocie et ratifie les traités conclus avec les autres nations; il déclare la guerre, mais seulement avec l'assentiment préalable des deux Chambres.

Les Présidents de la République depuis 1875 sont : le maréchal de Mac-Mahon, Jules Grévy, Sadi-Carnot, Casimir-Périer, Félix Faure, M. Émile Loubet et M. Armand Fallières, le Président actuel.

MOTS EXPLIQUÉS. — *Session,* temps pendant lequel une assemblée délibérante est réunie. — *Dissoudre,* en parlant d'une assemblée, signifie lui ôter ses pouvoirs. — *Amnistie,* mesure de clémence qui a pour effet d'effacer certains crimes ou certains délits. — *Accrédités :* les ambassadeurs remettent au Président de la République des lettres de créance, en vertu desquelles ils sont reconnus comme représentants d'une nation étrangère.

LES IDÉES. — 1. Qu'est-ce qu'une Constitution? — 2. Par qui est élu le Président de la République? — Quelles sont ses attributions? — 3. Quels ont été les Présidents de la République française depuis 1875?

RÉDACTION. — Quelle est la Constitution qui nous régit actuellement? Comment organise-t-elle le pouvoir législatif et le pouvoir exécutif?

174. — Le mascaret* de la Seine.

La particularité qu'offre la marée dans la portion du fleuve comprise entre Quillebœuf et Caudebec consiste en ce que la mer, au lieu de monter, comme sur les côtes maritimes, par lames* successives, se précipite ici par une vraie cataracte* qui détruit tout ce qui se rencontre sur son passage.

C'était à moitié chemin de Quillebœuf à Caudebec que cette cataracte, désignée vulgairement sous le nom de « barre », s'avançait avec le plus d'impétuosité, détruisant ou balayant les terrains qu'elle atteignait.

On peut se faire une idée de l'effet que produit une cataracte de 4 à 5 mètres de hauteur arrivant avec un bruit formidable sur une largeur de 600 à 700 mètres et faisant tout à coup remonter le fleuve vers sa source avec la vitesse d'un cheval au galop. Dans ce temps-là, les remorqueurs* à vapeur n'existaient pas encore; quand le vent et le courant venaient à manquer, tout bâtiment était forcé de rester en place, et il périssait infailliblement à la barre suivante. C'est ce qu'attestaient un grand nombre de mâts* appartenant à des navires enfoncés dans les vases des barres et dont ces débris indiquaient les sinistres catastrophes. Aujourd'hui la force de la vapeur rend la navigation indépendante du vent et du courant; aussi ces signaux de funeste présage*, ces mâts naufragés, ne se montrent qu'en petite quantité.

Personne alors n'avait essayé d'expliquer ce mouvement bizarre des eaux; on savait seulement qu'un effet de ce genre, sous le nom de « mascaret », se produisait dans la Dordogne, où Bernard Palissy* avait tenté d'en donner une théorie bizarre. Dans plusieurs rivières d'Angleterre, et notamment dans l'Hum-

Le mascaret de la Seine, à Caudebec.

ber et la Severn, ce mascaret porte le nom anglais de *bore*; c'est aussi le nom qu'on lui donne dans le Gange*.

Frappé d'étonnement à la vue de ces mouvements si curieux du flux de l'Océan, je revins tous les ans contempler ces marées d'équinoxe, si singulières et si violentes. Enfin les travaux de M. Scott Russell ayant établi que les vagues marchaient bien moins vite dans une eau moins profonde, il me vint en tête que c'était sans doute à la diminution de profondeur qui recevait la marée qu'étaient dus la vitesse moindre de l'eau arrivant et le déversement des vagues suivantes par-dessus les premières, qui étaient retardées dans leur marche. Ce n'est ni le mouvement de la rivière, ni la forme des bords, ni leur pente qui influent sur le phénomène; car, dès que le mascaret a atteint un endroit plus profond, il cesse à l'instant, parce que les premières vagues qui arrivent dans cette eau plus profonde devancent les suivantes, au lieu d'être devancées par elles.

BABINET (*Revue des Deux Mondes*).

MOTS EXPLIQUÉS. — **Mascaret**, masse d'eau qui, lors des grandes marées, remonte impétueusement le cours d'un fleuve à une certaine distance de son embouchure. — **Lame**, partie d'eau soulevée par le vent. — **Cataracte**, chute d'eau tombant d'un lieu élevé. — *Remorqueur*, navire qui en traîne un autre derrière lui. — *Mât*, longue pièce de bois ou de fer dressée sur un bateau et destinée à supporter les cordages. — *Présage*, signe qui permet de prévoir l'avenir. — *Bernard Palissy*, artiste de la Renaissance, connu surtout pour ses faïences et ses poteries, mais qui eut un génie universel. — *Gange*, grand fleuve de l'Inde.

LES IDÉES. — 1. Qu'appelle-t-on mascaret et à quel endroit se produit le mascaret de la Seine? — 2. Quelle action le mascaret a-t-il sur la navigation? — 3. Comment peut-on expliquer ce mouvement des eaux?

RÉDACTION. — Décrire le phénomène du mascaret à l'embouchure de la Seine.

175. — La démocratie.

Toutes les sociétés de l'Europe, depuis le moyen âge, étaient organisées en classes inégales. Suivant la famille où l'on naissait, on était noble, bourgeois ou paysan; la condition* d'un homme dépendait de sa naissance et l'on trouvait naturel qu'un homme restât dans la condition où il était né. Un petit nombre d'hommes des classes supérieures, les gens *bien nés*, avaient seuls le pouvoir, les honneurs, la richesse et attiraient seuls l'attention publique. La société était aristocratique.

Depuis le xviii° siècle, cette organisation a été vivement attaquée, surtout par les écrivains. On l'a déclarée injuste parce qu'elle rend inégaux les hommes que la nature a fait égaux, inhumaine parce qu'elle tient la plus grande partie du peuple dans une condition humiliante et misérable, absurde parce qu'elle laisse au hasard de la naissance de décider quels hommes dirigeront la société. Alors s'est formé dans tous les pays le sentiment qu'on a appelé « démocratique » par opposition à l'aristocratie. Le mot « démocratie » a perdu son sens primitif de gouvernement par le peuple; il s'applique aujourd'hui à tout régime où l'on ne tient plus compte de la naissance. En fait, les démocrates ont été d'ordinaire partisans de la République, parce que les nobles soutenaient la monarchie*; mais il ne faut pas confondre la démocratie avec la République : l'empire français était une monarchie démocratique.

Les principes démocratiques s'appliquaient au gouvernement, à la société et aux mœurs. Pour le gouvernement, on demandait que la loi ne fît aucune différence entre les hommes, soit pour l'impôt, soit pour la justice; on voulait même que tout homme, quelle que fût sa naissance, pût exercer tous les emplois, même les plus hauts. C'était la prétention qui choquait le plus les partisans de la tradition* : il leur semblait qu'on déshonore une fonction en la confiant à un homme du peuple. Les démocrates demandaient que tout homme, s'il en avait les moyens, eût le droit d'acheter toute terre, même une terre noble, et de faire donner à ses enfants la même éducation que les plus grands seigneurs. Ils n'admettaient même pas l'inégalité dans la vie privée; ils combattaient le préjugé de la naissance*, ils s'indignaient qu'un homme refusât de recevoir un bourgeois dans son salon, de lui laisser épouser sa fille, et que beaucoup de bourgeois agissent de même avec les fils d'ouvriers.

Ch. SEIGNOBOS, *Histoire de la civilisation.* (Masson, éditeur.)

MOTS EXPLIQUÉS. — *Condition,* catégorie de la société féodale à laquelle appartenait un individu. — *Monarchie,* gouvernement d'un État par un seul chef. — *Tradition,* habitudes, usages transmis d'âge en âge. — *Préjugé de la naissance,* opinion qui consiste à penser que la naissance constitue un mérite, confère des droits.

LES IDÉES. — 1. Qu'est-ce qu'une société aristocratique? — 2. En quoi la démocratie s'oppose-t-elle à l'aristocratie? — 3. Expliquez la phrase : « L'empire français était une monarchie démocratique. »

RÉDACTION. — Est-il exact de dire qu'aujourd'hui : « Chacun est le fils de ses œuvres. » — En donner des exemples.

176. — Dissémination * des plantes.

La nature, en fixant les plantes au sol par leurs racines, semble leur avoir interdit les moyens de se propager au loin. Elle a heureusement modifié cette loi sévère en munissant les graines d'appendices* qui leur permettent d'être emportées loin de leur pays natal par les agents naturels.

Le vent est, de tous ces agents, celui qui a la plus grande part dans l'œuvre de la dissémination, à cause de la fréquence et de la violence de son action.

Certaines graines sont munies de larges ailes membraneuses et tombent en tournoyant dans l'air comme une plume d'oiseau : tels sont les fruits d'érable, de frêne, d'orme; les fruits du tilleul, dont le pédoncule* repose sur une feuille, sont aussi facilement transportés par le vent.

D'autres graines sont surmontées d'une aigrette plumeuse ou entièrement recouvertes de poils et de soies; les fruits soyeux de coton, du peuplier, du saule, ceux de la clématite et de presque toutes les composées rentrent dans cette catégorie.

Il y a des végétaux dont les graines se présentent sous la forme d'une poudre semblable à de la fine sciure de bois; les spores* des cryptogames sont aussi tellement ténues que la moindre brise suffit pour les disséminer.

Les fleuves et les rivières emportent dans les vallées les fruits et les graines qui sont tombés dans leur courant ou qu'ils ont entraînés dans leurs débordements. Les noyers, les chênes, les marronniers sont souvent disséminés de cette manière.

Les courants marins contribuent aussi à la dissémination des plantes d'un continent à un autre. Les noix de coco des îles Seychelles traversent l'Océan indien et arrivent jusqu'à Sumatra.

Certains fruits, munis d'épines ou de crochets, s'attachent aux poils des animaux qui les transportent au loin : tels sont le sainfoin, plusieurs espèces de luzerne, les benoîtes, aigremoines, carottes, gratterons...

Au port Juvénal, près Montpellier, on sèche, sur des cailloux exposés au soleil et qui recouvrent un sol humide, les laines provenant des Échelles du Levant*, de la mer Noire ou de Buenos-Ayres. Des graines attachées aux toisons tombent et germent entre les pierres. On a compté, en ces lieux, 475 espèces américaines, asiatiques ou africaines.

« Beaucoup de personnes, dit Linné, ne considèrent pas que la fécondité des graines n'est pas altérée* par leur passage à travers l'estomac des animaux. Elles trouvent étrange qu'un champ bien labouré et ensemencé du meilleur froment produise souvent de l'ivraie ou de la folle-avoine, surtout lorsqu'il est fumé avec du fumier nouveau. »

Les fruits vivement colorés, à graines dures et coriaces, sont généralement disséminés par les oiseaux : l'épine-vinette, les ronces, le lierre, le groseillier...

Tout le monde connait la dissémination du gui par les grives.

Dans leurs migrations annuelles, les oiseaux transportent des graines provenant des climats différents. La terre qui s'attache à leurs pattes, la boue des marais où ils ont barboté et qui souille leurs plumes, contiennent souvent des semences capables de germer. D'après le savant anglais Darwin, trois cuillerées de boue prises dans un étang et cultivées pendant six mois produiraient le chiffre surprenant de 500 plantes.

D'après BRANDICOURT (*La Nature*).

MOTS EXPLIQUÉS. — **Dissémination,** action de semer de tous côtés. — **Appendices,** prolongements. — **Pédoncule,** queue de la fleur ou du fruit. — **Spores,** cellules reproductrices des champignons. — **Échelles du Levant,** ports de commerce, à l'est de la Méditerranée, Smyrne, Chypre, etc. — **N'est pas altérée,** n'est pas changée, modifiée.

LES IDÉES. — 1. Avez-vous constaté vous-même des exemples de dissémination des plantes? — 2. Comment expliquez-vous la variété des herbes des prairies? — 3. Connaissez-vous des courants marins? — 4. Lesquels? — 5. Qu'est-ce que Linné? Darwin?

RÉDACTION. — Résumez cette lecture et citez quelques exemples de dissémination que vous avez constatés.

177. — La charité du cœur ! Maman !

C'était en mil huit cent soixante-dix, là-bas,
Dans l'Est, après de longs et meurtriers combats :
Sous un porche* d'église où poussaient des brins d'herbe,
Un soldat, — un enfant! — la joue encore imberbe,
      Râlait.
Lentement sur son front pâle du sang coulait,
Puis glissait sur le sol; et l'herbe alors rougie
Semblait pleurer du sang devant cette agonie* !

Tout à coup, une femme aux traits pleins de bonté,
Une femme héroïque et sainte, en vérité,
S'approcha du soldat étendu sur la terre
Et lui dit doucement, comme en une prière :
                    « Maman ! »
A ce mot, plus puissant que quelque talisman*,
L'enfant ouvrit les yeux, sourit avec tendresse,
Puis répéta : « Maman ! » ainsi qu'une caresse.

Le soir, à l'ambulance où gisaient les blessés,
Quand le petit soldat sentait à ses côtés
La femme tout à l'heure entrevue en un rêve,
Il murmurait tout bas, comme une plainte brève :
                    « Maman ! »
— « Pourquoi m'appelez-vous ainsi », dit-elle, « enfant ? »
— « C'est que vous êtes bonne... et je crois voir ma mère ! »
Il mourut dans la nuit, consolé, sans colère...

Oui, cette femme-là, dont les regards si bons
Apportaient du soleil aux pauvres moribonds*,
Elle sut des vaincus adoucir la souffrance !
Ils en venaient parfois à douter de la France,
                    Hélas !
Mais elle apparaissait, et les cœurs les plus las,
En la voyant passer courageuse et stoïque*,
Se sentaient envahis d'une fièvre héroïque !

Aussi, pour tous ceux-là, je le lui dis ici,
Pour eux tous, pour les morts et les vivants, merci !
Merci d'avoir si bien su panser leurs blessures !
Merci d'avoir puisé pour eux, aux sources pures
                    Du cœur,
Le remède moral qui trompe la douleur,
Et d'avoir si souvent, leur rappelant leur mère,
Fait leur peine plus douce ou leur mort moins amère !

Jules GONDOIN, Pièces à dire. (Dorey, éditeur.)

MOTS EXPLIQUÉS. — *Porche*, lieu couvert qui forme l'entrée d'une église. — *Agonie*, état d'un malade qui va mourir. — *Talisman*, objet auquel la superstition populaire attribuait une vertu extraordinaire. — *Moribonds*, ceux qui sont sur le point de mourir. — *Stoïque*, ferme devant la douleur.

LES IDÉES. — 1. Où se passe la scène qui nous est décrite dans ce récit? — 2. A quoi tient la puissance du mot: « Maman ! » sur le petit soldat. — 3. Expliquez les vers :

> « Merci d'avoir puisé pour eux, aux sources pures
> Du cœur,
> Le remède moral qui trompe la douleur. »

RÉDACTION. — Mettez en prose le récit ci-dessus.

178. — Les vêtements de bébé.

Un principe absolu est le suivant : le vêtement doit préserver du froid, tout en laissant aux membres le plus de liberté possible, tout en n'enserrant pas trop la poitrine, afin de permettre à la respiration de s'effectuer très aisément. Il existe encore dans beaucoup de familles le préjugé que les membres de l'enfant, surtout les jambes, doivent être serrés bien droit dans les langes* pour empêcher les os de se recourber ; c'est un préjugé ridicule, je dirai même nuisible. Voyez combien un petit enfant qu'on vient de démailloter et qui est là tout nu sur les genoux de sa mère est heureux ; il remue ses membres dans tous les sens ; on dirait vraiment qu'il est soulagé de l'emprisonnement qu'on lui avait fait subir. Il importe donc que le bébé soit bien libre dans ses vêtements.

Il est évident que pour les premiers mois de la vie, surtout en hiver, le maillot est encore le vêtement qui convient le mieux à l'enfant ; mais il ne devra jamais être serré et l'enfant devra pouvoir y remuer assez facilement les jambes.

Le vêtement d'un nourrisson se compose d'une petite chemise munie d'une coulisse au col, fendue derrière, avec des manches assez longues pour arriver jusqu'aux poignets, d'une couche de toile, croisant par devant, de deux langes dont l'un est en laine, l'autre en molleton*, d'un fichu pour le cou et de deux brassières.

C'est volontairement que j'oublie de vous signaler le bonnet pour la tête ; j'estime qu'il est absolument inutile de couvrir la tête d'un enfant ; c'est une pratique qui ne repose sur aucune donnée véritablement scientifique. Bien entendu je parle pour le séjour dans les appartements ; pour les sorties, l'enfant devra être coiffé, cela va de soi.

Je suis tout à fait partisan de donner, le plus vite possible, l'absolue liberté aux jambes du petit enfant. Pendant les pre-

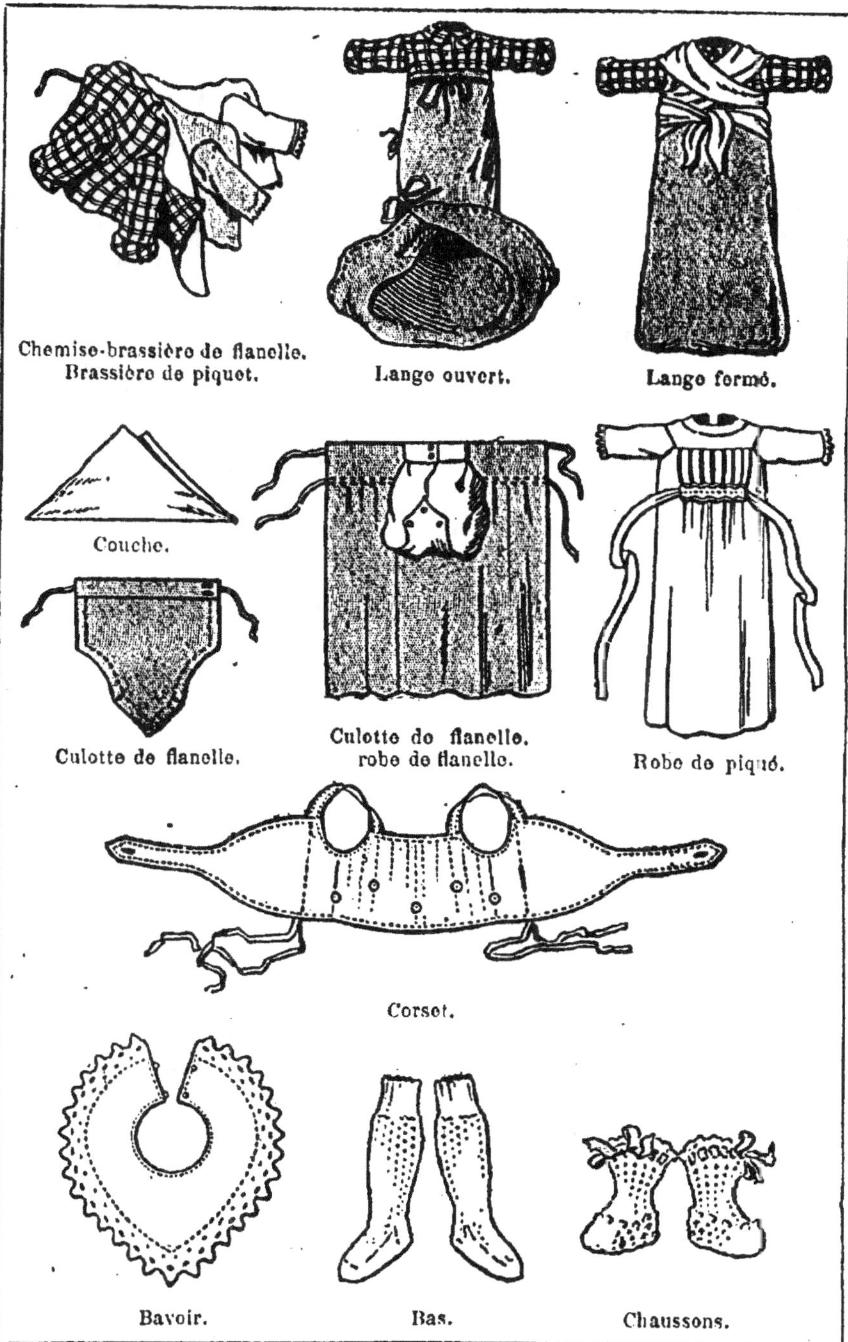

Chemise-brassière de flanelle.
Brassière de piquet.

Lange ouvert.

Lange fermé.

Couche.

Culotte de flanelle.

Culotte de flanelle.
robe de flanelle.

Robe de piqué.

Corset.

Bavoir.

Bas.

Chaussons.

Extrait de : Dr GALTIER-BOISSIÈRE, *Pour élever les nourrissons.* (Librairie Larousse.)

mières semaines, l'emmaillotement sera complet, c'est-à-dire que les jambes seront enveloppées dans les langes ; mais très rapidement, vers le deuxième mois, on pourra remplacer les langes par de petites culottes qui le laissent beaucoup plus à l'aise et permettent de voir plus facilement s'il est mouillé. L'hiver, on pourra mettre deux culottes, l'une en tissu-éponge, l'autre en flanelle. Avec ce vêtement, on chausse l'enfant avec des bas et des chaussons de laine. Par-dessus le tout on met une robe quelconque, suivant la saison.

Tout ce que je viens de vous dire ne concerne que ce que j'appellerai les vêtements « d'intérieur » ; pour les sorties il faut couvrir chaudement l'enfant, l'envelopper d'une sorte de manteau, plus ou moins épais suivant la saison. La coiffure importe peu : elle varie suivant le goût des parents, mais elle ne devra jamais être trop lourde. On y adaptera un voile, une sorte de voilette qui préservera l'enfant du soleil pendant l'été, du vent froid pendant l'hiver.

Dr E. Ausset, Hygiène infantile. (Delagrave, éditeur.)

MOTS EXPLIQUÉS. — Lange, morceau d'étoffe de laine dont on enveloppe les enfants au berceau. — **Molleton,** étoffe de laine ou de coton pelucheuse douce et chaude.

LES IDÉES. — 1. Quelles conditions générales doivent remplir les vêtements ? — 2. Quelles sont les diverses pièces qui composent le vêtement d'un nourrisson ? — 3. Comment l'enfant doit-il être vêtu pour les sorties ?

RÉDACTION. — Décrivez les diverses pièces dont se compose la layette d'un nourrisson.

179. — Pendant le siège de Paris.

Dans beaucoup de familles parisiennes, on reçut un, deux, plusieurs blessés, et ces braves garçons étaient soignés comme les enfants de la maison. Ceux-là n'étaient pas à plaindre, et presque tous survécurent à leurs blessures, grâce aux soins tout maternels dont ils étaient entourés.

Une des femmes les plus aimables de la haute industrie parisienne, qui en compte tant et de si distinguées, Mme Henri Bender, avait recueilli chez elle un jeune mobile breton*, dont la blessure, des plus graves, exigeait des soins assidus. Avec un moral plus solide, il eût peut-être pu reprendre le dessus. Malheureusement le pauvre garçon était tombé dans un profond découragement, la nostalgie* l'avait pris et il s'acheminait à grands pas vers la tombe. Désespérée de voir l'état de son blessé empirer* de la sorte, Mme Bender le supplie un jour de demander sans crainte ce qui pourrait lui faire plaisir, s'engageant d'avance à le lui procurer.

Le brave garçon tourna vers « la bonne dame » des yeux brillants de reconnaissance.

« Oh ! dit-il, si je pouvais avoir une pomme !

— Vous l'aurez, mon ami, je cours vous la chercher. »

Et Mme Bender mit un chapeau à la hâte et alla, tout courant, chez Potel et Chabot*. Elle n'était pas sûre d'y trouver ce qu'elle cherchait ; le siège tirait à sa fin et les magasins de comestibles* étaient vides depuis longtemps. Heureusement que le public ayant acheté de préférence les denrées les plus nourrissantes, il restait encore quelques pommes ; elles avaient un air provocant avec leurs belles joues rouges et embaumaient le magasin de leur parfum rustique.

Mme Bender prit la plus belle, paya : c'était un louis ; et, le cœur battant de joie, la porta à son blessé.

« Oh ! merci, merci !... » dit le pauvre garçon en la prenant de sa main amaigrie. Et, mordant à même, il ajouta : « Comme c'est bon !... Il me semble que je suis chez nous... en Bretagne !... »

Hélas ! ce fut sa dernière joie. Le délire le prit quelques instants après, et il mourut, tenant encore dans sa main crispée la pomme qui avait adouci pour lui l'horreur des derniers moments.

J. Turquan, *Les Femmes de France pendant l'invasion.*
(Berger-Levrault, éditeur.)

MOTS EXPLIQUÉS. — *Mobile breton*, soldat que les exigences de la guerre avaient obligé à quitter son pays avec le régiment dont il faisait partie. — *Nostalgie*, mal du pays. — *Empirer*, s'aggraver, devenir plus mauvais. — *Potel et Chabot*, propriétaires d'un des plus grands restaurants parisiens. — *Comestibles*, tout ce qui se mange.

LES IDÉES. — 1. Comment les blessés furent-ils reçus par les familles parisiennes pendant le siège ? — 2. Comment vous expliquez-vous le souhait du jeune mobile breton ? — 3. Expliquez le sens de cette phrase : « ... il restait encore quelques pommes, elles avaient un air provocant avec leurs belles joues rouges. »

RÉDACTION. — Essayez d'imaginer le « rêve » du jeune Breton, au moment où il prend dans sa main la belle pomme aux joues rouges.

180. — L'alcoolisme.

L'alcool est nuisible à la santé ; il n'est ni réchauffant, ni fortifiant, ni nourrissant comme on le croit souvent; l'impression de chaleur produite par l'afflux du sang à la périphérie* après l'absorption d'une liqueur alcoolique n'est pas de longue durée et elle est toujours suivie d'un abaissement de température. L'alcool paraît donner des forces, parce qu'il a une action anesthésique* qui atténue les sensations de faim et de froid. Enfin l'alcool n'est pas un aliment, puisqu'il ne s'assimile pas au sang.

L'alcool intoxique* à la longue tout l'organisme et produit cette terrible maladie appelée « alcoolisme ». Chez tel individu, l'estomac ulcéré par l'action brûlante de l'alcool est devenu

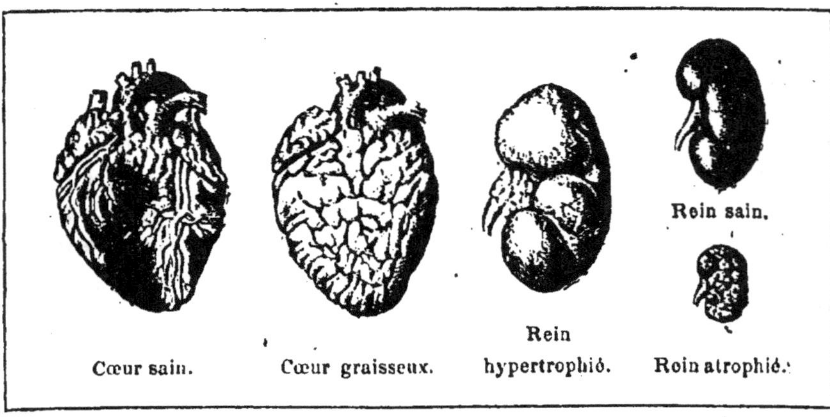

ORGANES SAINS ET ORGANES D'ALCOOLIQUES.

incapable de digérer les aliments; chez tel autre, le foie est attaqué; chez un troisième, il s'est produit une dégénérescence* graisseuse du cœur et des reins. Non seulement les alcooliques ont une affection organique particulière, mais tous sont affaiblis au point de ne plus offrir de résistance aux maladies.

L'alcool agit toujours d'une façon néfaste sur le système nerveux, sur le cerveau en particulier, siège de l'intelligence et de la volonté, et, en cela, il atteint l'être humain dans ce qu'il a de plus noble. Des milliers de ces êtres, plus ou moins stupides, vieillis avant l'âge, des violents, des déments et des épi

La Muse verte (1). — Tableau de Maignan.

1. La « Muse verte », c'est l'absinthe qui produit des hallucinations accompagnées de délire.

leptiques encombrent nos hospices et, ce qu'il y a de plus terrible, c'est qu'ils sont atteints dans leur descendance et sont la cause des tares* physiques (rachitisme, épilepsie), intellectuelles (idiotie, folie), morales (vice et tendance au crime) de leurs enfants.

L'alcoolisme est un véritable fléau social contre lequel nous devons lutter résolument. C'est à la jeunesse qu'il faut s'adresser surtout pour prendre le mal à la racine. Les Grecs montraient aux jeunes gens des esclaves ivres pour leur inspirer l'horreur de la passion de la boisson. Les enfants et les adolescents, en effet, se laissent facilement impressionner par ce qu'ils voient et ils peuvent lutter avec succès contre leurs mauvaises tendances avant qu'elles ne se soient installées en maîtresses.

Aujourd'hui les jeunes gens sont instruits; on leur montre à l'école tous les dangers de l'alcool pour l'individu, pour la famille, pour la société. Nous demanderons aux femmes, mères et sœurs, d'user de leur influence pour détourner le père et le frère du cabaret; c'est une question de tact et d'adresse, qualités féminines par excellence. La femme peut beaucoup dans la lutte contre l'alcoolisme. Il faut qu'elle rende son intérieur agréable, en apportant de l'ordre, de la propreté et du bon goût dans l'arrangement du mobilier, si modeste qu'il soit. Le mari et les fils auront plaisir, le soir et le dimanche, à s'y reposer, s'ils y trouvent après leur journée de travail un repas substantiel et bien préparé, une maîtresse de maison aimable et souriante, des enfants propres et bien élevés. Ils ne penseront pas à aller chercher des distractions ailleurs; ils aimeront l'intérieur familial, et c'est là qu'ils apprendront à goûter les saines et utiles distractions de la lecture et de la conversation, c'est là qu'ils trouveront les vraies joies profondes de la vie, les joies d'une mutuelle affection.

MOTS EXPLIQUÉS. — *Périphérie,* surface extérieure du corps. — *Anesthésique,* qui prive de sensibilité. — *Dégénérescence graisseuse :* le cœur et les reins s'entourent d'une couche graisseuse qui nuit à leur fonctionnement. — *Tares,* défauts physiques ou moraux.

LES IDÉES. — 1. Quelle est l'action de l'alcool sur l'organisme? — 2. Quelle est l'action de l'alcool sur le système nerveux? — 3. Pourquoi peut-on dire que l'alcool est un fléau social?

RÉDACTION. — Comment une jeune fille, une femme peuvent-elles engager et soutenir la lutte contre l'alcoolisme?

181. — La veuve.

SITUATION A LA MORT DU PÈRE DE FAMILLE.

M. Feuillet, cultivateur à Saint-Côme, est décédé, il y a quelques jours, laissant sa veuve avec trois enfants âgés de 10, 12 et 14 ans.

Mme Feuillet sait qu'elle n'hérite en rien des biens propres de son mari; mais, comme elle était mariée sous le régime de la communauté, elle a *repris* les immeubles qu'elle avait apportés, par contrat de mariage. En outre, elle a droit à la moitié des meubles mis en commun lors de son mariage et à la moitié des économies provenant de son travail et de celui de son mari, ainsi qu'à la moitié des immeubles achetés pendant la *communauté*.

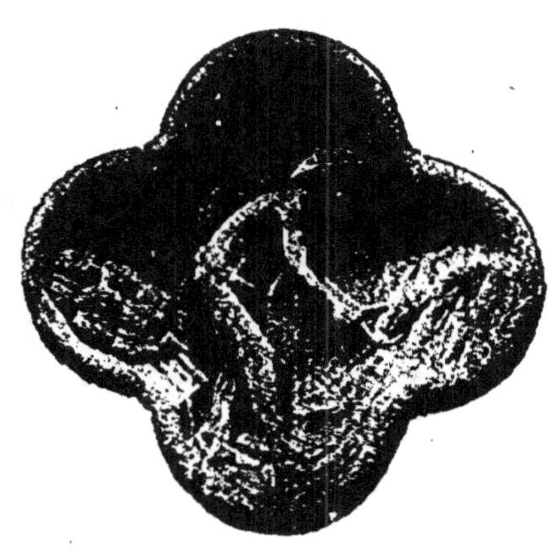

Juillet.

La Moisson.

Enfin, d'après le testament de son mari, elle a l'*usufruit*, c'est-à-dire le droit de jouissance de la moitié des biens du défunt.

Telle est la situation de la veuve.

Quelle est celle des enfants, des mineurs* ?

Huit jours après le décès de M. Feuillet, le juge de paix réunit et présida le conseil de famille composé de six parents: trois du côté paternel, trois du côté maternel.

Mme Feuillet, en sa qualité de mère, devint tutrice* légale des trois enfants. On lui confia l'administration de leurs biens, sans qu'elle puisse cependant en disposer complètement.

Ces biens comprennent les biens immeubles en propre de leur père et ceux qui lui appartenaient dans la communauté.

Un des membres du conseil de famille, pris du côté paternel, fut nommé *subrogé* tuteur*, chargé de défendre les intérêts des mineurs, s'ils se trouvaient en opposition avec ceux de la tutrice, et de surveiller la gestion* de cette dernière.

Mais sa mission sera facile, car Mme Feuillet est à la fois une femme de tête et une femme de cœur.

Par son jugement droit, par l'expérience des affaires qu'elle a acquise avec son mari, dont elle était l'associée très dévouée, la confidente intime et sûre, et par son activité bien réglée, elle fera fructifier les biens de la communauté ainsi que les siens propres et ceux du défunt. D'autre part, elle aime tendrement ses enfants, et son plus vif désir est d'en faire des jeunes gens bien élevés, soucieux de porter dignement le nom respecté de leur père.

Au jour de leur majorité*, sans aucune crainte, elle leur rendra compte de son administration et remettra leur fortune entre leurs mains.

MOTS EXPLIQUÉS. — *Mineurs*, qui n'ont pas atteint l'âge de 21 ans accomplis — *Tutrice*, personne à laquelle la loi donne l'autorité sur la personne et sur les biens d'un mineur. — *Subrogé*, substitué à un autre. — *Gestion*, administration des biens des mineurs dont la mère est tutrice. — *Majorité* : l'âge fixé par la loi française pour la majorité est 21 ans.

LES IDÉES. — 1. Quelle est, à la mort de son mari, la situation d'une femme mariée sous le régime de la communauté? — 2. Qu'appelle-t-on conseil de famille? De combien de membres se compose-t-il?

RÉDACTION. — Quelle est la situation légale faite à la veuve qui a des enfants mineurs?

182. — Le pouvoir législatif.

En France, le pouvoir législatif est exercé par la Chambre des députés et le Sénat.

Ces deux Chambres sont encore désignées sous le nom de « Parlement ».

La Chambre des députés comprend actuellement 597 membres élus pour 4 ans au suffrage universel.

Pour être élu député, il faut être âgé de 25 ans.

Chaque arrondissement de moins de 100 000 habitants n'élit qu'un député. Les arrondissements de plus de 100 000 habitants sont partagés en circonscriptions* électorales de 100 000 habitants qui élisent chacune un député.

Le Sénat se compose de 300 membres qui sont élus :

1° Par les députés du département ;

2° Par les conseillers généraux ;

3° Par les conseillers d'arrondissement ;

4° Par les délégués des conseillers municipaux.

Le vote a lieu au chef-lieu du département, au scrutin de liste,

La Chambre des députés : façade principale.

c'est-à-dire que chaque électeur inscrit sur son bulletin autant de noms qu'il y a de sénateurs à élire dans le département.

On ne peut être élu sénateur que si l'on est âgé d'au moins 40 ans.

Les sénateurs sont élus pour 9 ans et renouvelés par tiers tous les 3 ans.

La Chambre des députés et le Sénat ont pour mission de faire des lois nouvelles ou de modifier les lois antérieures.

Voyons comment se fait une loi.

L'initiative* n'en peut être prise que par le gouvernement, par un député ou un sénateur.

Le projet, ou la proposition de loi, est soumis à l'examen d'une commission qui charge un de ses membres de faire un rapport concluant à l'adoption ou au rejet.

Ce rapport est soumis à la Chambre ou au Sénat, qui le discute et vote sur tous les articles du projet. Un vote d'ensemble décide ensuite sur l'adoption ou le rejet de la loi.

Adoptée par la Chambre ou le Sénat, la loi est transmise à l'autre assemblée, où elle est soumise aux mêmes formalités.

Si elle est votée sans aucune modification, son adoption devient définitive.

Si elle est modifiée, elle est renvoyée devant la première Chambre pour subir une nouvelle discussion. Enfin, quand il y a accord entre les deux Chambres, la loi doit être promulguée* par le Président de la République.

Voici les formes de la promulgation :

Le Sénat et la Chambre des députés ont adopté ;

Le Président de la République promulgue la loi dont la teneur suit :

(Texte de la loi)

La présente loi, délibérée et adoptée par le Sénat et par la Chambre des députés, sera exécutée comme loi de l'État.

Mais la loi n'oblige le citoyen à lui obéir que lorsqu'il la connaît ; il faut donc qu'elle ait été publiée.

C'est pourquoi on la fait insérer* dans le *Journal officiel*, dont un extrait est envoyé dans chaque commune.

Un jour franc après l'affichage de la loi, cette loi est *obligatoire* pour tous les citoyens.

MOTS EXPLIQUÉS. — *Circonscription,* division électorale. — *Initiative,* la première idée qui aboutit à la proposition de la loi. — *Promulguée,* publiée officiellement avec toutes les formalités requises. — *Insérer,* publier dans un journal.

LES IDÉES. — 1. Quelles sont les assemblées législatives qui composent le Parlement français ? — 2. Composition et attributions de la Chambre des députés. — 3. Composition et attributions du Sénat. — 4. Comment se fait une loi ? — 5. Quelles conditions doit remplir la loi pour être obligatoire pour tous les citoyens ?

RÉDACTION. — Histoire d'une loi.

183. — Les sociétés coopératives de consommation.

Toute marchandise, avant d'être mise en vente dans un magasin de détail, a passé par plusieurs mains. Chaque intermédiaire a majoré* le prix, auquel il l'avait obtenue lui-même, d'une certaine somme qui constitue son bénéfice. Si la clientèle au détail pouvait se procurer les objets (alimentation, vêtements, etc.) au prix du gros, elle réaliserait sur chaque achat un boni de 25 à 30 pour 100.

C'est ce boni* que les sociétés coopératives de consommation assurent à leurs adhérents*. Le nombre de leurs membres leur permet en effet de se fournir directement chez le fabricant ou chez le commerçant en gros : le bénéfice que ferait le détaillant leur reste.

Quels avantages les coopérateurs retirent-ils de leur association ? Les avantages varient avec la méthode suivie par la coopérative.

Si la société vend à ses membres les objets d'alimentation au prix où elle les achète, ils se procurent ainsi à meilleur marché tout ce qui est nécessaire à la vie de chaque jour ; ils réalisent une économie appréciable et sont sûrs d'avoir, avec une dépense moindre, des aliments de qualité supérieure, plus fortifiants, exempts de toute fraude. Cette institution a arrêté chez les Anglais les progrès de la tuberculose*.

Mais il est une autre méthode plus féconde en résultats, celle de vendre, non au prix de revient, mais au prix du commerce de la localité. La majoration subie par chaque objet ou « l'excédent réalisé sur chaque achat est inscrit au compte du sociétaire acheteur », et le bénéfice qui a été prélevé sur les membres est restitué à chacun d'eux, tous les semestres, sous forme de dividende*. C'est un supplément de revenu, une épargne qui n'a coûté aucune privation : « c'est l'épargne par la dépense. »

La somme économisée et retrouvée régulièrement ne manque jamais d'emploi. Tantôt elle est affectée à une dépense extraordinaire ; tantôt elle sert à payer une prime d'assurance contre la maladie ou la vieillesse ; ou encore à acquitter, par annuités, le payement d'une maison. D'autres fois, les adhérents versent leur boni à une caisse collective de secours dont tous profiteront. Il en est enfin qui consacrent une partie de leurs bénéfices à des œuvres d'éducation, à la création d'écoles.

Qu'elle se borne à l'intérêt personnel par l'épargne, ou qu'elle s'étende et s'élève à la solidarité, la coopération est un des instruments les plus utiles et les mieux appropriés à la rénovation sociale. C'est l'application pratique de la solidarité sous toutes ses formes : tous profitent de l'effort de chacun, et l'effort de chacun profite à tous.

G. CHATEL, *Lectures morales*. (Paulin, éditeur.)

MOTS EXPLIQUÉS. — **Majoré,** augmenté. — **Boni,** bénéfice. — **Adhérents,** ceux qui font partie de la société. -- **Tuberculose,** maladie infectieuse pouvant atteindre tous les organes, et généralement localisée dans les poumons. — **Dividende,** portion de bénéfice qui revient à chaque actionnaire d'une compagnie.

LES IDÉES. — 1. Quel est l'objet des sociétés coopératives de consommation? — 2. Dans quel cas ces sociétés permettent-elles à leurs adhérents de réaliser des économies?

RÉDACTION. — Essayez de faire comprendre le fonctionnement d'une société coopérative de consommation.

184. — L'Algérie.

A trente-six heures de Marseille, en face des côtes de France et d'Espagne, entre le Maroc et la Tunisie, s'étend la colonie française d'Algérie, dont la conquête, commencée en 1830, n'a été réellement terminée qu'en 1847.

L'Algérie est traversée du sud-ouest au nord-est par deux chaînes de montagnes presque parallèles ; la plus septentrionale de ces chaînes est connue sous le nom d'Atlas, l'autre porte le nom d'Aurès ou de chaîne saharienne ; elles laissent entre elles un vaste plateau d'une altitude variant de 500 à 1 000 mètres, qui constitue la région des Hauts-Plateaux. Au sud, s'étend le vaste désert* du Sahara.

Le régime des eaux en Algérie est formé, d'une part, de rivières naissant sur le versant* nord des montagnes et se jetant dans la Méditerranée; d'autre part, de rivières qui prennent leur source dans le versant sud et vont se perdre dans les sables du désert qui les absorbent. En raison de leur pente rapide et de la sécheresse prolongée de l'été, la plupart de ces rivières sont des torrents* pendant la saison des pluies et restent sans eau pendant la plus grande partie de l'année. Il en est ainsi, surtout dans le Sud, où, en raison de la sécheresse, la terre est inculte. Partout où l'homme a pu trouver de l'eau, il a créé des îlots de verdure extrêmement fertiles qu'on nomme « oasis ».

Alger, vue de la mer.

D'un climat agréable, particulièrement doux en hiver, l'Algérie est avant tout une colonie agricole, dans laquelle les Européens peuvent vivre et travailler. Les plantes les plus cultivées sont le blé et les céréales, la vigne dont la culture donne de grandes espérances, le tabac et une graminée*, l'alfa, qu'on utilise pour la

Gorges d'El-Kantara, près Biskra (Algérie).

fabrication du papier. L'olivier, le dattier, l'oranger, le citronnier y croissent en pleine terre.

La population européenne de l'Algérie est d'environ 400 000 habitants. Les Français sont les plus nombreux, puis viennent les Espagnols, les Italiens et les Maltais. Quant à la population indigène, elle comprend principalement les Berbères agriculteurs et sédentaires, les Arabes nomades, éleveurs de troupeaux, les Maures qui habitent les villes et se livrent au commerce.

L'Algérie possède une grande étendue de côtes, mais elles sont peu favorables à l'établissement de bons ports ; le meilleur abri du littoral algérien est Oran, voisin de la magnifique rade de Mers-el-Kébir.

Alger, capitale de la colonie, a plus de 100 000 habitants. C'est une ville magnifique, où bon nombre d'Européens viennent chercher le soleil. Constantine et Philippeville ont une certaine importance au point de vue commercial.

L'Algérie est divisée en trois départements dont les limites sont perpendiculaires à la Méditerranée et qui vont de l'ouest à l'est : le département d'Oran, qui confine au Maroc ; celui de Constantine, qui confine à la Tunisie, et celui d'Alger, situé entre les deux.

MOTS EXPLIQUÉS. — *Désert,* vaste étendue de territoire privée d'eau et, par suite, stérile et inhabitée. — *Versant,* ensemble des pentes situées du même côté d'une chaîne de montagnes. — *Tor-*rent, cours d'eau rapide, produit par un orage, des pluies abondantes ou une fonte de neiges. — *Graminée,* famille de plantes dont les plus importantes sont les céréales.

LES IDÉES. — 1. Faites connaître le relief du sol de l'Algérie. — 2. Caractérisez les cours d'eau algériens. — 3. Quels sont les principaux produits agricoles ? — 4. De quels éléments se compose la population ? — 5. Quelles sont les principales villes d'Algérie ?

RÉDACTION. — D'après ce qui précède, essayez de dire pourquoi l'Algérie est une terre favorable à la colonisation.

185. — Situation sociale de la femme au XX° siècle.

L'histoire de la femme à travers les âges est l'œuvre de ce préjugé que la femme est inférieure à l'homme.

N'a-t-on pas discuté si les femmes ont une âme comme les hommes ?

Aujourd'hui, le préjugé s'affaiblit. Une vérité se fait jour. Oh ! elle est bien simple ! Mais les vérités simples sont celles que l'on découvre les dernières.

La vérité, c'est qu'une fille a, comme un garçon, une intelligence. Si les aptitudes et les penchants d'intelligence masculine et féminine sont différents, cela ne veut pas dire que la seconde soit inférieure à la première. Cela veut dire qu'elles se complètent l'une l'autre, pour composer ensemble l'intelligence de l'humanité.

La vérité, c'est qu'une fille a, comme un garçon, un cœur qui aimera, se réjouira, souffrira. Même la part de souffrance réservée à la fille est plus forte. Il y a, dans le cœur des futures épouses et mères, une grande provision de larmes, qui attend la vie.

La vérité, c'est que la plupart des filles, comme la plupart des garçons, ont besoin de gagner leur pain, et qu'elles auront bien plus de mal à le gagner.

C'est enfin que filles et garçons se doivent associer un jour pour ensemble fonder une famille nouvelle.

De cette vérité simple il résulte que garçons et filles sont égaux en humanité. Ils ne doivent donc pas être inégalement traités dans la préparation à la vie. C'est pourquoi l'école publique ne veut plus de différence entre eux. Elle prépare ainsi le redressement des injustices perpétuées* dans la loi, qui fut écrite par des messieurs.

La réparation accomplie, on s'apercevra que les ridicules et les désordres que l'on prédisait étaient imaginaires. Toutes les femmes ne deviendront pas des doctoresses*. Il n'y a pas plus de pédantes parmi elles qu'il n'y a de pédants parmi les hommes. Même il y en aura moins. Le pédantisme* est une visible laideur, et les femmes n'aiment pas à s'enlaidir. Elles n'envahiront pas toutes les professions. D'abord, les hommes se défendront contre la concurrence*, et rudement, vous pouvez y compter.

Puis, la nature veut qu'il y ait des professions masculines et des professions féminines. S'il y a des femmes extravagantes*, la force des choses saura les mettre à la raison. Enfin, la justice rendue aux femmes ne suffira pas à changer les actuelles conditions sociales. Que les madames se rassurent! Toutes les femmes ne deviendront pas des madames. Il y aura seulement dans le monde un peu plus de bien-être, plus de dignité humaine, plus d'intelligence, plus d'activité, plus de moralité, et dans les familles, où la différence et la diversité d'éducation empêchent aujourd'hui l'accord plein des âmes, la possibilité de la sérieuse intimité profonde.

E. Lavisse, Extrait d'un discours de distribution des prix
au Nouvion-en-Thiérache (Aisne).

MOTS EXPLIQUÉS. — *Perpétuée*, rendue durable pendant très longtemps. — *Doctoresse*, féminin de docteur, titre que l'on donne aux femmes qui exercent la médecine. — *Pédantisme*, défaut des femmes qui tirent vanité de leur savoir. — *Concurrence*, rivalité qui s'établira entre les hommes et les femmes exerçant la même profession. — *Extravagantes*, qui feront des choses contraires au bon sens.

LES IDÉES. — 1. Quel préjugé a régné longtemps contre les femmes? — 2. Expliquez le sens de cette phrase : « garçons et filles sont égaux en humanité. » — 3. Que veut dire cette réflexion ironique : « Que les madames se rassurent! Toutes les femmes ne deviendront pas des madames? »

RÉDACTION. — Pourquoi l'école publique ne fait-elle pas de différence dans l'éducation qu'elle donne aux filles et aux garçons?

186. — L'éducation de la première enfance.

Il ne suffit pas de donner aux jeunes enfants les soins matériels que réclame leur âge et de fortifier leur être physique ; il faut encore dès le berceau songer à leur éducation intellectuelle et morale. « Les commencements sont tout, disait Platon*, dans une nature jeune et tendre dont toutes les parties gardent l'empreinte qu'on leur donne. » Aussi ne saurait-on trop blâmer les mères qui abandonnent leurs bébés aux soins de nourrices ou de servantes incapables de surveiller la formation des premières habitudes morales : des enfants capricieux, entêtés, violents, peureux naissent les hommes et les femmes pusillanimes*, despotiques*, fantasques*. L'enfant se pénètre à son insu de toutes les influences qui agissent sur lui : les chansons qui le bercent, les paroles qui l'apaisent ou l'excitent, les récits qui parlent à son imagination et la mimique* dont on les accompagne, font sur lui une impression qui oriente ses facultés vers la grossièreté ou vers la délicatesse.

Il imite le langage et les manières des personnes de son entourage et subit aussi la contagion de leurs sentiments.

De nos jours, les mères ont l'habitude fâcheuse de gâter leurs enfants, ce qui favorise en eux le développement de l'égoïsme et leur prépare de grandes déceptions pour l'avenir. « La nature, dit Rousseau*, a fait les enfants pour être aimés et secourus, mais non pour être obéis et craints. » Dans leur intérêt même, il faut savoir opposer un refus à leurs désirs déraisonnables et les maintenir dans la dépendance de la nécessité qui les enserre de toutes parts.

La vie intellectuelle du petit enfant suit le développement de ses sens. Ce sont les premières facultés qui se forment et se perfectionnent en lui, ce sont les premières qu'il faut cultiver. L'éducation intellectuelle de la première enfance se confond pour ainsi dire avec l'éducation des sens. Une mère avisée assure l'intégrité* des organes par des soins de propreté ; elle apprend à son enfant à regarder, à entendre, à toucher les objets, en même temps qu'elle lui apprend à parler distinctement et correctement. Les sens et le langage sont les instruments de notre intelligence ; il importe d'en surveiller l'éducation à ses débuts, pour rendre par la suite les opérations de l'esprit plus faciles et plus sûres.

MOTS EXPLIQUÉS. — *Platon,* philosophe grec, vivant au IV° siècle av. J.-C. — *Pusillanimes,* à l'âme faible et craintive. — *Despotiques,* qui imposent leur volonté d'une façon tyrannique. — *Fantasque,* qui agit par caprice. — *Mimique,* gestes et jeux de physionomie. — *Rousseau,* écrivain du XVIII° siècle, auteur d'un ouvrage d'éducation intitulé *Émile.* — *Intégrité,* a ici le sens de bon état des organes.

LES IDÉES. — 1. Pourquoi faut-il songer dès le berceau à l'éducation intellectuelle et morale des jeunes enfants ? — 2. Quel est le tort des mères qui gâtent leurs enfants ? — 3. Énumérez les sens ; quelles connaissances devons-nous à chacun d'eux ?

RÉDACTION. — Racontez un de vos souvenirs d'enfance qui vous a laissé une vive impression.

187. — Le patriotisme chez la femme.

Le patriotisme qui sied* à la femme n'est point cet amour farouche et artificiel* qui va jusqu'à étouffer les sentiments les plus naturels et les plus légitimes. Ce n'est pas celui de cette femme de Sparte* dont parle Rousseau dans l'*Émile* : « Une femme de Sparte avait cinq fils à l'armée, et attendait des nouvelles de la bataille. Un ilote* arrive; elle lui en demande en tremblant. — Vos cinq fils ont été tués. — Vil esclave, t'ai-je demandé cela? — Nous avons gagné la bataille! — La mère court au temple et rend grâces aux dieux. Voilà la citoyenne. » Oui, la citoyenne de Sparte, c'est-à-dire d'un État artificiellement organisé en vue de l'oppression et de la guerre, non la citoyenne de la démocratie moderne. Celle-ci pourra bien rendre grâces à Dieu de la victoire de son pays : elle ne craindra pas de pleurer la mort de ses enfants.

Cette sorte d'exagération du patriotisme n'est plus à craindre aujourd'hui : si Rousseau a tort de la prendre pour la mesure du civisme* de la femme, il a raison de dire qu'elle n'est plus de notre temps. Mais il en est une autre qui n'est encore que trop commune chez les hommes comme chez les femmes; je veux parler de ce patriotisme, exclusif et barbare, qui se fait comme un devoir de détester les peuples étrangers, qui prend plaisir à les dénigrer* et à les railler, et qui, chose horrible à dire, mais trop fréquente, ne peut se satisfaire qu'au prix de leur sang. Ce genre de patriotisme, odieux chez les hommes pour quiconque a des sentiments généreux et élevés, l'est encore plus chez les femmes, de qui l'on n'attend que bonté, douceur, humanité. Loin de le partager, elles doivent s'appliquer à l'épurer* chez les hommes. Qu'elles rappellent à leurs époux, à leurs frères et à leurs fils, quand ils l'oublient (et ils ne sont que trop enclins à l'oublier), que le patriotisme est un vice et non une vertu, quand il étouffe en nous, à l'égard des autres hommes, le sentiment de la justice et celui de l'humanité.

Les aigreurs et les violences de l'esprit de parti sont aussi plus odieuses chez elles que chez nous. Quoi de plus révoltant que de voir la bouche d'une femme déchirer à belles dents ceux qui n'appartiennent pas au parti auquel elle est attachée, et souffler entre les hommes la haine et la discorde? Leur rôle ne doit-il pas être, au contraire, celui de conciliatrices? Qu'elles s'appliquent à fermer les plaies du corps social au lieu de les envenimer*, et à rapprocher les citoyens au lieu de les diviser; voilà la fonction qui leur convient dans la société.

J. BARNI, *La Morale dans la démocratie.* (Alcan, éditeur.)

MOTS EXPLIQUÉS. — *Sied,* qui convient, qui est en harmonie avec le caractère féminin. — *Artificiel,* qui n'est pas naturel, qui est de convention. — *Sparte,* ville de la Grèce ancienne. — *Ilote,* esclave chez les anciens spartiates. — *Civisme,* sentiment que la femme a de ses devoirs envers son pays. — *Dénigrer,* dire du mal de quelqu'un, en rabaisser le mérite. — *Épurer,* rendre plus pur. — *Envenimer,* rendre plus dangereux.

LES IDÉES. — 1. Pourquoi le patriotisme exclusif et barbare qu'on appelle « chauvinisme » est-il particulièrement odieux chez les femmes? — 2. Que faut-il entendre par esprit de parti? — 3. Que doit être le rôle des femmes à l'égard de l'esprit de parti?

RÉDACTION. — En quoi consiste pour une femme le vrai patriotisme?

188. — Aiguille gentille.

Aiguille gentille,
Va, viens, voltige et cours;
Quand pleure la famille,
Ta douce lueur brille
Sur ses tristes jours.

Active, polie et rapide,
Ayant pour guide un joli doigt,
Au long de l'ourlet qu'elle ride*,
L'aiguille suit son chemin droit;
Au dé soumise elle travaille,
Nul effort ne peut la lasser;
Comme dans l'eau bleue une écaille,
L'œil à peine la voit glisser.

Aiguille gentille,
Va, viens, voltige et cours ;
Quand pleure la famille,
Ta douce lueur brille
Sur ses tristes jours.

Comme la lame d'une épée,
Faite de l'acier le plus pur,
Elle est fourbie*, elle est trempée*,
On la connaît à son azur ;
Voyez ! à peine il est visible
Le trou par où passe le fil ;
La guêpe*, en son courroux terrible,
N'a pas l'aiguillon plus subtil.

Aiguille gentille,
Va, viens, voltige et cours ;
Quand pleure la famille,
Ta douce lueur brille
Sur ses tristes jours.

Pendant que l'épingle s'arrête
Et fixe l'étoffe au genou,
L'aiguille mobile, inquiète,
Perce toujours un nouveau trou ;
L'épingle sérieuse et sage
Se repose le plus souvent ;
Du progrès l'aiguille est l'image,
Elle va toujours en avant.

Aiguille gentille,
Va, viens, voltige et cours ;
Quand pleure la famille,
Ta douce lueur brille
Sur ses tristes jours.

Pierre DUPONT.

MOTS EXPLIQUÈS. — *Ride:* pour aller plus vite, l'ouvrière prend plusieurs points sur son aiguille avant de tirer le fil et fait ainsi rider l'étoffe. — *Fourbie,* nettoyée, polie. — *Trempée :* l'acier, chauffé au rouge, est plongé dans un bain d'eau froide ; cette opération, qu'on appelle la « trempe », a pour effet d'augmenter la dureté du métal et lui donne de l'élasticité. — *Guêpe,* insecte ressemblant aux abeilles, dont la piqûre est douloureuse.

LES IDÉES. — 1. Dégagez l'idée exprimée dans chaque strophe : 1º activité de l'aiguille ; 2º description de l'aiguille ; 3º l'aiguille est l'image du progrès — 2. Quel est le sens du refrain ?

RÉDACTION. — Quelles sont les réflexions que vous inspire votre aiguille ?

189. — Une mère.

Il était environ trois heures. Les malades de l'ambulance reposaient dans leurs lits blancs, la visite était faite et les pansements* terminés. C'était l'heure où les salles sont calmes relativement et où rien ne trouble le silence des blessés que le soupir étouffé d'un opéré ou le pas furtif d'une dame de charité.

La porte d'entrée s'ouvrit sans bruit et une femme entra; elle était vêtue de noir, grande, pâle, avec ce je ne sais quoi fait de dignité et de grâce instinctive qui est la distinction suprême.

Elle portait un gros paquet qu'elle posa sur une table encombrée* de choses diverses, de bandes, de compresses, d'appareils et d'instruments de chirurgie; puis elle demeura là, muette, attendant...

Une dame de charité l'aperçut et vint à elle :

« Madame, dit alors l'étrangère en deuil, voici quelque peu de linge et de provisions que je vous prie d'accepter pour votre ambulance. »

On ouvrit le paquet qui contenait, en effet, des chemises, des draps, de la flanelle, de la charpie, des bandes et des paquets de tapioca-bouillon, etc.

La dame de charité remercia, et comme l'étrangère se retirait :

« Voulez-vous me dire votre nom, madame?

— A quoi bon?

— C'est que je dois inscrire sur un livre la liste de ce que vous donnez à nos malades, et c'est l'usage d'indiquer le nom des donateurs...

— A quoi bon? répéta la femme en deuil. »

Puis, se ravisant, triste et les larmes aux yeux :

« Mon nom importe peu. Mettez simplement « une mère » sur votre registre. Ce que je vous apporte là, je l'avais en réserve chez moi, pour le cas où mon fils, qui est de la garde mobile*, serait malade ou blessé. Les Prussiens me l'ont tué à Champigny*. Maintenant je n'ai plus besoin de tout cela; je n'avais qu'un enfant et il est mort. Vous voyez que mon nom est sans intérêt; prenez ceci pour vos blessés et inscrivez « une mère ».

Et la pauvre mère, pleurant, s'en alla, suivie respectueusement par la dame de charité, qui pleurait, elle aussi.

J. Turquan, Les Femmes de France pendant l'invasion.
(Berger-Levrault, éditeur.)

MOTS EXPLIQUÉS. — *Pansement*, médicaments, ouate et bande de toile que l'on applique sur les plaies et sur les blessures pour les mettre à l'abri de l'air ou de toute cause de souillure. — *Encombrée*, embarrassée. — *Garde mobile*, corps de troupes composé de jeunes gens qui n'avaient pas fait partie de l'armée active, mais pouvaient être appelés à combattre en cas de besoin. — *Champigny*, village du département de la Seine, où ont eu lieu deux combats contre les Prussiens en 1870.

LES IDÉES. — 1. Racontez l'entrée de la dame étrangère dans la salle d'ambulance. — 2. Que contenait le paquet qu'elle déposa sur une table? — 3. Pourquoi ne voulut-elle pas donner son nom?

RÉDACTION. — Quel est le but des pansements? Quelles précautions générales doit-on prendre lorsqu'on pratique un pansement?

190. — Les désordres intellectuels produits par l'alcool.

Le malheureux buveur ne peut soutenir longtemps son attention, ni avoir une conversation un peu longue, sans en perdre le fil; aussi le plus souvent se contente-il de répondre par monosyllabes*; il se plaint de manquer de verve et d'entrain. Puis, il est en proie à des illusions, à des hallucinations* exceptionnellement de nature gaie, éveillant presque toujours des craintes de toute espèce et pouvant déterminer des impressions morales dont la plus légère serait l'étonnement, la plus forte une terreur profonde. Un autre caractère de ces désordres, c'est leur mobilité. Hommes, choses, animaux, tout ce qui fait l'objet des hallucinations se meut et se déplace; de là la rapidité des idées et des actes de l'alcoolique, qui, d'ailleurs, effrayé, anxieux, inquiet, suppliant ou agressif, intervient toujours de la manière la plus active.

Les hallucinations varient à l'infini, mais elles reflètent souvent l'objet soit des occupations journalières, soit des préoccupations dominantes, avec une préférence toute particulière pour ce qui est désagréable, pénible ou terrifiant. Ainsi, une laveuse, observée par nous à l'hôpital, quitta précipitamment la salle pour échapper au torrent qui menaçait de l'inonder. Une autre femme, qui avait habité l'Algérie, était tourmentée par la vue des grands animaux de cette contrée. Un forgeron signalait l'existence du feu à l'angle de son lit.

Le malheureux alcoolique se croit fréquemment poursuivi : tantôt il redoute des hommes armés de couteaux, tantôt il entend des cris de mort qu'on profère contre lui, ou bien une foule de gens l'insultent, tiennent des propos injurieux sur son honneur et sa moralité ; d'autres fois, il se sauve par la fenêtre pour échapper aux poursuites du diable qui veut s'emparer de lui, ou, comme je l'ai vu, il s'empresse de monter dans un wagon de chemin de fer et arrive à Paris, afin d'éviter les gendarmes qui veulent l'arrêter. Tout, pour le pauvre malade, est un motif de crainte, et constamment il est sous le coup de la fatale idée que ses jours sont en danger.

Les sens de la vue et de l'ouïe sont le point de départ de ces aberrations* ; les autres appareils des sens n'en sont point exempts ; on a vu des malades boire de l'eau pour du trois-six*, accuser des odeurs qui n'existaient pas ou qui étaient tout autres que celles qui frappaient leurs sens.

Inutile de démontrer que l'abus des liqueurs alcooliques conduit souvent au suicide.

C'est un fait avéré aujourd'hui, tant en Angleterre qu'en Allemagne, en Russie et en France ; pour s'en convaincre, il suffit de consulter les auteurs qui se sont occupés de ce genre de mort. Disons que deux modes de suicide sont plus spécialement choisis : la pendaison par l'homme, la submersion par la femme.

Dr LANCEREAUX.

MOTS EXPLIQUÉS. — *Répondre par monosyllabes,* en faisant entendre des sons, des mots isolés. — *Hallucinations,* trouble maladif d'une personne qui croit voir des objets absents, percevoir des sensations imaginaires. — *Aberrations,* erreurs des sens. — *Trois-six,* nom donné à l'alcool ou esprit-de-vin du commerce.

LES IDÉES. — 1. Quels sont les caractères des désordres intellectuels engendrés par l'alcool ? — 2. Quel rapport les hallucinations de l'alcoolique présentent-elles avec ses occupations journalières ?

RÉDACTION. — Quels sont les principaux désordres intellectuels produits par l'alcool ?

191. — Moeurs républicaines.

Le changement de temps, ma chère maman, influe toujours beaucoup sur ma santé. L'air vif qu'il fait en Suisse me fortifie et me convient mieux que le temps mou qu'il fait en France presque toute l'année.

Je trouve que mon fils gagne beaucoup à son séjour ici. L'exemple a un grand avantage sur les enfants. Il en est une preuve sensible. Il ne se soucie plus de son habit de velours et de dentelles ; il n'en voit pas porter ; il en a, au contraire, essuyé des railleries*. Il voit que les égards et les distinctions sont proportionnés au mérite ; cela lui donne une émulation* dont nous nous apercevons tous les jours. Une des choses qui l'ont le plus frappé est la visite qu'il a été faire pour moi à un des premiers magistrats de la ville. Cet homme, d'un certain âge, a une figure vraiment vénérable. Il l'a trouvé logé au troisième étage, vis-à-vis de son bureau, éclairé de deux lampes, son cabinet meublé de livres et son salon d'une bergame*. Cet homme n'a pas cru devoir manquer à sa dignité en venant lui-même éclairer et reconduire mon fils, attendu que tout son cortège* consiste en une servante, et qu'elle était sortie. Lorsqu'il a vu ce même homme recevoir les honneurs de la garnison et les bénédictions du peuple, en passant par les rues, il ne lui a pas été difficile ensuite, avec deux mots d'explication de notre part, d'apprécier son habit de velours à sa juste valeur.

Au reste, mon fils n'est pas le seul auquel ce pays apprenne à vivre. J'ai eu aussi une petite leçon. Je me suis fait une société de gens qui seraient recherchés partout. Il y a entre autres une femme on ne peut pas plus aimable qui m'a recherchée et avec qui je me suis liée avec le plus grand plaisir. Elle est jeune, douce, polie, l'esprit orné, très gaie et point pédante, quoique uniquement occupée de son mari et de son ménage. Elle est de Paris, mais elle est la fille d'un marchand de la rue des Cinq-Diamants, que j'ai eu l'insolence* de faire attendre vingt fois dans mon antichambre, lorsqu'il venait m'apporter des toiles de coton et de damas* sur fil. Je me suis surpris un sentiment de sottise en apprenant quelle était cette dame, mais je vous prie de croire qu'il n'a duré que le temps qu'il fallait pour exciter mes réflexions et me donner de bons soufflets.

Contez cela à M. Grimm*, je vous en prie, maman, car c'est le père de mon amie qui a eu l'honneur de vendre les rideaux de fenêtre que nous avons achetés ; il aura la bonté de les bien conserver en faveur de cette digne femme.

Mme D'ÉPINAY.

MOTS EXPLIQUÉS. — *Railleries*, plaisanteries, moqueries. — *Émulation*, désir d'égaler et même de surpasser le mérite d'autrui. — *Bergame*, ancienne sorte de tapisserie commune. — *Cortège*, a ici le sens de personnel domestique. — *Insolence*, a ici le sens d'impolitesse inspirée par le dédain. — *Damas*, linge de table à dessins ou à fleurs. — *Grimm*, écrivain allemand du xviiie siècle, dont la *Correspondance* écrite en français est restée célèbre.

LES IDÉES. — 1. Quelle leçon le fils de Mme d'Épinay a-t-il pu tirer de sa visite à un magistrat ? — 2. Expliquez le sens de cette phrase : « Je me suis surpris un moment de sottise en apprenant quelle était cette dame, mais je vous prie de croire qu'il n'a duré que le temps qu'il fallait pour exciter mes réflexions et me donner de bons soufflets. »

RÉDACTION. — Une jeune fille doit-elle être fière de ses beaux habits, de la situation de fortune ou des relations de ses parents ? À quoi tient le vrai mérite ?

192. — Organisation de la justice.

Avant la Révolution, la justice était mal rendue. Les juges, qui avaient acheté leurs charges, recevaient des cadeaux, des *épices**, et ils faisaient durer longtemps les procès. Il y avait, d'ailleurs, plusieurs sortes de justice, et, dans toutes, la nature de la peine variait avec la qualité des personnes.

L'Assemblée constituante supprima les anciennes juridictions*, la vénalité des offices, décréta la gratuité de la justice et institua une organisation à peu près semblable à l'organisation actuelle.

La première juridiction, c'est la *justice de paix,* dont le siège est au chef-lieu de canton.

Comme son nom l'indique, le juge de paix a pour principale mission de ramener la paix entre les particuliers divisés par un différend. Son rôle consiste à concilier, à empêcher les procès, à faire tout ce qu'il peut pour ne pas être dans l'obligation de juger. S'il échoue dans ses efforts de *conciliateur,* il remplit alors son office de *juge,* mais seulement dans les affaires de peu d'importance.

En matière *correctionnelle,* il juge les contraventions (violation des règlements de police, voies de fait, etc.).

En matière *civile,* il statue sur les contestations relatives aux ventes ou achats, aux baux * ou fermages, aux demandes d'indemnité pour les dommages causés aux champs, aux récoltes, etc.

En outre, le juge de paix convoque et préside les conseils de famille qui ont à délibérer sur les intérêts des enfants mineurs. Il est chargé d'apposer et de lever les scellés* après décès. Enfin, il est souvent choisi comme arbitre * dans les grèves.

Après la justice de paix vient le *tribunal de première instance,* qui siège au chef-lieu de l'arrondissement, et qui est composé de trois juges, dont un est président. Un autre est *juge d'instruction,* chargé d'instruire les affaires relatives à des délits ou des crimes, d'interroger les accusés, les témoins, de réunir les preuves, etc.

À côté des juges, il y a le procureur de la République, dont la mission est de requérir l'application de la loi.

Au civil, le tribunal juge toutes les affaires trop importantes pour être portées devant le juge de paix, et il statue* en appel sur les affaires déjà jugées par le juge de paix et qui ont donné lieu à une réclamation en appel.

Au correctionnel, il juge les infractions à la loi, appelées *délits*.

Les *cours d'appel* sont des tribunaux de revision institués pour juger une seconde fois·des affaires jugées par le tribunal de première instance.

Il y a 27 cours d'appel.

La *cour d'assises* siège au chef-lieu du département. La mission de juger de ce tribunal est attribuée à 12 citoyens tirés au sort sur une liste de 40 membres choisis dans le département. Il juge les *crimes*, c'est-à-dire les infractions ou attentats les plus graves contre la loi, la vie ou les biens des citoyens.

Enfin, il y a la *cour de cassation*, qui est chargée de veiller à ce que les formes prescrites par la loi soient strictement observées dans tous les arrêts de justice.

MOTS EXPLIQUÉS.—*Épices,* présents que les plaideurs faisaient à leurs juges, avant la Révolution. — *Juridictions,* a ici le sens de formes de justice. — *Baux,* pluriel de bail, contrat par lequel on cède la jouissance d'une chose moyennant un prix convenu, pendant un temps déterminé. — *Scellés,* cachet apposé par l'autorité sur les portes, meubles qu'il est interdit d'ouvrir après décès. — *Arbitre,* personne choisie pour terminer un différend. — *Il statue,* il règle, il conclut.

LES IDÉES. — 1. Comment fonctionnait la justice avant 1789? — 2. Quels sont actuellement les différentes sortes de tribunaux? — 3. Où siègent-ils dans votre département?

RÉDACTION. — Le juge de paix. Où réside-t-il? Principales attributions.

193. — La fermière.

Amour à la fermière! elle est
    Si gentille et si douce!
C'est l'oiseau des bois qui se plaît
    Loin du bruit dans la mousse.
Vieux vagabond* qui tends la main,
    Enfant pauvre et sans mère,
Puissiez-vous trouver en chemin
    La ferme et la fermière!

De l'escabeau* vide au foyer
    Là le pauvre s'empare,
Et le grand bahut* de noyer
    Pour lui n'est point avare,
C'est là qu'un jour je vins m'asseoir,
    Les pieds blancs de poussière;

Un jour... puis en marche! et bonsoir
   La ferme et la fermière!

Si Dieu, comme notre curé
   Au prône* le répète,
Paye un bienfait (même égaré)
   Ah! qu'il songe à ma dette!
Qu'il prodigue au vallon les fleurs,
   La joie à la chaumière,
Et garde des vents et des pleurs
   La ferme et la fermière!

Chaque hiver qu'un groupe d'enfants
   A son fuseau* sourie,
Comme les anges aux lits blancs
   De la Vierge Marie;
Que tous par la main, pas à pas,
   Guidant un petit frère,
Réjouissent de leurs ébats
   La ferme et la fermière!

ENVOI*

Ma chansonnette, prends ton vol!
   Tu n'es qu'un faible hommage;
Mais qu'en avril le rossignol
   Chante et la dédommage!
Qu'effrayé par ces chants d'amour
   L'oiseau du cimetière
Longtemps, longtemps se taise pour
   La ferme et la fermière!

H. MOREAU.

MOTS EXPLIQUÉS. — *Vagabond,* individu sans domicile, sans moyens d'existence connus, qui erre çà et là. — *Escabeau,* siège de bois sans dossier ni bras. — *Bahut,* grand coffre qui sert d'armoire. — *Prône,* instructions faites le dimanche en chaire, à la grand'messe. — *Fuseau,* morceau de bois qui sert à tordre et à enrouler le fil quand on file à la quenouille. — *Envoi,* vers ajoutés à la fin de la poésie comme hommage à la fermière.

LES IDÉES. — Le poète se souvient de l'accueil hospitalier qu'il a reçu dans une ferme, un jour où il errait dans la campagne. Comme il est pauvre, il n'a pu faire d'offrande à la fermière, mais il la remercie en lui dédiant des vers qui contiennent ses souhaits de bonheur. Lesquels? — Cette gracieuse poésie affecte la forme d'une chanson, et le même vers revient à la fin de chaque couplet, en guise de refrain.

RÉDACTION. — En vous inspirant de la poésie qui précède, racontez l'accueil fait par la fermière au mendiant qui vient lui demander l'hospitalité.

194. — L'Afrique occidentale française.

Sur cette partie du continent noir nous possédons un bloc compact de territoire français : le Sénégal, le Soudan, les Rivières du Sud, la Côte d'Ivoire, la Côte des Esclaves, le Dahomey et le Congo.

Dans ces colonies, le climat est très variable. Sec au Sénégal, où le thermomètre atteint à l'ombre jusqu'à 35°, il est plus tempéré au pays des Rivières, humide et malsain sur la côte d'Ivoire, la côte des Esclaves et le Dahomey.

Ce contraste s'explique par l'inégale répartition des pluies, qui deviennent plus abondantes à mesure qu'on s'approche de l'équateur*.

La végétation se ressent naturellement de cette variété.

Au *mil** et à l'*arachide** du Sénégal succèdent le *riz* et le *maïs* du Soudan, comme à ces derniers, les *palmiers* et les *cocotiers* des Rivières du Sud, de la Côte des Esclaves et du Dahomey.

Savorgnan de Brazza,
explorateur français (1852;1905).

Le trait commun de ces différents pays est qu'ils sont, comme l'Algérie, essentiellement agricoles. Il est vrai que nous connaissons mal encore leurs richesses souterraines. La découverte des abondantes mines d'or de la Côte d'Ivoire est de fraîche date. Au dire d'un explorateur*, M. Binger, il n'est peut-être pas de pays au monde où l'on trouve autant de poudre et de pépites d'or* aux mains des indigènes. La moyenne annuelle d'exportation de l'or représente déjà plus de 155 kilogrammes, valant près de 500 000 francs.

Avec le Gabon pour origine, le Congo français, dont Savorgnan de Brazza est le véritable créateur, occupe une superficie de 700 000 kilomètres carrés entre l'Atlantique à l'ouest, le fleuve Congo au sud, l'Oubanghi à l'est, le Cameroun allemand au nord. C'est presque 200 000 de plus que la France.

Le Congo français est de fondation trop récente pour avoir pu encore être mis en valeur. Les expériences restreintes qu'on a faites démontrent toutefois qu'il est d'une extrême fertilité. Sous

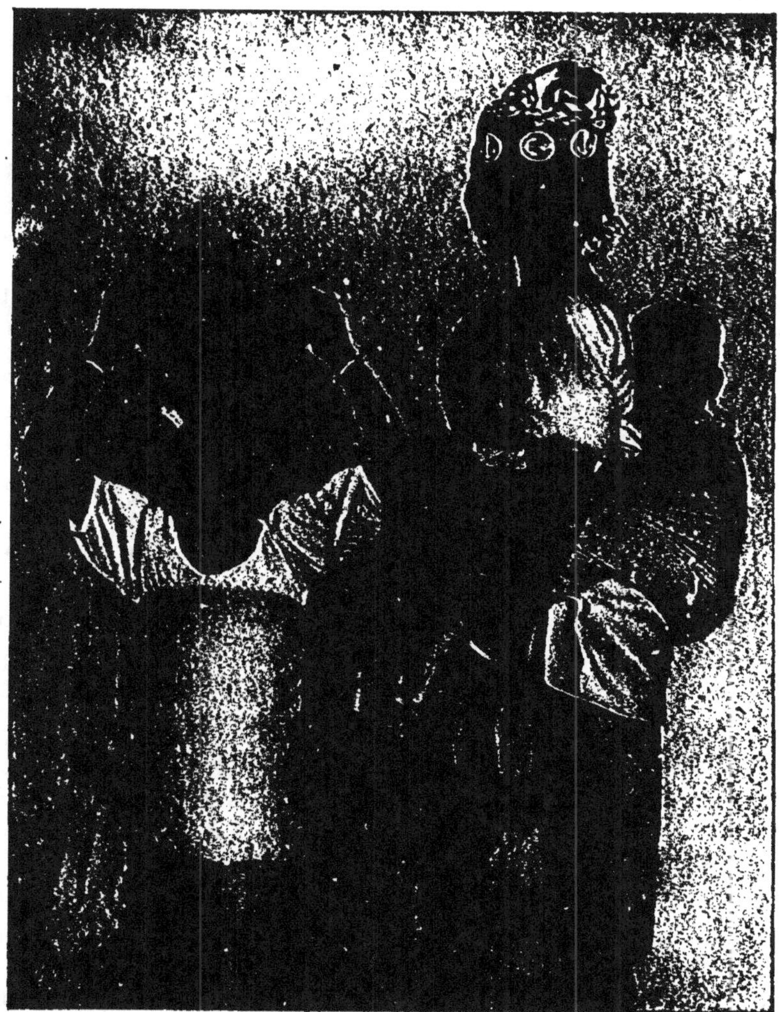

Phot. Noa'.

Femme dahoméenne et ses enfants.

ce climat humide et chaud à la fois, les plantes poussent avec une rapidité prodigieuse, donnant deux ou trois récoltes annuelles. Encore un pays agricole !

L'*huile* et les *amandes de palme*, les *arachides*, le *caoutchouc*, les *bois tinctoriaux*, les plantes *textiles* doivent être placés au premier rang de ses richesses; le *riz* et le *cacao* y donnent d'abondantes récoltes; le *tabac* y vient à merveille. Quelques villes, centres du commerce, s'y développent : *Libreville*, sur l'anse du Gabon; *Franceville*, dans la haute région de l'Ogooué, et *Brazzaville*, sur le Congo.

En avril 1902, une révolte des noirs causa une grande inquiétude à nos nationaux; mais depuis la colonie est tranquille.

MOTS EXPLIQUÉS. — **Équateur,** cercle imaginaire qui divise la terre en deux parties dont les points sont également distants du pôle. — **Mil,** plante de la famille des graminées donnant des graines jaunes. — **Arachide,** plante de la famille des légumineuses qui sert à fabriquer de l'huile. — **Explorateur,** celui qui va à la découverte de pays nouveaux. — **Pépite d'or,** morceau d'or natif.

LES IDÉES. — 1. Comment peut-on expliquer la variété des climats de l'Afrique occidentale ? — 2. Quelles sont les principales productions agricoles et minérales des colonies de l'Afrique occidentale?

RÉDACTION. — Décrivez la route que suit un vaisseau qui fait le trajet de Bordeaux au Sénégal et au Congo français. De quoi peut se composer sa cargaison au retour de ce voyage?

195. — L'art à l'école et à la maison.

« L'art, c'est tout ce qui ne sert à rien qu'à être gracieux, ou beau, ou admirable.

« L'art ne rapporte aucun profit, il n'ajoute pas un sou à notre bourse. Il fait mieux que cela : il nous donne une joie que lui seul peut donner, cette joie qui émeut notre cœur quand nous sommes en face d'une belle chose (1). »

Cette émotion, mes enfants, est l'une des plus pures et des plus hautes que l'homme puisse goûter; elle peut illuminer d'un rayon de poésie la vie rude et obscure des travailleurs. Aussi l'école primaire a-t-elle l'ambition de développer en vous le sentiment esthétique*, afin de vous préparer à comprendre la beauté qui vous environne.

C'est pourquoi, à l'heure actuelle, partout où l'on construit des écoles, on ne se contente pas de les vouloir spacieuses et saines, on s'applique encore à les rendre jolies : les murs des classes sont peints dans une tonalité claire et gaie, que fait ressortir un soubassement* de couleur foncée et un large filet en haut de la paroi. Dans quelques écoles privilégiées, une frise*, représentant des fleurs, des feuillages ou des animaux, court

---

1. E. Pécaut et Ch. Baude, *L'Art* (Librairie Larousse).

autour des murs. Des cadres contenant les reproductions des chefs-d'œuvre de la peinture ou de la sculpture, des affiches artistiques, vulgarisées et mises à la portée de toutes les bourses par la société « L'Art à l'École »*, composent une décoration bien propre à vous donner le goût des belles choses.

Il vous est facile d'ajouter à l'aspect aimable de votre classe, en y entretenant l'ordre et la propreté, en ornant le bureau de

Décoration d'une école : fleurs à la fenêtre ; estampes encadrées ;
frise au pochoir sur le pourtour des murs.

votre maîtresse d'un vase de forme simple dans lequel vous mettez les fleurs de la saison : violettes, lilas, roses, giroflées, pâquerettes, gui, houx... Avec leurs parfums et leurs couleurs, ces plantes apporteront dans la classe des éléments de vie et de beauté.

Plus tard, quand vous serez à la tête d'un ménage, vous souvenant des enseignements reçus à l'école, vous aurez le souci d'introduire un peu d'art au foyer domestique. Vous y ferez régner l'ordre et la propreté, vous vous appliquerez à dissimuler les objets qui ne plaisent pas aux yeux, à bien disposer les meubles, à orner les murs de gravures bien choisies. Vous aurez le goût assez sûr pour proscrire impitoyablement de votre demeure les bibelots bon marché et vulgaires que l'on vend dans les bazars, les faux bronzes, les fleurs artificielles, les chromos*

aux couleurs criardes. La beauté de la maison exprime l'âme de
ses habitants et surtout celle de la femme qui la dirige : vous
chercherez à réaliser autour de vous la véritable beauté, faite
avant tout de sincérité, de simplicité et d'harmonie.

MOTS EXPLIQUÉS. — *Sentiment es-thétique*, sentiment du beau. — *Sou-bassement*, partie inférieure du mur. — *Frise*, bordure décorative qui orne les murs d'une salle. — *L'Art à l'École*, Société fondée en 1907 et qui a pour but de faire aimer à l'enfant la nature et l'art, de rendre l'école attrayante — *Chromos*, abréviation de chromoli-thographies; on désigne ainsi les images coloriées par le procédé de la litho-graphie.

LES IDÉES. — 1. Qu'est-ce que l'art? Citez quelques objets d'art que vous connaissez. — 2. Comment les élèves d'une classe peuvent-elles contribuer à la rendre attrayante? — 3. Expliquez la dernière phrase : « la véritable beauté est faite avant tout de sincérité, de simplicité et d'harmonie. »

RÉDACTION. — Décrivez une des gravures qui ornent les murs de votre salle de classe.

196. — La bonne vieille.

Bonne vieille, que fais-tu là?
Il fait assez chaud sans cela,
Tu peux laisser tomber ta flamme...
Ménage ton bois, pauvre femme.
Je suis séché, je n'ai plus froid;
Mais elle, qui ne veut m'entendre,
Jette un fagot, range la cendre :
« Chauffe-toi, soldat, chauffe-toi. »

Bonne vieille, je n'ai pas faim,
Garde ton jambon et ton vin ;
J'ai mangé la soupe à l'étape*.
Veux-tu bien m'ôter cette nappe!
C'est trop beau et trop bon pour moi ;
Mais elle, qui n'en veut rien faire,
Taille mon pain, remplit mon verre :
« Refais-toi, soldat, refais-toi. »

Bonne vieille, pour qui ces draps?
Par ma foi, tu n'y penses pas!
Et ton étable, et cette paille
Où l'on fait son lit à sa taille ?
Je dormirai là comme un roi ;
Mais elle, qui n'en veut démordre*,
Place les draps, met tout en ordre :
« Couche-toi, soldat, couche-toi. »

— Le jour vient, le départ aussi. —
Allons, adieu... Mais qu'est ceci ?
Mon sac est plus lourd que la veille...
Ah! bonne hôtesse*! Ah! chère vieille!...
Pourquoi tant me gâter, pourquoi ?
Et la bonne vieille de dire,
Moitié larme, moitié sourire:
« J'ai mon gars*, soldat comme toi! »

Paul Déroulède, *Les Chants du soldat.* (Calmann-Lévy, éditeur.)

MOTS EXPLIQUÉS. — **Étape**, lieu de repos pour les soldats après une journée de marche. — *Qui n'en veut démordre,* expression familière ; elle signifie : qui tient à son idée. — **Hôtesse,** se dit à la fois de celle qui donne l'hospitalité et de celle qui la reçoit. — **Gars,** s'emploie dans le langage populaire pour le mot garçon.

LES IDÉES. — 1. Quels sont les deux personnages de ce récit ? — 2. Comment la vieille femme accueille-t-elle le soldat qui vient lui demander l'hospitalité? — 3. Comment lui explique-t-elle, au départ, la cordialité de son accueil?

RÉDACTION. — Mettez en prose le récit précédent.

197. — La Pouponnière.

Il ne manque aujourd'hui aux œuvres sociales que d'être multipliées et pourvues de ressources qui leur permettent de faire tout le bien qu'elles méditent. Car elles ne pèchent nullement par pauvreté d'invention. Aussi variées que la misère est diverse en ses atteintes, aussi ingénieuses que le mal est perfide*, nos institutions offrent un riche ensemble de types, dont chacun s'adapte à certain cas de la détresse humaine.

Il existe une catégorie d'œuvres qui prennent soin de la maternité ; et, dans cette catégorie même, des subdivisions s'établissent, parce que les femmes qui ont besoin d'être protégées n'ont pas un sort identique*.

La « mutualité maternelle » s'adresse à la majorité des mères, à celles qui ont le bonheur de pouvoir allaiter elles-mêmes ou conduire elles-mêmes l'allaitement artificiel de leurs nourrissons ; par d'autres moyens, « la Goutte de lait », qu'on a appelée l'école des mères, tend au même but, intéresse la même classe.

Oui, certes, pour la mère, allaiter, élever son enfant, c'est la loi de la nature, et l'idéal serait, sans contredit, qu'elle s'y conformât toujours. Mais, trop souvent, elle ne le peut, si ardemment qu'elle le désire.

Elles sont nombreuses, les femmes qui travaillent tout le long du jour, pour gagner leur subsistance, à l'atelier, au magasin, au bureau. Si elles entendent se consacrer au plus naturel, au plus léger des devoirs, — l'enfant, — elles vont connaître la gêne, la misère peut-être, et faire deux victimes. Il faudra, pour garder sa place, envoyer le bébé en nourrice, au loin, et l'exposer à tous les dangers. Encore la dépense ne sera-t-elle pas trop lourde ? « Tu dois nourrir ton enfant », ordonne le moraliste ; — l'instinct et la conscience de la mère l'avaient voulu avant lui. Mais les dures nécessités de la vie l'obligent à peiner pour le salaire et lui défendent d'être

> ... Une mère vigilante
> Au berceau d'un fils bien-aimé.

C'est l'histoire des petits ménages de la grande ville, où mari et femme s'efforcent de leur mieux, ensemble ou chacun de son côté ; petits commerçants, petits employés pour qui la perspective d'un enfant est une joie et sa venue une cause d'alarmes*.

Il est d'autres mères que leurs forces physiques trahissent : celles qui n'ont pas de lait ; celles qui, frappées de maladies contagieuses, — *la tuberculose partout et toujours* —, se voient tenues d'éloigner leur enfant, qu'elles menaceraient en le gardant près d'elles. Ces mères sont empêchées, elles aussi, de répondre à la voix de l'instinct et de la conscience. La Pouponnière vient au secours des unes et des autres.

La Pouponnière de Porchefontaine (près de Versailles), due à l'intelligente bonté de deux femmes, MM^{mes} Georges Charpentier et Eugène Manuel, s'adresse aux mères qui ne peuvent pas ou ne doivent pas élever leur enfant pour une raison impérieuse. Moyennant une rétribution mensuelle, calculée d'après la situation de la famille et les ressources de la société, les poupons, accueillis dès leur naissance, sont élevés pendant les premiers mois, au sein de nourrices soigneusement choisies, et peuvent être gardés jusqu'à l'âge de trois ans. Un certain nombre de places gratuites sont réservées aux enfants des familles trop pauvres : la Pouponnière a ses boursiers*, comme les écoles.

Peut-être objectera-t-on que, si la nourrice, la remplaçante est un mal nécessaire en certains cas, c'est aggraver le système du remplacement que de créer un internat pour y élever en commun les enfants privés des soins maternels ; l'éducation familiale chez la nourrice de la campagne ne vaut-elle pas mieux à tout prendre? Il n'en est rien. La Pouponnière, au contraire, atténue, autant qu'il est possible, les inconvénients du remplacement. Le poupon est en toute sécurité chez elle ; il y reçoit des soins irréprochables, que ne pourrait pas lui donner la meilleure des nourrices paysannes.

D'après H. BARRAU (*Almanach de la mutualité*).

MOTS EXPLIQUÉS. — *Mal perfide,* mal qui atteint sans que l'on soit prévenu. — *Identique,* semblable. — *Cause* d'alarmes, de soucis, de craintes. — *Boursiers,* élèves dont on paye la pension ou les frais d'étude.

LES IDÉES. — 1. Expliquez l'expression : « mutualité maternelle. » — 2. Pourquoi les mères ne peuvent-elles pas toujours nourrir et soigner elles-mêmes leurs enfants?

RÉDACTION. — Faites connaître l'œuvre maternelle de la Pouponnière.

198. — L'infirmière hospitalière.

L'infirmière est la collaboratrice* la plus modeste, mais peut-être la plus précieuse des médecins, chirurgiens et accoucheurs des hôpitaux. Elle est comme le trait d'union entre les malades, au chevet* desquels elle vit sans cesse, et les chefs de service*, qui n'y passent que quelques instants par jour. A ce titre, elle doit, me semble-t-il, recevoir une triple instruction : il faut qu'elle soit initiée aux grandes choses élémentaires de l'anatomie*, de la médecine et de la chirurgie ; il faut qu'elle s'imprègne de connaissances techniques* consommées ; il faut enfin que son cœur soit formé à l'amour du malade et que sa conscience soit peu à peu élevée à la hauteur du devoir médical qui est, à mon avis, au sens que les anciens donnaient au mot, la plus belle manifestation de la vertu.

Suivons-la si vous voulez dans les différents moments de la journée. Le chef de service vient d'arriver pour sa visite quotidienne ; je la vois, cette infirmière, au milieu des assistants, des internes*, des externes* et des stagiaires*, rejoindre le maître et, simplement, lui dire quelles choses, la veille, se sont passées le jour, quelles choses se sont passées la nuit ; je la vois enregistrer* les prescriptions, le régime, les médicaments, les soins et les pansements ordonnés pour chacun des malades : il faudra réchauffer celui-ci, refroidir celui-là, baigner ce typhique, envelopper ce pneumonique, sérumiser* cet affaibli, morphiniser* ce douloureux.

Les Infirmières à l'hôpital Trousseau, à Paris. — Tableau d'André Brouillet. — Phot. Braün et Cⁱᵉ.

N'est-ce pas elle, l'infirmière, que je vois vers midi, à l'heure où l'appétit des vingt ans appelle au quartier Latin* le jeune stagiaire oublieux, s'approcher de lui, déjà débarrassé du tablier, et lui dire amicalement: « Monsieur, il reste encore trois pansements à faire. » N'est-ce pas elle que, avec une certaine crainte, je vois aborder cet étudiant zélé, trop curieux des choses de la médecine, qui momentanément arraché par le bonheur de s'instruire à la compassion, s'attarde à prendre la trop longue observation d'un pauvre diable épuisé et lui faire doucement cette remarque: « Monsieur, le malade est bien fatigué! »

N'est-ce pas elle encore qui, par ses soins continus, ardents, a arraché à la mort des malades condamnés par les médecins?

Je ne connais rien de plus grand, de plus beau que ces obscurs dévouements qui se déploient mystérieusement dans le silence et la tristesse d'une petite chambre d'isolement et y accomplissent ces miracles surprenants qui resteront toujours ignorés.

Extrait d'un discours de M. le Dr SEBILEAU,
professeur à l'École des infirmières.

MOTS EXPLIQUÉS. — *Collaboratrice,* aide, auxiliaire. — *Chevet,* partie du lit où l'on met la tête. — *Chef de service,* médecin qui a la direction des soins médicaux à donner aux malades dans un hôpital. — *Anatomie,* étude séparée des organes du corps ou des plantes. — *Connaissances techniques,* propres à l'art de la médecine. — *Internes, externes, stagiaires,* titres donnés aux étudiants en médecine admis dans les hôpitaux : les internes sont à demeure dans les hôpitaux; les externes et les stagiaires assistent seulement à la visite des malades. — *Enregistrer,* noter sur un registre. — *Sérumiser,* piquer au sérum. — *Morphiniser,* piquer à la morphine. — *Quartier Latin,* quartier de l'Université, à Paris, où habitent les étudiants.

LES IDÉES. — 1. Sur quels points doit porter l'éducation de l'infirmière ? — 2. Quelle est la fonction de l'infirmière auprès du chef de service ? — Quel est son rôle auprès des étudiants?

RÉDACTION. — Quelles sont les qualités requises chez une jeune fille qui veut exercer la profession d'infirmière?

199. — L'habitude des liqueurs fortes.

LE PETIT FÛT.

Une paysanne normande, la mère Magloire, s'est engagée à laisser, après sa mort, sa maison à un aubergiste*, maître Chicot, qui lui servira, en retour, une rente, aussi longtemps qu'elle vivra. Chicot, qui est fort intéressé, trouve que la vieille femme (elle a soixante-quatorze ans) le fait trop attendre. Voici le stratagèmé* qu'il imagine pour venir à bout de la forte constitution de la mère Magloire et ruiner sa santé.

Sous prétexte que les mauvaises langues racontaient qu'il y avait de la brouille entre eux deux, il lui fit promettre, pour prouver le mal fondé de ces bruits, de venir lui demander à dîner toutes les fois qu'elle passera devant son auberge : elle n'aura rien à payer.

La paysanne ne se le fit pas dire deux fois. Dès le lendemain elle vint à Épreville et s'arrêta sans façons chez maître Chicot. Un repas copieux*, « boudin, poulet, andouille, gigot, lard aux choux », lui est servi, mais elle n'y touche guère, étant habituée à vivre de peu. Elle accepte avec plus de satisfaction un verre d'excellente « fine* » qu'elle déguste lentement ; elle en prend même un second qu'elle boit comme le premier, « à petites gorgées pour faire durer le plaisir ».

Chicot est radieux ; dans sa joie il pousse la générosité jusqu'à offrir à la vieille un petit fût de cette « fine » qui lui semble si bonne ; et il le porte chez elle le lendemain. Il veut lui faire voir que c'est bien cette même « fine » qui lui a été servie chez lui, il lui fait goûter le contenu du petit baril ; ils trinquent à plusieurs reprises. La vieille lui tient tête.

Bientôt le bruit courut dans la contrée que la mère Magloire s'ivrognait toute seule. On la ramassait tantôt dans sa cour, tantôt dans les chemins des environs, et il fallait la rapporter chez elle, inerte comme un cadavre.

Chicot, en bon apôtre*, plaignait la malheureuse d'avoir pris de telles habitudes à son âge. L'hypocrite semblait redouter un malheur, qui arriva en effet.

L'hiver suivant, on la trouva morte ; elle était tombée ivre dans la neige, et n'avait pu se relever : le froid l'avait tuée.

D'après Guy de Maupassant.

MOTS EXPLIQUÉS. — *Aubergiste,* celui qui tient une auberge, c'est-à-dire une maison où l'on trouve en payant la nourriture et le coucher. — *Stratagème,* ruse. — *Repas copieux,* très abondant. — *Fine*, abréviation par laquelle on désigne couramment une espèce d'eau-de-vie appelée « fine champagne ». — *Bon apôtre,* se dit en parlant de quelqu'un qui cache son jeu pour mieux tromper les autres.

LES IDÉES. — 1. Quel accord maître Chicot avait-il conclu avec la mère Magloire ? — 2. Quelle invitation lui adressa-t-il ? — 3. Quel noir dessein méditait-il ? — Comment mourut la mère Magloire ?

RÉDACTION. — Racontez la mort de la mère Magloire, d'après le récit précédent.

200. — La Française.

(Le mari de Marthe, ingénieur, est contraint à une liquidation qui va modifier considérablement l'intérieur, la vie du ménage. Marthe est courageuse et elle fait connaître ses projets à un Américain, Bartlett, qui s'apitoie sur son sort et à qui, dans une scène précédente, elle a déclaré qu'il ne fallait pas juger la femme française d'après certains romans français sur les mœurs françaises.)

... Bartlett. — Qu'est-ce que vous comptez donc faire?

Marthe. — Ne négliger aucun effort pour arriver à désintéresser notre dernier créancier.

Bartlett. — De quoi vivrez-vous?

Marthe. — Des appointements de mon mari.

Bartlett. — Et de votre fortune personnelle?

Marthe. — Tout ce qui est à moi est à mon mari.

Bartlett. — Alors, c'est la misère?

Marthe. — Pourquoi cela?

Bartlett. — Vous, habituée au luxe*, je vous vois, à Paris, dans un logement étroit et sombre, au milieu de meubles grossiers... vous y mourrez de tristesse et d'ennui.

Marthe. — Comme vous vous trompez!...

Bartlett. — Cependant... quatre personnes vivant avec les appointements d'un ingénieur*...

Marthe. — D'abord, rien ne dit que Geneviève (1) et moi nous ne réussissions pas à y ajouter quelque chose. Et puis, des appointements d'ingénieur bien utilisés...

Bartlett. — Cependant...

Marthe. — Vous voulez tout savoir? Vous voulez que je vous dise mes petits secrets? Cela vous intéresse?

Bartlett. — Beaucoup.

Marthe, *enjouée*. — D'abord, il faut supprimer l'idée du logement étroit et sombre. En demeurant assez loin... et assez haut... on a de l'air et de la lumière à bon marché, et, si l'on est vaniteuse, on raconte aux bonnes amies que le quartier a été recommandé par le médecin pour le bien de la santé des enfants... Quant aux meubles... si vous saviez comme on peut faire du luxe à bon marché avec des étoffes indiennes sur les murs et un coupon de soie Liberty* drapé autour d'une glace... et si vous saviez combien facilement on trouve, dans nos magasins de Paris, des potiches* qui, avec un bouquet de mimosa de quatre sous, auraient l'air d'un objet d'art dans un salon de Chicago*!...

____

1. Belle-fille de Marthe.

BARTLETT. — Oui... mais, quand vous aurez été trois cent soixante-cinq jours par an en tête à tête tous les quatre... savez-vous ce qui arrivera? Vous vous détesterez. Venez donc en Amérique...

MARTHE. — Mais on sortira, monsieur Bartlett !

BARTLETT. — Et des toilettes ?

MARTHE. — La façon des nôtres vaut presque toujours plus que l'étoffe. Et la façon, nous l'avons au bout des doigts.

BARTLETT. — Et des diamants ?

MARTHE. — Ça passe de mode... Et puis on les imite si bien ! Quand vous admirez l'élégance d'une de nos salles de théâtre, vous ne vous doutez pas, monsieur Bartlett, de l'ingéniosité* que plus d'une spectatrice a dépensée avant d'arriver à sa place... Plus d'une, je vous le dis, porte une toilette à laquelle le dernier point a peut-être été cousu une heure avant le lever de rideau. Le mari, en rentrant de sa journée d'affaires, a trouvé son linge prêt et son habit brossé mieux qu'il ne l'eût été par un valet de chambre, et l'on a même essayé le bouton du faux-col pour éviter l'orage redouté*... Les gants blancs seront très blancs; ils auront été recousus et nettoyés par celle-là même qui les porte, et vous ne vous en doutez pas, à la voir élégante et joyeuse, sous l'éclat de diamants qui sont faux, de perles qui sont fausses, mais qui ont l'air sur elle d'être vrais, tandis que de réels brillants deviennent douteux sur d'autres épaules... Le lendemain matin, on met des vieux gants pour aider la bonne ou la femme de ménage... Et l'on fait tout cela gaiement, sans se croire une héroïne, parce qu'on a dans le sang du courage et de la bonne humeur ! Voilà le secret du bonheur sans fortune, monsieur Bartlett. . . . .

BRIEUX, La Française.

MOTS EXPLIQUÉS. — **Luxe**, a ici le sens de grande abondance due à la richesse. — **Ingénieur**, celui qui invente des machines, trace et dirige la construction de travaux d'art ou d'industrie, de ponts, de routes, de fortifications. — **Soie Liberty**, étoffe de soie légère et souple, se drapant facilement. — **Potiche**, vase en porcelaine de la Chine ou du Japon, — **Chicago**, grande ville industrielle d'Amérique. — **Ingéniosité**, adresse, habileté. — **Orage redouté**, au sens figuré : colère ou impatience du mari.

LES IDÉES. — Ce passage d'une comédie contemporaine fait admirablement ressortir les qualités de la Française et plus spécialement de la Parisienne des classes moyennes. Sérieuse et vaillante, ménagère active et économe, elle n'en est pas moins, grâce à son courage et à sa bonne humeur, un être de grâce et de gaieté. Sous des dehors élégants et aimables, elle cache une âme saine et forte; elle est *femme* sans être frivole, ni égoïste, et fait du bonheur des siens la grande affaire de sa vie.

RÉDACTION. — La bonne humeur vous paraît-elle une qualité méritoire ? — Essayez de dire pourquoi ?

TABLE DES MATIÈRES

Août. — *Le Battage des grains.*

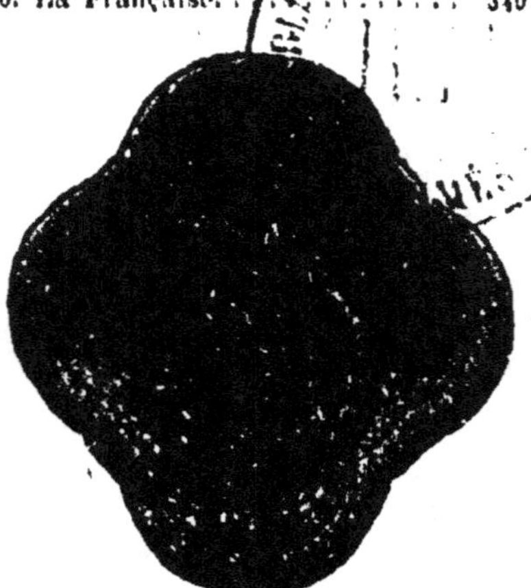

Septembre. — *La Récolte des fruits.*

Paris. — Imprimerie LAROUSSE, 17, rue Montparnasse.